基督教文化研究丛书

主编 何光沪 高师宁

二编 第7册

宗教交往与公共秩序
——中国当代耶佛交往关系的社会学研究

李向平 著

花木兰文化出版社

国家图书馆出版品预行编目资料

宗教交往与公共秩序——中国当代耶佛交往关系的社会学
研究／李向平 著 -- 初版 -- 新北市：花木兰文化出版社，
2016〔民105〕
目 4+316 面；19×26 公分
（基督教文化研究丛书 二编 第7册）
ISBN 978-986-404-516-7（精装）
1. 基督教 2. 佛教 3. 宗教社会学
240.8   105001928

基督教文化研究丛书
二编 第七册   ISBN：978-986-404-516-7

宗教交往与公共秩序
——中国当代耶佛交往关系的社会学研究

作   者 李向平
主   编 何光沪 高师宁
执行主编 张 欣
企   划 北京师范大学基督教文艺研究中心
总 编 辑 杜洁祥
副总编辑 杨嘉乐
编   辑 许郁翎
出   版 花木兰文化出版社
社   长 高小娟
联络地址 台湾235 新北市中和区中安街七二号十三楼
         电话：02-2923-1455 ／传真：02-2923-1452
网   址 http://www.huamulan.tw 信箱 hml810518@gmail.com
印   刷 普罗文化出版广告事业
初   版 2016年3月
全书字数 276274 字
定   价 二编11册（精装）台币 20,000 元

宗教交往与公共秩序
——中国当代耶佛交往关系的社会学研究

李向平 著

作者简介

　　李向平，籍贯湖南邵东。1976 年下乡务农，1977 年就读于广西师范大学历史学系，1986 年考取为华东师范大学中国史学研究所博士研究生，1989 年毕业于华东师范大学，获历史学博士学位。1989 年 10 月就职于上海大学，1997 年晋职为教授；2009 年调往华东师范大学，任宗教与社会研究中心主任，社会学系教授。曾往美国、日本、韩国、澳大利亚、英国以及香港、台湾等国家与地区从事访问研究。现为华东师范大学二级教授，博士生导师；华东师范大学社会学系主任、宗教与社会研究中心主任。兼任全国社科规划项目评审专家、中国社会学会常务理事、中国宗教学会理事、上海市宗教学会副会长；中国统一战线民族宗教理论甘肃研究基地研究员、中国统一战线理论研究会基础理论上海研究基地研究员。

　　主要研究领域是：宗教学、宗教——信仰社会学、信仰与社会变迁、当代宗教与中国宗教史等。代表性著作有：《祖宗的神灵》（1989）、《王权与神权》（1991）、《救世与救心——中国近代佛教复兴思潮研究》（1993）、《死亡与超越》（1996）、《中国当代宗教的社会学诠释》（2006）、《信仰、革命与权力秩序——中国宗教社会学研究》（2006）、《佛教信仰与社会变迁》（2007）、《信仰但不认同——当代中国信仰的社会学分析》（2010）、《中国信仰社会学论集》（2013）等。其中，专著《信仰、革命与权力秩序——中国宗教社会学研究》获上海市第九届哲学社会科学优秀成果一等奖、国家教育部 2010 年人文社会科学优秀著作奖二等奖，《中国当代宗教的社会学诠释》获上海市第七届邓小平理论研究和宣传优秀成果二等奖；《信仰但不认同——当代中国信仰的社会学分析》，获 2012 年国家教育部人文社会科学优秀著作奖。

提　　要

　　就当代中国社会的宗教信仰及其社会影响而言，佛教和基督教的社会影响是最主要的也是最重要的方面。

　　作为中国宗教社会学的重要论域，本书以当代中国社会中的佛教与基督教之间的交往及其交往规范的研究为节对象，将宗教交往的资源，参与现代社会交往秩序纳入了中国宗教宗教社会学的论域。在此论域之中，"信仰认同"作为一个宗教信仰体系的交往、行动单位，一种分析工具，分析一个宗教的认同规则、认同资源的建构路径，成为考察佛教与基督教信仰方式的建构逻辑，以及这些信仰如何进入社会、何以表达，继而规范社会伦理。比较已有的宗教对话或宗教比较研究论著，本书不再集中于宗教理论对话层面，而是将宗教对话转换为信仰认同与宗教交往关系等方面的研究，把宗教交往关系作为一种社会现象与社会过程来加以研究。与其说宗教对话很重要，不如把此对话过程所包含的内容予以展开，把它们分别置于一个公共的社会领域，总结其交往与认同等经验教训。

　　此当为当代中国宗教信仰交往、社会认同过程中的不可忽略的重要问题。

本书系教育部人文社会科学重点研究基地重大项目"宗教文化与社会和谐秩序安排"（2009JJD720005）阶段性成果。

目

次

第一章 导 论

宗教是一个以神人关系为基础，同时也是一个具有制度形式、组织结构的信仰共同体。它们的组合及其社会认同方式，迄今为止给予人类文明生活以极大的影响。它们同时也成为信仰认同、宗教交往、宗教与社会交往、宗教信仰与社会认同的重要方式。就此而言，宗教是能够被视为迄今为止的重要社会交往结构，在社会生活、人际关系、社会协调中占据举足轻重的地位和非常重要的功能。

然而，"古典的宗教社会学并不处理沟通问题（或者只是在外围沾个边），原因很可能就在于人类中心主义的问题。我们就以这缺陷（如果也算是缺陷的话）作出发点，来重新描述社会学的宗教理论的使命。我们想要用"沟通"这个概念来取代人的概念，以社会学理论取代传统人类学的宗教理论"。[1]

以交往理性研究而著名于世界的思想家哈贝马斯曾经指出，"上帝的观念被转化成为一种逻各斯的观念，这种逻各斯的观念支配着信徒团契以及正在自我解放的社会的实际生活语境。上帝变成了一种交往结构的名称。这种交往结构迫使人们在由于人性的丧失而遭受惩罚时去超越他们偶然的经验本性，为此，他们通过并非他们本人的客观事物而间接相互遭遇，彼此邂逅"。[2]

此外，特别关注宗教与全球化现象的宗教社会学家彼特·贝耶尔，亦曾以尼克拉斯·鲁曼的宗教是一种交往结构的概念，论述全球化背景中的宗教

---

1 尼可拉斯·卢曼《社会的宗教》，周怡君等译，台北商周出版社 2004 年，第 41 页。

2 尤尔根·哈贝马斯著，刘北成、曹卫东译，《合法性危机》，上海人民出版社 2000 年，第 160 页。

交往现象，以此作为分析工具处理全球化过程之中不同信仰和不同国家之间宗教信徒的交往。贝耶尔指出，这种具有交往功能的宗教体系，能够建构一种虔诚和神圣的社会现实，它们能够生产和再生产类似于经验、传统、神圣、超验存在、奉献、启蒙和转变这些现象及其社会意义[3]。

因此，本书在讨论当代中国社会中佛耶两大宗教的交往关系时，借助于宗教信仰之"交往结构"这一概念，试图把佛教、基督教视为当代中国人之中的一种信仰认同及其社会交往结构，进而考虑宗教交往在社会建设、社会协调中的形式和功能。

1、研究对象及研究目的

虽然宗教对话历来都是宗教界与学术界共同关注的话题，但是，自从1990年代初叶，萨缪尔·亨廷顿发表《文明的冲突》之后，宗教对话就成为了全球学术界的热门话题，不同文明体系，不同宗教体系，甚至是不同的社会体系之间，都在思考、讨论它们之间的对话与沟通。而在"9·11"之后，不同宗教之间的对话，亦被赋予了特别的意义，直接面对着那种基于不同宗教信仰体系、不同宗教组织之间的冲突或事件，成为了人类文明的重大话题之一。

在此全球化背景之下，中国宗教学界的对话及其相关研究，也在近年来呈现了格外的发展趋势。佛教与基督教、佛教与儒教、儒教与基督宗教、伊斯兰教与基督教的对话活动、学术研究，均有很大的发展与进步。而本课题的研究，也大多属于这一学术发展倾向及其过程。

然而，本书的研究，不再集中于对话层面的理论研究或信仰层面的理论讨论，而是希望基于以往的宗教对话研究，将宗教对话研究转换为信仰认同与宗教交往关系等方面的研究。把宗教交往关系作为一种社会现象与社会过程来加以研究，即是把宗教对话的理论问题转换成为一个从对话理论到宗教交往的社会实践过程。与其说宗教对话很重要，不如把此对话过程所包含的内容予以展开，把它们分别置于一个公共的社会领域，视其信仰交往，总结其交往与认同等经验教训。此当为当代中国宗教信仰交往、社会认同过程中的重要问题。

特别是中国社会改革开放三十年来，各个宗教均已获得了不同程度的发展，它们已经从落实宗教政策、注重各个宗教内部建设发展到适度进入社会

3　Peter Beyer,2006, Religions in Global Society,p.10-13, London and New York.

领域、直接为社会提供公共服务的场面。这样，各个宗教信仰已经不再局限于各自的宗教场所，而是已经走出来，各个宗教发生了直接或间接的遭遇、或者是合作、或者是在一个新的领域中相互竞争。这就是说，"在宗教漫长的演化过程的最后，宗教沟通将会成为一个问题，甚至成为宗教本身的问题"。[4]而对此类问题的思考与研究，远远不是宗教对话能够包括的，它们已经成为一种社会现象、甚至是一个社会过程，从理论的、信仰的，转变成为了经验的、信仰实践的过程。

就宗教在当代中国社会的影响而言，毋庸置疑，给予当代中国人和中国社会以极大影响的，应当说是基督教和佛教两大信仰体系。这就是本研究以佛教和基督教及其信仰认同的方式与过程，作为主要研究对象的基本缘由。

佛教作为传统中国的宗教和信仰认同方式，给予中国人古往今来以极大的影响；基督教作为一种异质文化信仰，它的东渐入华，实际上已引发、导致了中国社会交往和信仰认同的许多问题。梳理这些现象及其信仰关系，对于宗教在当代中国社会建设中所能发挥的功能，应当说是非常重要的。其中，包含了佛教和基督教作为一种宗教组织，与地方社会——文化、社区和居民组织的交往关系，以及宗教信徒的信仰认同和组织化的信仰群体认同方式，与地方社会、文化建构之间的交往关系。特别是对佛教、基督教在信仰认同层面的异同及其社会交往特征的比较研究，即可由此而把握佛教、基督教在中国社会的社会交往过程与社会交往经验，为当今文明社会之宗教对话提供一种社会层面的交往经验。

为此，信仰认同是宗教信仰与社会交往的结果。本书以"信仰认同"作为一个宗教信仰体系的交往、行动单位，一种分析工具，分析一个宗教的认同规则、认同资源的建构路径，进而考察该宗教的建构逻辑，如何进入社会、表达信仰、规范社会伦理。因为，依据社会理论，认同大都是被建构起来的，认同是人们意义与经验的来源。它涉及到自我建构和个体化的过程。谁建构了这个认同？以及为谁建构了这一认同？大致上就能决定了这一认同的象征意义，决定了那些接受或拒绝这个认同的人的意义。

4　尼可拉斯·卢曼《社会的宗教》，周怡君等译，台北商周出版社2004年，第320页。

2、理论框架与概念工具

（1）宗教交往

宗教交往的基本问题，同时也是具有宗教交往及其交往规范的社会化或社会化路径的问题，以直接将宗教交往的资源，参与现代社会交往秩序的构建。其中所包涵的基本问题是：宗教交往、宗教之间的交往、宗教信仰者之间的交往，它们之间的基本原则是什么？它们之间之所以能够构成社会交往的共享价值、公共领域是什么？如果缺乏了这一共享的观念或价值基础，不同的宗教之间的交往、不同宗教信仰者之间的交往，是否还有可能？是否能够对普遍的社会交往具有促进的功能？我们认为，讨论这些问题，对于目前世界普遍关注的文明冲突、乃至那些基于宗教意识形态、信仰极端主义、排他主义的某些冲突，或许也能够具有一定的参照意义和讨论价值。

很明显，这一共享基础或公共领域，不仅仅存在于宗教之中，亦不局限于宗教信仰，而是基于现代公民社会的重叠理性。宗教对话可以在研讨会上、在神学家、宗教领袖或学者的书斋中进行，但是，宗教交往与信仰之间的认同，却一定要在一个具有公共性、普遍性的公共领域之中才能得以展开，得以建构。因此，本书在研究佛教与基督教之间的宗教对话的同时，提出并且讨论一个"宗教交往"的概念，就佛教与基督教在当代中国社会中的交往关系，讨论宗教交往与社会交往的重叠性、宗教信仰认同与社会认同之共享关系。

从宗教社会化的要求而言，一种宗教体系、信仰形态，必然就是一种社会交往结构。虽然，上帝观念是以基督教为中心的定义方式，然而，如果把这个上帝观念转换为其他信仰对象，比如佛教徒基于一个共同拥有的佛陀信仰，佛教体系也就能够成为一种宗教交往结构。它说明一个宗教体系，作为一种人与人交往的观念和结构，依然是一种具有社会性的客观存在。

为此，本书主要关注两大层面：一是从宗教信仰者个体的角度，即宗教如何培养信仰者个体的宗教认信、信仰认同及其认同方式、以及作为一个社会成员的责任、意识和道德热情；其次，则是从宗教与社会交往层面，即是如何培养信仰者个人对于宗教、信仰和宗教制度、及其对于现代社会公民权利的认同、忠诚以及，对于现代公民社会的整体责任感。

所以，宗教交往的社会本质，就应当是，以信仰者社会属性和社会身份为核心的宗教交往及其与社会性的社会认同的关系，能够帮助当代中国人确定宗教认同与社会认同之"内部"或"外部"关系的方法，并且通过这个方法的讨论，进而将宗教认同与社会认同之关系，真正地置于"公共"与"私人"领域，使宗教交往、宗教对话、信仰认同等问题及其秩序边界，能够更加清晰。

这就可以在宗教"内部"，处理其组织、体系与其信仰者成员的直接认同关系，而在其"外部"层面上，则与其他宗教、其他信仰者之间的交往方式，或者是社会交往方式，或者是私人交往方式。至于宗教交往的社会广度与社会深度，同时对一个社会结构的社会化程度，也形成一个基本的认识与把握。

这两大方面，基本构成了宗教交往、信仰认同或宗教交往之社会广度与深度的基本内涵。为此，本书主要讨论的是宗教交往、宗教与社会交往、宗教信仰与社会认同的社会建构等等层面的问题，进而以"宗教社会化"[5]的概念，讨论"宗教交往及其认同方式的社会化"等相关问题。

（2）宗教交往社会化

社会学领域之中的社会化概念，自其狭义而言，重点在于一个"生物人"转化为一个"社会人"的过程；自其广义来说，社会化则不仅仅是一个由"生物人"变为"社会人"的过程，更是一个社会价值内化、适应社会生活的过程。然而，在此社会化概念的基础上，社会化的研究也呈现了一些新的研究倾向，即注重扩大社会化过程中的"个体"概念，将"个体"概念扩展为社会意义上的一个群体或一个单元、甚至是处于特定水平上的某种文化传统。特别是在社会与个体的这对矛盾之中，注重了社会化过程之中社会因素及其意义的研究。所以，文化的角度、人格发展以及社会结构的层面，都可作为广义社会化研究的领域或论题。[6]

自文化的角度而言，社会化的实质是一个社会文化的内化过程；从人格发展的角度言之，社会化是人的个性形成和发展的过程；而从社会结构的方面来说，社会化则是促使个人承担社会角色而具有社会性，进而维持和完善社会结构。由此可见，社会化在不同的时代具有不同的社会化内容，同时也

5　关于"宗教社会化"命题的提出，可参李向平《当代宗教的实证研究及其社会学研究趋向》，中国人民大学基督教文化研究中心主编《基督教文化学刊》，总第 12 期，2004 年 12 月；李向平《中国当代宗教的社会性诠释》，上海人民出版社 2006 年。

6　参郑杭生主编《社会学概论新修》，第五章，《人的社会化》，中国人民大学出版社2003 年。

是一个随社会变迁而不断地改变其存在形式的过程。而不同价值体系的社会化，也会同时具有不同的社会化形式与社会化要求。

从社会化的角度来看，一次性的社会化，基本是没有完成的社会化。同质而单一的社会化，只能构成"一次性的人格体或社会人"。特别是"在欠发展的社会里可能发生的是，某人仅仅是惟——次的人格体（意为"社会人"），即只是父亲，或者只是武器制造者，或者只是类似的具有狭小轮廓的人。"[7]这种社会化的结果，社会化的内涵极其单薄。因此，如果在一个社会化构成尚未认真完成的时代中，仅仅强调宗教、宗教信仰的认同方式，则会促使这个本来就发展不足的价值体系及其信仰者的社会化进程频受干扰，难与其他宗教、其他宗教信仰者进行不同程度的社会交往。

宗教社会化，作为另一种社会化，其内涵究竟是什么呢？

这个社会化，至少不是原来那种单向的社会价值的内化，不仅仅是个体对于社会生活的单纯适应，而是更强调在社会与个体的矛盾之中，各种社会力量的交往形式。一方面，这是当个体的活动"能够根据一个当为的秩序来解释时，社会就能够存在了，从而开始了"个人的再度社会化过程"。与此相应的是，"社会不能被理解为单个的诸个体的意识过程的合成。因此，只要根据某一个体的意识或者根据更多个体同样的意识状况来确定如何与个体的行动相联系，就不存在社会。用这种方法和方式，摆脱不了工具性的即每个自己的世界。"因此，只有在某种价值规范决定着必须如何与某种行动相联系时，人们能够达到一种"规范性相互理解"的时候，社会才会产生。[8]

至于当代中国社会的特殊语境之下的"宗教社会化"，主要是强调在国家行政权力与经济市场之外的社会化呈现，既非政治化，亦非商业化、市场化，从而能够使任何一个宗教体系具有一个社会子系统的结构与功能，使宗教落地与社会民间，宗教问题成为社会问题，从而使宗教之间的社会交往，能够具有比较真实的社会交往特征。

这个问题，大抵上就是基于"宗教社会化"问题，对于宗教之社会交往方式提出的另一种社会化命题。因为，"任何一种宗教都具有并且必定具有法律的要素——确切地说有两种法律要素：一种与信仰某一特定宗教之群体的社会程序有关，另一种则关系到宗教群体只是其中一部分的更大群体的社会

7　京特·雅可布斯《规范·人格体·社会》，第51页，法律出版社2001年。）
8　京特·雅可布斯《规范·人格体·社会》，法律出版社2001年，第43、32、45页。

程序"。[9]倘若这个共识能够在宗教交往过程中顺利实现，那么，宗教交往与宗教之认同方式，便会因此而具备了丰富的社会性和普遍性。

其中的主要问题是，这种宗教的或者社会的认同方式，并非那种相互影响的社会化形式和认同方式，能够以"一种利益、目的、动机和个人之间相互作用的形式或方式，通过个人或者个人的形态出现，"进而能够使这种形式或内容构建成为一种社会现实，并以其相互作用的方式，使"社会"成为社会。[10]

至于现代人的信仰认同与社会交往方式及其社会化路径，则是依靠什么来予以构建的呢？由于"'社会'是以一系列其他系统性关系为背景，从中'凸显'而出的社会系统。"因此，"所有的社会都既是社会系统，又同时由多重复合的社会系统交织构成。这种多重复合的系统既可能完全'内在于'社会，又可能跨越社会的'内部'与'外部'，在社会总体与跨社会系统之间形成多种可能有的关联形态。"在此基础上，人们就不难理解，所谓的社会化实际上是以社会性互为表里、而社会化也以社会性为内核、基础。[11]

宗教交往之间的私人化交往方式，也有可能意味着信仰者从中能够获得一种社会交往的推动力。它的目标是个人，而不是集体。因此，"如果还以为个体化只是影响某个群体，而不去全面思考它对社会结构造成的深刻变化，并通过社会学分析把这种作用揭示出来，那就完全错了"。

虽然宗教交往之间的私人交往方式，对于现代社会公民之间的共识和认同方式来说，将会有一个极好的结论——即："私人的便是政治的。"[12] 但是，从个人信仰的社会化与宗教社会化的关系而言，这是一个问题的两个层面。一方面是私人信仰认同关系的社会化，经由信仰之认同路径，把私人的个体的信仰，建构为他人、乃至社会均能接受、理解的信仰方式，进而把私人信仰方式中常有的神秘性与巫术性，转换为社会性与公共性。此乃宗教交往与信仰认同之前提。另一方面，则是宗教关系从政治领域或经济市场领域脱出，真正实现它的社会化发展路径。它们将集中包含宗教社会化与信仰社会化的双重主题。

---

9 哈罗德.J.伯尔曼：《法律与宗教》北京三联书店 1991 年，第 97 页。

10 G·西美尔《社会学——关于社会化形式的研究》，华夏出版社 2002 年，第 5 页。

11 安东尼·吉登斯《社会的构成》，北京三联书店 1998 年，第 265、266 页。

12 乌尔里希·贝克、[英]安东尼·吉登斯、斯科特·拉什著《自反性现代化——现代社会秩序中的政治、传统与美学》，第 71、83、60 页。

在宗教交往的研究层面来说，宗教交往的社会化过程及其结果，能够使各个宗教在不同的宗教交往之间，具有一个不同宗教均能共同依赖、活动的制度平台或公共领域。这就是说，宗教交往之具有一个共同的领域，实际上是需要一个宗教或者更多宗教之外的制度平台或者公共领域。诚然，宗教之间的宗教交往与人际关系交往，也有可能会促使一个宗教之间的公共交往领域的逐步建构。

（3）信仰认同与认同方式的社会化

一般地来说，"认同"具有两个含义，第一，同一性，第二，独特性。主要是揭示个体与群体之间的关系。从社会心理学的角度来看，认同是一种用来解释人格统合机制的概念，即人格与社会文化之间怎样交往而维系人格统一性和一贯性，认同是维系人格与社会文化之间交往的内在力量，从而是维持人格统一性和一贯性的内在力量，因此这个概念用来表达主体性和归属感。[13]

所以，把个人参与社会运动的意义和经验予以归类和描述，是认同方式得以构成的基础。将社会运动的分析构架置于参与认同的建构过程，借由个人对参与社会运动的意义和经验的描述与归类，个人在参与社会运动的同时可以与其他的成员交往，调整其集体认同的框架。与此同时，认同也是"文化的行动单位"，是为了对付特殊的环境，根本上是解决问题的工具，是执行的角色。[14] 因此，在社会交往的研究中，认同方式能够在一定的程度上揭示社会运行结构机制，包括社会秩序的运行机制。

在社会学中，认同是一个多侧面的概念，可以用多种方式予以说明。一般来说，认同与人们对他们是谁以及什么对他们有意义的理解相关。这些理解的形成与先于其他意义来源的某些属性相关。认同的一些主要来源包括性别、性别倾向、国籍、民族、社会阶级以及宗教信仰。

社会学家经常提到的有社会认同和自我认同两种方式。社会认同是别人赋予某个人的属性，基本上可以被看作是一个人的标志。同时，社会认同也将该人与具有相同属性的其他人联系起来。卡斯特则将认同定义为在文化特质或者相关的整套文化特制的基础上建构意义的过程，而这些文化特质，是

---

13 沙莲香主编《社会心理学·序言》，中国人民大学出版社 2002 年，第 272 页。

14 约瑟夫·拉彼得等编著《文化与认同：国际关系回归理论》，浙江人民出版社 2003 年，第 11 页。

在各种意义上的来源中占有优先位置的；认同是行动者经由个别化的过程而内化建构的，是行动意义的来源，并将其划分为合法性认同、拒斥性认同和筹划性认同，分别与公民社会、公社和共同体相联。[15]

多样化的社会认同反映了人们生活的多样化。虽然社会认同的多重性，可能成为社会冲突的潜藏来源，但是大多数人是围绕着一种主要的认同，来组织他们生活的意义和经验的。因而社会认同包括一种集体的维度。这些认同标示出个人是如何与他人"相同"的。基于一系列共有的目标、价值观或者经验的共同认同，能够形成社会运动的重要基础。

至于自我认同则是把我们区分为不同的个体，指的是自我发展的过程，通过这一过程我们形成了对自身以及对我们同周围世界的关系的独特感觉。自我认同概念的提出与符号交往论者的理论有很大的关系。正是通过个人与外部世界不断的沟通，才创造和改变了他或她的自我感觉。自我与社会之间的交往过程有助于把个体的私人世界与公共世界联系起来。[16]

同时，也因为认同的建构是一个至为严肃的镜子游戏。它是多重的识别实践的复杂的时间性交往，这种识别发生于主体或人群的外部和内部。因此，为了理解这个构成过程，有必要将镜子置于空间中和不同宗教之间的交往之中。

在宗教交往过程中，有一个极其重要的内容，就是不同宗教之间的认同方式。所以，信仰认同与宗教交往的实现，亟需建构一种群体或共同体的维度，才能促成宗教信仰者之间进行社会交往之功能，以至于在宗教社会学的信仰认同研究中，认同就成为了"宗教的行动单位"。

这一概念的认定，乃是因为宗教认同是揭示个人与群体之间的关系的概念。宗教认同可以通过个人有意识的追求而获得，也可以通过家庭社会化而获得；认同有不同层次水平，可以只是一种单纯的宗教徒的名分，也可以是仪式行为和自我的深入投入。

信仰认同则是意义的定位，是宗教与社会交往、宗教之间不同层次的交往结果。为此，信仰"认同"可以被视为宗教交往结构的一个行动单位，一种分析工具，通过分析宗教交往之间的信仰认同规则、认同资源的建构路径，进而考察该宗教是如何进行宗教交往的，如何与其他宗教交往、表达各自的

---

15 卡斯特《认同的力量》，北京：社科文献出版社 2003 年，第 2-10 页。
16 安东尼·吉登斯《社会学》，北京大学出版社 2003 年，第 38-39 页。

信仰、规范人们在人际关系中的道德。依据社会理论，认同都是被建构起来的，认同是人们意义与经验的来源。它涉及到自我建构和个体化的过程。谁建构了这个认同，为谁建构了这一认同，大致上能决定了这一认同的象征内容，决定了那些接受或拒绝这个认同的人的意义。

至于在那些传统的体系中，认同则是分配在更大的社会网络中而在现代体系中，它是集中在身体上。这样的差异肯定要造成文化识别发展方式的差异。[17]

不同宗教之间的交往，基本是以一种宗教信徒的身份来进行交往的。也只有在具有一定宗教身份的宗教信徒之间的交往，才能称得上是宗教之间的真正交往。虽然这种宗教之间的交往，可能会因为社会条件的制约或者是碍于宗教信仰者的社会身份或社会地位，宗教交往在宗教信仰者之间也会出现不同的现象。其中，一个比较普遍的现象就是，碍于社会身份及其社会利益，宗教交往之中往往会是交往者隐匿了自己的宗教信仰身份，从而会使宗教交往转换成为一种私人的交往，变形为一种私人之间的沟通了，而不是具有社会交往特征的宗教交往了。

这就是说，宗教交往会涉及到宗教与宗教之间不同信仰者的身份认同，而不同宗教的身份认同方式，就会影响、甚至限制了宗教交往的广度与深度，决定了宗教交往是私人交往，还是社会交往。这就会伴随着"宗教"社会化的同时，呈现了一个与此紧密关联的"信仰"社会化命题。而宗教与信仰的双重社会化，定将彼此制约地影响着宗教交往的社会深度与社会广度。

社会认同方式或社会角色的确定，是行为体在体察其他行为体系意图的时候，它自身所具有的一些品质涵义；集体认同则是指建构行为个体的内在品质。但是对于个人来说，这意味着躯体和个人的思想经历；而对于组织机构而言，这意味着组织成员和共同的信仰，同时还意味着个体成员们作为一个"我们"行事的制度。[18]

所以，宗教交往是不是"我们"与"他们"之间的交往？抑或就仅仅是"我们"之间的人际交往？这会在相当普遍的社会层面之上，制约了宗教交

---

17 乔纳森·弗里德曼著，郭建如译，《文化认同与全球性过程》，商务印书馆2004年，第44-50、213页。

18 约瑟夫·拉彼德等主编《文化和认同：国际关系回归理论》，"国而际政治中认同和结构变化"，浙江人民出版社2003年，第74-75页。

往的社会广度与社会深度。因此，宗教交往就是一种基于宗教认同的社会交往。可以这么说，宗教认同的社会化程度，将会直接影响到宗教交往的社会广度与社会深度。否则，这就不是社会性的宗教交往，而是宗教徒之间的个人交往，或私人性的宗教交往。

这就是说，信仰认同方式之中，乃存在着一种属于自己的"认同"，以及另外一种不属于自己的"认同"。如果说，"个人的就是宗教的"（Personal is Religion）的话，那么，个人之信仰认同如何成为宗教交往的基本要素，成为宗教交往的一种实践表达方式，这就会使信仰认同及认同方式的社会化程度，成为宗教交往水准的一个基本变量。

在这里，信仰认同就是一种试图通过神圣资源的认知与使用，是一种基于信仰者对宗教体系所提供的象征权力的定义，从而建立的信仰认同方式，是对已经存在的个人信仰的发现和再发现，是对信仰者社会身份的解构和再建构。

如果国家为了政治目的运用了宗教及其信仰的意识形态，那么宗教信仰者个体，就将依赖于国家权力或宗教民族主义，把它们作为他们个人认同的主要内容，进而影响到宗教交往之间的社会水准。于是，一个"没有国家的人"的这个范畴，就强烈地暗示了宗教、民族认同的重要性。[19] 由此不难看出，当代世界或当代社会之中，宗教之间将会是一种"相互的建构"关系，一种具有特别意义的社会交往结构，同时也可能会建构一种社会化的交往系统。

在永远也不可能一次完成的宗教社会化过程中，它将会涉及到这一社会化进程的社会实质，事实上就是一个重新思考宗教、重新思考宗教与社会的关系，进而在宗教交往间的"规范性交往关系"，进行交往与认同的构建，将宗教、宗教之间的交往模式，构建为一个可以"作为规范性相互理解的社会"。这就不会局限于各个宗教体系所提供的价值规范，而且是不同的信仰与价值规范之间的相互理解、彼此交往，进而建设一个基于信仰认同而得以拓展社会交往、深化人际交往、增加深化认同的公民社会，并且能够把不同宗教、不同宗教信仰者的认同方式，置于社会结构的内部，而不是在其外部。

这是因为，现代社会之中公民之间的信仰认同，被一个宗教交往秩序来解释的时候，宗教的社会化才能够被建构起来，信仰的社会化过程才能够由

---

19 约瑟夫·拉彼德等主编《文化和认同：国际关系回归理论》，"土地上的认同：民族主义中的自然、地方和距离"，浙江人民出版社 2003 年，第 212 页。

此开始。可以说，这个宗教交往秩序，就是信仰社会化乃至宗教社会化的核心问题。它在不同的宗教交往中所能够生产出来的有效规范性，既是信仰者之间的人际交往，同时亦深深地制约着一个国家、一个宗教体系的社会认同。这也就是说，只有在信仰、价值、规范提供了指导宗教交往、社会交往的标准时，只有当信仰认同方式提供的价值规范，能够决定着人们之间的社会交往的时候，宗教的社会化与信仰的社会化才能够产生。

对于宗教信仰者来说，信仰往往就是一种宗教身份的获得。基于信仰的宗教身份的获得，往往就会使信仰者在表达自己的信仰认同的时候，常常体现为一种身份认同。

而身份认同是一种社会定位过程，通过社会关系来进行社会定位。"一种社会定位需要在某个社会关系网络中指定一个人的确切'身份'。不管怎样，这一身份成了某种'类别'，伴有一系列特定的规范约束……某种社会身份，它同时蕴含一系列特定的特权与责任，被赋予该身份的行动者会充分利用或执行这些东西；他们构成了与此位置相联的角色规定。"[20]

曾有研究表明，农村天主教与其说是一种被选定的信仰，不如说是一种被给予的身份。在宗教实践中，这并不是个人的信仰问题，而是作为一个社区的成员的地位继承问题。其宗教原则是与家族纽带及其财产利益交织在一起的，在实践中难以被消除，除非离开农村。所以，他们是一种族群一样的身份群体，其作为一个相对独立的群体，并非信仰，而是体现在身份上。[21]

至于当代中国社会中更普遍可见的基督教信仰认同方式，则是基督徒所采取的个人化策略性认同模式。这种策略性认同模式，既是基督教徒信仰个性化的特征，同时也经由无数基督徒的共识，而构成了基督教会的认同模式。这种现象，与传统中国宗教的弥散状态相异，基督教的组织特征直接促使基督教徒常常以团契的形式，来表达教徒间的支持性认同，而且这种宗教认同能够被视为一种群体归属。

实际上，中国社会中的基督教认同方式，常常被历史和政治所忽略。中国基督教的群体或个人的身份认同，往往会具有一种伦理意义之外的政治认同制约，使它们隶属于具体政治——历史情境下的历史——文化变量而已，很大程度变型为一种外在的政治身份划分，而非深入到宗教信徒内在的信仰

20 安东尼·吉登斯《现代性与自我认同》，北京：三联书店 1998 年，第 161-162 页。
21 Madsen ,Richard,1998.China's Catholics: Tragedy and Hope in an Emerging Civil Society. Berkeley: The University of California Press.p.53,58.

体系。文章还通过对基督教徒成员资格和公民资格的区分和比较得出，基督教群体的宗教伦理及其制约，只能在成员资格和公民资格的双重关系之中，才能取得一种相互平衡的社会——他者的定义模式。[22]

显然，宗教交往中的信仰认同关系，如果是取决于个人的财产利益关系、或者是社会地位、社会身份的话，那么，这个宗教的信仰认同方式基本上就是出自于个体的、私人的信仰方式。如果信仰者由此而决定了自己的宗教身份的话，那么，这就会更加说明了这个信仰的选择是基于个人的利益考虑。而宗教之间的交往关系就只能是个人的，而非宗教体系之间的群体交往方式了。

这就说明了宗教交往在很多情况之下，并不是基于信仰认同，而是基于身份的制约。它们的交往往往是一种被给予的身份认同的结果，而非宗教信仰认同方式之间直接的交往结果。

尤其是在宗教带来的那种"政治"认同（这种认同的政治性，在诸如马基雅维里、霍布斯或卢梭等现代政治思想家笔下的"公民宗教"中体现得更明显），与信仰带来的"伦理"认同之间，存在着巨大的差别。前者只是浅浅地勾画在日常生活的纹理上，尽管可以讲述，但却难以辨认；而后者却深刻地塑造了日常生活的纹理，尽管沉默不语，却与众不同，容易识别。如果说前者是只能外在于质料的"现代"形式，那么后者好像倒成了能够塑造质料、赋予质料以形状的"古典"形式。[23]

本书将会在佛教与基督教的交往情形之中，梳理并分析佛教与基督教之间信仰认同及其交往形式、交往结构，并且通过这些信仰认同及其交往形式，试图讨论一个社会结构之中宗教交往、信仰认同对于社会交往的基本影响。为此，我们可以将以信仰认同作为"宗教交往"、"宗教交往社会化"诸现象、过程研究的概念工具，以深刻把握当代中国佛教、基督教社会交往过程及其特征。

（4）宗教交往的社会化技巧

宗教交往的社会水准，将会直接制约着信仰者之间的人际交往可能。在这里，本书提出的宗教交往问题，或许在某个宗教活动场所不会成为问题。

---

22 李向平《伦理·身份·认同——中国当代基督教徒的伦理生活》（上、下），《天风》2007 年 4-5 月号。

23 李猛《代序：探寻他们是谁》，见吴飞《麦芒上的圣言——一个乡村天主教群体中的信仰和生活》，香港道风山汉语基督教文化研究所有限公司，道风书社 2001 年，第 10 页。

因为，在单一的宗教活动场所，信仰者之间的认同方式会也会显得比较单纯。可是，当他们一旦出离了教堂和礼拜、寺庙的神圣空间和时间之后，进入到日常生活世界之中的时候，他们的认同方式就会变得模糊不清。这个时候，信仰认同技术的问题、宗教交往的社会化技巧问题，就被毫无遗漏地暴露出来了。

一方面，这是一种信仰认同的技术，仅仅是表面认同，一种尽管可以彼此辨认、却无法认识自身的认同技术。所以，这种认同技术，只能在日常生活的纹理中留下若有若无的痕迹，最终要靠一个外人的眼睛才能将它挖掘出来。它能够进入生活，却不能由此而全面地重塑人的整个生活风格。[24]

另外一方面，这是一种宗教交往的技术。即使是一种信仰认同技术，也只有依靠外在的认同技术才会容易辨认，容易得到交往者之间的相互认可。这种宗教交往方式，必然要依靠外在的力量才能被发掘出来，必然要依靠宗教的社会化程度与社会化的深度才能被显示出来。在此层面之上，宗教交往就会亟需一种宗教社会化技巧，方能得以正常进行。

每个宗教都有一套独特的技术，用以强化信仰者的身份认同。这些技术，如果能够与信仰认同方式相互整合，那么可能是宗教认同；如果是与政治认同因素结合，那么这种认同方式就可能是政治认同、或者是政治信仰的认同。其中，最关键的，是宗教交往之间的"交往单位"，这个单位的结构，制约着它们的交往水平和交往方向。因此，必须把宗教交往的单位，编织在规模逐渐增大的许多交往层面所组成的厚密网络里，日常遭遇的层面、角色的层面、群体的层面、组织的层面、社会世界的层面、社区的层面、社会的层面、以至文明的层面，所有这些层面都是通过协同交往而得以构成的，它们之间的相互联结，正是协商秩序（negotiated order）的基础。这样，社会组织就成为一种集体活动的网络。[25]

宗教体系所拥有的治理技术切割着日常生活，教会和国家之间也都各自形成了一套治理技术。这些技术可能构成一种边界，塑造人们的一种观念或习俗，所以这些治理技术在宗教群体之中形成某种整合机制，强化群体认同，

---

24 李猛《代序：探寻他们是谁》，见吴飞《麦芒上的圣言——一个乡村天主教群体中的信仰和生活》，香港道风山汉语基督教文化研究所有限公司，道风书社2001年，第7页。

25 布赖恩·特纳《Blackwell 社会理论指南》，上海人民出版社2003年，第249页。

并且与当地的社会结构相结合，影响着日常生活。[26] 因此，宗教交往的社会本质，就是国家治理技术与教会或宗教群体治理技术的交换或整合。哪种治理技术强大有效，人们就容易认同哪种治理技术，从而容易构成认同和沟通。

然而，当"技术的同质化"现象，呈现在国家和教会各个领域的时候，国家治理与宗教交往的技术就会被首先整合起来，使用同一种治理技术。这个时候，宗教交往、信仰认同如果依据了这些治理技术，他们是否能够在世界图景的构成层面上，构成神圣与现实的二分现象、或者是交往关系、交往结构？所以，仅仅是个人的信仰认同，是否亦能够构成这种二分的、或者信仰者之间的交往关系？

特别是当信仰及其认同成为公共保障和公共物品的替代的时候，人们通过信教、参与宗教活动本身在为信徒提供精神世界的同时，为其创造了稳定并且界限分明的社会交往圈，从而将参与者从有限的日常生活的束缚之中解脱出来，提供了公共生活的可能。于是，经由公共物品、社交网络、教育等等一系列制度化的事实，使信徒在最为需要的时候获致了心理上的支持，甚至物质上的帮助。[27]

其中隐含的问题就是，宗教及其信仰认同方式，是如何塑造整个人、乃至整个社会的生活风格、交往水准？建构神圣生活与日常生活、人际交往的关系结构？

如果信仰认同，既意味着个人的身份界定，同时也意味着社会系统的身份界定；如果信仰者的身份，总是处于环境中系统的偶然身份，那么，在确立身份时就必得满足这样一个条件：既把身份归属于社会经验，同时又要归属于宗教行动。一个人在为宗教信仰系统选择身份时，不可能不同时选择这样一个相关的环境，反之亦然。要么把身份归属于宗教系统，要么归属于社会环境：这个二项对立图式已经预设了宗教系统是在社会环境中建构起来的；但是它又不能应用于建构过程本身。

如果是这样的话，宗教领域便不可能发展出那种仅仅属于一种类型的交往方法。同时，这种交往方法，也无法达到如真理或权力所达到的那种专门

---

26 吴飞《麦芒上的圣言——一个乡村天主教群体中的信仰和生活》，香港道风山汉语基督教文化研究所有限公司，道风书社 2001 年，第 36-37 页。

27 张敏《基督徒身份认同：浙江温州案例》，载张静主编《身份认同研究》，上海人民出版社 2006 年，第 119 页。

化程度，无法使它通过符号而普泛化的象征机制，恰好能够适合于这样一种交往方法。

于是，它就表明了这样一种机制：宗教的运作机制不同于其他的社会机制。这一发现告诉我们的是，宗教媒介不能专门用来传递有风险的、不太可能的选择；相反，它必须在一个基本的层次上发挥作用，使实际的选择经验能够作为一切人共有的经验来传递。[28]

这个共有的经验，应当就是宗教交往、信仰认同的主要基础；而对于这个共有经验的体会、认知与把握，也就构成了宗教交往的社会化技巧。

3、具体研究路径

作为一种社会文化的宗教文化体系，如何与其他宗教组织、信仰体系取得相互理解，进而构成宗教交往，相互建构为一种彼此认同的交往与协调机制，这是信仰认同与宗教交往的社会学意义，也是当今社会文明对话构成之中最重要的交往关系之一。

依据本课题的研究，这种交往关系可能具有如下若干类型：

（1）宗教交往导致信仰认同；宗教交往阻碍信仰认同；宗教交往强化信仰认同

宗教组织之间的社会交往问题，关键是宗教组织的建构模式、信仰表达模式、团契模式、身份及信仰群体的认同方式，它们决定了宗教信仰的实践与表达形式、人际交往、团体认同、人群信任……

由于当代中国宗教的群体建构，大多围绕着互益行动、公益团体的模式来进行，这就决定了中国宗教信仰的社会交往功能，不得不以社会服务、社会事工，作为自己的交往模式和认同途径。

就宗教交往而言，交往的社会广度与社会深度，不得不涉及到进行交往的宗教信仰结构，受到宗教组织结构的制约。不同的宗教组织机构将会构成不同的交往形式与信仰认同方式。E.特洛尔奇曾经指出，在基督教的层面，教会一般强化的是社会认同，教派最为适应的是群体认同，而神秘主义则与个人认同最有关联。[29]

---

28 尼克拉斯·卢曼《宗教教义与社会演化》，香港道风山道风书社 1998 年，第 126 页。

29 Troeltsch,Ernst,1931,The Social teaching of the Christian Church ,2 Volumes, London: Allen and Unwin.

虽然，中国社会变迁中宗教组织所面临的交往与认同关系，不可能局限于、或者是类似于西方基督教那样的教会或者教派组织模式，但传入中国社会的基督教也在很大程度上保持了西方基督教的组织特征，这就使当代中国社会的基督教与佛教的交往结构不得不也受到这种认同方式的影响。比如说，在西方基督教东渐入华却频生教案的两百年历史中，基督教的教派组织就曾经难以被中国社会惯习所认同、接纳。西方基督教的宗派制度，与中国社会对此宗派现象的排斥，包括了群体认同方式、宗族习惯、基督教教派组织结构及其规范、外在制度与国家权力、地方文化关系等关系之间的冲突关系。其中，教会——教派为制度基础基督教制度，与以民间信仰为特征的非制度宗教之间的对立关系，乃是基督教与中国社会、中国宗教技能型宗教交往、构成信仰认同之间的重大要素。

然须指出的是，基督教在中国社会的落地发展，也不得不受到中国社会具体语境的制约，不得不或多或少地发生了一定的组织变迁，以适应中国社会。正如韦卓民先生曾经指出的那样，中国基督教的社会处境，将以"四个中心点"（The Four-centers Church）为基础。这四个中心点是：细胞教会（cell group center）；社会服务中心（social service center）；基督教培训中心（Christian center of learning）；朝圣（pilgrimage）或避静退修中心（retreat center）。[30] 在此四种类型中，细胞教会和社会服务中心应当是基督教适应中国社会的重要层面，特别是细胞教会的假设，是中国基督教"圣徒相通"的社会交往基础。

因为，这种有别于西方差会模式的细胞小组的教会运作模式，小组宣教，宜于落地生根，更加容易与非西方社会的传统文化打通；其成员交往、人际网络，能够以小组团契的精神关怀形式取代传统家庭的关怀方法。同时，它的小组聚会和细胞教会形态，以其多变和多元的传教方式，还能突破中国社会主体文化价值体系对于基督教信仰传布的意识形态限制，大大地降低了教会与主流社会环境、文化价值体系与基督教组织之间的张力，使教会与社会、民众与教徒之间的沟通改变得更加顺利，从而构成基督教组织与其他宗教交往、社会适应、信仰认同之间的广泛交往。这就把传统西方教会以医疗、教育为核心模式的宣教，地域化地变迁为社会服务的宣教模式，有可能把宗教资源直接转换为一种社会交往之中的规范、信任、交往，直接进入中国社会。

---

30 参吴梓明《全球地域化视角下的中国基督教大学》，台北宇宙光全人关怀机构 2006
　年，第 128-131 页。

这种演变倾向，已经在一定程度上出离了韦伯、特洛尔奇构设的教会——教派模式，直接以基督教社会化的组织模式为基础，必将是中国基督教在本土化过程中的一个重要过程。而它们在宗教组织与其他宗教、特别是中国佛教之间直接或间接的关系，或交往、整合，或对峙、冲突，当然也就成为了本研究的主要内容。

至于佛教的组织结构，以寺庙为中心，四方扩散，曾经有私寺、民寺、官寺等三种分类，其组织结构的特征，导致的是组织认同方式的分散特征，是具有中国特征的适应性认同方式的典型模式。

著名的法国汉学家谢和耐先生，在《中国五——十世纪的寺院经济》一书中，曾经根据佛教僧人及其与社会分层的不同对应关系，把中国传统的佛教寺僧可分为三类：

1. 官僧，由国家拨款供养，以负责完成皇家仪轨；

2. 私僧，由一些大户官宦提供食住；

3. 民僧，由一般信仰社群的微薄捐赠维持，作为一个小团体而孤立地生活在乡间。[31]

与此相应，中国传统的佛教寺庙也被分为官寺、私寺与民寺三种。

在早期的佛教史籍中，这三种寺庙是严格区分的，如法琳记载北魏佛寺共有国家大寺院４７所、王公贵室五等诸侯寺院839所、百姓造寺3000余所，而陈有国家新寺17所、百官造者68所、百姓造者1147所。在这三种寺院机构之中，以国家的支助作为后盾，官寺的寺院经济一直最为雄厚；中唐以前，由于士族信佛世代传承不替，所立寺院或由创寺一族提供资费，或由不同家族代置寺产，往往保持长盛不衰，其寺院经济虽然不敌官寺雄厚，却也颇有影响。中唐以后，随着门阀士族的衰落，私寺的寺院经济大幅度跌落，但与一般民寺相比仍然雄踞于前；在中国古代，民寺的寺院经济自始至终一直最弱，其寺院的兴废也最频繁。[32]

不过，应当指出的是，官寺、私寺与民寺以及官僧、民僧和私僧之间的分类方法，却已伴随1949年新中国的建立而基本取消，佛教及其寺庙的发展形式，仅有地域上、空间层面如城乡寺院的某些区别罢了。

---

31 谢和耐《中国五-十世纪的寺院经济》，上海古籍出版社2004年，第7页。

32 段玉明《中国寺庙文化》，上海人民出版社1991年，第320-321页。

从宗教与社会的交往关系来讲，当代中国的佛教寺庙与其他社会组织一样，也是一种以宗教信仰为基础的、规范型的人群集合模式、或者是一种社会团体般的社群关系。但是，佛教不具有基督教那样比较严格的教派与宗派组织结构，尽管也有寺庙组织，但是在佛教进入社会的层面，佛教的信仰认同方式却无法提供比较适应社会交往的信仰方式。

因此，当基督教与佛教进行社会交往的时候，它们在进入社会的时候就已经具有了不同的交往形式，似乎就是延续了三百年前礼仪之争过程中的耶佛交往情况。所以，佛教与基督教的宗教交往结构，应当很能够说明中国社会中的宗教交往格局，或者说，从佛教基督教的交往结构的形成中，能够梳理、讨论中国宗教交往结构的基本条件、基本要素与基本构成。

（2）信仰认同、宗教交往与社会建设之交往关系：社会协调引导信仰认同；宗教交往构成社会协调；

一种宗教交往或信仰认同的类型，往往是与一种特殊的信仰方式及其崇拜观念紧密联系的；或者说，有什么样的崇拜观念，该宗教交往就会构成什么样的认同类型。这就是说，与宗教——信仰的社会协调性紧密相关的信仰认同方式，即已经涉及到了宗教交往的社会特征，以及信仰认同的个体性呈现机制。

从强迫性同化到适应性认同之间，具有多重认同策略。它们是认同建构的方式问题。

特别是在宗教交往的社会协调功能的发挥过程中，宗教组织和信仰认同如何与社会文化交往、冲突或认同，使宗教资本如何转变为社会认同、文化认同的社会资源，这应当是佛教与基督教及其适应性信仰认同得以建构的主要基础。

其中，是否会具有社会化的宗教象征、礼仪、语言、文化和神学内容，是否具有新型的信仰认同和身份认同的可能？它们都将涉及到社会协调与宗教组织、宗教文化之间的交往，社会化宗教群体结构的改造。

如果说，宗教交往、信仰认同所具有之宗教资本，能够建构为一种社会交往资源，那么，宗教交往与信仰认同就能以一种社会交往的资源形式而得以存在；如果说，该宗教本身所具有的社会交往功能，常能以社会资本的规范、信任人际交往的形式来表达，那么，可以说，佛教与基督教的社会交往、信仰认同，就已被建构为中国社会——文化认同的一大社会资本。可以说，中国的佛教、中国的基督教，它们的宗教组织和信仰认同结构，已经实践了中国语境中社会协调的基本功能，建构了中国人独特的适应性信仰认同模式。

（3）信仰认同与宗教交往在社会协调之中的双向建构，呈现社会化的中国宗教形态的交往结构

此乃宗教组织与信仰认同在社会交往中如何建构的基本问题。

与宗教组织适应模型的建构紧密联系，中国佛教与中国基督教认同模型的建构，将是我们要讨论问题的另一种路径。

如果说，西方文明的认同在于自我与本我、文化与自然的对立。没有这个对立，就不可能有文化的特性，与其他存在样式相对立的存在的样式，如特定的生活风格、礼仪、道德观就不可能被改造出来，非文化的或者是没有被文明化的就不可能作为识别范畴存在。[33] 那么，中国文明价值体系强大制约下的认同模式，可能不在于自我与本我、文化与自然的对立，恰好就是它们的整合与协调。

出自于这一理论讨论，以社会交往为目的中国宗教认同方式的建构，很有可能就是在自我身份建构及其社会认同、国家认同、族群认同、与其他社会文化的认同之间，寻找一个彼此能够整合的适应性认同路径。不是强调它们之间的对立，而是注重它们之间的协调与整合。

所以，中国佛教、基督教的组织模式本身，就将是一种信仰认同的基本方式。

与此同时，社会化的中国宗教存在方式，已将建立一种中国宗教的互益型、公益型的组织结构模式。它们虽然在一定程度上降低了宗教文化本来的群体、组织意义，但却又另外建构了一种宗教文化的运作形式——以人际沟通或社会服务为中心的宗教运作形式，围绕着个人的信仰事奉方式、人际交往方式来进行，以及各种社会化、乃至个性化的宗教文化产品，呈现了不同程度的社会协调功能。

中国社会中的宗教交往与信仰认同，已经作为一种适应性认同方式的建构，使中国佛教、基督教倾向于去建构一种宗教文化，以及常常具有的群体主义、个人主义之间的交往模式，从而可以使中国佛教、基督教的宗教交往

---

33 乔纳森·弗里德曼著，郭建如译，《文化认同与全球性过程》，北京：商务印书馆2004年，第151页。

模式、信仰认同结构以及宗教组织的本质，不是一个定点或者是一个建筑，而是一个无形的信仰空间及其宗教交往方法。

4、研究方法

依据本课题的研究对象与研究目的，本课题主要采用的研究方法，有问卷、访谈、文献研究、参与观察等方法。

本课题曾经对杭州、宁波、余姚、慈溪、普陀、温州、天台、福州、福安、宁德、福清、泉州、厦门等地的佛教与基督教场所及其组织，进行过详细地的实地观察、访问、以及地方文献的收集，同时也对其中的一些重要地方做有 300 多份的非随机抽样问卷。另外，对于温州、杭州、厦门、福清等重要地区，我们还进行了第二次实地调研，进行重点访谈与重点观察。

其中，使用问卷方法，主要是为了把握这些地区佛教、基督教交往之间普遍而具体的交往情况，便于在研究过程中进行相关数据的收集，以数据说明宗教交往的具体情形。当然，问卷研究方法的使用，在本课题之中仅仅是部分的调研结果，特别是由于其样本的选择是非随机抽样，因此，这一问卷调查结果，只能说明调查样本的总体情况，或为把握当代中国社会之中基督教与佛教的交往现状，提供其个案式的研究方式。

问卷调查地区，主要集中在浙江杭州、宁波，福建莆田以及厦门进行，所得样本为 321 个，其中浙江杭州 72 人（占总体的 22.4%）、宁波为 66 人（20.6%）、福建莆田为 123 人（38.3%）、厦门为 60 人（18.7%），选择浙江与福建作为研究对象，是因为这些地区是中国东南沿海佛教、基督教分布的重要地区。

样本的基本情况是：在调查总体中，男性占 76.5%（241 人），女性占 23.5%（74 人）；在教徒年龄结构方面，17 岁以下的年轻教徒为 1.5%（5 人），18-35 岁的青年教徒占 43.9%（145 人），是教徒中的主体，36-50 岁的教徒占 22.2%（76 人），51-60 岁的教徒为 12.3%（42 人），61 岁以上的老年教徒为 18.1%（62 人）；在教徒的职业构成中，学生教徒为 35.2%，是教徒的主体，然后依次是工人（16.4%）、农民（6.6%）、教师（5.9%）、公务员（4.9%）、私营雇员（3.0%）、私营管理人员（1.0%）和军人（0.7%），此外还有其他职业（26.3%）；教徒的文化结构，没读过书的文盲为 1.6%、小学文化为 11.4%、中学文化的为 42.2%、大中专文化 30.1%、本科学历为 9.5% 以及研究生学历为 5.2%，教徒的文化水平的中位数为中学文化；婚姻状况，教徒中已婚的占 30.7%，未婚的占 65.9%，而再婚的仅为 3.4%。

至于本文所做的个案分析，主要依据这些调查数据，以佛教徒与基督教徒的交往作为主要角度，同时，为了对比起见，间或也会以基督教徒接触佛教徒的角度加以比较分析。对于问卷所获数据的具体分析，我们将附在本书的相关讨论部分。

其次，访谈方法是本研究采用得比较多的研究方法之一。之所以这样做，主要是因为访谈法的采用，可以使谈话的双方围绕所确定的问题或者题目，就有关的问题、事件、现象，从历史到今天，从原因到结果，从动机到行为，从个人到他人以及重大的社会环境等进行深入广泛的交谈和讨论。使用访谈法，在谈论和讨论的过程之中，被访问者提供的许多想法和事情往往是调查者意想不到的，进而可以给调查者一很大的启发，使之能够找到研究新思路或提出新的研究方法。[34]

而我们采用的访谈方法，主要以半结构式的访谈为主，访谈对象主要是佛教信徒与基督教信徒，间或会涉及对相关人员的访谈，比如，政府的宗教管理人士、乡村或城镇之中与佛教、基督教有所接触的相关人员，或是与宗教信徒有过密切交往的家庭成员等等。在本课题的研究中，经过访谈资料的整理，目前已积累有 8 万字访谈文稿，将成为我们分析、讨论佛教基督教交往的基本资料，提供具体的宗教交往语境。

在文献研究方法层面，我们主要是就本研究的相关的宗教历史，特别是基督教西来东渐、进入中国社会的基本历史，基督教与佛教在历史中的具体交往情况，做一些历史因素的梳理与讨论，从而使本研究能够具有历史社会学的内涵与背景，并且使佛教基督教的交往过程，具有一个背景清晰的历史过程与社会背景。这样，本书的写作，在借鉴相关文献研究的基础之上，能够使宗教对话的研究，宗教交往问题的讨论，既有历史问题的把握与讨论，亦有当下现实关系的梳理与分析，最后是质性研究与量化研究的相对结合，文献研究法与实地观察、实地访问法的有机结合。

就理论层面的问题讨论而言，本研究则针对宗教对话往往局限于神学、哲学或伦理关系方面的讨论情况，希望是把这些宗教对话的要素及宗教对话之间的各种关系，能够置于一个主观与客观彼此交往的结构来加以处理，如

---

34 袁方、王汉生《社会研究方法教程》，北京大学出版社 1997 年，第 272 页。

果要使用一个对话的概念来处理这种宗教现象的话，那么，我们也可以把这种宗教交往关系及其交往结构的研究，称之为一种"生成型对话模式"（generative discourse）[35]的研究与讨论，从而致力于讨论在个人信仰与宗教组织、宗教体系与社会结构之间的复杂关系中的宗教交往与信仰认同诸项关系。

为此，当本书使用信仰认同与宗教交往等概念，来分析、讨论佛教与基督教这一特定的交往结构与交往关系的时候，它们便在很大的程度上，即是把一种宗教信仰的抽象理念如何渗透进入社会关系、个人生活的网络过程，变传统的成员关系为宗教信仰共同体的认同关系，宗教信徒之间的人际交往关系。所以，惟有把佛教、基督教及其信仰结构的各个认同过程给予清楚地梳理，当代中国社会中的宗教交往情况，才能在社会交往、社会交往关系的层面一目了然。

本课题希望通过这些个案式的研究，分层次、按专题、分类讨论或试图解答当代主观社会中的宗教交往现象、过程及其与现实社会的交往关系所面临的诸种问题，并依据中国宗教的社会经验和演变历程，为全球化背景下宗教对话或宗教交往问题的考量，提供一组"地方性知识"和中国社会变迁之中的宗教交往模式。

---

35 此处受布迪尔"生成型结构主义"（generative structurism）的影响，认为宗教对话并非一种主观与客观之间的对立与沟通，而是在社会结构与价值结构之间、持续与多层关系中的信仰认同与宗教交往。

第二章 宗教对话与宗教交往

曾经读过这样一篇小文，它的题目叫做《"信骚扰"琐议》。其文云：在与诸多基督教徒交往过程中，我的最大障碍是，他们通常是以教义应对一切，看来，不同的信仰也许可通约，而不同信仰的信徒却往往很难交流。如果基督教徒们总是带着传教心态（说服非基督教徒入教的心态）与人交流，导致他人反感，我想不能怪那些非基督教徒，因为信仰是自由的，我既反对非信徒干涉信徒的信仰，同样也反对信徒干涉非信徒的信仰。反对一种宗教的信徒干涉其他宗教的信仰。艾恺在与梁漱溟先生做访谈的时候，曾经困惑于为什么梁漱溟先生既是儒家又是佛家、道家，既赞成马列又赞赏基督教，后来他明白这正是典型的中国传统知识分子特征。

作者在文章的末尾发出这样的感叹：对于这样海纳百川、兼容并包，我虽不能至，但心向往之，我力求自己平等对待一切信仰，按照自己的方式取舍不同的宗教教义。也许，不同的信仰与不同的人之间存在一种冥冥之中的宿世之缘，不然为什么会有不同的信仰？不同的信徒之间如果能够彼此理解，不随意侵入他人的信仰生活，这个世界才会和谐安定，犹太人的悲惨命运本足以警世，奈何已有的事，后必再有。已行的事，后必再行。日光之下并无新事。[1]

实际上，这一段小文字，指出的就是这样一种日益普遍的社会现象，即在宗教信仰日益成为人们的精神生活之必需后，宗教交往与信仰认同等方面的关系，已经成为一个越来越重要的问题了。

---

[1] 《'信骚扰'琐议》，《南方周末》B15版，2006年4月13日。

　　放大这一问题及其现象，这就是宗教间的对话，在全球化的当今世界，已经成为全球化过程中的重要问题，促使宗教已经作为民族或地区文化认同的基本工具，日益受到特殊的关注，尤其是在震惊全球的"9·11"事件之后，世界各地的地区性冲突之中，人们往往可以或深或浅的感受到宗教因素、信仰认同的潜在作用、甚至是强大的制约功能。

　　早在二十世纪九十年代初年，萨缪尔·亨廷顿（Samuel P.Huntington）提出的"文明冲突论"，其中包括了基督教、儒教、伊斯兰教的交往问题；紧接着的是孔汉思（Hans Kung）等提出的"全球伦理"概念；再有就是二十世纪九十年代中后期，彼特·贝格尔（Peter L.Beigal）提出的"去世俗化"的命题，直接面对全球化过程之中、宗教与各个地区的民族价值认同问题；尤其是"9.11"之后，贝格尔又与亨廷顿合作，提出了有关"宗教与全球事务"的系列研究课题，集中研究全球化背景之下的宗教冲突、宗教与全球化问题。

　　显然，全球化作为一种正在世界政治，经济和文化等领域发生的深刻的历史性变革，直接触及到当代人们的生产生活和思想价值观念的转变。佛耶对话作为世界范围内的一种文化沟通活动，是基督教和佛教两大世界宗教之间相互认识，相互学习和交流的重要途径。它既是全球化对佛教和基督教提出的必然要求，也是全球化时代文化交流的自然结果，又必将对全球化时代的人类生活面貌产生不可估量的影响。[2]

1、宗教对话的基本模式

　　宗教对话作为全球化运动、世界伦理的一个重要部分，伴随着现代世界的一种特别运动而得以凸现出来，在世界各国、各地区受到普遍的关注。而在此社会、文化的大背景之下，宗教对话及其研究的重要性也由此得到了格外的重视，在许多领域成为一门显学，方兴未艾。其中，佛耶对话就是在近二三十年尤为活跃的一种文化、伦理运动，并且产生了一系列的重要成果。

　　大约从 1980 年以来，国际耶佛对话就以"阿部——柯布小组"（Abe-Cobb Group）为中心。它主要是京都学派佛教禅宗学者阿部正雄（Masao Abe），长期以来与柯布合作讨论基督教与佛教的会遇问题，被称为"阿部——柯布小组"（Abe-Cobb Group），后来发展成国际性的耶佛研究学会（Society for

---

2　杜小安（英国伯明翰大学宗教系）《全球化对佛耶对话的影响》，《"佛教与基督教对话"国际研讨会学术论文集》，中国西安，2003.11.21-24。

Buddhist-Christian Studies）。日本的阿部正雄与美国的基督教神学家约翰·柯布等倡导成立了第一个佛耶对话组织"佛耶研究协会"。作为全球化时代文化对话运动的重要组成部分，从那年起，他们开始在美国夏威夷大学出版国际学术刊物《佛耶研究》（Buddhist-Christian Studies）作为佛耶研究的核心刊物。

柯布（John B. Cobb,Jr.）曾经提倡，要超越对话，是为了追求真正的对话。因此，超越对话，一方面是超越公认为恰当形式的对话，另一方面，则是让真确生动的对话带领参与者超越对话本身。[3]……让对话对参与者发生转化性的影响力，而超越原先设定对话目标。柯布指出："我建议，超越对话，在于相互转化的目标。"[4] 亦即从对话的洞见当中，学习如何把新的理解内化整合，使参与对话者双方，不只学到有关对方的认识，而且进一步地把这些学习内化整合，成为创造性转化的契机。

实际上，阿部正雄与柯布对宗教对话的看法相似，他期待在一个全球性共同体的语境里所需的灵性基础，焦点并非在于一个单一的全球性宗教，而是诸宗教传统都可以相互贡献的灵性深度。[5]

国际学术界的佛耶对话已经有几十年的历史，近十年间已经产生了三十余部英文专著和大量的论文，主要围绕着宗教理论、精神实践、社会参与等问题展开深入讨论，并出现了一大批佛耶对话的专著。

像《佛耶研究》、《佛教伦理》，都是在这方面卓有成就的刊物。其他还有日本阿部正雄的《禅与西方思想》（1985）和《佛教与跨信仰对话》（1995），法国的让·佛朗索瓦·勒维尔和马蒂厄·里卡尔合著的《和尚与哲学家》（1997），美国的里奥·来夫波《佛陀与基督：佛耶论对话的探索》（1993），英国的尼年·斯马特《佛教与基督教：对手和同伴》（1993），德国的耶稣会士亨利希·都木里《基督教与佛教的相遇》（1974），以及由麦克·冯·布鲁克与惠冷·莱合著，并由汉斯昆作序的佛耶对话名著《基督教与佛教：多元文化的对话史》（2001），留美越南僧人学者池南罕《活佛与活基督》（1995）等论著。

3　John B. Cobb,Jr., Beyong Dialogue. Toward a Mutual Transformation of Christianty and Buddhism; philadelphia: Fortress, 1982, p.47.参赖品超《从柯布看耶佛对话在汉语处境的前路》，陈广培编《传承与使命：艾香德博士逝世四十五周年学术纪念文集》，香港：道风山基督教丛林，1998 年，第 97-130 页。

4　John B. Cobb,Jr., Beyong Dialogue. Toward a Mutual Transformation of Christianty and Buddhism; philadelphia: Fortress, 1982, p.48.

5　Walen Lai & M. von Brueck, Christianity and Buddhism : A Multicultural History of Their Dialogue; Maryknoll：Orbis,2001,p.102、193-194.

为此，学术界曾经认为这已经标志着佛耶对话进入了所谓的后佛耶对话时代。至于汉语学术界对佛耶对话的认识、关注、参与，还为时不久。代表性的论著有赖品超的《从大乘佛学看迦克墩基督论》、《近代中国佛教与基督宗教的相遇》，[6] 台湾沈清松的论文《觉悟与救恩：佛教与基督宗教的交谈》（1997）等等。

这些对话形式，集中在佛教与基督教的哲学与神学层面，加深了对双方的神学理解与沟通。尽管佛教和基督教的根本区别之一，在于一神教和无神教的区别，但通过佛耶对话的进行，双方对此问题都没有予以回避。因此，在佛耶对话过程中，双方都认识到了这种区别，他们坦承："一神教则包含这样的思想，即有一个看见一切、监督一切的人格化的上帝，这种思想是犹太教徒、基督教徒和穆斯林所共有的"。与此相反，佛教则认为世界是受因果律和相互依赖规律支配的。

与基督教宣称上帝是"有"。佛教则宣称万法缘生，事物的本性是空。只是"空"的概念，使某些西方人感到困惑甚至恐惧，他们认为任何事物都不可能从空中出现。佛教缘起性空、消解自我的观念，常常被西方人误解为是导向寂灭的说教。

关于佛耶对话在哲学层面上的交往，值得一提的是，台湾现代禅教团与基督教教会的对话可以作为这方面的代表。这次对话的一方是现代禅教团，另外一方是台湾信义神学院和亚略巴古基金会。信义神学院为华人基督教界的研修机构，亚略巴古是长期致力于向亚洲人传教的北欧基督教差会。现代禅教团是植基于印顺法师人间佛教思想、重视修证的佛教新宗派。

现代禅教团与台湾信义神学院在友好的气氛中，从 2000 年到 2002 年，针对佛耶的核心教义与信仰体验进行了几场对话。其中现代禅对话人主要是信佛人李元松先生。李元松先生（1957-2006 年）是台湾现代禅教团的创办人。1989 年创立现代禅教团，并且于 1996 年 7 月尝试建立了中国佛教史上第一个都会型修行社区——象山修行社区，成为台湾佛教、乃至中国佛教史上第一个都市丛林。[7] 该教团基于印顺法师有关佛耶"交会"而所采取的佛教部落主

---

6 赖品超：《从大乘佛学看迦克墩基督论》，《辅仁宗教学研究》第二期（2000 秋）；赖品超编著《近代中国佛教与基督宗教的相遇》，香港汉语基督教文化研究所、道风书社 2003 年。

7 《佛教与基督教信仰的交会——现代禅与中华信义佛学院的对话》，台湾现代禅出版社，2002 年 9 月。

义立场，为应对基督教的挑战，从佛教的缘起论出发，对基督教的上帝观等思想进行激烈的抨击。然而，现代禅一方面继承印顺的观点，"继承印顺导师的思想，并批判印顺导师的思想"，[8] 另一方面则宣称"印顺法师到底是出家人，有很多看法不免都站在出家人的立场，而比较缺乏跳出佛教圈开阔式的思考和眼光"。

现代禅与中华信义神学院之间的对话，是 21 世纪伊始发生在台湾地区的一场颇有深意的宗教对谈，也是近百多年来中国的佛耶对话最有目的性和系统性的一场交流。这场对话从 2000 年 6 月开始，一直持续到 2003 年元月。双方先后进行了七次当面对谈和十多次书面对谈，就宗教对话的原则与态度、"至高者"信仰和"因信称义"等重要问题，进行了广泛深入的讨论。

实际上，台湾地区的宗教对话已有很长一段历史。对话的前一阶段，即 1950 至 1970 年代，以释煮云、释圣严、释印顺和吴恩溥、龚天民、杜而未等为代表。这一阶段主要发生了两场重要宗教论辩：一是吴恩溥、龚天民针对释煮云发表《佛教与基督教之比较》而与释圣严展开的宗教论辩，二是释印顺、释圣严等针对龚天民发表《佛教学研究》、杜而未发表《揭示佛经原义》《佛教原义的发明》等所展开的论辩。当然，也是在这个时期，香港道风山的王景庆，因与吴恩溥和龚天民的特殊关系，也一度涉足这两次论辩。

对话的后一阶段，即 1980 年代至今，以释星云、释圣严、释证严和现代禅教团的李元松、中华信义神学院俞继斌、郑丽津、吕一中等为代表。这一阶段的特点没有激烈的论争，且呈现国际化和多元化趋势。特点之一是：以释星云、释圣严和释证严等为代表，积极开展国内外各宗教教徒之间的团结、联络和对话，求同存异，通过宗教间的对话，来共同推动社会和平和文明进步；特点之二是：以李元松、俞继斌和郑丽津等为代表，在世纪之交展开了一场以基督教与佛教为主题、但是又远远没有完结的宗教对谈。

可以这样认为，台湾近二十年的宗教对谈，明显表现为两种趋向：

一是对谈的目的不是信仰的改变，而是通过沟通增进理解（而不仅仅是了解）和协作，共同为人类文明作出自己应有的贡献。这主要是以宗教团体负责人释星云、释圣严、释证严和台北利氏学社等为代表，他们有着坚定的宗教信仰，也有强烈的人类关怀。

8　《佛教与基督教信仰的交会——现代禅与中华信义佛学院的对话》，台湾现代禅出版社，2002 年 9 月，第 52 页。

二是对谈的目的是为了学习和增进了解，以期重新思考信仰自身存在的问题，这主要以李元松、郑丽津等为代表，着重解决自身信仰和宗教理解（解释）的问题。后者多半与信仰的改变有关。

李元松和现代禅与中华信义神学院之间的对话，可能是近代以来中国宗教对话最具深意的一次尝试，对话充满了危险和挑战。尤其是对于李元松和现代禅来说，无论海内外佛教界是否承认他们的佛教性质，但是他们在宗教对话中确实是最勇敢的一群人，也是这场对话中最值得关注的一个群体，因为他们从对话一开始，就宣称没有为自己预设一个最终的结果，并在对话中时时处于探险之中。这种冒险，固然有信仰不坚定之嫌，但是确实能够使不同宗教之间的对话，真正走向深层次的碰撞与调适。

从对话中能够看出，现代禅与信义宗神学院的对话与交往，表示着佛教信徒到基督教神学院学习神学理论、体验基督教徒的宗教生活，基督教徒到佛教教团体验佛教徒的宗教生活。由此可见"基督宗教与东方宗教对话的倡导，亦得到佛教界的积极响应。最近这些年来，日本佛教界派出学者和代表团去欧美、北美学习天主教、基督教的神学理论，进行信仰和思想交流。而天主教各修院也派出了僧侣代表团去日本佛教寺院体验宗教生活，增加灵性交流。……其中尤以天主教本笃修会与日本禅宗佛教在其宗教修行上相互体验和交流的活动引人注目。"[9]

就台湾现代禅与中华信义神学院之间的对话来说，就现代禅李元松执著于教团中心论而言，他不仅多次赞扬"以欧美现代文明为基础"基督教会制度的健全，希望能学习其中的经验以资建设"现代菩萨僧团"，而且"认为最高跟最好只存在个别团体的主观意识里"，这显然是替现代禅教团张目。

不过，这一对话形式，实际上已经超出了学术界所诠释的学理性的宗教对话层面，而昭示着实践性、体验性佛耶"对话"时代的来临，实际上也就等同于构成了一种宗教交往方式。

总体来说，上述佛耶对话及其方法，迄今为止，集中体现为三大对话模式：

1. 以高扬佛教义理为中心的佛耶对话。
2. 以尊重基督信仰为主调的佛耶对话。
3. 以会通佛耶思想为旨归的佛耶对话。

9　卓新平《宗教对话的时代》，《中国宗教》，2000年第4期。

　　佛耶对话三种模式中，第一种模式反映了佛教智慧对当代西方人心灵的浸润滋养；第二种模式反映了佛教徒的开放胸襟和真诚愿望；第三种模式反映了佛教学者融贯中西、侧重于从深层会通佛耶的见地。三大对话模式表明，佛教与基督教在思想内核、终极关怀、象征体系、生态伦理等等方面都有深刻的共通性，有着很大的对话空间。恰当汲取前二种模式的精神，运用第三种模式进行对话，是佛耶对话在未来的正确走向。

　　在这三种模式中存在着共同特征，如都在一定程度上触及到空与有、一神教与无神教、自力法力与他力信仰、上帝存在与缘起无我等核心观念，并能以尊重对方、聆听对方、理解对方的心态来展开对话。如对基督教的上帝存在这一命题，现代禅主要从信仰与体验的范畴，肯定其合理性；阿部则从价值论的角度予以肯定，从而避免了从本体论角度进行的非难。双方既知其同，又存其异。在文化对话可能性的范围内，进行良性交往，有时是从作者所属宗教的立场出发对对方信仰、教义进行理解；有时是在参照对方的语境重新诠释自己所属宗教的某些观念，从而寻求两者的融合。

　　杨慧林《佛教与基督教对话中的三个问题》[10]，认为西方的对话理论多是从基督教的理解出发，将佛教的基本教义用基督教的神学来附会，以至于远离了佛教的本义。佛教的对话理论，是以佛教本位出发，对基督教采取了批评的态度，或者是"恰当的解释"。这些对话的理论，存在着历史与现实中的文化偏执，要走出这种偏执，才能看见世界宗教对话的曙光；而这个基点，就在于我们找到双方的"同等重要"的话语。

　　可见，在三种对话模式之中，如果能恰当地汲取前二种模式的精神，顺利运用第三种模式进行佛教与基督教之间的对话，应当是佛耶对话在未来的正确走向。关键的问题是，目前这些对话大都集中在宗教理念或宗教教义层面，梳理了宗教对话的许多问题，但是，宗教交往与信仰认同问题，绝不仅仅是一个宗教间或宗教教义之间的对话问题，更不可能将上述问题的最后解决，局限在神学信仰等宗教哲学的理念层面。

　　与此佛耶对话紧密联系的，是著名神学家孔汉思早在 1989 年提出的重大命题："没有宗教间的和平，没有世界的和平"；同时又强调"没有宗教对话，便没有宗教间和平，"直接把宗教间对话、宗教间和平与世界和平紧

──────────

10 杨慧林《佛教与基督教对话中的三个问题》，中国佛教文化研究所编《佛学研究》，
　　2003 年。

密联系。但是，宗教间对话无法直接地导致世界和平，孔汉思就在其论点上再度深入，于世界和平与宗教间对话的基础上提出了"全球伦理"的命题，深化了宗教交往的研究意义，突出了宗教交往与全球化、社会伦理的内在关系。实际上，这已经暗示了宗教交往研究的拓展及其问题意识的演变。

2、从"对话"到"交往"

对话作为一种属人的和人道的行动，在我们这个个人主义特别盛行的时代，它在生活的各个领域都异常迫切。宗教内对话超越了纯粹社会学的和历史的层面。它也属于哲学人类学的领域，如果我们强行把它归入范畴的话。简言之，它是人的一个构成性要素，而人，是关系网上的一个结，也就是说，是一个人格——不是一个孤立的个体、有知觉的原子或纯粹的数字——在一个无差别的民主的集合体之中。[11]

无论如何，宗教对话是一种相互了解和相互丰富的方法与手段，而宗教对话的形式与方法如何，就会直接涉及到对话的广度与深度，制约了宗教对话对于全球文明体系的交往、交往与不同宗教信仰之间的相互理解。

保罗·尼特（Paul F.Knitter），这位当代杰出的天主教普世神学家在他的新书《宗教对话模式》中，[12] 叙述了过去近一个世纪来基督教和其他宗教之间关系的理论模式。

他根据自己多年来的研究将这些理论模式归纳为四类：置换模式、成全模式、互益模式和接受模式。

在这些对话模式之中，置换模式被分为两类：全部置换和部分置换。根据置换模式，基督教最终将取代其他所有宗教。根据成全模式，基督教不是直接取代其他宗教，相反，其他宗教中已经有了基督教的部分真理，而其他宗教的最终实现则需要归在基督的名下。此外，出于互益模式，各个宗教都是拯救的有效之道，彼此之间不是谁取代谁，而是彼此相互学习，彼此交往，以便更好地和平相处，加深对终极奥秘的认识。而依据接受模式，各个宗教都有不同的语言，彼此之间是不可比较的，只需要做好邻居，而不应该彼此干预。只有认真奉行睦邻政策，彼此才能友好相处。

---

11 雷蒙·潘尼卡《宗教内对话》，北京：宗教文化出版社，2001 年，第 3、9 页。

12 保罗·尼特《宗教对话模式》，中国人民大学出版社 2004 年。

其中，置换模式和成全模式在本质上很容易被归于一元论，常常受到来自各方面的批评。因为，各个宗教处于不同的话语分割状态的情形不会过于持久，所以这种对话模式本身，就需要具有一个更高的价值原则来予以支配，对话才有可能顺利进行。比较而言，对话中的互益模式则更容易受到推崇，极有可能是一种不二论的对话关系。它们的代表人物是，约翰·希克（John Hick）、雷蒙·潘尼卡（Raimon Panikkar）和保罗·尼特，皆为当今世界上宗教对话的代表性人物。

保罗·尼特总结出来的对话理论模式，有着明显的基督教中心主义特征，特别是在他提出的置换模式与成全模式，这种特征尤其明显。这对于基督教与佛教的对话而言，似乎很难体现对话的社会意义与学术价值。唯有其中的互益模式的话，则有可能加深与推动佛教与基督教之间的对话与交往。

即使是就佛耶对话的方法与理论而言，一切耶佛间的相遇，无论参与者的态度如何，也不论各方是具体性的、还是个人思想性的对谈，都可纳入宗教——耶佛对话的范畴。可能就是源自于对话模式的问题，于是就有黎惠伦所讨论的对话现象，那就是中国的耶佛相遇，似乎缺乏了一种平等、开放并能融合佛教与基督宗教的"真正对话"。所以，黎惠伦才会提出这样的问题：为何中国没有（融合性的）"耶佛"（Buddho-Christian）对话？[13] 中国语境中的耶佛对话，好像就被转换成为一场耶佛之间的争论了。

对话转换成为争论，其间就有很深层的方法论意义与社会内涵。用西班牙神学家潘尼卡（Raimon Panikkar）的话来说，宗教的对话，首先必须是对白（duo-logue）。必须有两种语言（logoi）彼此相遇，以便克服双重独白的危险。一个人必须懂得对方的语言，即便他恰恰必须向对方学习，并且常常在对话活动中学。对话动用理智、逻各斯。对宗教进行学术研究不是一种奢侈的活动。同时，它必须是对话（dia-logue），即穿透逻各斯，超越单纯理智层面，穿越理智进入到整个人的相遇之中。它必须来自实践并发现行动的象征力量。

因为对话是来自人的心灵而且在生活中处于居中地位。纺纱机是甘地向技术统治所提出的挑战之象征，也是说明印度教——基督教的对话必须从双

---

13 Whalen Lai，〈中国的耶佛对话〉Philadelphia:The Westminster Press ,1982，p81-96，p613-631，引自赖品超编著《近代中国佛教与基督宗教的相遇》，香港汉语基督教文化研究所、道风书社 2003 年，第 21 页。

方出发的一种方式。当前许多对话仅仅根据某一方的条件搭建舞台。假定基督中心论——或者就此而言神中心论——可提供一个基础，这与假设天启经典（apauruseyatva，如吠陀经典）——或者就此而言业报——是合适的出发点一样不能令人满意。但对于富有成果的、公正的对话，有一个更加要当心的伙伴：现代性。

如果宗教间的对话要成为真正的对话，那么就必须伴随宗教内对话；即它必须始于我对自己和我的诸信念的相对性（这并不意味着它们的相对主义）的质疑，接受转变、改宗和冒着传统模式被打翻的风险等挑战。"我质疑我自己"（Quaestio mihifactus sum），那位非洲的奥古斯丁（Augustine）曾说道，没有这种自我批评态度，一个人根本不可能进入真正的宗教对话领域。

或者说，宗教对话必须是真正的对话，双方都没有优越性、成见、隐藏的动机和信念。另外，如果要成为真正的对话，还必须杜绝事先构想其目的与结果。我们不能进入这样一种对话，它已经假设会出现什么结果或已决定万一对话进入我们已预先排除的领域就退出。对话首先不是指研究、磋商、检验、宣教、声明、学习等；如果我们坚持对话，那么我们就应该尊重和遵循对话规则。对话是倾听、观察，但它也言说、修正和被修正；其目的在于相互理解。[14]

在当代神学家之中，保罗·尼特（Paul F. Knitter）和大卫·特雷西（David Tracy）都曾参与过佛耶对话，也都从基督教神学的角度对佛教有所诠释。因此，他们对于宗教"对话"的原则都有自己独特的理解。

保罗·尼特与大卫·特雷西对佛教的诠释，即基于不同的信仰立场而稍有不同，从而影响到佛教与基督教的对话方法。保罗·尼特主要着眼于基督教与佛教之间的相互挑战，并由此提出：佛教是强调"打坐然后才能改变世界"（You can not change the world unless you sit），基督教是主张"改变世界然后才能打坐"（You can not sit unless you change the world）。至于特雷西，则更多地是通过佛教思想重新解读西方传统和基督教神学，乃至苏格拉底的名言"未经思考的生活不值得生活"，也被特雷西置换为一句难寻出处的"佛教箴言"："未经生活的生活不值得思考。"[15]

---

14 雷蒙·潘尼卡《宗教内对话》，北京：宗教文化出版社 2001 年，第 176、96 页。

15 特雷西著、冯川译《诠释学、宗教、希望：多元性与含混性》，香港汉语基督教文化研究所 1995 年，第 186 页。

　　从保罗·尼特和大卫·特雷西各自的命题来看，可以说他们标志了两种不同的对话原则。如果前者是相互的挑战，那么后者大约是从相互的启发到自我反省。挑战的方式有助于发现对方最独特的核心观念，然而其落点恐怕还应是自省，否则便难脱"会而不通"的窠臼。这正是"宗教对话"的基本方法，能够给予我们的重要提示。基于解放神学的立场，保罗·尼特认为佛教无非是通过"打坐、沉思"而"使自我得到内在的改变"，亦即"专注于自我、进而实现…'无形之我'（Formless Self）"。这似乎与基督教神秘主义和灵修者的态度无异，而且差不多就是梵蒂冈的拉辛格枢机（Cardinal Ratzinger）对解放神学的训导："个人的悔改和皈依必须先于社会的改变"。

　　但保罗·尼特觉得，佛教与基督教的相似只是表面的。至于"改变世界然后才能打坐"的基督教立场，保罗·尼特则是重申解放神学的观念："如果我们不通过行动去实现正义，就无法实现我们的无形之我。"有趣的是，他的进路竟与毛泽东"辨格（变革）梨子滋味"的说法相似："我们无法品尝沉思或者祈祷的果子，我们无法经验'终极'或者'无形之我'，除非我们首先……行动起来，改变这个世界。"他认为这是解放神学所提供的现代思想，不仅与佛教完全不同，甚至也与传统的基督教完全不同："只有信仰、祈祷、沉思或者个人的自觉……是远远不够的；通过在世的行动参与正义和社会变革，特别是通过优先选择穷人（preferential option for the poor），进而分享穷人的经验，我们才不仅会看清世界与历史，也会发现从来不能在祈祷、沉思或者对宗教经验的传统理解中显示的上帝和'终极'。"[16]

　　可见，特雷西并不想用基督教的观念去"辨格"佛教，而是倾向于探讨整体的宗教在现代语境下的普遍处境、共同问题和自我诠释。因此任何一种信仰，在他看来都需要"从自我中心转为以真际（即终极实体——引者注）为中心"。[17]

　　这种"以真际为中心"的对话原则，使特雷西的关注不在于"打坐"或者"行动"的具体途径，却在于不同途径所必然追寻的最后根据。相对于"真际"，"宗教间对话"更多地转向"宗教内对话"；同时各种宗教本身也都必然成为一种与"真际"的"对话"。这样，如果"真际"才是最后的"意义"，那么不同的宗教或许都可以被理解为"意义"诠释中的"应用"维度。

---

16 Paul Knitter ,A Christian Response,see Masao Abe ,Buddhism and Interfaith Dialogue, edited, By Steven Heine,p.234.

17 特雷西著、冯川译《诠释学、宗教、希望：多元性与含混性》，香港汉语基督教文化研究所 1995 年，第 152 页。

这一说来，每一种宗教所能够提供的，大多是一个独特的诠释语境，其意义往往也是通过其语境而得以成全。然而，宗教对话原则到了特雷西手里，"真际"成为各种宗教的共同基础，因此"应用"也就并非任何一种宗教的意义结构，而必须落实在更广义的现实语境当中。特雷西本人的论说，已经含有以东方思想重释基督教、乃至重释整个西方传统的意味。对神学家而言，这种开放的态度尽管过于激烈，但它毕竟使基督教敬虔派的具体之"用"带有了更普遍的意义，从而也为宗教对话提供了更积极的可能。

可是，这种宗教对话的一般方法，到了神学家潘尼卡的那里，她整理出五种对话方法，在特别推崇宗教对话的多元论方法的基础之上，却寄望于超越冲突双方的"第三种能量"，寄望于对话双方"向某种更高的、把我们联合在一起的东西祈求"，从而找到使对话双方"同等重要"的话语。

潘尼卡曾经把宗教对话归纳为五种不同的方法：

（1）"排斥论"

这种对话方法，以自我为中心而建立对话标准。然而，"真理是多面的，即便你假定上帝讲一种独无仅有的语言，一切都还依赖于你对它的理解，所以你可能永远无法确知你的解释是不是唯一正确的解释。"[18]

（2）"包容论"

该方法自以为很宽容，但"宽容"者却不会认同这种"高高在上的权力"；况且，"如果……能够包容极其相异的种种思想体系，那么它一定会把真理变成完全是相对的。"[19]

（3）"平行论"

它认为"诸宗教是平行的，…我们可能会在终点、在我们各自传统的深处相遇"；因而，我们可以"做一个更好的基督徒，做一个更好的马克思主义者，做一个更好的印度教徒…"。这样，你就会发现，与他人道路的接触点。不过，"它过于草率地…假定每一个传统都是自足的，…仿佛全部人类经验都结晶或压缩在了每一个特殊传统之内。"[20]

---

18 潘尼卡著、王志成等译《宗教内对话》，北京：宗教文化出版社，2001，5 页。

19 潘尼卡著、王志成等译《宗教内对话》，北京：宗教文化出版社，2001，7 页。

20 潘尼卡著、王志成等译《宗教内对话》，北京：宗教文化出版社，2001，8-9 页。

（4）"互相渗透论"

它的态度似乎更为积极，总是会找到不同信仰和传统的共同点，总是相信"没有一个宗教对我自己的宗教来说是完全异己的"。但值得怀疑的是，"这一思考是否有点一厢情愿？"[21]

（5）"多元论"

这种方法，显然得到了潘尼卡的较多肯定，因为"它不中止与他人意见的对话"，它"抛弃任何绝对化"，从而可以"让宗教内对话恒久保持开放"。不过，宗教对话的历史经验告诉我们，多元论也常常被转换为文化相对论，乃至成为拒绝"他人意见"的托词。

潘尼卡通过以上讨论，特别推崇对话的"多元论"方法。其中，更重要的意义，也许在于他借此从"宗教间对话"（inter-religious dialogue）转向"宗教内对话"（intra-religious dialogue）。按照潘尼卡的说法：人作为"词的分享者"，不仅是"一个思想的主体"，也是"交往的场所"，是"被实在之网不断编织的结"；因此人的存在本身就形成了一种对话关系。而所谓的"对话关系"，实际上是在确认某种"在对话各方之外"、却又"高于他们"的"实在"。[22]

对于这一"实在"，对话者无论是个人、群体、还是一定的宗教信仰或文化传统，都仅仅是整个交往关系中的一方而已，都不可能充分地言说这一"实在"。这样，真正的"对话"最终并不在"宗教间"，却必然指向"宗教内"；并不是"出于好奇心或怀着同情心去探究一种不同的世界观"。

为此，我们不得不考虑潘尼卡说的、那种能超越对话双方的"第三种能量"是什么？是一种高于对话双方的东西？这对于信仰宗教的芸芸众生，也许会显得过于理想化，但是一旦我们借此意识到自己文化中可能存在的自恋和偏执，一旦我们甘于在文化、精神和观念上"裁军"，我们的希望之旅便会显现出一种高于我们自己的历史、传统和信仰的支点。对话由此而在。[23]

21　潘尼卡著、王志成等译《宗教内对话》，北京：宗教文化出版社，2001，10-11 页。

22　潘尼卡著、王志成等译《宗教内对话》，北京：宗教文化出版社 2001 年，第 5-11、39-41 页。

23　杨慧林《佛教与基督教对话中的三个问题》，中国佛教文化研究所编《佛学研究》2003 年。

正是因为在这个世界上，我们已经找不到一个宗教、意识形态、文化或传统，可以大言不惭地宣称，它们已经穷尽了全部的人类经验或穷尽了神圣者的全部真理。恶和错没有被排斥，而是被去掉了绝对性之刺；它们都被处境化了。

因此，所有的宗教对话方法及其理论原则，都是在试图找到世界诸宗教可能具有的共同之处，都仅仅是宗教对话的一种方法而已。但这些宗教对话的具体实践，使各位神学家不是在不同的宗教传统之中，来寻求它们全都分享的共同经验或滋养所有宗教的共同的神圣资源，而是在诸宗教周围、或者是诸宗教之外来寻找面对所有宗教的共同之处。潘尼卡认为，能够冲击世界上所有宗教的普遍性共同因素，就是人类社会普遍面对的"苦难"。[24]

当人类真正面对共同的"苦难"之时，我们认为，这才是宗教对话能够在超越于对话双方的前提之下，所能够找到的具有超越性的"第三种能量"，也正是因为拥有了这一特别的能量之后，宗教之间的平等对话，才能够平等地进行。

换言之，以往宗教对话所遭遇到的共同难题，实际上是因为宗教对话之间，缺乏一个使双方对话能够真实进行的共同基础，它们需要的仅仅是一座信仰认同——宗教实践之桥。而只要人们进入到人类共同面对的苦难问题之后，宗教对话苦难就不仅仅是一种话语层面的、局限于哲学理论层面的对话了，而是一种能够包涵了哲学理论层面的对话，同时又能够使人类真实面对人类所有苦难问题的信仰认同与宗教交往了。这就是那个能够高于对话双方的东西，可以是高于、同时也可能是一种对话空间的平行拓展，使双方增加一个对话的维度。这个维度，在本书的研究而言，就是把宗教双方的对话方法，拓展为一种社会交往、宗教经验的深度与广度。

至于宗教交往所能建构起来的社会特征——正如私人缺乏提供公共物品的动机那样，宗教交往也会缺乏提供公共物品的动机，由此需要宗教交往之间另外一种力量、另外一种交往关系的介入。因为宗教的公共影响，总是具有局限性的，只有在涉及公共领域及其相关问题的时候，宗教的局限性才会呈现出来。从理论上来说，一个作为公共物品最大提供者的中间力量或交往关系，才有可能使宗教交往、信仰认同具有一定的社会性与公共性。或者说，构成一种具有公共性与社会性的宗教对话。

---

24 潘尼卡著、王志成等译《宗教内对话》，北京：宗教文化出版社2001年，第175页。

这个具有公共性与社会性特征的宗教对话，也就是本书要加以充分讨论的宗教交往结构与信仰认同模式。这就是说，宗教对话能否产生公共性与社会性，或是从对话双方的关系结构之中产生或提供社会普遍需要的公共物品、社会信念，那么，它们就已经走出了"宗教内对话"的局限，而构成了"宗教外对话"，构成了我所认为的宗教交往结构与信仰认同模式。

就佛教与基督教在进行对话的历史情况而言，一般人对耶佛对话的印象是，积极和主动参与耶佛对话的大多是基督徒，佛教徒往往不感到有需要向基督宗教学习。由此而衍生一种情况，就是在耶佛对话的过程中，佛教徒往往有意识地扮演一个供应者的角色，而基督徒则变成一个消费者。

这种现象，对于耶佛对话来说，即是不健康的。它既阻碍了耶佛双方坦诚真挚地对话，也偏离了通过对话达到柯布（John B.Cobb,Jr.）所说的相互创造性转化（mutual creative transformation）的理想。但从我们的研究中发现，一些近代中国佛教的领袖曾为着复兴佛教的原因，多次主张从基督宗教身上学习创办慈善和公益事业，又建议采纳基督宗教的办学模式训练佛教徒，以成全大乘佛教的普渡众生和菩萨道精神于中国大地之上。[25]

显然，这些近代中国佛教的领袖们，他们通过对基督教办教育、创办慈善公益事业的方法的借鉴，使中国佛教传统能够得以改革，使中国佛教信仰能够得到中国人的普遍认同，其实就是创建了一种以社会性、公共性为核心的佛耶对话方式，初步建构了那种具有公共性与社会性的宗教交往结构，呈现了从宗教对话走向宗教交往的社会——历史要求。

3、信仰认同与宗教交往

要进行宗教对话，就必须从我的宗教态度的深入进入我对话伙伴那里的同样的深处。换言之，我从我的信仰并在我的信仰中，而不是将它搁置一旁，去理解或努力理解他。[26]

佛教传统所理解的人类困境可以概括为：（1）哲学预设：无我论（anatmavada）（2）神学陈述：圣谛（aryasatyani）扩展为"一切皆苦"（sarva duhkha）这一人一神一宇宙直觉；（3）道德训谕，对此，佛陀的临终遗言提供了最好的描述："努力获得解脱"。

---

25 赖品超编著《近代中国佛教与基督宗教的相遇》，香港汉语基督教文化研究所、道风书社 2003 年，第 22 页。

26 雷蒙·潘尼卡《宗教内对话》，北京：宗教文化出版社 2001 年，第 106 页。

基督教传统所理解的人类困境可以概括为：（1）哲学预设：创世；（2）神学陈述：基督的救赎或拯救力量，扩展为道成肉身这一宇宙—神—人直觉；（3）道德训谕，对此，基督徒对律法和众先知的概括提供了最好的描述："你要尽心、尽性、尽力爱主你的上帝……你要爱人如己。[27]

那么，崇拜体系、信仰方式、交往结构截然相异的两个宗教体系，如何能够在一个共同相处的社会结构之中得以交往、认同，而不发生冲突，甚至能够在信仰认同的基础之上建构社会基本价值观念的认同？既在信仰层面构成认同，同时还能够在社会身份的层面之上建构认同，分享彼此的信仰理念？进而在普遍的社会理性层面寻求基本的聚合？

可以说，佛教的"自力"与基督教的"他力"，乃是迄今为止的人类宗教施行救赎的两大方法类型。从佛教与基督教的比较研究中，我们很容易得出这样的一种观点：似乎佛教与基督教分别代表着东方与西方的文化传统，它们无论在救赎内容、救赎方式方面都大相径庭，彼此之间难以通约。这就带来一个问题：它们是否仅仅只是不同文明与文化的产物，与人类普通性的问题无关？

佛教与基督教在如何使人获得救赎方面，分别突出了"自力"与"他力"两个方面，并且使"自力"与"他力"这两种不同救赎形态获得了充分开展。从这种意义上说，佛教与基督教分别属于人类救赎宗教的两种类型。

但人为什么必须承认终极实在的存在呢？对于基督教来说，这种承认并不是基于一种单纯主观的信念，也不来源于信仰者本身对上帝的"知识"。这是因为：只有确立了有终极实在者，人才能获得救赎。

宗教的产生，除了基于人类追求无限性的冲动之外，恰恰也由于它能满足人的心灵的这两个维度的需要。从人类学的视角看，宗教不是别的，不过是从理性与信仰这两个维度，同时展示了人对无限性的追求而已。

在获得就赎的途径以及就赎的方式方法上，佛教强调的是人能通过自身的努力达到"涅槃"境界，因此，就对人的主体性的强调而言，佛教与康德哲学是一致的；而且，由于重视对于终极实在的认识与觉悟，佛教属于一种理性的宗教，此点亦与康德追求的作为"单纯理性界限内的宗教"，亦有相似之处。但另一方面，佛教提出的"涅槃"是一种"天人合一"的境界，其前提预设是人的有限性与无限性可以完全合一。而基督教则认为人不是上帝，人无论如何努力，都无法与上帝合一，这种看法却与康德关于现象界与本体

---

27 雷蒙·潘尼卡《宗教内对话》，北京：宗教文化出版社 2001 年，第 149-150 页。

界二分、人只能思考本体，却无从认识本体的思路相合。从这种意义上说，真正与康德思想相契合的，却又不是佛教，仍然是基督教。

从康德问题出发，可以使我们获得对于宗教的本质的认识。康德哲学将现象界与本体界二分，以及以"二律背反"的方式，展示了人类生存的悖论——人的有限性与追求无限性的冲突。康德哲学表明，人类的这一生存困境正是导致人类走向"属灵"天性的根本原因。因为只有承认有一超越的终极实在，人类才能克服与摆脱这种有限与无限对立的困境。而这一终极实在虽然是真实的，却无法通过知识方法去认识与证明，于是只好救助于信念与信仰。在不同的文明与文化中，这种最高的终极实在具有不同的表现形式。例如，对于佛教来说，最高的终极实在是"涅槃"，对于基督教来说，则是上帝。但无论"涅槃"也好，上帝也好，它们都仅只是终极实在的一种表征，属于"道可道，非常道"。因此，最高的"终极实在"——"道"，方才是人类宗教思想与宗教意识产生的原型。

宗教不仅要确立一个最高的终极实在，而且要教人以达到这种终极实在之方。正是在这里，显然出佛教与基督教作为"救赎性"宗教的魅力所在。

康德注重的是人的现实处境，而佛教与基督教则关心人作为一种可能性的实现。……如果说康德哲学说明了人为什么需要宗教的话，那么，佛教与基督教则以不同的方式，回答了宗教何以可能。[28]

然而，在更大规模的社会、政治领域之中，宗教信仰就不仅仅是一种哲学层面的理论对话的问题了。宗教交往及其相关问题，往往就不是或者不会仅仅表现为宗教间交往的问题，更可能是政治——宗教关系、国家——宗教关系、民族——宗教关系、伦理——宗教关系的复杂混合体；即使是宗教领域内部的分歧或者冲突，它们也会表现在社会、政治领域，而不会局限在宗教领域之内。所以，宗教交往问题在其本质层面，是宗教与社会、宗教与政治、宗教与民族、宗教与伦理等等关系错综复杂的综合结果而已，已经大大超出宗教对话的理论领域，演变为当代世界最为关注的、事关全球化的、宗教交往的社会性与公共性问题。

在这些与社会性、公共性紧密相关的问题领域之中，信仰认同方式就将发挥着相当重要的作用。

---

28 胡伟希《佛教、基督教与康德哲学——兼论从人类学看宗教何以可能》,《"佛教与基督教对话"国际研讨会学术论文集》, 2003.11.21-24, 中国西安, 第70-72页。

比如说，佛教的信仰认同方式，大多建立在个人信仰的层面，不太强调个人信仰的身份建构，而是主张个人信仰与人际网络关系的沟通，佛教的认同体系，个人功德的共同具备，以及功德互惠的人际交往结构。人有我有，你有我有，共同具有；同根共体，无缘慈悲，同体共悲。所以，佛教不强调佛教信仰群体的组织构成，而直接以个人的信仰认同作为佛教之功德互惠的象征交往结构。这就基本区别于基督教以组织认同为基础的个人信仰认同方法了。

一个普遍而常见的现象是，当代中国社会里佛教信仰认同的一个基本特征，就是当佛教信仰在涉及、从事各种社会活动的时候，其基本行动逻辑往往以"功德文化"、以个人的神圣崇信行为，精神个体的安身立命作为优先考量原则，而非社会连带价值关联的抽象理念。其中，个体信仰、功德为基础的"生存需求"，往往要强于社会整体的"公共需求"。当然，这并不是说佛教信仰认同方式没有为社会连带、社会协调的公益活动作出贡献，而是说，从事这些社会公益活动的行动逻辑常常是个人的崇信原则，进而严重制约了佛教信仰认同的制度化运作形式，难以建构一种制度型的认同模式，难以建构为一种"概化的权利与义务"（generalized rights and obligations）及其社会共识（social principles）。[29]

中国传统佛教的信仰方式，大多以"许愿——灵验——还愿"或者"有求必应"类的双向约定的契约形式，建构了一种以功德文化为中心的功利交换原则，在菩萨与信徒之间构成了一种"相对交换关系"（mutual reciprocity），故而佛教信徒的个人主观性宗教功德观念，在佛教信仰认同机制之中占有相当大的比例，甚至在一定程度上构成一种以此为核心层面的"灵验性认同方式"。

它们在当前的佛教信仰认同方式及其构成之中，占有相当大的比例。因此，这种功德灵验性的认同逻辑，当然要极大地影响到佛教参与社会服务的

---

29 王顺民《当代台湾地区宗教类非营利组织的转型与发展》，第266-267页。王氏之论，说明以西方基督教宗教团体或个人所从事的社会公益事业，虽然他们的慈善行动亦属于个别性（personal）而非正式性（informal），但其本质上基于一种不可改变的神人关系，进行公益活动的目的却是一种"单向交换关系"，却是一种"神圣性的行善"（sacred charity），是一种"制度化的行善"行为，是为了荣耀神而做的事情，故能从中衍生一种"正义伦理"逻辑，走向马克斯·韦伯所言之形式理性或普遍性伦理制约。

宗教认同模式。它能够出自于一种"现世性的行善"（secular charity）及其因果对应式的行动逻辑，虽然其中也具有个体式的认同特殊主义、与整体式的认同普遍主义之间的区别，但它们也都能从中建构出一种具有佛教信仰认同意义的社会交往模式。

依据佛教信仰的功德分类形式，我们可以梳理出制度性的信仰认同方式，即整体式的认同方式、社会层面的伦理认同观、互惠型的功德认同观等三大形式，并能够在每一种认同模式之中寻找到三种相应的佛教认同模式。在与其整体性国家认同相互适应的层面上，构成的是一种"整体型认同模式"；在与其伦理认同观彼此适应的形式上，他们构成的是一种"社会型认同方式"；而在其互惠型因果功德认同观层面之上，佛教僧侣乃至信徒们建构出来的则是一种"灵验型信仰认同"模式。

认同模式	认同机制
整体性国家认同模式	政教主从型认同机制
伦理性社会认同模式	弘法利生型认同机制
互惠型功德认同模式	需求灵验型认同机制

其认同机制，也相应分为三种：政教型认同机制，宏化型认同机制，灵验型认同机制。

由于在中国佛教的发展历史中，国家权力更加愿意把佛教仅仅视为一套思想法则，也就是一种鼓舞行善的行为。这就导致了人们对佛教的一种儒教解释，它在经济、伦理和宗教诸领域中，是与官方传统朝着同一方向发展的。佛教慈善只不过是君主们出于政治目的，而施行的"惠"的另一种形态。[30] 这至少说明了政教关系与佛教认同等结构性关系，反而是主导个人信仰认同建构的牵制力量。所以，基于这种力量的制约，使佛教的信仰认同，构成为一种特别的整体论式（holistic）的认同方式。

比如，在上述三类佛教认同机制之中，政教型、弘化型与灵验型，前两种就涵摄有更为复杂的政治、经济与社会意涵，等同于自为特殊，难以跨越界限，难以超越整体主义的信仰认同；而只能是局限于个人崇信的功德原则，局限于认同特殊主义的藩篱。

---

30 谢和耐《中国 5-10 世纪的寺院经济》，上海古籍出版社 2004 年，第 28、296 页。

这里说的认同特殊主义，还具有另外一层意思，那就是在佛教之认同特殊主义得以构成的深层结构之中，则是因为国家权力机构把佛教文化及其宏化事业界定在"道德净化"的范畴之中，从而使佛教信仰所推动的"社会发展"或"道德教化服务"，往往会因为涵摄有更为复杂的政治、经济与社会意涵，而不被积极鼓励和允许，甚至被有意地制约。即便是那种不对政治合法性产生威胁的佛教信仰传布，一旦组织规模过于庞大，往往也会引来权力的关注，施加以整体式认同机制的制约。当然，也由于信徒们"功德文化"的影响，强调个人神圣崇信的信仰性格，而使得社会对于佛教的道德教化功能的预期效果大打折扣。于是，各个层面的认同方式，往往是基于个体的安身立命作为优先考量的原则，而非是凸现社会连带与社会安定的抽象理念。

于是，这不同的认同机制以及不同的认同模式，就会分别具有不同地宗教交往功能，或者说，信仰认同模式的不同，将导致宗教交往结构的相异。

比较而言，基督教的信仰认同，大多是一种群体式的信仰认同，而这种认同方式很容易导致人际关系之间的交往，特别是社区式的或家庭聚会的团契方式，就可能在很大程度上，能够强化基督教徒个人信仰及其社会身份的认同。

它们的结合，或许就是一个地方基督教的组织认同方式及其社会认同、城市认同、人际交往之间发生紧密的社会关联，并且衍生出以宗教信仰认同为基础的认同方法。这就是说，有什么样的宗教组织、团契形式和聚会结构，就会构成什么样的信仰方式、信仰认同方式和宗教信徒的身份建构形式，尤其是组织层面的认同模式，更能够决定宗教信仰的交往结构与社会交往形式。

基督教认同模式及其认同层次定义是：

认同模式	认同机制
组织型社会认同方式	教会体系化认同机制
伦理型群体认同方式	互助团契型认同机制
身份建构式认同方式	神圣救赎型认同机制

与此相应的是，基督教的认同机制也相应地分为三种，教会体系型认同机制，互助团契型认同机制，神圣救赎型认同机制。

很明显，基督教（新教）的认同方式，是一种制度论式（institutional）的认同方式。它以因信称义、个体化的神人关系为基础，并以神人关系及其信仰方式，来分配群体内的认同资源，把这种个体化的神人关系普遍化为所有基督教徒的意义根源，从而依赖了一种制度化的认同规范，以处理信仰者个体所属的信仰群体关系。

这种属于群体的、团体的、具体化的个人信仰方式，在其教会所独具的制度主义之中，惟通过教会制度才能建构起基督教徒之间的信仰认同，从而不再强调以传统而抽象的道德文化精神作为其信仰认同的基本内容。在此认同方式之中，单个的基督教徒，不再是单独的个人。他们在其信仰团体的社会性交往之中，已经由信仰认同方式的制度化，获得了与他人、社会、乃至国家进行沟通的认同原则。

基督教的信仰认同内容：则基于超越国家主义的普世主义，在不同处境的社会交往中，把一个信仰群体的价值共识，通过基督教信仰群体，表达为一种个人主义的自主认信。整体化的佛教认同模式与制度化基督教认同模式之间的差异，最终导致了佛耶两教在诸多层面的差异，同时也导致佛教与基督教交往结构的差异。

G.西美尔曾经指出，"信仰最初是作为人与人之间的一种关系而出现的。"[31]他认为，信仰最初是社会关系的一种形式，是在"丝毫未受宗教影响的情况下产生的，作为个体之间的一种纯粹精神关系的形式，后来在宗教信仰中表现得十分纯粹、十分抽象"。而在彻底的信仰过程——对上帝的信仰中，信仰摆脱了相应社会成分的束缚，成为独立的因素，又反过来对社会起到整合的作用。

这个信仰关系，并非严格的神人关系，或出自于完全的神人崇拜关系。它与神人关系有关，亦可与神人关系无关。但它无疑是传统社会处理人际关系的最重要因素之一，后来即被纳入了宗教体系之中。著名的基督教社会学家 E.特洛尔奇，就把宗教信仰定义为宗教认识因素。他认为信仰"就其寻常涵义而言，它指一个虔诚信徒所信奉的宗教的观念世界，这个世界被看作是一种存在于现在、过去或未来的现实。这个观念世界为保持其对信徒的意义而不愿受到触动，只希望恒定不变，具有不可侵犯的权威。"[32]

---

31 G.西美尔《现代人与宗教》，曹卫东等译，北京：中国人民大学出版社，2003 年，第

32 E.特洛尔奇《基督教理论与现代》，朱雁冰等译，北京：华夏出版社，2004 年，第203 页。

在这里，信仰是人们"对某种超乎人可直接把握的观念或理想的信奉、持守和追求。其所信观念故为信念，有其超前性或超现实性。……信仰包括宗教信仰、政治信仰、群体信仰（或社团信仰）以及文化信仰等"[33]。为此，佛教信仰的即扩散即制度化特征，促使那种以佛教信仰为核心的佛教信仰，几乎是无所不能地渗入了中国政治、社会、伦理、家族诸多层面。它们与基督教以教会组织为基础的制度化信仰认同方式，构成了宗教交往的基本问题。

所以，在佛教与基督教的交往关系中，我们把它们之间的交往关系或交往方式，作为一种社会行动，同时也基于信仰认同，把基于信仰认同的之间交往，视为一种"宗教交往的行动单位"，那么，信仰认同及其宗教交往，就是一种试图通过神圣资源的分配、共享和对象征权力的定义方式，而建立的身份认同方式。它是对已存在的个人信仰的发现和再发现，同时也是对宗教信徒的社会身份的一种再建构。如果说，宗教之间的社会交往大多是通过信仰认同得以进行的话，那么，这个宗教交往的基本途径，应当就是来自某宗教成员对其神圣崇拜对象的确定和认同，这种认同终究会影响、制约了他们之间的交往方式。所以，宗教之间的交往方式，其核心问题还是在于宗教制度、信仰关系及其认同模式。

我们可以这样作一个假设，如果一个人的信仰关系，取决于他个人的财产利益关系的话，那么，说明了这个人的信仰，是个人的信仰方式；如果他由此而改宗其他信仰的话，那么就更加说明了他的这个信仰选择，是基于个人的利益，而非其他任何考虑。与此相应，宗教之间的交往关系，就只能是个人的、而非宗教信仰群体的群体行为方式了。反之亦然。如果一个人的信仰选择，是出于他的政治地位的话，那么，即便他的信仰选择完全是出自个人的考虑，那么，他的信仰选择即使是他个人的方式，他也会在这种个人考虑的背后，却不一定完全是个人的信仰认同方式，也许已经有特别的权力因素深藏在这种选择的背后。这样的话，宗教交往结构或许就不一定是基于个人的信仰，而是基于个人身份以及与此紧密相关的现世利益了。

所以，信仰认同是宗教信仰者在表现其宗教行动的时候，他自身一些信仰品质、属性问题。与宗教组织认同的单一性质不同，信仰认同将是一种通常会具有许多社会明显的认同方式。同样的，宗教的认同单位在一定情景下，可以确定出"我是谁/我们是谁"，从而单位层面（unit-level）和宗教的社会结

---

33 卓新平《神圣与现实之间》，哈尔滨：黑龙江人民出版社，2004年，第17页。

构属性上面给予信仰认同一定的制约和期望。因此，信仰认同应当是自我认同、宗教认同、社会认同等若干层面的一个复合体，是由与其他行为体的关系决定的，或者亦会在这种信仰认同的复合体当中，把社会、政治、宗教、伦理等各个层面的认同因素亦都贯穿在自己的信仰认同之中。

　　在这里，基督教的信仰认同和佛教的信仰认同方式，就会呈现出各自不同的、值得加以比较的宗教交往关系及其诸类特征。它能够说明，不同的宗教就是不同的宗教体验之流，每一种宗教体验之流都从人类历史中一个不同的起点发源，每一种宗教体验之流都在一个不同的文化背景中形成自己独特的概念化的自我意识。在今天的"一个世界"中，既然各种宗教传统在相互观察相互对话中正在有意识地彼此作用，那么，在它们未来的发展中，就有可能逐步开始某种会聚的过程。[34]

　　因此，宗教交往问题的研究，既要注重于宗教间的对话及其研究，同时也要结合宗教制度及其与社会、政治的制度性交往等方面的研究，尤其是借助于社会学以及宗教社会学的理论、方法，将宗教交往问题作为一个社会现象、社会交往经验来加以研究，注重于宗教与社会、信仰认同与人际关系、宗教与政治等方面的结构关系研究。

　　本书的写作与研究，即是基于近年来对当代中国浙闽地区佛教、基督教交往状况的田野调查，注重于特殊语境之中佛耶两教的具体交往乃至一定层度上的冲突的实证研究，认为不同的文化传统、不同的宗教社会背景、不同的宗教组织及其运行机制、不同的宗教伦理及其影响之下的社会行为，制约并导致了宗教间富有个性的交往形式，甚至是冲突形式。这些形式及其问题，将直接影响到宗教交往的体现形式及其社会特征。

　　实际上，宗教交往的中心问题还是一个现代化乃至全球化背景之下的宗教冲突或宗教对话的基本难题，即如何处理宗教信念的至上性、宗教与现实社会的关系。对此类关系的研究和梳理，应当成为探讨宗教交往问题的一个基本视角，同时也成为本课题研究的重点和难点。

---

34 约翰·希克《宗教哲学》，北京：三联书店 1988 年，第 280-281 页。

第三章　宗教交往的权力架构

　　中国历史上的文明价值体系，并不是由宗教体系来加以组织与经纬的。所以中国历史可以出现"三武灭佛"的教难，却难以出现以信仰为核心的宗教战争。学术界因此出现了许多观念，认为中国文明体系的理性程度比较高，或认为中华文明体系以人为本、绝无宗教信仰凌驾于人的伦理要求之上云云。

　　然而，仔细考察中国历史，仅仅是因为中国宗教的非制度化特征，导致了中国宗教难以制度宗教的形式直接进入皇权主义秩序之中，左右朝廷权力，或者是直接规范中国人的社会生活与社会交往。但是，在这种弱势的制度宗教情形之下，中国人的宗教信仰却不示弱。中国人的各种宗教信仰常常能够表现得异常的强大，无处不在，无处不有，并且能够呈现在中国社会的方方面面，林林总总。

　　这些极其丰富的信仰形式，若隐若现地表现出中国信仰的力量与制约中国人人际交往的方法。虽然它们这种影响方式大多要经由朝廷权力、皇权主义的形式，但正是因为这一特别的形式，所以中国历史上的权力危机、道德冲突，往往要伴随着中国人的宗教信仰层面的危机。[1] 中国历史的这一特征，我可以使用"宗教无战争，信仰却冲突"这句话来加以概括。因此，中国历史上的宗教交往，常常要被赋予一种其他交往形式，或者是朝廷权力、或者是人际交往方法，不会直接体现为宗教信仰的认同与交往。宗教交往的过程，往往被镶嵌在一种权力秩序之中，或者是渗透了其他交往关系。

1　参李向平《信仰、革命与权力秩序——中国宗教社会学研究》的相关论述，上海
　　人民出版社 2006 年。

因此，当宗教交往使双方的信仰认同方式能够直接进行接触的时候，信仰的冲突或融合的问题才有可能发生出来。在此基础之上，宗教之间的交往，往往就是一种特殊的交往形式，而宗教信仰者的的信仰表达与认同方法，也就是另外一直认同策略了。这就导致了佛教、中国宗教与基督教交往的非宗教特殊方式、非信仰认同方式。中国宗教与基督教的交往，注重的往往是非宗教非信仰的层面，难以直接构成宗教、佛教与基督教在宗教信仰层面的直接面对。中国历史上的以及当代中国社会中，佛教与基督教的交往，也大多如此。

1、佛耶两教的初步交往

中国传统文化在历史上曾与两种外来的异质文化——佛教和基督教发生过冲撞。佛教于公元初入华，与中国文化相互影响、相互作用，直到宋明理学形成时才被中国文化完全吸收。经历了一千年左右，佛教基本上与中国文化达到和平的融合。基督教在华传播却时断时续，先是景教于 8 世纪入华传教，其后是天主教于元朝首次进入中国，再就是以耶稣会士为代表的天主教于明末清初来华传教，最后是新教于清朝中叶进入中国。

历时一千多年，基督教与中国文化的冲突最终未能化解，未能像佛教一样融中。由此观之，佛教和基督教在传入中国的过程中，与儒家伦理思想的碰撞、冲突和相互影响，实际上就是一种直接的宗教交往过程。

以佛教为例，佛教在传播过程中开始出现各种形式的"走样"和"变形"，它们最主要的表现，就是佛教的儒学化。佛教是以佛为本，其出发点和落脚点是佛，而儒家是以人为本，其出发点和落脚点是人。这种适应性主要体现在两个方面：一是对以儒家伦理为正统思想的中国封建政权的适应，二是对儒家宗法伦理本身的适应，在中国封建社会中儒学长期是中国传统学术和文化的主流，佛教为了求得自身的发展一直对儒学采取迎合、依附的态度和附儒、补儒的策略。在佛教儒学化的过程中，"忠君"问题一直是中国封建社会政治家、思想家争论和关注的。[2]从历史和现实的大量经验教训中，佛教界深深体会到，"佛不自佛，唯王能兴"。[3]

这些宗教——政治现象，充分揭示出佛教与王权的本质关系，也说出了佛教伦理为王道政治服务的隐衷。尤其是儒家伦理的本位——"孝亲"观，

---

2 陈登《佛教与基督教的儒学化比较》，《湖南大学学报》，2001 年第 3 期。

3 《广弘明集》（卷十），北京：中华书局 1992 年。

以寻求与中国传统政治的契合。僧人们在翻译印度佛经中采用增选、节删、注疏等手法对原著加以引申、演义，试图说明佛教与儒家在基本伦理规范和礼俗上是一致的。

佛教进入中国后，面对"不孝"的责难和非议，先是多以"方内方外"、"在家出家"、"大孝小孝"予以辩护和回应，尔后又通过注疏佛经、撰写文章，试图证明佛教本来就讲"孝"，宣扬戒孝一致、孝顺念佛等观点，并通过会通儒家伦理思想来阐发孝道，把孝抬高到最高德行的方式，从而形成了中国佛教独具特色的孝亲观，达到了与儒家纲常名教在孝亲观上的契合。这种契合既是佛教伦理向儒家伦理靠拢揉合的产物，也是中国佛教走向注重现实的内在需要。这种孝亲观的形成，一方面增加了中国佛教"弘道济世"的大乘伦理理想的可行性，另一方面又赋予中国传统伦理思想以信仰的力量，强化了儒家纲常名教"扶世助化"的功能。中国佛教所具有的这些社会、历史特点，不得不制约或影响了基督教来到中国之后的耶佛交往。

一般地说来，佛教与基督教的对话或交往，其实早在（景教）聂斯托利派遣使者进入唐朝的时候就已经开始。有据可查的，是基督宗教传入中国的准确时间是在初唐之时。从明天启年间西安西郊出土的《大秦景教流行中国碑》、1909 年法国汉学家伯希和从敦煌石室中发现的《景教三威蒙度赞》以及尊经和其他景教经典等可知。[4]

当时，基督教中的聂斯脱利派教士阿罗本等曾到中国传教。贞观九年，阿罗本到长安时，唐太宗即派房玄龄率仪仗去西郊迎接，允许他"翻经书殿，问道禁闱"。并于贞观十二年下诏："详其教旨，玄妙无为：观其元宗，生成立要：词无繁说，理有忘筌：济物利人，宜行天下。"[5]。与此同时，李唐王朝还在长安义宁坊赐建景寺一所，度僧 21 人。至高宗时代，朝廷封阿罗本为镇国大法主。

佛教的概念系统，甚至曾经是基督教思想在中国所依托的第一种"诠释结构"；正所谓"撮原典大部之要，引中土佛道之俗"。因此，早期的景教文典常常以佛教术语翻译基督教的重要概念，比如将上帝译为"佛"、基督译为"世尊"、"受洗"译为"受戒"、"信望爱"译为"三常"、西门彼得译为"岑

4　林建曾《基督教与佛教在华关系的发展变化》，《贵州文史丛刊》，2003 年第 2 期。
5　《唐会要》卷 49。

隐僧伽"等等。甚至有《世尊布施论》，讲福音书的故事。[6]至于当时流传的《序听迷诗所经》，本意即是《耶稣基督经》。佛教与基督教的接近，乃至唐武帝"会昌灭法"以后，一些散佚的景教文典竟被误以为佛教文典，混迹于敦煌的佛教珍藏之中，从而才得以保存。[7]

当时的情况是，唐代景教传教士为了便于人们接受其传教，往往借用佛教用语，如称教士为"大德"、"僧首"、"僧"等。一些传教士还主动学习佛教的教义。虽然这些传教士"不识梵文"，也"未明释教"，所译佛经难免"理昧词疏"，但其真正目的，不是皈依佛教，主要目的则是为了结好时已流行的佛教，希望能够借其声威以利于景教的传播，同时也想借用佛学的词语与概念，以便于中国人能够理解并接受景教教义的传布。

很明显，景教流传期间，佛教与基督教就已经开始了最初的宗教交往。然其在双方的信仰认同层面却遭遇到了一些很正常的冲突。唐德宗贞元年间，长安西明寺僧圆照，在所撰《贞元新定释教目录》中即批评景净参与译著《大乘理趣六波罗密多经》，是"虽称传译，未获半珠"，"察其所译，理昧词疏"，指斥景净等人"图窃虚名，匪为福利"。圆照曾认为，应划清佛教与基督教之间的区别，"释氏伽蓝！大秦僧寺，居止既别，行法全乖"，要求"景净应传弥尸诃教"，而传播佛教是"沙门释子"责无旁贷之事。[8]

佛道教人士攻讦基督教之举，也不过是为了表示基督教与佛教之间的区别而已，仅仅是佛道教的力量，也无法改变基督教与佛教等外来宗教在唐朝时代相伴而行的开放状况。可是，随着唐王朝拆毁天下佛寺，令僧尼还俗；"勒大秦、穆护、祆三千余人还俗，不杂中华之风。"[9]这个时候，不仅仅是佛教备受冲击，即使是当时势力弱小的景教，也同样在中国内地几乎禁绝。景教在中国内地传播，既借佛教在华之兴盛而得到传播的空间，同时也因佛教的被禁而备受影响。

6　赵维本《译经溯源：现代五大中文圣经翻译史》，香港：中国神学研究院1993年，第165页；翁绍军《汉语景教文典诠释》，香港：汉语基督教文化研究所1995年，第37-38、136页。

7　杨慧林《佛教与基督教对话中的三个问题》，中国佛教文化研究所编《佛学研究》2003年。

8　高桑驹吉《中国文化史》；引自杨森富《中国基督教史》，台湾商务印书馆1984年，第22-33页。

9　《旧唐书》卷18上。

　　为此，唐朝初年传来中国的景教，仅仅是由于唐太宗、唐高宗等几代皇帝的庇护，才使景教得到比较顺利的发展，一度曾有"法流十道"、"寺满百城"之盛。但因其过分依赖朝廷，并与佛教关系密切，在理论教义的传布方面未能实现中国化，所以当会昌五年发生"灭佛"事件后，景教因受到牵连而在中原基本绝迹。基督教与佛教的最初交往，因此而告一段落。

　　元朝时代，由于蒙古上层统治者对外来宗教采取宽容的政策，从元朝开国皇帝忽必烈到末代顺帝都对外来宗教抱欢迎和扶持的态度，因而，仅仅局限在边境地区流传的景教再度进入中原，天主教也由罗马教皇的特使孟高维诺传入中国。不过它们只是局限在阿兰人、蒙古人和色目人中流传。虽然曾一度"倚势修盖十字寺"，"给监郡符，势张甚"。[10] 但是，由于景教一直未能进入信奉儒家思想的汉文化体系之中，而且也无法与道教和已经中国化的佛教相容。因此，随着元朝帝国的倒塌，景教和天主教也随之销声匿迹了。

　　这一时期的佛耶交往，尽管其间发生有冲突，但是规模甚小，它们的主要表现，也不是基督教与佛教之间的矛盾。据《元典章》第六卷33记载：当时浙江温州地区的也里可温，招收民户充本教户计，曾有侵夺领管之权的现象；并在祝圣祈祷时发生名次之争，在名位安排时与道教发生争执。然其所争者，与宗教、信仰关系似乎甚远，事关一些权益、位次之类小事。恰好说明，在中国语境之中的宗教交往，出现问题的往往不在于宗教、信仰本身，而是在乎与此交往的其他社会、权力关系。它们会与宗教交往关系，共同构成了宗教交往结构中的复杂关系。

　　在此之后，基督教与佛教发生较大规模交往，并在社会上造成较大影响的信仰冲突，应当是在明清之际。那是一种更直接的佛耶对话。这在中国历史上，真正使基督教在中国得到有效传播的，是明末进入中国的耶稣会士。它们伴随着基督教"补儒易佛"的策略、及其对佛教中国化之经验的借鉴，而使基督教与佛教得以展开了一场真实的交往。

　　明末清初以利玛窦为代表的耶稣会士，当他们初来中国的时候，采用的就是与佛教对话的方式，希望能够与佛教交会、共融。只是在这些耶稣会士意识到唯有儒教才是中国信仰的主流之后，他们才改变了在中国传布基督宗教的策略，由"附佛"改为附儒，采取了"补儒易佛"与新奇科技的显示这两种基本方式传播基督宗教。在介绍和解释基督教义时，努力使基督教的教

10　孙尚扬《圣俗之间》，北京：中国广播电视出版社1999年。

义儒学化，并采用中国儒家经典中的语言来翻译天主教神学，以基督教义附会中国儒学之伦理纲常，甚至容许皈依天主教的中国教徒能够继续祭祀孔子和他们的祖先。

利玛窦等人虽然也从天主教的立场，对宋明理学中的"太极生万物"和"万物一体"等观念进行了批判，但他们对儒学的基本态度还是"附儒"、"补儒"、"超儒"，而在对儒学采取低姿态的迎合的同时，又暗中进行修正和批判，"其秘而不宣的最终目的则是试图以天主教取代儒学在中国文化中的主流地位"。[11]

所以，三百年前礼仪之争的实质，其实就是基督宗教是否应该中国化或者是儒学化的问题；争论的核心，是如何翻译"造物主"及中国教徒是否能够参加祭祖、祭孔等传统礼仪活动。它们构成了基督宗教与中国儒教、乃至佛教得以进行交往的基本路径。

2、"礼仪之争"的耶佛关系

利玛窦等初入中国之时，原欲使基督教佛化，所以像他们的前辈那样，称系佛门一支，以便于传教。但利玛窦很快就发现，"中国人虽然礼敬偶像"，但"他们对于神的敬畏心，实在太薄弱，所以对于僧侣也就不太重视。"因为"中国人主要的偶像，就是他们的官吏"。[12]

这就是说，儒学是维系国家政体的意识形态，同时也是民众信仰的基础，具有至高无上的地位。为了显示自己存在的价值，也为取得儒学的认同，西方传教士采取了"排佛补儒"的策略。在强调基督教教义与儒学相补相同的同时，着力于批评佛教轮回转世、因果报应的信念、不杀生的戒律及偶像崇拜等。如利玛窦初至广州时，"人以为西僧，引至佛寺，摇手不肯拜，译言我儒也。"待利玛窦进京以后，则"专以门辟佛为事，见诸经像及诸鬼神像，辄劝人毁裂"。[13] 同时。利玛窦又曾与僧三槐（也作三淮）辩论，所著《天主实义》、《畸人十篇》、《辩学遗牍》，"多迎儒排佛"之论。

对于来自西方传教士的批评与攻击，当时的佛教界人士自然会有所反应，并有人有所问难。如官至铨部的虞淳熙，在友人请其为《畸人十篇》作序时，致书利玛窦，劝多读佛书。而他在所作序文中，亦"多讥评天主教语"；而著

---

11 王月清《中国佛教伦理研究》，南京大学出版社 1999 年。

12 《利玛窦中国札记》，第 2 卷，第 5 章。

13 张尔岐《蒿庵闲话》，引自方豪《中西交通史》下册，第 994 页。

名僧人莲池和尚也作《天说》，圆悟作《辩天说》，通容作《原道辟邪说》，如纯作《天学初辟》等，以反击天主教对佛教的攻击。只因圆悟、莲池等著名僧人皆在杭州，使杭州也一度成为佛教反天主教的中心地带。

无论如何，这一场争论，的的确确是基督宗教与佛教之际的真实交往，信仰方式的真实交锋。虽然因一大批信奉佛教的儒生反对基督教，而最终在明末引发了一场南京教案，但这只是一场政治冲突性质强于宗教信仰冲突的事件。这可从当时佛教人士与基督教人士的论争中即可看出，双方争执的是谁更有助于世道人心的拯救。在此层面，基督宗教大力强调的，就是拯救世道人心，进而批评佛教渐失效用，而理论严密、典籍丰富的基督教，此时还能"适能补儒教之阙，可以正释老之误。"[14]

东方传教士的先驱沙勿略，在考虑中国的基督教化问题时，曾以他在日本的传教经验为基础，认为影响基督教在东方转播的最大障碍，是大多数日本人信仰的佛教，并认为，应该从教义上批判佛教，才能争取日本人对于基督教的尊重和皈依。基督教就不可能赢得社会威信。沙勿略在日本传教时还曾经考虑用日本民间流传的"神"（Dainichi）作为"天主"的对应概念，但是，后来沙勿略发现 Dainichi 的内涵中渗透着佛教的成分，因而最终放弃了用 Dainichi 来译天主的想法。但是，寻找一种适应东方社会的传教方法，却一直是传教士苦苦追求的东西。

从沙勿略到范礼安，他们都一再强调东方传教必须"适应"当地土著的文化和语言。这就是天主教史当中所谓的"适应"策略。因为，寻找一种适应东方社会的传教方法，却一直是传教士苦苦追求的东西。所以，范礼安在日本曾经因为穿上了僧服，得到了日本的高度重视。他指示中国的传教士也穿上僧服，以取得在中国的适应。

范礼安的传教事业，在利玛窦和罗明坚那里得到了继承。利玛窦到中国时，便按照罗明坚的方法，穿上和尚服，戴上和尚帽，以为采用与中国佛教接近的办法，以"西僧"的身份和面目出现在中国，可以使天主教在中国的传布找到支点，在中国站住脚。当时，传教士被视为佛教徒；当地知府给传教士建立的传教机构，门上悬挂的匾额即是作为佛教表征之"仙花寺"和"西来净土"；利玛窦等在肇庆散发的《教理问答初阶》中，也处处可见佛教的术语。但是，利玛窦在广东十余年的经历告诉他，佛僧在这个国家不受重视，

---

14 《杨淇园先生年谱》，商务印书馆 1944 年版。

没有学问，社会上没有威望，士大夫官吏鄙视僧人，和尚们被排斥在主流社会之外。佛教把他们拒绝在中国社会之外。和尚的称呼，使传教士感到行为语言的不光彩，他们被视为了"偶像崇拜僧人"。为此，利玛窦在得到教会上层的同意之后，把下贱的僧衣换成了士大夫的官服。[15]

　　一般的观点认为，耶稣会士之所以将易佛补儒作为他们在中国布道的主要策略，主要是因为基督教具有强烈的排他性，从而与佛教格格不入。[16]但是，细读裴化行著《利玛窦神父传》，我们则可以发现这样一种历史事实：利玛窦易佛补儒策略的形成，并不仅仅是因为基督教的排他性，而是他曾经依赖的佛教，处在在中国社会之外的特性以及与儒家比较的低下社会地位，导致利玛窦等耶稣会士无法进入中国主流社会。所以，佛教在耶稣会士的眼中，是一种处于中国社会之外的宗教。由于中国强国家弱社会的历史特点，国家全能主义盛行，宗教也被深刻的国家化。而居于主流意识形态的儒家思想，则是以天命、天道、天运的崇拜作为国家宗教的。佛教不具备这种历史的幸运，故而无法成为国家宗教的构成部分，只能是出世的宗教阴助王化而已。如此，岂能不在社会之外？

　　紧接着，利玛窦写作《天主实义》和《天主实义续编》，立意补儒批佛。从此，利玛窦在其传教的经历中，渐渐摸索出来一套基本策略：其一是寻求政治依靠。通过向中国高层呈献珍稀礼品，叩开北京紫禁城的城门，以博取皇帝的好感，进而争取皇帝本人归依天主教，或争取皇帝允许在中国自由传教。其次，学术传教，突出基督教与儒家学说之间的一致性，避免被儒学正统视为"异端"而被排挤；再次，反对佛教信徒或道教信徒公开宣扬的偶像崇拜，同时承认古典儒学，并加以利用。

　　利玛窦写作《天主实义》和《天主实义续编》，其主旨就是补儒批佛，将基督教的天主所具有的功能和性格加在古代中国典籍中的"上帝"身上，或者是用古代中国典籍中的上帝一语来翻译西方的天主一词。与此相应的是，在这个策略当中，直接包括了对于佛教的批判态度，并由此而涉及对于宋明理学的批判。因为，利玛窦倡导的补儒策略，宋明儒学并不是补益的对象，得益的却是中国古典儒学。利玛窦认为，宋明理学中的"理"，具有太多的佛

---

15 参裴化行《利玛窦传》上册，北京：商务印书馆1998年，第110、166页；下册，第626-623页。

16 参张铠著《庞迪我与中国》，北京：图书馆出版社1997年，第245页。

教色彩，其对于"理"的解释，也是西方传教士无法接受的概念。儒学的"理一分殊"，深受着佛教华严宗"一多相摄"的理论启发。

宋明理学的"理"的本体论，具有浓烈的佛教意味的本体论。利玛窦之所以补古典之儒，弃宋明当代儒学，其理由也是在于对佛教的批判，所谓"恨屋及乌"。借助于对佛家的抗击和批判，利玛窦适应了晚明时期中国知识界抵制、痛恨禅学化心学并渐渐探求经世实学的文化氛围，也为基督教找到了一个手段，贴近正统儒家，博取中国文人雅士的亲近之感。

利玛窦在其传教的经历中，渐渐摸索出来一套基本策略：其一是寻求政治依靠。通过向中国高层呈献珍稀礼品，叩开北京紫禁城的城门，以博取皇帝的好感，进而争取皇帝本人归依天主教，或争取皇帝允许在中国自由传教。其次，学术传教。突出基督教与儒家学说之间的一致性，避免被儒学正统视为"异端"而被排挤；其三，反对佛教信徒或道教信徒公开宣扬的偶像崇拜，同时承认古典儒学，并加以利用。

利玛窦认为，为使基督教在中国得到推重，在中国的传教士必须小心谨慎，以学者、贤人的身份出现，尤其要通晓中国的学问，并借助于儒家经典批判佛家和道家学说，不在士大夫中间树敌。[17]

利玛窦曾经对于自己在传教策略上的变化，有过一段夫子自道："窦自入中国以来，略识文字，则是尧舜周孔而非佛，执心不易，以至于今。区区远人，何德于孔？何仇于佛耶？若谓窦姑佞孔以尽谄士大夫，而徐伸其说，则中夏人士，信佛过于信孔者甚多，何不并佞佛以尽谄士大夫，而徐伸其说也。实是坚于奉戒，直心一意，所是所非，皆取凭于离合。尧舜周孔，皆以修身事上帝为教；佛氏抗诬上帝，而欲加诸其上，则非之。窦何敢与有心焉"。[18]

利玛窦之斥佛补儒，主旨出于传教的考虑，立足点则是在于儒教——其修身事天的道德要求之上。在竭力驳斥佛教学说的同时，利玛窦对待儒学，力求代之以理性的原则和基督教教条，希望以耶代儒，建立儒家新伦理。然而，儒教作为国家性宗教，既具宗教性，更有政治性。当利玛窦等耶稣会士调整传教策略，力图使传教事业具有客观理性，一再强调儒教的非宗教性的时候，却在利用或突出了儒教的政治性或已经相当政治化了的社会道德功能。

17　《利玛窦全集》(4)，第 407 页-316 页；引自张铠著《庞迪我与中国》，第 214 页。
18　利玛窦《辨学遗牍》，《天学初函》(二)，台湾学生书局 1965 年，第 643 页。

中国的宗教发展到明末时代，已是"三教合流"的高调唱好，共护王权，所以，传教士若欲对中国人士传输基督教教义、思想道德以及它的至上性，则必须合儒、补儒，并争取儒家及其士大夫的支持。利玛窦在改变自己的传教策略的时候，也不得不反戈一击，分离儒佛，割裂儒、释、道三教合一的整体关系，注重对于佛教的批判。为此，利玛窦由西僧转变为西儒，并以佛教作为了基督教传布的假想敌，设计了基督教与佛教之间的人为矛盾，通过对禅佛教思想的批判，进一步促使中国知识分子与天主教结盟，在天主教有关天学中谋与周孔教合。

其中，徐光启之皈依耶教，可谓利玛窦补儒斥佛吸引士大夫的典型史例。徐光启失望于佛教。在《天主实义》的影响下，他寄托于天主教，批判佛教："…禅宗者衍老庄之旨，幽眇而无当；行瑜加者杂符箓之法，乖谬而无理。""奈何佛教东来千八百年，而世道人心未能改易，则其言似是而非也。"[19] 徐光启认为天主教教义可作"事天之学"，可"使人尽为善，……真可以补益王化，左右儒术，救正佛法者也。"视天主教为儒佛两家再生之基，同为补益王化的工具。

天主教教义可作"事天之学"，一度成为明末知识分子的重要思想兴趣。部分东林党人曾对于"学者谈玄虚，遍天下皆禅学"的文化思潮表示了极大的忧虑，在学风上反对"空谈心性"和"弃儒入禅"的"王学"、"心学"，倡导"实学"，并对王学末流和禅佛教的弊端，进行了批判。利玛窦等人在转播天主教方面采用的"适应"的策略，适逢东林党人的"实学"。而明末的知识分子在接触了利玛窦、庞迪我等人的《天主实义》、《交友论》、《七克》等著作之后，也颇感天主教的天学与他们的实学，实际上是非常接近的。

类似于徐光启的，还有李之藻、杨廷筠等皈依天主教的士大夫。他们之所以要研究基督宗教，探讨天学的内容，乃是因为他们深信天学不仅仅与儒家学说相近，而且能够补充儒学的不足。尤其是在天学中令人敬畏的上帝和具有外在性约束机制的道德律令，恰恰适合了晚明时代知识界先进一翼的需要。

利玛窦等人在转播天主教方面采用"适应"的策略，适逢东林党人的"实学"思潮。明末知识分子在接触了利玛窦、庞迪我等人的《天主实义》、《交友论》、《七克》等著作之后，也颇感天主教的天学与他们的实学，实际上是

---

19 《徐光启集》，卷九，《辨学章疏》。

非常接近的。因此，天主教教义可作"事天之学"，一度成为明末知识分子的重要思想兴趣。部分东林党人曾对于"学者谈玄虚，遍天下皆禅学"的文化思潮表示了极大的忧虑，在学风上反对"空谈心性"和"弃儒入禅"的"王学"、"心学"，倡导"实学"，并对王学末流和禅佛教的弊端，进行了批判。这也是"礼仪之争"中耶佛交往的特殊背景。特别是利玛窦传教策略和徐光启等人的价值观念的转变，对于明末乃至日后耶稣会士的传教事业大有影响，也使其后发生的中国"礼仪之争"具有了多层次的历史内涵。

一方面，中国佛教发展到了明代，已完全儒家化。这也促使佛教在反对天主教的时候，不得不下意识地扬起卫道的旗子。许大受的《圣朝佐辟》一文，即强烈地表现出儒佛合一、共同斥耶的文化情结以及佛教儒家化的思想特点。其文云："释典心地戒品，全是以孝顺心为五戒万行之大根源，其舍亲出家，虽割爱哉，其意盖为尘中不能学道，学道正以报亲。是门庭虽异，而本孝之心，与儒无异也。"[20]正如利玛窦补儒易佛的策略获得了儒家士大夫的认同，能够建成传教士与儒家士大夫同斥佛教的文化情形那样，其补儒易佛的策略也同时会促使另一部分儒家士大夫与佛教徒共抵天主教。

许大受曾经指出了佛儒共辟天主教的文化奥密，即天主教阳辟佛而阴辟儒，以辟佛之名，行贬儒之实，从而促使儒佛两家可在某一层面上联袂斥耶。他说："夷言有后世，非贯通儒释，不足以抑妖邪故也。况夷之狡计，阳辟佛而阴贬儒，更借辟佛之名，以使不深入儒者之乐于趋，故区区之心，必欲令天下晓然知夷说鄙陋，尚远逊于佛及老，何况吾儒"。[21]天主教言后世，故须佛教出台，社会教化的秩序以及宗教信仰的安全稳定方可自保；但佛教并不能够代表中国社会文化的正统，故须儒佛联手，佛教才能具有斥耶的社会安全和政治保障。所以，佛教的斥耶，在很多方面不得不借用儒家的正统力量。许大受在《破邪集》中的文章，其十个专题，几乎有九个专题是以儒斥耶的；仅有第七个专题，以儒家士大夫的身份，立足于佛教的立场，指责天主教窃佛、訶佛的种种"罪行"。

佛教需要儒家的权威性、正统性作为支撑；儒教则需要佛教的宗教功能作为批判耶教的工具。佐佛之在于存儒，在此密切结合，正可谓唇亡齿寒者也。《破邪集》的形成和问世，正好是儒佛结盟、再度蜜月的产物。《破邪集》

20　《破邪集》卷4，"圣朝佐辟"。
21　《破邪集》卷4，"圣朝佐辟自叙"。

的思想立场自然形成：以夏变夷、王权至上、儒家正统。至于佛教徒的排教方法则是：既护教亦卫道，援儒斥耶，推崇儒学正统；虽以"佛学为圣学"，却又把一代佛学精英麇集于儒家的门下。

因此，补儒易佛策略的实行和强化，反驳佛教，排除其他宗教，必然会促使《破邪集》的作者们抵制西学、抗议洋教的情绪激进异常。当时发生"南京教案"（1616-1617），儒生倡之，"僧道疾之"，不能不说是这种情形的恶性劣变。儒佛两教徒已深深的忌讳于天主之教，他们以其有色眼镜，在天主教的合儒、补儒策略中，看到了似道非道而害道，媚儒窃儒而害儒的本质。正是在此前提下，佛教徒才不惜以文化信仰错位的立场和姿态，既在文化正统层面上卫（儒）道，又在宗教信仰方面护（佛）教，竭力抵制天主教的流布。天长日久，此情此结，则日深日紧。

"夷教"来华的目的，是要"以夷变夏"，用"夷人"的思想、学术、风俗，来变乱中国的思想、价值和制度。当时与天主教接触的佛教学者们，纷纷透露天教"乱吾国开辟以来之学脉"的问题，该问题是令中国人最为"可骇者"。这样的心情，在佛教居士张广湉的指责中，可以充分地感受到：

受其教者，必先毁我宣尼之庙，以及山川保社之坛，并废往古敕建忠孝节义之祠。一如夷说取，取其像而投诸粪窖之中，然后檄令省郡州县各建一天主堂，以奉安彼刑架之罪夫。嗟夫！何物奸夷，敢以彼国独祀之夷风，乱我国万代之师表？[22]孝道是中国道统思想中的特殊内容，天主教对祖先祭祀的反对，破坏了中国的传统孝道。于是，天主教被批评为"左道邪教"。[23]

狭义地看，在中外宗教交往及其冲突的层面上，"礼仪之争"的一个重要原因，当与天主教内部不同修会之间及其与中国宗教之间的矛盾紧密相关，即道明会和方济会在耶稣会后来到中国，嫉视耶稣会前期在中国的成功，所以他们首先指责耶稣会对于中国天主教徒祭祀祖先和崇拜偶像的允许等方面的过失。当这些修会的传教士到中国福建之后，一方面是力图消除艾儒略在福建地区的影响，同时是对福建地区格外严重的宗教民俗活动特别反感，以至于执意禁绝。在此前提之下，与此相关的种种冲突就由潜伏状态而渐渐浮上水面。

---

22 张广湉《辟邪摘要略议》，《辟邪集》卷五，第29页。

23 许大受《圣朝佐辟》，《破邪集》卷四，第19-20页；沈榷《南宫署牍》，"参远夷疏"，破邪集》卷一，第8-9页。

广义地看，当利玛窦渐渐挣脱"僧帽"，身儒服，戴儒冠，成为"西儒"，从而结束了他在"中国社会"之外的生活，并从中国社会的底层挤入士大夫阶层，被学术界承认为"泰西儒士"，然后又作为"万历帝的门客"定居于京城时，利玛窦终于具有了与正统帝国最高层交往的资格。这也为他的传教布道，提供了最方便的途径。他补儒批佛的传教策略，终于在历史中定位。正是这样一种历史定位，促使明末的中国佛教遭遇到一次最有力的挑战，在出自王朝的权力架构之中，佛教与天主教不得不发生了一场特殊的交往，并构成在"礼仪之争"的特殊语境之中。

3、"天学"与"佛学"的交往

原来集中反映在《圣朝破邪集》、《天主实义》等历史文献里的佛耶交往，曾经是以利玛窦为代表的耶稣会士与中国佛教发生思想交锋的历史痕迹。利玛窦的规矩，促使佛耶两教有关思想及其信仰的冲突，局限在概念层面，未能构成社会行为、宗教礼仪等方面的直接交往甚至冲突。至于与中国佛教信仰紧密联系的佛教民俗以及流行于中国乡村的婚丧嫁娶诸礼仪，也伴随在耶稣会士对于儒教的理解当中而得到了相应的容忍。

自从利玛窦的僧帽换为儒冠之后，利玛窦及其思想，便以批佛的姿态先后与当时佛教界的著名人士三淮、袾宏、圆悟、通容等人有过交往或思想上的交锋。利玛窦的《天主实义》，成为传教士向中国宣讲天主教教义的第一部著作，中国天主教史上最重要的一部作品之一；而《圣朝破邪集》中的僧人论文，大多为批判天主教之作，是中国佛教徒首次以佛教思想诠释其他宗教的宗教对话。

《圣朝破邪集》共八卷，由福建漳州佛教居士黄贞收集，近 60 篇文章，于 1639 年徐昌治编辑而成，1640 年面世。其中的 14 篇，是"南京教案"中士大夫官员所写，收在《南宫署牍》里，现为《破邪集》的一部分。这些文章均以儒家社会正统性的保卫姿态，反对天主教，构成了当时社会舆论方面浓重的反教氛围。其他的文章作者，既有僧人，也有儒士，均出自浙、闽等地，儒佛两教，各有侧重。在佛教徒对于基督教的批判中，利玛窦及其《天主实义》，乃是主要的批判对象。诸如基督教的天主观、灵魂观、天堂地狱说，均在批判之列；佛教的主要教义，如缘起性空论、果报轮回说、自证觉悟论等等，也在思想交锋当中，得到了深刻的表达。《圣朝破邪集》，作为明末最重要的反基督教著作，最为真实地记载了当时"天学"和"佛学"的交往情状。这些思想交锋与信仰冲突，大致可分为如下几个方面：

（1）缘起性空论与天主创世造物观

利玛窦在其《天主实义》第二章里，专事批判佛教的空的思想以及从空无当中产生万物万事的说法，指责佛教奉虚无为至论。依利玛窦之理性原则，虚无是绝对存在的对立话语，无论自然万物，还是世间万事，均不可能自虚无当中缘起或者生成。

耶稣会士以其现实主义的态度对待中国佛教的哲学思想。由于其哲学以创始论作为基础，因而表现为神学的特征。但是，佛教之关于空或者缘起的思想，恰与天主教创世说构成矛盾。佛教的哲学讲求，乃以缘起性空为基本，拒绝承认人类的生命、万物的生存仅有一个始端，主张人类生命、世间万物乃是各类生命要素的综合缘起，其生存常态即常流不住、刹那刹那生生灭灭、变化不已的动态流程。正是在这个层面上，佛教哲学的本体论，乃无神论，强调变动，自我做主。

明末的和尚圆悟参与了这场佛耶对话。他曾对佛教空的思想做过很好的梳理。他说："佛之教实而不虚，正欲去愚迷之虚，立本性之实"。佛教哲学所讲的空，"乃相空耳，除空之外，所存本性也。所谓相空，......又非真相之空，乃妄想之相为空。"[24] 依此观之，世间不存永恒的主宰，不变的事物。破除这种执着，即是觉悟。

天主教的核心观念，真正地受到了威胁。佛教空的思想，拒绝承认每一个人的生存皆有一个开端，拒绝接受创造主和人类之间的区别；认为人和物的起源皆为一致，佛陀与众生平等。这是个普遍联系、缘起缘灭的过程，又是一个无限的、无始无终的流变过程，没有任何个人或者神灵能够予以主宰。

这既是哲学方法的差异，更是宗教信仰的冲突。佛教的性空缘起思想，对于天主教的天主观念，应该说是一个强大的精神抵制体系。从宗教对抗的角度言之，倘若利玛窦无法解释乃至消除佛教缘起性空哲学的影响，那么，天主教教义中的创世说以及天主观念，均会因此而受到致命的批判和攻击。

---

24 圆悟《辨天说》，《破邪集》卷七。

　　所以，在当时的社会政治体制的制约下，利玛窦必以其"有"的哲学，否定佛教的"空"的理论，无法去进行两大哲学体系的沟通。利玛窦断言佛教的哲学原则就是虚无，不解佛教关于万物之间普遍联系、平等起源的缘起思想。他的理解近乎基督教的独断："…曰空、曰无，于天主理大相剌谬，其不可崇尚明矣。"[25] 由于天主教的正宗教义局限，利玛窦自然不会理解或承认佛教有关空的哲学思想。在此层面上，误解极大：以为佛教之空，非缘起之空，而是真正的空无的虚空。

　　但是，在缘起为空的思想和天主创世的观念之间，也并非不存在通融的可能性。假若佛教的空与无，可以理解为"神之无形无声者"，或"无形无声音之神"者，大抵上可与天主观念基本沟通，缓减彼此的冲突，乃至为佛耶对话，提供一个可资彼此探讨的思想基础。

　　对此，佛教学者则立足于自己的宗教立场，试图以佛释耶。万历年间有著名的袾宏和尚，著有《天说》，便着意于以佛教的天论阐释天主教的天学。一方面，其《天说》从佛教的教理看天主教的天主，认为这不过是佛教中万亿天主之一，类似于西周时代周天子与各国诸侯的关系。《天说》还指出，天主教"虽崇事天主，而天之说实所未谙"，将天主教所奉天主，解释为居于佛教须弥山顶掌管三十三天的忉利天王，三千大千世界、三十三天中的一个天主。

　　袾宏的说法具有明显的护教特点。但是，被誉为"法门之周孔"的袾宏，其护教的立场却具有突出的儒家色彩。加之，袾宏对一个作为社会存在形式的天主教的社会功能很难理解，便只能以佛释耶，甚至是以儒之天来理解天主教之天："言天主无形无色无声者，则所谓天者，理而已矣。何以御臣民、施政令、行赏罚乎？"

　　天主教的天主，在其社会批评的功能意义上，可以说是一个外在的道德约束机制，并由自然理性而衍生出"理"的规范；这当然不同于作为中国人心中的天，以其自然性质直接体现浩浩苍天"御臣民、施政令、行赏罚"的社会功能。特别是这种功能，在中国历史社会中，只能由天子（君主）来代行其职责和作用，他人不得染指。尽管袾宏的释天之论，便是此说的复制，是佛儒合和并兼具政治和宗教色彩的天论，但他的解释，至少是以一种诠释的态度，触及了一个异质文化体系的核心。

---

25 《天主实义》第二篇，第 400 页。

遗憾的是，利玛窦要维护天主教教义以及天主崇拜的神圣性，对于佛教的性空思想采取了避实就虚的处理方法，或者将佛教缘起为空的思想，理解为空虚和寂无的沉溺（利玛窦："上达以下学为基，天下以实有为贵，以虚无为贱，若谓万物之原贵莫尚焉，奚可以虚无之贱当之乎"[26]），然后进行道德主义的批判，以获取儒家士大夫的好感。所以，利玛窦对于佛教的批判立场，近乎宋明理学家，[27] 以为佛门"以此为教，非惟不能昭世，愈滋惑矣"，虚乎五常之德，现实人生荡然无守。儒耶的合作，正在此处寻到了价值基点。

一方面，利玛窦尽力论说天主教的上帝和儒家的上帝、天道的近似，所谓"吾国天主，即华言上帝"。另一方面，利玛窦竭力批判佛教沉寂空无的思想，从而使天主教及其思想观念，在晚明时期极易得到士大夫的理性认可与精神上的共鸣。为《天主实义》作序的冯应京说："是书也，历引吾六经之语，以证其实，而深诋谭空之误。……要为脱轮回也，乃轮回之诞明甚。"[28] 即认同了天主教"谭实"之学的社会伦理价值，以纠正晚明佛教沉溺空无的寂灭倾向和"空谭之弊"。正是在这一点上，儒家士大夫如冯应京、李之藻、杨廷筠[29] 等著名人士，基本上都与利玛窦取得了一定的思想共识。

伴随着利玛窦对于佛教的批判，激起了佛教徒对于天主教教义的回应。

（2）灵魂观念与果报轮回

佛教之主张轮回，促使因果报应的生命载体通过可以进入一种永不终结的存在形式，先后转换，并以转换的过程促使个体生命的不断更新。佛家的轮回观主张：轮回的主体并非天主教讲的灵魂，是佛教讲的"业识"。之所以轮转三世者，业感为其累也。业感的起因，乃始于妄想，缘境为识，循识为业，由业得报，故有六道种种差别，而轮回于不息。[30] 很显然，佛教是果报轮回理论，着重的是行为选择。行善者成佛，行恶者下地狱或轮变为畜生。

---

26 《天主实义》，第一篇。

27 朱熹："盖其学（佛教）以空为真，以理为障，而以纵横作用为奇特，故与吾儒之论正相南北至于如此"《孟子或问》卷 12。

28 冯应京《天主实义序》，《天学初函》（一），第 362-363 页。

29 杨廷筠："夫儒言持世，佛言出世。持世者言生前，而出世者言死后。……其不审于所向而究竟无着落也！"（《代疑序篇》，我存杂志社 1936 年版第 23 页；）"吾所谓天堂，非佛之天堂；所谓地狱，非佛之地狱。盖佛氏所指二处，似乎肉身享用。故境界现前，俱极粗浅，而福尽业尽"《天主教东传文献》，《代疑篇》，第 514 页。

30 圆悟《辨天说》，《圣朝破邪集》卷七。

作为佛教的价值基石，轮回观把果报论以及天堂地狱观组合为佛教价值系统。所以，圆悟在与天主教徒"辨天"之际要竭力将轮回观说清。此种轮回，"不自天来，匪从人得，…故名'如来'。但迷之者则生死始，悟之者则轮回息"。[31] 其关键在于它突出个人的行为选择和道德选择。

天主教的天主观念，使其神学思想具有明确的目的论，主张一次性的道德清算。佛教的轮回观，正好消解天主教的目的论。表明了两教之间道德功能的极大相异。

佛教徒以轮回观反对天主教的灵魂观。袾宏的《天说》，即坚持佛教的轮回观反对天主教的灵魂观。他说："如谓人死，其魂尝在，无轮回者。既魂常在，禹汤、文武何不一戒训于桀纣、幽厉乎？先秦、两汉、唐宋诸君，何不一致罚于斯、高、莽、操、李、杨、秦、蔡之流乎？既无轮回，叔子何能记前生为某家子，明道何能忆宿世之藏母叉乎？"。[32]

利玛窦把佛教的轮回观，视为非常简单的事情，视为灵魂从一个躯体转向另一个躯体的过程，无法去思考佛教轮回观中的道德寓意，比如"业"的概念与人的存在及其活动的内在关系。因此，他的论断就显得有些武断，以为佛教徒不能把握人的概念，不知道一个人起初取得什么，也不可能了解人自己的最终命运。

利玛窦在《天主实义》第五篇中列举六条理由，与佛教的轮回观念针锋相对。尽管这是一个信仰的问题，难以真正沟通，但是，轮回观或灵魂观的着重点，其实都在于道德善恶的教化和劝戒，其社会功能也大同小异，皆为劝善惩恶的道德功能。利玛窦当时能看到这一点。他曾说："兹与浮屠劝世轮回变禽兽之说，何殊？"所以，利玛窦要与佛教争夺专利权，认为佛教的天堂地狱说乃是出自天主教，是"借天主天堂地狱之义，以转己私意邪道"，[33] 将其改造为佛教因果报应的轮回观念。

出于宗教上的抗异性，利玛窦拒绝了宗教信仰上的认同，强调了两教的差异。"彼用虚无者伪词，吾言实用者至理；彼言轮回往生，止于言利；吾言天堂地狱，利害明揭，利以引人于义，岂无辩乎？"[34]

31　圆悟《辨天说》。

32　袾宏《天说》,《圣朝破邪集》卷七。

33　《天主实义》第三篇,《天学初函》（一）第 429 页。

34　《天主实义》第六篇，第 544 页。

庞迪我的《七克》，与利玛窦的《天主实义》相映成趣，同为宏扬基督教宗旨的布道之作。在这部著作中，庞迪我不遗余力地批判佛教的轮回说及其因果报应说，认为基督教阐释的奖善惩恶的主张与佛家的因果报应说是格格不入的。归依天主，去天堂享受"永年禔福"，与佛家的轮回说教义极度矛盾。庞迪我指出："凡信轮回之处，贫人生子，或虑养育之南，嫁娶之费，辄杀之。曰：'吾生尔贫尔。愿尔死，早托生富贵家，正尔富也'痛哉！语悉爱人慈人，行显憎人害人。此谓外袭羊皮内怀狼心，正邪魔恚人类之酷计也。此则信轮回因果之明效矣！"。[35]

佛教的轮回观在批判天主教灵魂观方面，应是相当有力。如果轮回观可以存立，何处可来灵魂长存？佛教以为灵魂可以转世投胎，非天主教所能容。圆悟在其《辨天说》则把灵魂视为"识神"即我执的外化，视为"业识"的内执，从而把"性"与"灵"做了区分。他认为"性始无变易，魂则有动摇"。人类、事物存在的本性是无变易者，但灵魂则有游逸、有起灭，怎能尊为教主呢？圆悟也看得真切，"若无灵魂，天主且属乌有，…"当然，佛教徒最为不解的是"天主何不一体同观，平等化育？"这与悉有皆佛性，佛主与众生都平等的教义相去甚远。

再有费隐通容也试图在批判的基础上以佛释耶，以为天主教的灵魂观出自佛教之小乘。他说：天主教"计心外有一天主，百年之后，往彼依附，使一切人都作无主孤魂。纵有所凭，亦不过是我家小乘偏计色空之谓，非我佛一乘实相之谈"。[36]

对于佛家轮回观的批判，促使天主教的奖善惩恶说与佛家轮回果报观，具有了根本的区别。但从佛耶教律的道德功能来说，佛教的十戒与天主教的十戒，既有相同亦有冲突。佛教十戒是信徒个人的行为准则，并不从伦常生活出发以制定戒律，服从儒家社会伦理；天主教十戒着重于社会伦理，与传统中国伦理并不产生明显的矛盾，但是，天主教十戒中的前四条，如"崇拜唯一上帝真神"、"不拜偶像"、"不妄呼天主圣名发誓"、"守安息日为圣日"等，则具有强烈的排他性，与佛教的戒律以及中国传统伦理形成冲突。

因此，佛家的善恶报应轮回观，其与上帝崇拜下的天堂地狱说截然不同。善恶能够自我报应，还需要上帝干什么？一神崇拜、灵魂观念便成为虚设也。

---

35 庞迪我《七克》卷5第21页；转引自《庞迪我与中国》第279-280页。

36 费隐通容：《原道辟邪说》"揭邪见以空无谤神"。《圣朝破邪集》卷七。

而且，还会认为这种自足自得，不待外求的觉悟精神，是不可依赖的假象和幻觉。"人人觉悟，则人人皆佛矣，又何间于天人群生之类哉"[37]。从佛教的觉悟论来看，任何一个外在的权威都会影响、妨碍个人的精神自在。这种外在的权威，往往是佛教讲的妄想执著，必欲去除而后自觉。精神层面上的最根本的差异由此浮上问题的表面。在佛教徒看来，依靠天主的觉悟，不是真正的觉悟，做不了自己的主人。"故佛无定形，在天而天，处人而人，不可以色相见，不可以音声求，以其即汝我人人从本来具足者也。"[38] 而在天主教看来，这种自我的觉悟则是不可能。人的觉悟如有可能，取决于人的自由意志，自己的人生选择。天主教原罪说的界定，促使佛耶二教在此发生差异、呈现对比。天主教之批判佛教，就执意要辟除佛教自我自在的精神根基，从而被佛教视为自暴自弃。天主教在人的觉悟过程中的主宰作用，佛教难以接受。

儒教以及佛教，特别是阳明心学，与此同契共鸣。推倒外在的权威，建树自己独立精神，自我收拾做主，不须天主独断。这一道德讲求，是中国文化精神基因的主要构成，事关基督教的中国化。天学与佛学的真实交往，其信仰传统之间发生矛盾的根基，以至于轮回观、空无观、缘起说等等佛学理论，皆出自于这一强调。

圆悟的辨说，触及了耶佛二教的根本，其所揭示的佛教精神，具有一定的社会批判功能；对于天主教精神教化作用，也当产生一定的抵制。值得提一笔的是，圆悟作为明末时期一位著名的和尚，不但通晓禅学理论，对于明末佛学的前卫理论如唯识宗，也有相当的把握。他在批判天主教教义中，曾使用了唯识学的术语。他指出，执天主为天主，执佛为佛、众生为众生，皆为"名相"，即认识的对象。就佛教的觉悟本质而言，人的精神觉悟是认识主体与认识客体高度融合为一，超于人之认识之外，如有"何间于天人群生之类"者，必以"色相"见，必难说觉悟。这是人的精神本能，人人皆具，不见有人我彼此胜劣之相，一道平等，且不待外求。何苦天主教必欲辟之呢？

然而，天主教方面却抓住了当时晚明社会中佛教"偏虚不实"、空谈心性的弱点，指责佛教虽是好心，无有着落，以争取天主教在明末社会教化中的一席之地，强化"天主"在中国人心目中的精神感化作用。

---

37 同上。

38 同上。

（3）觉悟论与原罪说

圆悟的《辨天说》共三篇，专以佛教的觉悟理论反驳天主教。他把佛教的觉悟学说界定为"一切众生皆有如来智慧德相，但以妄想执着不能证得"。倘若"不识佛者何为佛"，不知佛教觉悟之说，故易对此发生误解。"惟彼不能自证得，故执天主为天主，佛为佛，众生为众生，遂成迷倒，故有人我彼此是非之相。此乃彼之病根，所以我佛云'不能度无缘者'，正以彼自执为天主故也。苟彼不自执为天主，则自然不执佛为佛，不执一切众生为众生，方始识我佛之旨，亦识度尽众生之义。"[39]

觉悟是妄想执着的消解，对于外在世界的正确认识，所谓破我执法执，破除执着以及人我之相。天主因此而成为佛教眼中的妄想执着，正是佛教觉悟所要破除的对象；天主教的唯我主义，则与此大相径庭，主张人的精神觉悟必依一外在的依托方可超越。此亦即所谓的内在的超越（佛）与外在的超越（耶）的区别。佛陀是内在于精神的，故众生即佛陀，佛陀即众生；天主则非众生，众生亦非天主，众生之善往往不能够从精神深处自我证得。天主与人类因此而划出一道鸿沟，不可越度。基于天主教的原罪的思想，觉悟之自证乃不可能。

在和天主教辩论中，和儒家互相融通，高唱三教同源之论，业已高度地"中国化"了的晚明佛教自然而然地采取了"附儒"的辩论策略。如费隐通容等参与天、佛之争的佛教学者们，也大都持类似于四大师的三教合一论。[40]

利玛窦把"三教同源"的合一思想，称作"一身三首"的"近世一妖怪"。在作者看来，三教之所以成立，正是因为三宗的宗旨不相同。"孔子无取于老氏之道，则立儒门，释氏不足于道、儒之门，故又立佛门于中国"，佛教尚空、老氏尚无、孔家则尚诚尚有。从学说旨趣来看，孔学与佛老二氏，如同"有与无"、"空与实"、"水与火"、"方与圆"、"东与西"、"天与地"这些互相对立的事物一样其间的融合、调和，是根本不可能的。[41]

故佛教抗击天主教时也求助于儒家，以揭露天、儒之差异，斥天主教为异端，以孤立天主教，断其"合儒"之路，这就是佛教在论争中的"儒佛一

---

39 圆悟《辨天说》，《破邪集》卷七。

40 《原道辟邪说》，《破邪集》卷八。

41 参《天主实义》，第七篇，《汇编》，第二册，第 135-137 页。

贯"策略。徐昌治号召"佛与儒同一卫道之心"批判天主教"贬佛毁道,援儒攻儒"之'罪'"。[42]

佛耶交往中,一代禅僧密云圆悟提出的问题应当说是有时代意义的:"夫余所以与天教辨者,非求胜之而使人之从我也,畏夫人之不知道而昧于己也。……不悟平等之理者,不达本性之实也。"似是以一个佛教徒的身份提出了宗教对话、多元并存的思想,值得研究明清之际中西文化交流史者注意。"夫天下之理,同于大通,大通而后是非泯,是非泯而后争论息"。虽然,圆悟接着说"故我大圣人之叹一切众生,皆具如来智慧德相者,盖亲证大通之道也",颇有护教特征,但是,他主张的"大通而后是非泯",却大有助于宗教对话。"圣贤之言所载道者,非一己之道也,天下共相率由之道也"。[43]此语虽出自佛教徒之口,但宗教、文化间的真实交往,本亦以此为鹄的。

但明清之际最为详尽全面批评天主教合儒策略的中国学者是德清后学许大受。他了解天主教"阳辟佛而阴贬儒"的传播策略以后,才在自叙《圣朝佐辟》中提出"三教决不容四;治统道统,各不容奸"的结论,写道:"或又曰:'然则子辟言中,何不直崇儒,而乃兼祖佛乎。'曰:'夷言人有后世,非贯通儒释,不足以折妖邪故也。况夷之狡计,阳辟佛而阴贬儒更借辟佛之名,以使不深于儒者之乐于趋故区区之心。必欲令天下晓然知夷说鄙陋尚远逊于佛及老,何况吾儒?然后知三教决不容四。治统道统,各不容奸,而圣人之道自尝尊于万世矣。'"[44]

总之,天佛双方在传教策略上,都争取儒家,以孤立对方,都以儒家作为保护伞来保护自己,遂使各自的观点和本色时时不清。不过,佛教由于它的固有的附合儒家的传统,相对来说,往往做得得心应手,天主教则由于坚持"超儒"的特质,所以与儒者之间又时有交锋,最后也面临与他们正面冲突的尴尬。由于历史的局限,佛家弟子曾把天主教、佛教,喻为可治病人的两个医生,把精神上的觉悟比喻为求医,故有"一病二医"的说法,受到了传教士的嘲笑。天主教教徒认为:"理虽不二,亦未见病人请二医于家,使其争论而合为一者。""教门不同,自然要如此辟"。[45]

---

42 《破邪集》,《辟邪题词》。
43 同上。
44 《破邪集·圣朝佐辟自叙》,第四卷,第2页。
45 同上。

此当为这场佛耶交往遗下的病根。如何解决历史留下的病根，接着这未尽的话语往下讲，是当今知识界和宗教界必须面对的问题。天主教之入明朝，与佛家禅宗相遇，恰如针尖对麦芒。天主教之得救的主张，正与禅佛教自觉的要求对应。一是外在超越，上帝在先，一神崇拜而精神得救；一是内在超越，主张超然契证，直指人心而趋乎真际。

4、身份遭遇还是信仰冲突？

中国社会政治的独特性，以及补儒易佛的传教策略的确定，建构了"破邪者"的思想立场与文化情结，同时也使利玛窦强调了儒佛之间的差异，宁愿以一学术、道德的说法去贴近儒学，排斥佛教，同时也希望天主教传教事业，能够尽快的得到官方朝廷的首肯，获得其合法性。此处之"破邪者"，即指《圣朝破邪集》中儒生以及佛教徒，立足于传统卫道的价值立场，以儒学思想或佛教教理破斥天主教及其布道事业者。

早在利玛窦之前，范礼安就叮嘱传教士必须突出基督教能够有助于维持公共秩序的社会功能。而利玛窦本来就对中国太平景象抱有赞扬的态度，当然乐意向帝国提供"福音合作"。[46]利玛窦曾说："吾所指，来世之利也。至大也，至实也。而无相碍，纵尽人得之，莫相夺也。以此为利，王欲利其国，大夫欲利其家，士庶欲利其身，上下争先，天下方安方治矣。"[47]由此不难理解，利玛窦拒绝与佛教合作，其策略的社会政治意义明显大于宗教信仰的要求。

但是，作为中国三大文化传统的儒、释、道，特别是中国佛教已经充分地儒家化，并与儒家阴阳互助，正如《圣朝破邪集》的一些作者所说："三教并兴，治世治身治心之事，不容减，亦不容增者也。何僻尔奸夷妄尊耶稣于尧舜周孔之上，斥佛菩萨神仙为魔鬼？"因此，耶稣会士的易佛补儒的策略，大有要拆散传统中国三教和合正统的趋势，而世统、道脉以及中国人安身立命之基均在毁弃之列。这就会促使具有反教情绪的部分文人士夫易于与佛教信徒结为同门，共同反对天主教的布播。

如当时天主教人士中反对佛教最力者杨廷筠、徐光启，其作法主要是著书驳论而已。比较而言，反倒是佛教人士的反驳态度显得比较激烈。他们或称利玛窦为"妖"、为"夷"，或表示"必须磔朴而后甘心"。其驳论的理论依

---

46 《利玛窦传》上册，第290页。
47 《天主实义》第六篇，《天学初函》（一），第534页。

据，则主要是认为天主教破坏中国伦理纲常，指斥其以谋不轨，从政治上立论言说。如明末攻击基督教最力的黄贞，在《不忍不言》、《破邪集》、《请辟天主教书》中，即列举基督宗教对中国哲学、宗教、伦常、道统，总共已经构成了"五大端"威胁。

历史是否在提示后人，东西宗教哲学的超越形式方面，隐存着一个精神价值方面的陷阱？在东西宗教、哲学的发展史当中，无不追求一种精神超越或者形上寄托。就此而言，东西宗教、哲学大体一致，无有差异。但是，东西宗教、哲学在超越方式上却有一个根本性的不同，那就是东方宗教或哲学的超越传统是内在的、存在论的；西方宗教、哲学的超越传统则是外在的、认识论的。从认识论立论，主张超越的东西，首先应该是被认识到的真理；从存在论立论，则主张超越的东西乃是事物的本源或根本。认识论的主要问题是真理与虚假，而存在论的主要问题则是本末与源流。一个是寻根，一个是求真。[48]

存在论的本末、源流问题，两者始终一体。它反映在认识论上也是共相与个别不相分离，同为一个整体。如当时天主教对于佛教的批判那样，基于天主崇拜及其造物说，认为万物不能终归于一，应各为一体，人各一躯，尊自尊，卑自卑。此处虽为佛教批判，实是以自然理性对存在论哲学的批判。而佛教哲学的立场则是："融其大本则曰亘古今，通物我，包万有，齐群像，无所不该而无所不贯。"至于世界存在的差异，从佛教哲学看来，则是"名相"的殊异而已。即便是名相殊异，"而所秉之道体一也"。[49]

存在论或认识论，本无高下之别、优劣之分。然在佛耶之交往中，这却成为双方争执的依据。但在明末的佛教哲学发展中，认识论的特征也不是没有体现。费隐通容认为天下中归一体，是存在论的说法，然其认为世界的差别是因为名相的殊异，就已经在存在论之中参与了唯识学的认识论方法。如能循此理路延续佛耶之间的对话，也许，宗教之间的思想沟通，就不是很困难的事情。

站在当代宗教对话、宗教交往的高度，重新审视明清之际佛耶交往的时代特征，我们可以从中发现可借鉴的经验与教训。宗教的排异性、宗教的民族性、宗教的权力化，当是佛耶交往的阻力或障碍。佛教哲学的存在论，可

---

48 张世英《天人之际》，"论超越"，北京：人民出版社 1995 年。
49 费隐通容《原道辟邪说》，"揭邪见迷万物不能为一体"。

以具备有西方哲学的认识论基础（如在当时不受重视的佛家唯识学即有认识论之长），方可将自己存在的本末、源流问题经由认识论的重新检讨；基督教神学思想，也能够充分理解佛教哲学的存在论特色，将觉悟与拯救真正的结合。于此，佛耶二教，均能在当代社会变迁中，重新确认它的思想文化以及道德精神的价值，思考内在超越（佛）与外在超越（耶）的交流与共建，将存在论（中学）和认识论（西学）结合，将传统中"为道"（道德理性）和"为学"（自然理性）的矛盾梳解。

中国历史上，宗教对中国社会文化构成的冲击有两次，一次是佛教，一次就是基督宗教。佛教的进入，曾对中国的政治信仰和本土文化造成挑战，但随着佛教的中国化，佛教的社会教化功能获得了正常的体现，并已成为中国文化的一个重要部分。基督宗教作为异质文化，东渐入华的时间不长，社会文化功能的正常发挥，尚须一段时间；中国的社会文化体制，对于基督宗教的中国化，也有一个接受和适应的过程。它不仅仅影响中国人的安身立命方式，而且挑激到社会权力、政治制度等方面。

在某种层面上来说，基督宗教与当时中国社会政治的冲突，事实上是中国近世乃至近代历史上现代性问题的第一次冒头，即宗教理念与政治道德、政教如何分离的矛盾，同时也造成了信仰立场的错位与政教关系的奇妙组合。

传统中国大一统的政教理念在此已呈分裂。它已经影响到中国人的社会秩序、政治制度、价值理念等问题。中国历史上佛教的输入和与儒教的磨合，恰恰强化了中国传统的社会秩序、政治制度和价值理念。基督宗教东渐入华的结果，则尚待历史的发展和考察。

中国礼仪之争，同时参杂着西方传教士利玛窦路线和龙华民路线之争，[50]西方修会之间的利益冲突、国家与教皇间的冲突等因素，说明中国礼仪之争不仅局限于中国礼仪的承认或争论。所谓的"中国礼仪"，包涵有"三圣"即

---

50 利玛窦时代的传教士，在对待他们传教地的传统信仰时，一般采取的态度都是根据奥古斯丁的学说。就这些传统成为其他宗教信仰的主题而言，它们应该被屏弃。然而，如果按照自然理性法则来加以判断的话，这些其他宗教性质的学说，它们应该被予以考虑或接受和赞同。当金尼阁捍卫儒教而回击对利玛窦传教方法的批评时，恰恰就是诉诸于这种共同的见解。他宣称儒教与宗教无关，是一种建立在自然法则之上的哲学。利玛窦本人也抱有这种见解，有时也诉之于同样的论据来证明他之所以偏爱儒教而不爱佛教的原因。《利玛窦中国札记》，中华书局1997年，第693页。

祭天、祭孔、祭祖等中国人所认同的重要内容，尤其是在历史的深层，已与政统、学脉、血缘等层次高度叠合，严重涵盖了国家意识形态或国家化的宗教价值。所以，号称"一邪灭三圣"的中国礼仪之争，其社会历史意义就在神学信仰之争的同时，包涵了与政治的道德理念与宗教神学之间的冲突。在迄今可以读到的反耶教文献中，通常可以看到两个主题：一个是从宗教角度对于基督教的批判；一个是从政治、社会的层面来批判基督教。

这恰好表明，传统的政教统一体由此出现裂痕，中国历史的现代性问题也由此展现雏形。"礼仪之争"对于中国人的历史文化意义，当在于此。与利玛窦《天主实义》为代表，与《圣朝破邪集》正成对应，构成佛耶二教的一段精彩交往。

其中最重要的一点，即佛教反耶、天主教反佛的文化立场，均发生不同层次的错位。如不理解中国传统的政教统一模式，就很难理解这一独特现象。天主教是易佛补儒；佛儒联手反耶，儒教又是以天学补充实学。各自的社会文化立场发生了富有历史意义的错位，构成一个奇妙的三角组合。在此三角关系中，人们不难发现，儒学为其不可或缺的构成。

儒学本来占据着主流话语和意识形态的独尊地位。就儒学整体而言，它的文化性格毕竟是一个复杂的综合构成。虽不是宗教，但又具有宗教性质或宗教性，特别是它无法不秉承的国家宗教性格。[51] 这是导致"礼仪之争"的历史基因。中国政府当局害怕的并不仅仅是宗教本身的发展，而是这个发展带来的后果。他们担心的是天主教对于人心的统治，担心基督宗教的传布将摇动中国社会存在的根基——天命崇拜的官方垄断和民间沿袭的祖宗崇拜。

礼仪之争的出发点，是以天道为中心的中国礼仪，落脚点却是与此紧密相关的中国王权政治。这已非单质的神学之争，而是包涵了政治、道德、文化和宗教等方面的冲突。如果从历史学的意义来说，此乃传统中国"礼教"（不仅仅是"礼仪"）与基督宗教的冲突。传统中国的礼教，恰恰是政治、道德、文化和宗教的中国式的整体构成。否定中国礼仪，实际上等于否认传统的中国礼教，其事大矣！

---

51 如《大明律》即严格禁止私家告天、事天和私习天文，充分说明了祭天的官方宗教性质。而基督教自称天主，在中国人看来，这就是犯教禁、触王法，国家与宗教的色彩皆具。参《破邪集》卷2，《拿获邪党后告示》。

中国的政教传统，乃王权神化，并非西方历史上的君权神授。[52]一是神化，一是神授，其异甚巨。君权神授者，国中有君主二：一称治世皇帝，一称教化皇帝。治世者掌一国之政，教化者统万国之权。用中国人的话语表达，这就是一天二日，一国二主。而君权神化者，正好是将教化和治世二者予以高度地整合。礼教——即为这种政教整合体制的精神象征和表达话语。在此国家全能的历史传统中，帝国和教化的制度本来就是一体化的。

正是这已经深度国家化的传统宗教，乃是中国国家权力神圣化的文化资源。天主教的东渐，恰恰是触动了中国国家王权神化这一最敏感的神经和最重要的命根子。这就促使中国礼仪之争的历史性质，变得更加丰富，既是国家政治权力之间的冲突，也是不同宗教体系之间以及中西文化价值观念的矛盾。[53]这是由宗教冲突引出的一场事关社会政治的争论。王权与教权、教会组织与传统中国的社会秩序、传统中国宗教与西来基督教、还有所谓的内在超越与外在超越等等方面的冲突，均由此引起。其意义已经逾出了单纯的宗教领域。中国礼仪之争的历史影响，也使我们看到了中西宗教的根本区别。如果说，中国礼仪之争，事关中国近世以来古今中西之争的话，那么，其所引起的冲突，则事关中国社会现代性的话题——即真正的政教分离是如何构成的？

回到本文的主题，即从佛教与基督宗教的最初交往来看，这次宗教冲突以及宗教对话，具有什么意义和价值？

晚明时代，中国的传统在变异，心学在衰落，佛教在转型，实学则方兴未艾，天主教再度入华。其间，佛教与天主教的一番交往，可说是中国历史上中西宗教的一次真正对话，史无前例的对话，历史的痕迹很深很深。《圣朝破邪集》里有关佛教回应天主教的文章，或以佛教的思想批判天主教的神学观念，或者是以佛教的观念在诠释天主教的思想。

这不能不说是一种不可忽视的文化成果。这一成果，在某一层面上，极类似于汉末年间初入中国的"格义佛教"，是一种具备了格义特征的宗教学说。如果结合天主教试图儒学化的努力来考察，我们则可以发现，以耶释儒后的"儒教的天学"、以佛释耶后的"格义神学"以及以耶释佛后的"更新的佛学"，

---

52 李向平《王权与神权》，沈阳：辽宁教育出版社，1991年。

53 李天纲："明末清初的'中国礼仪之争'主要是神学冲突，而清末民初的中国宗教和礼仪问题，从一开始就是社会政治问题"。李天纲《中国"礼仪之争"》，上海古籍出版社1998年，第337页。

乃是明末清初伴随着中国社会变迁和中西文化交流过程中艰难生成的三大文化遗产。其中的知识内涵，甚至是时至近代也难以企及，值得当代知识界和宗教界认真梳理和总结。[54]

当然，由于佛教徒的卫道立场，促使他们在斥责天主教的种种思想观点的时候，往往采用儒教的思想方法，或者是已经相当儒教化的佛教思想，促使天主教未能与当时中国佛教界以及中国佛教中最为前卫的佛教思想即唯识学相遇。这不能不说是一件非常遗憾的事情。

法国学者谢和耐（Gernet）曾经认为："利玛窦排斥佛教……是一个错误"，认为天主教与佛教具有太多的相似之处。耶稣会声明他们自己是佛教的敌人，儒教的朋友，出于策略上的考虑和出自对一种竞争宗教的本能的恶感，几乎处于同等的比重。为此，把佛教与儒教相对立，将其视为两种不同的教义，前者反对基督教，后者支持基督教，则是过于简单化了。[55]

至于基督宗教与佛教的沟通问题，学者的看法也不一样。陈村富先生认为，基督教与儒家思想只能是部分地融合。儒家的学者会接受天主的概念，但是他们肯定会拒绝创世说与天主观念，所以，基督教与佛教的结合，也许会更成功。[56]

《晚明基督论》的作者，却从中国礼仪之争的具体历史结局出发，认为经过罗明坚和利玛窦的尝试，基督教与佛教联合的策略，表明并非一个良策。他的顾虑是，基督教会被中国人看作成佛教的一个流派而已，从长期看，恐怕是佛教吸收基督教，而不是相反。当然，这需要以世纪计的时间段上才能看得清楚。[57]

然而，只要冷静地考察，我们也不难发现基督教和佛教的某些共同之处，或者说是可能达成佛耶共识的地方。佛教的"化身"观念，与基督教的天主降生成人的观念，乃是极易视为一谈的，对于具有佛教信仰的中国人来说，同时接受释迦牟尼和耶稣降生成人的说教，并不是非常困难的事情；再如天

54　如鸦片战争后第一批开眼看世界的林则徐、魏源等人，其西学知识不如徐光启、李之藻，基督教知识不如沈淮、黄贞、许大受等思想保守的士大夫；特别是流言飞布，毁谤传教士，其近代社会对于基督教的理解，确实不如当时的佛教徒如袾宏、圆悟等。

55　谢和耐《中国文化与基督教的冲撞》，辽宁人民出版社 1989 年，第 83 页。

56　陈村富主编《宗教文化》，第 132-158 页，北京东方出版社 1995 年。

57　柯毅霖《晚明基督论》，四川人民出版社 1999 年，第 173 页。

堂的快乐与地狱的惩罚，在佛教的教义里是极为普遍的观念；基督教中表示的尘世无常、生活如幻的价值观念，几乎与佛家的思想无有二处。

这些惊人的相似，本可为佛家、基督教之间的对话，提供一个坚实的基础。但是，这些原本可以形成共识的地方，却被传教士们利用为传教策略和学理批判的依据了。基督教、佛家和儒教，均处对话之中，但艾儒略却坚持宗教的真理只有一个，只由一种学说构成。艾儒略还针对叶向高说的，佛家的业报理论与基督教的末世论几乎雷同，只是这种业报理论却为儒生所唾弃，艾儒略却认为基督教的天堂地狱说与佛家的因果报应理论没有一丝一毫的关系。[58]

这就是说，耶稣会士的传教活动也有他们的片面性，其补儒易佛，极力迎合儒家，但是又在中国礼仪之争中，极力否定儒教的宗教性，尽可能地把儒教的祭祖、祀孔的活动解释为非宗教的民俗活动，仅具道德教育的功能，同时又对佛教、道教和其他民间宗教采取排异性的拒绝态度，因此，在这样的人文主义基础上，是很难建立起真正的宗教信仰的。[59]

为此，耶稣会士的补儒易佛的传教策略，宗教性、宗教交往、信仰认同，并不是首要的问题，却成为了耶稣会士一而再、再而三考虑的问题。再考察天主教与佛教冲突的历史内涵，我们倒是可以发现某些真正是属于宗教冲突的历史意义。

儒教在与天主教交往的过程中，被耶稣会士突出并强调的，则是它的学术性和道德性。这样，儒教作为中国社会中的国家宗教，宗教性的内容被淡化，国家政治的内容则相应的突出和强调。如果这种突出和强调，被提高到一个并不适当的高度，那么，教案、教难就有可能随时发生。是否能够这样说，明末耶稣会士的努力，的的确确是以通过"学术传教"和"科学传教"的途径，促使中西的学术、思想、道德等方面，产生了历史上第一次真正的接触，而在宗教层面上的交往与成就则与此稍逊。

佛耶之间的信仰的相互驳难，各居信仰主义立场，本应意义不大。对此。前人已有评价："利玛窦力排释氏，故学佛者起而相争，利玛窦又反唇相诘，各持一悠谬荒唐之说，以较胜负于不可究竟之地。不知佛教可辟，非天主教所可辟；天主教可辟，又非佛教可辟。均所谓同浴而讥裸裎耳"。[60]

---

58 引自柯毅霖《晚明基督论》，四川人民出版社 1999 年，第 273-274 页。
59 李天纲《中国礼仪之争》，第 350 页-351 页。
60 《四库全书总目》125 卷，《子部、杂家类存目〈辨学遗牍〉提要》。

利玛窦的《天主实义》，是籍着儒家经典在论证天主教的天主观，以儒家的天比附为天主教的天主，希冀取得儒家之天那样的权威，使天主教适应儒学；由儒皈释的袾宏，其《天论》也以儒家的立场来立论，使明末时代的佛教再次适应儒家，并以儒家的天说来反论天主教的天主观。如站在儒家立场来看的话，佛耶两教均可在儒家正统里殊途同归，实行儒学化。当然，这仅仅是一个假设。但是，它说明佛教与天主教都是从宗教的社会政治功能作为出发点的，从能否"御臣民、施政令、行赏罚"的角度，来获得自己的立论依据，争取冲突中取胜的条件。所以，宗教冲突的色彩也就淡化多了。在中国历史中，此乃普遍、常见的社会文化现象：惟有等待社会政治的问题最终解决，宗教冲突的问题才会浮上表层，其真实的意义方可彰显。与其说是信仰的交会，还不如说是身份的冲突。

中国社会文化的传统，宗教并不直接表现为社会组织或社会制度，宗教始终是社会文化体制中的一个依附性层面，难以独立作用。宗教在中国始终就不是一股独立的社会力量。各种宗教事务往往要与政治事务混为一体。尽管儒家的天命思想，是君王统治的合法性资源，专制君主也依赖天命进行统治，从而使儒学具有了宗教性，但它们的意义和目的绝不仅仅是宗教本身所能够包涵的。在中国社会文化体制当中，现实性、神圣性是一而二、二而一的微妙整合。此乃中国文化之继。天主教和佛教的冲突，也不仅仅是两大宗教体系之间的矛盾，还有更深层的意义在，而且，这个意义只有等待社会的变迁来加以挖掘和使之展现。

事隔三百多年之后，依然有基督教学者王治心，重提佛教的研究及基督教与佛教的沟通问题。他认为，在近现代社会发展中，"今日基督教的劲敌，不是明枪交战的科学，乃是同是宗教的佛学，况且在她的骨子里，又是无神派，我们若然没有彻底的研究，怎能对付她呢？"如果"只知道基督道，若不知佛学，怎能洞彻佛的短处和长处，怎能明白基督道超越乎佛学，优胜于佛理呢？"王治心甚至还说，"不研究佛学，不足以传道。""西国人传道中国几十年，还不知道中国固有的学术和佛教的学理，实是西教士的耻辱"。[61] 在21世纪的今天，宗教对话、宗教交往的问题，已为世界关注，王治心的话是有启迪意义的。

---

61 王治心《基督徒之佛学研究》，《绪言》，上海广学会版，1924 年。

利玛窦本人的成功以及他所创立的"利玛窦规矩"，能够得到当时和以后的中国人的认同，那就是在政治形势和思想演变方面，都给了他以及耶稣会士一种意想不到的支持。利玛窦不仅掌握了儒教社会的特点，而且还能把它与基督教结合起来，宣扬基督教信仰。利玛窦强调基督教与中国社会结合的方法，希望成功地皈化中国，开创一种中国化的基督教。但是，也应指出，他并不肯定基督教与中国其他宗教的结合，体现出基督教的排异性。这就像他的装束一样，他的谈话和作风也变得时髦了，以至于除了他的社会和文化活动而外，很少有机会触及宗教问题。他只是以自己的生活方式带来了他所要提出的问题。

正因如此，利玛窦在中国布教获得意外成功。[62] 这也是中国宗教如欲与世界上其他宗教交往、对话的前提和诀窍。

佛教与基督宗教，是两种不同类型的宗教：一是排他型先知宗教，一是吸收型神秘主义宗教。从本质上看，基督教徒和佛教徒并不一样，一个人难以追随耶稣的同时，又信仰、追随佛陀。但是，将来可以取得宗教的和解并加深对宗教的理解。基督宗教和佛教不仅是两种不同的范式，而且还是两类不同的宗教。因此，一个人是否能够、是否同时可以属于两个或两个以上的宗教？世界上是否具有双重教籍？[63] 这个问题，今天又在全球化背景下、全球范围内针对人类文明之对话、宗教之交往再次提了出来。当然，明末时期基督宗教与中国佛教的特殊交往，早已把这一问题提出，并已具备了相当的历史经验和文化教训。

然而，明末清初基督教和佛教的论争，虽已涉及神学哲学和教义的差异，如基督教以上帝为宇宙本体，而佛教以无为宇宙主体；基督教视天主、人类和万物各具不同的德性，而佛教认为万物为一体等等。但这一时期两教的论争，不仅展示双方的根本分歧，而且表明这种教义层面的分歧、以及宗教之间的交往也是具有可能的，可以说明它们之间可以并行不悖。所以，当这一场争辩偃旗息鼓之后，历史的制约使它们双方各行其是，甚至是沉寂无闻，不再发生交往。直至近代历史，佛教基督教之间的交往关系，才展开另外一个格局。

---

62 参《利玛窦札记》附录，第 698-699 页、705 页。

63 秦家懿、孔汉思《中国宗教与基督教》，北京：三联书店 1990 年，第 255、247 页。

第四章 "不打不成交"的交往模式

佛耶两教在实在论和非实在论上的不同立场上，是很难达到共识的，反映两教在本体论和知识论上似乎存在分歧。但这种分歧，是否让两教绝对不可相融甚或互补?[1] 这一问题,伴随着中国社会历史的变迁而呈现了不断的演变。

自唐宋以后，除了正统的儒教意识形态之外，中国佛教实际上已经成为中国社会最强大的宗教文化势力之一，于是就自然成为了其他外来宗教的主要竞争对手。不论结果如何，任何外来宗教在中国的传播及本土化，都不得不面对佛教的挑战，寻找它们与佛教的交往方式。

在唐武宗灭佛时（845 年），景教徒（基督教徒）亦在禁绝之列，而景教在往后只能在少数民族中传播。后来到中国的李提摩太、艾香德也都能够看到，在中国佛耶对话的历史中，它们之间的交往，并非只有冲突的模式，反而是相当复杂和多元化的，各种交往的模式也都有过出现。

基督教在近代中国的教案之中，往往被视为一个并不具有宗教信仰特征的生活群体，回避了使用一种意识形态化的解读方法——将地方基督教群体刻画成为经济和政治上特殊的社会群体，从而在一定程度消解了基督教信仰在基督教社会身份的塑造过程中的特殊作用。

因此，中国近代史以来的所谓基督教徒，不过是一种外在的无足轻重的身份标签，其内涵同日常生活中的其他社会群体（比如靠某种特定行业为生

1　赖品超编著《从量子物理看基督教与佛教的互补》,《宗教哲学季刊》, 第 7 卷 1 期 2001 年 3 月 31 日, 第 17-34 页。

的生活群体）相比并无任何特殊之处。所以，历史上的教案冲突，其原因亦不过是日常生活的琐事，同宗教本身并无直接关联。基督教在此依然是一种政治资源，一种外在的标签，至于基督教徒的身份认同，对于基督教徒二元究竟具有何种意义以及具有多大程度的认同，当然就无人注意了。[2]

显然，近代中国社会各种历史条件的制约，促使基督教群体的信仰认同，往往具有一种伦理意义之外的政治认同制约，使基督教与中国社会、中国佛教的交往，不得不采取了"非宗教化"的、非信仰认同的处理方式，并且在不同程度上否认了中国基督教徒群体的社会存在形式，促使它们的信仰认同也无法得以实现。

另一方面，受制于近代中国的历史特征，人们常常以为，近代基督教（新教和天主教）的传入中国，主要是英美等新兴资本主义国家向海外扩张、中国殖民的结果，是以武力开道和以不平等条约为护身符的，其传教活动大多伴随着中国人的血泪、屈辱和抗争。为此，在这一时期，基督教的传播主要是一种带强制性独白，缺乏与中国佛教平等交往的基础，从而使佛教基督教的交往关系具有更多的外在条件的制约。

1、佛学精英的信仰排斥

为寻觅中国近代富强独立的社会文化缘由，近代中国许多有识之士曾把眼光投向了西方世界。作为思考的重要结果之一，那就是他们大都把西方各国的富强之道，归因于通商与传教两大方面。通商促使经济繁荣，传教则使经济繁荣获取精神与文化上的动力。尤其在向西方寻求真理的留学西洋的知识学人当中，持此论者尤多。蔡元培先生曾在当时的留美预备学校——清华大学，作一题为《信仰自由》的演讲。他在演讲中指出："吾人赴外国后，见其人不但学术政事优于我，即品行风俗亦优于我，求其故而不得，则曰是宗教为之。反观国内，黑暗腐败，不可救疗，则曰是无宗教为之。于是或信从基督教，或以中国不可无教，而又不愿自附于耶教，因欲崇孔子为教主。"[3]

虽然蔡元培先生以为这些思想议论，皆为"不明因果之言"，但这些思想议论作为中国近代化道路的思考方法之一，在本世纪初叶也渐渐地形成为种

2 张敏《基督徒身份认同：浙江温州案例》，载张静主编《身份认同研究》，上海人民出版社 2006 年，第 93 页。

3 蔡元培《信仰自由》，引自罗章龙编《非宗教论》，成都：四川巴蜀书社 1989 年。

种文化思潮，部分知识学人努力在传统佛教中寻找经国济世的方法，遂即形成中国近代的佛教复兴思潮以及基于这股思潮对于基督教的某些评论。

这股佛教复兴思潮，始自于安徽石棣杨文会。杨文会曾赴西欧进行社会考查，他以为，西方世界各国振兴之法，大抵在于"通商以损盖有无，传教以联合声气"；近代中国，虽已有人推行商业，但无流传宗教者。因此，他积极主张宗教的振兴，以作为中国强盛的文化精神。因为，"近代国家之祸，实由全国民人太不明宗教之理之故所致，非宗教之理大明，必不足以图治也"。[4]

杨文会并没有像那些留学欧美的知识学人，远渡重洋归国后即简单倡言基督教，以为中国学习西方之基本。他主张佛教、佛学的积极提倡，就当时地球大势论之，惟有佛教可以通行无悖，成为全球第一等宗教。所以，杨文会积极提倡佛学，以抵御那种中国之强盛在于基督教的信奉等思想议论。同时，他也期以佛学能与改革旧世界的经世之学交相辉映，以其宗教之理的明了而对治近代中国之祸。这也成为了中国近代佛教复兴的历史背景与社会底蕴。

在中国社会必当有宗教信仰而获进的思想观念方面，梁启超深受杨文会的影响，主张"佛教有益于群治"，并在1902年写有《论佛教与群治之关系》的著名论文。他批评那些"心醉西风者流，睹欧美人之信仰景教而致强也，欲舍而从之以自代，此尤不达体要之言也。无论景教与我民族之感情，枘凿已久，与因势利导之义相反背也"。随后，他在文中明确指出欲寻一使中国进步，并具有甚深微妙可以涵盖万有而鼓铸群生的新信仰，"吾师友多治佛学，吾请言佛学。"

早年曾是"无意于释氏"的章太炎，1903年因苏报案而与邹容一道下狱。狱中，章太炎悉心研读大乘有宗《瑜伽师地论》、《成唯识论》等经典。1906年出狱，章太炎东渡日本，大力鼓吹要以佛教来发起国民信心，增进国民的道德。"今之世，非周、秦、汉、魏之世也，彼时纯朴未分，则虽以孔老常言，亦足化民成俗。今则不然，六道轮回、地狱变相之说，犹不足以取济，非说无生，则不能去畏死心；非破我所，则不能去拜金心；非谈平等，则不能去奴隶心；非示众生皆佛，则不能去退屈心；非举三轮清净，则不能去德色心。"[5]

---

4 杨文会《与夏穗卿书》，引自《中国佛教思想资料选编》第3卷，第3册，中华书局1990年。

5 章太炎《建立宗教论》，《章太炎全集》第4卷，上海人民出版社1985年。

因此，由孔子之学而经汉儒神化的孔教，由希腊苏格拉底、柏拉图的哲学而至基督教，必与近代中国信心与道德的重建无益，"继起之宗教，必释教无疑也"。[6] 这些文字与言论，与杨文会、梁启超诸议论异曲同工，形成了本世纪初年中国知识分子依托佛教以抵制基督教，借重佛学以与经世之学交相发明的佛教复兴思潮的中心内容。

一批社会改革者、政治家们如康有为、谭嗣同、梁启超等，曾认为佛教是其宣传变法维新、建设新社会大同理想的哲学工具与精神依托。康有为的"大同理想"即依佛教"四圣谛"，人世界观众苦，说明当时中国社会的苦难成因以及解救众生于苦海的种种途径。谭嗣同的《仁学》，被梁启超视为"应用佛学"，直接以康有为的"大同理想"作为实践目标，极力鼓吹以心挽劫这一源自佛家信仰的大无我大无畏精神。至于梁启超，则在稍后论述佛家思想与社会群治的关系时，推崇"舍己救人之大业，唯佛教足以当之"，"我不入地狱，谁入地狱"的大乘救世精神。

佛教的出世传统，易为政治改革家们引述为对于既有政治秩序的出离，进行社会批判的价值超越基础。大乘佛教的救世价值趋向，也易为政治改革家们引为同调，呈现了直接面对现实苦难的拯救，形成吸引芸芸众生的救世学说。

佛教思想在维护中华文化信仰、鼓铸国民的信心和道德方面，对于知识界具有着得天独厚的亲和力。它在自觉不自觉地起到了抵制基督教强国救国诸言论的作用，并发挥了其他传统学说所难以发挥的作用。正如蔡元培在1900年著述《佛教护国论》中所指出的那样："然而耶氏之徒，能摄取社会之文物以为食，体魄甚恶，如猛兽也，……浸寻而欲占我国孔教之虚矣。"

"呜呼！儒佛之中，有能食文物而强大于体质以抵制之者乎？儒之中，盖有知之者矣。然而儒者扼于世法者也，集网甚密也，资本无出也。……学者而有志护国焉者，舍佛教而何籍乎。"[7]

在文化道德的层面，近代中国知识学人出于重建国民道德、鼓铸爱国热肠的需要，也再次选择了佛教。大乘佛学中慈悲救世、众生平等、自贵其心、内证自由等思想，多为知识分子们交口称颂，于其论著中多次引用。谭嗣同尤其赞赏佛教的"破对待"之说，认为"无对待，然后平等"，由"无人相"、

6　章太炎《建立宗教论》,《章太炎全集》第 4 卷, 上海人民出版社 1985 年。

7　蔡元培《佛教护国论》, 引自《蔡元培政治论著》, 河北人民出版社 1985 年。

"无我相"而实现"人我通"的人人平等，并以此而猛烈抨击传统儒家所设计、规定的三纲五常学说，去论证源自西方文明体系中平等、自由、博爱诸种观念。

梁启超则在《论佛教与群治的关系》中说道：佛教立教的目的，即在于使人人与佛平等。因为佛教主张心佛众生、三无差别，所以经过改造后的佛教思想可为政治改革所用，斥除一切可能妨碍平等的存在，实现民族平等和独立。佛教还主张三界惟心、万法唯识，虽天地之大可由心造之、成之、毁之，无不如意，从而可在现实世界中呈现独立和自由，实现个性的解放。

章太炎也明确主张，"所以提倡佛教，为社会道德上起见，固是最要，为我们革命家的道德上起见，亦是最要"。[8] 按照章太炎的道德考虑，华严佛学乃是增进国民道德、重建社会信心的最好方便，"这华严宗所说，要在普度众生，头目脑髓，都可施舍与人，在道德上最为有益"。[9] 诸如章太炎最为厌恶的怯懦心、浮华心、猥贱心、诈伪心等等，皆可以大乘佛教中勇猛无畏、头陀净行、惟我独尊、力戒诳语诸伦理精神进行对治。所以，"作民德者，舍此无他术也"。[10]

传统佛教在近代知识分子的手里，成为了他们重建国民道德、救治世道人心的文化资粮。经与他们的时代性诠释，佛教传统中所蕴涵的哲学、伦理诸有益资粮，也或深或浅、或多或少地成为了近代中国思想创造、道德建设中的有机构成。诸如梁漱溟、熊十力、马一浮等著名学人，或以己意进退佛说，或是以佛证儒，或借重于佛学哲学以自筑思想体系，但作为文化共识的，那就是对于佛教及其哲学的一时注重，从而使佛教传统与东渐的西学、清末革新运动，共同成为了近代中国文化思想得以进步的三大动力。

与此同时，被视为"洋教"而输入当时中国大地的基督教，不得不受到这一部分中国学人出自佛教义理的严肃批判。

佛教主张人人可以成佛，其信仰本义是人人可以觉悟。成佛即是人的最后超越及其生命的觉悟。佛教以人为本，不是以神为本。故而其人生观是人本的人生观，是缘起性空的人生宇宙观。与佛教比较而言，基督教强调上帝崇拜，灵魂不灭，所以其人生观念乃是以神为本。梁启超认为："耶教惟以迷

8 章太炎《东京留学生欢迎会演说辞》，《章太炎全集》第 4 卷。

9 章太炎《东京留学生欢迎会演说辞》，《章太炎全集》第 4 卷。

10 章太炎《答梦庵》，《章太炎全集》，第 4 卷。

信为主，不足以厌中国士君子之心也"。[11] 章太炎也指出："居今之世，欲建立宗教者，不得于万有之中，而横计其一为神，亦不得于万有之上，而虚拟其一为神。"[12]也正是从这个角度来说，中国近代知识学人，许多人认为佛教不事天神，不崇拜神祇，反对神灵崇拜，所以不应当视佛教为宗教。其中，最著名的是欧阳竟无的佛教非宗教非哲学之说。

其次，佛教主张心佛众生三无差别。这一思想学说，被中国近代学人引述诠释为中国平等自由之思想渊薮。据此，他们批判基督教倡立一神崇拜，上帝之全知全能尽善尽美，绝非一般信徒所能臻至的精神境界。他们认为，这是人格不平等的最深层的原因。著名的学问僧太虚和尚就说过："耶回二教根本义，全唯尊奉一神帝，正属今论所遮平等因"。[13]这与近代社会所提倡的民族平等、人人平等的思想，乃是相互矛盾冲突的。至于源自人类始祖亚当、夏娃获罪于上帝的原罪教义，也因此被斥为"思想最鄙劣之耶稣教义。"其罪贻留子孙，较之秦皇朝十族连坐之法有过之而无不及。如果以此为文化基础，那人本的、进步的、独立的人生观缘何得以建立？

再次，基督教受到近代中国学人的批判，更主要的原因，是在于近代基督教大都是随着坚船利炮及其种种不平等条约，进入中华大地的。这不仅仅是因为基督教之崇拜上帝，与中华民族的感情凿枘已久；更因为基督教"有眈眈逐逐者楣于其后，数强国利用之以为钓铒，稍不谨而末流之祸将不测也。"

很自然，近代中国的救世精神，趋向近代化的文化动力，不可能源自西方基督教思想，以至于近代中国思想的重新建设，也大都难以从中吸取应有的营养成分。即使是一些并不依托佛教思想的近代中国学人，他们也看到了基督教近代东传的社会性格和历史作用，从而与上述的近代人殊途同归，反对并批判基督教的东渐及其接受。

他们认为，"博爱、牺牲，自然是基督教教义中至可宝贵的成分；但是在现在帝国主义资本主义的侵略之下，我们应该为什么人牺牲，应该爱什么人，都要有点限制才对，盲目的博爱牺牲反来要造罪孽。"[14]

---

11 梁启超《论中国学术思想变迁之大势》，《饮冰室合集》文集之 7。

12 章太炎《建立宗教论》，《章太炎全集》第 4 卷，上海人民出版社 1985 年。

13 太虚《破神执论》，引自《道学论衡》下卷，上海中华书局 1918 年。

14 陈独秀《基督教与基督教会》；汪精卫：《社会教育应注意的问题》，载罗章龙编《非宗教论》。

在教义上，由于基督教所提倡的上帝崇拜和天堂信仰，也促使知识学人将之与佛教比较，颇觉"佛教广大，耶教狭隘"。"耶教因为狭隘，所以见了不同教的人，便要拿他落地狱受苦。""…佛教人中国和中国社会，没有什么冲突，何以耶教人中国，却激起大乱，直到现在还是讨人嫌恶？"[15]。其中一个最主要的原因是基督教宗教立场的狭隘。由于这种狭隘、自私的基督教立场，便引发有近代中国知识学人的进一步批判："那欧洲的野心家，对于我们东方非基督教民族，完全不认我们的人格。这是从基督教固有的属性来的。我们拿着自由平等博爱和他讲，真是无聊"。[16]

毋庸置疑，这些对于基督教的批判言论，或偏执于反洋教与反帝反侵略的完全一致，或固守于狭隘的民族主义的立场而缺乏一种拿来的博大胸襟，或许未能真实全面地了解基督教教义。但是，它们如实地反映出近代学人对于基督教的基本态度。正是由于近代世界中东西方的特殊矛盾，导致了东西文化乃至西方基督教与东方佛教的冲突。这也导致了近代中国社会中佛教与基督教的真实交往与信仰认同，实在是无法进行。

2、权力冲突中的耶佛交往

应该指出的是，清代中后期直至民国年间，佛教与基督教的交往关系，大多表现为各种的矛盾与冲突。然而，在这些矛盾与冲突之中，虽然具有东西方宗教文化的差异与隔阂，但近代中国社会中的各种教案，常常是缘于经济、政治的原因，而非直接的宗教交往关系、甚至与信仰认同方法无涉。至于其中的经济原因，则主要是由西方教会传教士依仗西方列强在鸦片战争后强迫清政府签订的不平等条约中的"给还旧址"等规定，允许传教士"在各省租买田地，建造自便□"[17]强占、强租、强买地方佛教寺庙的土地、房屋等。

此类交往关系，我们可以把它称之为权力与利益冲突中的耶佛交往。史书记载的这类事件不少，而涉及佛教与基督教交往关系的，则有陕西西安府、重庆教案等事例。

比如在西安，曾经有传教士虽无契据可依，却硬指城内土地庙，什字街草巷一处民宅为天主堂旧址；1878 年，在山东德州石家塘地方，美籍传教士

---

15 梁启超《论佛教与群治之关系》。

16 朱执信《耶稣是什么东西》，载罗章龙编《非宗教论》。四川巴蜀书社 1999 年。

17 《教务纪略》，1860 年《中法北京续约》，第 6 款。

明恩溥则以哄骗手段，强迫当地民众将一座庙宇捐献给教堂。[18] 又如 1858 年，法国教士以还堂为由，借口退还川东四所教堂旧址，"请准长安寺地，改修重庆教堂"□。[19] 教士范若瑟仗恃有清廷文牒，不仅强行拆除长安寺，并侵及附近民产民居，就连川东三十六属团体保甲办公及八省首事聚会之处所，均被迫从安寺迁出。因此而引发了第一次重庆教案。

这类行动及其结果，常常会激起佛教徒和其他民众的抗议，同时也损害了与庙产有关人士的经济利益，导致人们对基督教及其教会的不满，进而影响了近代中国佛教与基督教的正常交往。

下面举的是浙江普陀山地区的一个史例，更能具体地说明佛教基督教在近代交往关系的构成之中所包涵的复杂关系。

浙江普陀山历来就以观音菩萨道场而驰誉中外，佛教寺庙在邻近的朱家尖岛（含顺母涂岛，下同）拥有大量田地。来源有三：一是皇室赐予，包括划拨官田或赠钞购地；二是官绅捐赠，如嘉庆八年（1803），歼击安南艇匪海盗的爱国名将水师提督李长庚（曾任定海总兵）捐银，助法雨寺僧筑朱家尖白山头堤坝，得田八百亩；三是寺僧围垦造田或购得。至十九世纪后期的清光绪朝，普陀佛寺在朱家尖拥有田地七千余亩，占该岛耕地的三分之二。其中有 4866 亩，于康熙 58 年（1719）圣旨恩免钱粮差徭，土地收入用来共养全山僧人口粮及作公益开支，是普陀山佛寺经济重要来源。

十六世纪中叶，明嘉靖朝，葡萄牙、日本人屯踞六横双屿进行中外互市，葡人在六横建教堂布道，是为天主教传入舟山之始。鸦片战争后，道光二十二年（1842），法兰西教士顾芳济第一个来舟山传教，此人后为第二任浙江省代牧。

道光 26 年（1846），罗马教廷决定正式组建浙江代牧区。首任代牧石伯铎到任，以舟山为基地推展全浙江省教牧活动。直到咸丰五年（1855），第三任代牧田嘉壁接任，始由定海迁驻宁波郡城。第四任浙江代牧主教是苏凤文。赵保禄（Paul Marie Reynased 1854-1926）是于光绪十年（1884）接掌第五任代牧，在任长达四十余年，权重势张。戴安德于 1926 年来宁波，时教廷对郊区机构调整，戴为宁波教区注脚，辖宁绍十四个县包括舟山。上述六主教都是法国人，统辖舟山的天主教务，因之，从清道光朝开始一直到解放初，舟

---

18 《教务杂志》，1878 年 11 月-12 月，第 468 页。
19 《教务杂志》，1878 年 11 月-12 月，第 468 页。

山的天主教务为法国势力范围。在定海北门外、西门及沈家门港，又在六横、金塘、岱山……建起教堂，积极吸引百姓皈依天主教。朱家尖天主堂时同治三年（1864）所筑，其时该岛教民中，属普陀山寺庙佃农的约有六十人；在同治、光绪两朝又有发展。

光绪十二年（1886），朱家尖若干入天主教的佃农，认为普陀寺庙的租额过重，向天主教主教提出，由教会在该岛围塘促淤造田，租与教民耕种。赵保禄主教得悉有大量滩地，怦然心动，立即派人到舟山察看活动，绘成地图并制订筑塘计划，向定海厅衙门申请，要求批准围田。厅同知黄树藩在复文中对赵保禄朱家尖建堤造田要求，明确指出不符合中法条约，滋事重大"县官职卑，无权照准"，把赵保禄顶了回去，并将情况禀报宁绍台兵备薛福成。

但是，那赵保禄却派人擅自在朱家尖老塘外树立标记四方界址。

该农垦基建工程投资，需经费两万法郎，须向海外募筹，一时间也无法动工。时间一晃就是七年。

光绪十九年（1983），赵保禄又派傅道安司铎到定海，约主持舟山教会的董增德教士同赴朱家尖诸地活动。董增德不愿干此事，借口推辞。傅司铎只得另找舟山的教友陪同。活动后，傅书面报告称："我在定海月余，与教内外朋友经常谈此事，他们一致认为天主教堂不必兴修海塘；我也这样看。因为普陀山、朱家尖、顺母涂三岛的地产，除了朱家尖几个好事的教徒外，都认为属于僧人所有，且有碑文为证。在我们教堂并没有什么契据文书在握"、"筑塘费用巨大，我们负担不了。将来的土地收益有没有把握。"宁波郎守信副主教听取傅司铎当面禀报后，也附函给主教赵保禄，写道："看来我们毫无希望……我看还是一声不响，让和尚去筑他们的海塘吧。"这样，赵保禄朱家尖夺地事暂停运作。

普陀山众僧得悉外国主教欲侵夺朱家尖土地，大为惊愕，愤慨不平。公举法雨寺方丈化闻和普济寺住持慧源作领导，起来抗争。化闻是奉天铁岭人，出身八旗贵族，曾随蒙古科尔沁郡王僧格林沁征战立有军功。光绪元年（1875），航海来普陀洛迦朝礼大士，顿悟宿因，誓志梵修，于伴山庵出家。化闻风盛德远扬，官绅交游广泛。慧源是江苏松江人，世代书香，十二岁时随母来名山瞻佛，不愿返乡，投红筏房出嫁。慧源精研律部，处事公平。化闻、慧源劝导众僧要依法依理而争。发动多方集资来扩筑朱家尖众香塘（该塘内有涂田千多亩）。促淤成田后，按投资比例分给各寺院。他们于光绪十九年（1893）向定海直隶厅申请，厅同知徐承礼即予批准，定海厅的批文并有宁绍台兵备道吴引孙钤印，指明任何人不许阻挠干涉建塘。

至此，普陀山众僧方把天主堂所擅立的四方界志拔掉，加速筑堤围垦基建进程。一些加入天主教佃农见僧人造田，心怀不满，又因佛寺筑塘人员吃了他们的鸡鹅鱼，与塘工及僧人争吵。于是向教会谎报情势，激化矛盾。光绪二十一年（1895）下，教徒应小禄蔡凤祥二人专赴宁波，向赵保禄主教哭诉，谎称普陀山僧人要把全体天主教徒驱逐出朱家尖。赵保禄遂以此为夺地阴谋的藉口，立即派人赴普陀交往。赵保禄致函负责舟山教务的董增德教士说："这次我不能不动了"，"你也不能不管这件事"，"目前有法军舰富尔号抵宁波港，我和戴乐舰长去见过道台。道台允诺致文定海。"但是董增德教士不愿挑动教、佛冲突，激化矛盾，复函宁波教堂称："这几个教徒到过宁波，又到朱家尖在原地上重新再插上界石。他们的事，我不与问。界石的费用，我也不能负担"。

为此，赵保禄于次月（7月）派副主教郎守信到定海，向厅同知赵惟嵛交涉。他本人也向宁绍台道吴引孙提出无理要求。

普陀众僧以为问题早已解决，且筑塘围淤基建兴工已两年，眼见沧海即变良田。未料到如今突然有人再树天主堂界标。为了保护新垦滩地切身利益，他们派了百余名僧人到朱家尖，并未带武器，去找制造事端的应大禄、应小禄、徐阿福"评理"。当时应家兄弟不在岛上，徐阿福闻风避开。僧人们到他们家中捣毁了若干用品器具，并吓唬称如不立即悔改、将驱逐他们出朱家尖。有几十名教友家妇女小孩受惊吓，当夜乘船逃到沈家门、定海。应家兄弟和徐阿福又特地赶赴宁波，向赵保禄谎报称："有两三百名和尚，身带长枪铁棍武器，来朱家尖搜捕天主教徒。幸教徒们逃到山林内，并在山上过夜，才免劫难。和尚们到教堂内，将十字架、圣像推倒在地，还用脚踩踏"云云。

三人返朱家尖，又向教徒们煽动："外国主教大人不能帮助阿拉，如果普陀山和尚保有土地，阿拉真正走投无路了。"

光绪二十一年（1895）农历八月十五夜，朱家尖教堂起火焚毁，到处传言是普陀山和尚纵火。事实真相是，有四个胆大妄为的教徒，听了应家兄弟和徐阿福的话后，密商对策，放火烧教堂，把事情闹大；而把纵火罪名推到普陀山僧人头上。此事在几年后完全查清，而争地案早已结断。

教堂焚毁，震动全舟山。普陀佛寺遭此不白之冤，引起了公愤。有寺僧和公众近两千人齐集定海城申诉上访。董增德教士极度惊慌，即报宁波赵保禄主教。而实际上有士绅劝抚，官府弹压，并未发生打砸教堂事件。

赵保禄即向吴引孙道台强烈抗议，并致电上海法国领事杜巴叶。吴道台明白表示，对和尚纵火，未有证据，无法相信。而杜巴叶复电，本领事馆立即出面干预。10月2日，另一艘法舰因康斯丹号泊定海港。赵保禄主教致电上海，要求该法舰不要驶离定海，以向中国官府施加压力，法国远东舰队司令电示该舰舰长郭雷尼留舟山，办理好该事。法舰富尔凡号也驶到定海。

聚集定海城上访的普陀山僧人和民众见法舰驶到，尊官府及绅商劝导，个个散去。郎守信副主教偕郭雷尼舰长在定海，提出和定海厅同知赵惟崧到宁波。与此同时，化闻方丈特地亲赴宁波府城，挽人联系要求和赵保禄主教会见商谈，为赵保禄回绝。化闻乃面见英吉利驻甬领事，请他协助调处，英外交官欣然同意。

10月9日上午，道署官员陪同赵惟崧到宁波江北岸圣母堂会谈。赵保禄主教斥责厅同知拒见法舰长有损礼仪和中法邦谊，并批评赵惟崧办理此事不当，那位"三品衔、候补知府、定海厅正堂"赵惟崧大人据理依法，批驳赵保禄主教，会上气氛紧张，不欢而散。

其时浙江封疆主政是廖寿丰。廖寿丰由福建省布政使（藩台）升任"头品顶戴、兵部侍郎、都察院右副都御史、巡抚浙江、督理浙江水陆军务"；此前，廖寿丰曾在浙江任官粮道、按察使（皋台），熟悉两浙情形。这次是第三次来浙。其时，中国势弱。据中外条约，对"安分传教习教之人""一体矜恤保护"。光绪11年（1885）年，廖寿丰在任浙江粮道时，正值中法战争，法国远东舰队纵横浙海，法水陆兵攻打镇海口，记忆犹新。而该年是光绪21年（1895）李鸿章和伊藤博文签订了马关条约，中日战争刚熄。在此国际国内情势考量下，朱家尖争地乃"小局"。廖寿丰不愿事态扩大，札谕赵惟崧迅速了断。

1895年10月13日，借用定海西门天主堂客厅会谈。到会有关厅官赵惟崧、宁绍台道衙官员；浙江代牧区郎守信副主教、舟山教务负责人董增德教士、朱家尖教堂司事张良坤；普陀山寺僧代表二人；法海军郭雷尼、戴乐两舰长也与会。由傅道安司铎为双方翻译。10月14日达成"和解协议"。与此同时，朱家尖争地及法军两艘抵定海，使旅居上海的舟山乡亲极为震惊，为保护桑梓安定，旅沪绅商共举朱葆三、郭小兰赴宁波调解，拜会赵保禄。赵保禄主教礼待朱、郭两沪上巨绅，表示感谢，朱郭即赶抵定海，协助落实运作，两艘法舰亦驶离舟山。

化闻、慧源及普陀各寺院主持，经道、厅官员、士绅及舟山闻人朱、郭劝导，决心遵照巡抚廖寿丰中丞所示，让出众香塘寺庙土地之半，计两千亩整，给天主教堂。至此，十年纷争，一朝了断结案。业佃息争，民（僧）教俱安，海疆平静。[20]

通过这些史例，不能看出，佛教与基督教的交往关系，不是受制于本国的官府权力秩序，就是被来自国外的军政压力所制约，不得不表现为各种经济、政治、甚至是军事关系的渗透或者是它们的直接冲突。与此同时，这一历史事实也会从中表达了这样一种似乎具有规律性的东西，那就是中国佛教与外来基督教的交往关系，往往要依赖于一种两教之外的"第三种力量"，无论这种力量是出自于政治，还是出自于经济，它们都将会构成两教交往关系得以建构起来的教外空间。缺乏了这一空间，佛教与基督教的交往关系，就会落空，或者是变异为其他交往关系。而构成这两教交往关系的"第三种力量"，它们的结构与变迁，则要制约着、牵制着两教交往关系的构成与变迁。当这第三种力量的关系结构发生了变化之后，佛教与基督教两教交往关系也会随之而发生了变化。

3、信仰交往的策略与冲突

正如历史的多样性那样，近代中国佛教与基督教的交往关系也常常呈现出不同层面的教外特征。所以，除了上述的两教交往关系被政治、经济、甚至是军事关系所渗透、左右的现象之外，近代中国佛教与基督教两教之间的交往关系，还存在着另外一个层面的交往。这就是基于信仰认同或者信仰不认同的社会交往策略，其中还包涵着两教之间的相互竞争。

这种现象，主要是来自国外的基督教，针对中国佛教所采取的竞争策略，希望在与佛教交往的过程之中，能够取得佛教那样的社会影响，或者是能够与佛教平等相处，借助于佛教的社会力量来发展基督教的势力。因为，基督教之入中国，在近代社会中遭遇到就是力量正在复兴的中国佛教，而儒教则已经处于被打倒、清除的劣势之中。

---

20 《法兰西主教赵保禄朱家尖争地案纪实》，浙江省佛教协会《浙江佛教》，2003 年第 2 期。

正如基督教学者王治心所说的那样：目前在中国的趋势，庙宇式的迷信，果然渐渐的消沉，而居士派的研究，却一天膨胀一天，试观今日知识阶级，十九都表示对于佛学的欢迎。今日基督教的劲敌，不是明枪交战的科学，乃是同是宗教的神学，况且在它的骨子里，又是无神派，我们若然没有彻底的研究，怎能对付它呢？[21]

为此，西方传教士格外重视调和基督教与佛教的关系。他们曾针对中国妇女多有烧香拜佛的特点，列举玛丽亚与观音菩萨两者具有 16 处相似之处，极力说明佛教与基督教在信仰对象、方式等方面差别甚微，鼓吹信佛妇女皈依上帝。当时的传教士还写有《马利亚与观音》一文，[22]赵《万国公报》上面亦曾刊登过不少出身佛教世家或原来信佛的妇女改信基督教的实例。

再如著名的李提摩太和李佳白等人，也渐渐地改变了早期来华传教士对中国佛教的负面态度。他们除了注意了解和研究中国本土的佛教之外，更愿意与中国佛教界人士展开了一系列的交流与对话活动。其中的著名事例是，李提摩太来华以后与杨文会的合作，将《大乘起信论》翻译成英文出版，从而向西方人、包括来华传教士介绍佛教文化。[23]虽然李提摩太具有他的基督教背景，使他在翻译《大乘起信论》过程中，渗入了许多基督教的色彩，然其结果却应当是基督教与佛教的一次最为真实的对话与交往。

当然，近代中国最为著名的耶佛交往故事，还应首推来自挪威的艾香德博士。

艾香德博士于一九零三年来中国宣教，直到一九二零年第二次回国述职。在任教神学院期间，他尽力研究中国宗教，尤其是佛教，并利用假期到各寺院拜访僧徒，向他们宣讲基督教义。经过对寺僧的宣道，艾香德博士首次使一位佛教僧人受洗，加入教会。这使他对向佛教徒传播基督教获得了信心，于是趁回国述职之机，艾香德博士极力向挪威差会宣传向佛教徒传播福音的重要意义。1920 年，艾香德第二次从挪威述职回中国后，就把主要精力放在如何向中国佛教徒传道。

---

21 王治心《基督徒之佛学研究》上海广学会 1924 年，第 1-2 页。

22 郑永福、吕美颐《佛教与基督教在近代中国女性中影响之比较》，北京：中国佛教文化研究所《佛学研究》，1996 年。《女铎报》，第 1 期，第 9 册，1912 年鍚。

23 Timothy Richard ，《大乘起信论：新的佛教》，The Awakening of Faith in the Mahayana Doctrine: The New Buddhism,Shanghai :Christian Literature Society,1907。

艾香德大胆试验和采用佛教中的一些方式于基督教的崇拜活动中，常常采用一些佛教术语来表达基督教思想，传教场所不再称之为"教堂"而称之为"丛林"等。更重要的是，他在崇拜仪式中，引入一些佛教的经文来说明基督教义；仿效佛教徒的素食生活方式；礼拜时敲钟和焚香；在教堂里点蜡烛，布道牧师和信徒穿着传统的佛教服饰，甚至采用了将十字架放置于佛教所崇奉的莲花之上的象征。此外他还积极模仿佛教的三皈依仪式。他为此还在南京专门建立了第一个向佛教徒传道的基督教丛林——景风山。他认为，要如此采用佛教的方式，为的是要消除佛教徒的隔膜感，让他们在学道的活动中，就有如在佛教寺院中一样，从而方便引导他们成为基督教徒。

正如何安石牧师所说："他（指艾香德博士）在一九二一年第一次来到南京，他的目标就是专门向佛教徒传福音，他学过中国孙子的'知己知彼，百战百胜'。所以为了传福音，他先学佛教的道理，这样他会了解佛教徒的思想，这样他比较容易分享他自己的信仰。"[24]

艾香德博士最终是在香港道风山建成一个中西合璧的"基督教丛林"，并以"莲花十字架"、庙宇式的教堂和兼具佛教与基督教风格的楹联，成为佛耶交往的典型象征。该差会的名称直译为中文，即是"向佛教徒传的基督教差会"，后更名为"亚略巴古差会"。据《新约·传道书》记载，亚略巴古是保罗开始向外邦人传道的地方。比如"圣哉大道分身为万有恩主，美矣玄风鼓化启众妙之门"。该对联悬挂在香港道风山云水堂。此外，道风山的圣殿里，还挂有"风随意而吹，道与上帝同在"的对联，与此相互对应。

早在1920年代之初，何乐益就在《中华基督教年鉴》上发表文章肯定艾香德的尝试，说：我基督教现在对于佛教，未有何种布道德工作，更无特备的好书籍，足以对待这佛门的新运动。只有信义会的艾先生，拟在佛教徒中，作联络的工夫，打算先立一所基督教的总布道院。此院专门接待佛门僧侣之用，四方游僧，都可挂单，如佛寺一样。内部建筑也像佛寺，如圆睡堂、禅堂等等都有；更备礼堂、书院、书房。礼堂为聚会礼拜之用，禅堂可以打坐，其余各部分也都是切于需要，合于实用的。[25]

24 台湾现代禅教研部主编《佛教与基督教信仰的交会——现代禅与中华信义神学院的对话》，第80页。

25 何乐益《佛教归主》，载《中国基督教会年鉴1921》，台北：中国教会研究中心，橄榄文化基金会联合出版，1983再版，第90页。

值得留意的是，艾香德所推动的形式上的佛教化，在很多西方道德支持者眼里，并不是为基督教徒而设，也不是为一般的宗教徒或中国人而设，而是作为主要或专门针对中国佛教徒的传道手段。

他指出，基督教来中国虽然有了百多年的历史，但是在中国人的心目中，仍然被看作是外国宗教，而佛教、回教等本也属于外来的"洋教"，却没有人称之为"洋教"，原因何在？"基督教会之西洋色彩太重，其为一种原因，可以断言"。所以，艾香德积极支援基督教本色化的探索，对于亲眼目睹的某处教堂设计效仿佛教等中国传统形式表示赞赏。[26]

这种耶佛交往格式，却如时人的评价那样：基督教与佛教将要发生的关系，很有令人注意之价值，因为在各宗教中惟有基督教有一定的宗教生活，救世的福音和教会的组织。现今有几位基督教中的教士，要想行一种新的试验，就是把佛教寺院中的一切外面的生活，如仪式和组织变成基督教化，如此佛教的信徒可做基督徒，不必抛弃他们的本来的习俗。佛教中的表证和名称，很有宗教上的价值，我们在寻求适应的方法之时，应当利用他们的。[27]

艾香德博士的努力十分有限，仅仅在香港道风山基督教丛林留下很深的历史痕迹，同时还有韦卓民对景教式的本色化，或说是与其他宗教的混淆感到不满，对于类似艾香德等人所进行的使基督教仪式上的佛教化，韦卓民更直接地提出异议，他说：我也不赞成基督徒崇拜时使用佛教念珠，和以佛教莲花来代替圣坛上的十字架。我很奇怪某一位在中国虔诚的佛教学者，也是一位作品常被引用的作者，竟然将莲花作为纯洁的象征，而忘记了在净土以莲花生育，对于女性是一种侮辱，在它的涵义里，完全是非基督教的。[28]

但是，艾香德博士的耶佛交往模式，却引出了中国历史耶佛交往关系的总结与思考。这对于佛耶交往关系的正常化建构是具有非常意义的。比如，韦卓民就认为，历史上的景教失败，无疑要归咎于过于依附佛教，没有使自身与其他中国的宗教区分开来，从而丧失了自身的独立身份。这样，在唐武

---

26 诚静怡《本色教会之商榷》，载张西平、卓新平编，《本色之旅——二十世纪中国基督教文化学术论集》；台北：中国教会研究中心，橄榄文化基金会联合出版，1983再版，第 258-263 页。

27 朱友渔《今日我国宗教之新趋势》，《文社月刊》，第二卷，第七期，1927 年，第 50 页。

28 韦卓民《中国与基督教》，马敏编《韦卓民基督教文集》，香港汉语基督教文化研究所 2000 年，第 128 页。

宗灭佛教时，景教被当作是佛教之一种，也遭受沉重的打击，以至于后来佛教开始复兴时，景教已消失的无影无踪。

韦卓民甚至这样认为：景教传教士阿罗本（A-Lo-Pan）于西元 635 年到达中国首都，时在唐太宗之治。太宗对于景教甚为尊重，并且亲自予以研究，都对景教予以礼遇。中国档案显示曾有诏令准予传布。二百一十年后，即西元 845 年，武宗排斥佛教徒，而景教在当时中国人心目中无非佛教的旁支，因此亦遭波及。此后于短期内佛教在中国又兴起，但景教则一蹶不振。至西元 987 年，中华帝国内已无基督徒存在。基督教会在中国传教历史第一章至此结束。景教在中国被消灭，乃因与其他宗教混淆不清，这是失去本来面目而付出的痛苦代价。[29]

所以，韦卓民认为，中国基督教必须有四个中心：一是教堂作为礼拜上帝、培养基督精神的中心；二是传播基督教生活的基督教社会服务中心；三是促使教徒保持活跃、敏锐思维的基督教思想中心；四是基督教朝圣中心。

正是因为，基督教是从国外传入中国的，所以得了一个有不好内涵意义的名字——洋教。因为他是外来的，所以激起了我们详细审查观察的愿望，看看它到底带来了什么。中国人是很讲求实际的。当外来的东西开始影响我们的家庭、社会、政治和经济生活时，我们就对它产生疑问。佛教之所以多次受到迫害，不是因为它是一种宗教，而是因为它影响了我们社会和经济生活，尽管这影响是微乎其微的。[30]

这又可以看出，尽管是如艾香德博士建构起来、并且具有一定成效的佛耶交往模式，其中也还是具有信仰立场和交往策略方面的差异。这种策略与立场的差异，有时是无伤大雅，有时却能够差之毫厘，失之千里，促使耶佛交往关系林林总总，不一而足。

4、耶佛交往的信仰立场

民国时期，佛教与基督教虽然基本上是和平相处、各求发展的。在很多层次之上，佛教以理学鸣。基督教以行学鸣。佛经多录释尊所阐述的理，基督教福音多载救主耶稣所行的事。释迦说道多用因明推理式，耶稣说道多用

29 韦卓民《论基督教会在中国土地上生根》，载马敏编《韦卓民基督教文集》，香港：汉语基督教文化研究所 2000 年，第 117-118 页。

30 韦卓民《论基督教会在中国土地上生根》，马敏编，《韦卓民基督教文集》香港汉语基督教文化研究所 2000 年，第 112 页。

告诫肯定语。因此，所以欲求基督教的佛味，当从理学方面着手。看看基督教道与佛理有何贯通，欲求佛教的基督教味。当从行学方面考察。看看佛道与基督教有何契合。[31]

但由于耶佛双方所处的外在环境相同，内部存在的教徒素质不齐、因人损教等问题相近，所面临的顺应时代、改革图存、振兴自身等任务相似，因而也有所交流，甚至发生争执辩论。两教各有一些人撰文，对比评论双方的教义、思想、作用。这样，就使这两种思潮发生了关系。[32]

信仰的立场不一，交往关系的目的也会随之不同。佛教界对于基督教的理解和接受，是为了佛教的改革与发展。

太虚法师在撰写《整理僧伽制度论》的时候，明显地接受了基督教的影响。他在文中谈到，对僧伽制度的整理类似于基督教（景教）对律仪的制定和对慈善等社会事业的重视，他说："今若景教，论道真固琐不足称，然亦有律仪，尚慈济，设彼不来迫害佛教，宗教者必与相提携而不为妨挠也"。[33]

太虚法师 1938 年 6 月在华西大学作演讲时指出："基督教同佛教，在宗教的立场上，是相同的。就是我二、三十年来，所有改进佛教的努力，一部分也是由于基督教传入中国的启发。因为基督教对于中国近代文化事业、社会公益、信仰精神，都有很大的影响。而中国的佛教，虽历史很久，普及人心，并且有高深的教理；但是在近来，对于国家社会，竟没有何种优长的贡献。因此，觉得有借镜于基督教而改进佛教的必要。更因此推想到现在中国一般社会，亦需要基督教的精神来改进。"[34]

可是，面对近代来华的基督教传教士，不少人同时也是医生护士、科学家等各类专业人才，从而使医学传教、科学传教和教育传教，是近代中国基督教比较普遍的现象。

迄至 1949 年为止，中国教会大学虽然只有十几所，学生所占比重也不过是全国大学生总数的 10-15%，但问题不在于数量，而在于质量。中国教会大学尽管一般规模不大，但大多办的有自己的特色，特别是在农学、医学、女子高等教育方面具有领先地位与较大贡献。20 世纪 20 年代以后，随着民主化

---

31 徐松石《中华民族眼里的基督》，上海广学会 1948 年版，第 83 页。

32 李少兵《民国时期佛教与基督教思潮关系考》，《历史档案》，1996 年第 4 期。

33 太虚《整理僧伽制度论》，《僧依品第一》，《海潮音》，第 1 期，1920 年，第 5 页。

34 太虚《中国需耶教与欧美需佛教》，载黄夏年主编《太虚集》，第 437 页。

进程的加速，教会大学的宗教功能逐渐减弱，教育功能日益增长，而且不断加强与社会联系并为社会服务。它不仅通过自己培养出的专业人才，而且通过在校师生的专业实践，直接在若干领域为中国的近代化作出重要贡献，如金陵大学的农业改良与农村调查，燕京大学的新闻学系与社会学系，华中大学文华图专的图书馆专业。东吴大学的比较法学，圣约翰的商科等等，在社会上都有出色的表现。[35]

正是从这两方面的意义上讲，中国佛教与基督教实在无法比较，因为佛教连能够从事医学传教、科学传教和教育传教的人才都没有，还谈什么去为社会培养各类急需的人才呢？所以引起了佛教界有识之士的自省和反思。

"佛教今日萎靡不振者，实由于缺乏社会中德人才德所致德！因为缺乏社会中的人才的缘故，所以不能从事生产，自食其力，徒饭来张口，茶来伸手，无所事事，坐吃山空，招来社会的鄙视罢了！这都是没有受过社会教育的原因的！基督教徒则不然，有小学，有中学，有大学，凡属社会中所有的学科，亦应有而尽有。故基督教徒的人才济济，实为现代各教徒所不能及，而教徒所活动的事业。亦为各教徒所不能望其项背者。故基督教的推进发展执世界宗教的牛耳也！反观佛教徒又如何？佛教徒对之，能无愧汗吗？愿佛教徒自今而后，取法于基督教徒的社会教育方法而做去，则佛教的前途尚可乐观。"[36]

以至于有谢扶雅先生思考当时中国佛教的革新运动，也认为当然离不开基督教徒的视野。他说："战祸蔓延的现代，倒是可作测验佛教重生的探热计，可为刺激佛教再发新芽的大好机会。"他特别指出"现世的苦海实在太广太深。我们要救渡众生诞登彼岸。一个人少数人的力量无济于事，所有举世佛门的同志同道必须联合团结起来，有一种好似普救众生大联盟的组织。"

这显然是有感于基督教会组织得力而当时的中国佛教会组织松散无力而言的。所以他尖锐的指出："中国佛教总会在抗战进程中贡献了些什么？所谓总会，包含了多少僧众？是否只一个空名？如果真的有几千万释迦弟子，'无我执无法执'的金刚力士，组成一个总会，这个威力发挥起来，还得了吗？它可以扫平魔道，澄清全宇，大放光明，溶化群鬼，更何消说一个希特勒了！"[37]

---

35 章开沅等主编《中西文化与教会大学》，湖北教育出版社 1991 年，第 1-2 页。

36 寄尘《社会教育与中国佛教》，《现代佛教》，第五卷，第八期，第 8 页。

37 谢扶雅《新佛教运动中的一个建议》，《狮子吼月刊》，第 1 卷，第 8、9、10 合刊，第 10 页。

至于艾香德博士借助于佛教而发展基督教的做法，刚从闽南佛学院毕业的四川峨眉山青年学僧胜济，在《现代佛教》上发表了《论中国佛教今后必趋之势》，对此进行了批判，认为挪威传教士艾香德仿照佛教制度建立基督教丛林，是在"消灭佛教之形式而充实其原来肤浅之教条"。他分析了基督教何以来华能够迅速地吸引大批中国民众去信仰，指出基督教"能引我国一部分人民之信仰者，阙为慈善事业；实则窥其用心，乃施小惠而收大利而已。""彼基督教徒，博得人民之信仰，日愈见其增厚"。当然，他认为这样一来，就使得基督教成为"佛教今后之一大敌"。[38]

事实上，佛教和基督宗教的理性、理论层面都非常博大精深，基督徒想在理性、理论层面解决基督宗教和佛教之间的矛盾，实在相当困难，也非一般的信徒所能做到。除了在基督徒中为数极少的神学家们，大部分的基督徒面对佛教徒时，也很难从神学的进路入手，去疏解基督宗教与佛教之间的矛盾。立场不一，交往关系不同。因此，信仰表达之仪式、规则不同，信仰的认同方式亦就随之不同。它们无疑会深刻地影响、制约了佛教与基督教的社会交往方式及其社会认同结果。

在近代中国耶佛的交往关系中，这些认同方式大多具有佛耶相同论、由耶入佛论、耶在佛中论、以佛释耶或佛化基督论、耶佛沟通论、佛耶对立论、佛耶同异兼具论、佛耶取长补短论等等。通过分析耶佛信仰认同间的不同方式，就能分析不同宗教之间的交往方式及其结果，进而建构出佛耶之间的交往路径。

（1）佛耶相同论

最早提出这种论点的是佛教徒净空，时间是在1923年。他认为不管是哲学、科学，还是佛教，其说教都离不开一个"相"字，即离不开名称、事物做工具。但愚人却偏要崇拜这些工具，乃至于一切教相，这样就"不容不辩，以解疑惑"。净空接着分析了基督教诸"相"，指出它们和佛教诸"相"本质上是相同的。基督教的三大主义：平等主义、自由主义、博爱主义，与佛家主张"不相违也"。[39]

---

38 胜济《论中国佛教今后必趋之势》，《现代佛教》，第五卷，第七期，1932年，第89-91页。

39 净空《教相决疑》，《佛化新青年》，第1卷，第5号，1923年8月11日。

基督教的"上帝"只是佛家"天界"中的一员。"佛详上帝分位，有欲界天，有色界天、无色界天。无量无数无边，悉奉持佛法"。这样，就把基督教完全包容在佛教中了。

太虚法师也有这样的认识。他说，基督教同佛教，在宗教的立场上，是相同的。就是我二、三十年来，所有改进佛教的努力，一部分也是由于基督教传入中国的启发。因为基督教对于中国近代文化事业，社会公益，信仰精神，都有很大的影响。而中国的佛教，虽历史很久，普及人心，并且有高深的教理；但是在近来，对于国家社会，竟没有何种优长的贡献。因此，觉得有借鉴于基督教而改进佛教的必要。更因此推想到现在中国一般社会，亦需要基督教的精神来改造。[40]

持有类似这种观点的佛教徒，还有汤瑛等人。汤瑛认为基督教与佛家的净土宗相似，基督教教义很有可能源自佛家《阿弥陀经》，为此，他对两教教义做了详细比较。指出，《阿弥陀经》说西方有个极乐世界，耶稣也说有个极乐天堂；净土宗认为"往生"分为九品。比较而言，基督教也宣传天神分为九品；《阿弥陀经》说因果报应主要在死后证验，今生积善行德在来世才可得到真正的福报，耶稣也说不在人间行善，死后就不能升人天堂；净土宗主张按时念佛名号，求佛接引，并以此为修证方法，耶稣也把早晚祈祷上帝做为基督徒修行的方法，净七宗讲"即心即佛"，耶稣则说"上帝就在你的心中、佛门有礼佛仪式，基督教也有敬事上帝的礼仪。

做了上述对比后，汤瑛总结说："由此观之，则耶氏教义与净上宗趣。化仪相同，权巧相同，果位品数相同，依正功德相同，行门方便相同，本体理趣亦无不同。而耶稣诞生后于释迦一千零二十七年，当是曾受佛化，得《阿弥陀经》正授，归而随顺其国土众生机缘，自行创教，分化一方，似无疑义"。[41]

在基督教徒中，也有人持有"佛耶相同论"。曾经"由耶入佛"的张纯一，就是这样的基督徒。在他看来，真正的基督教"即是一部分之佛教。"[42]

---

40 太虚《中国需耶教与欧美需佛教》，载黄夏年主编《太虚集》；《太虚大师全书》，台北太虚大师全书影印委员会，1970 年，第 437 页。

41 汤瑛《与许地山居士论宗教》，《圆音月刊》，第 1 期，第 29 页，1947 年 3 月 15日。

42 张纯一《佛化基督教》，另见张钦士《国内近十年来之宗教思潮》，京华印书局 1927年，第 408 页。

真正的基督徒，也就是佛徒。因此虽然他后来皈依了佛教，但也并未因此就全盘否定基督教、公开宣布自己不再是基督徒。他认为中国现行的基督教决非真基督教，因为中国现行的基督教是由西洋传教士传入的。而"西人来吾国传教者，毫无宗教的真学识，其程度又在不知基督真教义之马太、马可、路加下远甚，又不通中国文字，故所传者，绝非真基督教，纯是沿讹谬传之洋教"。他认为，真正的基督教"确是大乘佛法"，耶稣"确是菩萨摩诃萨。故其大慈大悲，救苦救难的心，无异观世音菩萨、而上帝"即佛教之真如，与众生之心。无内无外，平等不二，即知人人都是上帝，只被肉体埋没耳"。[43]

而且，正因为基督教只是佛教的一部分，因此"其法门远不及佛教圆满，其条理远不及佛教邃密"，也正因为如此，真正的基督徒即佛徒，而佛徒并非都是基督徒。

（2）耶在佛中论

写有《敬告奉耶教诸兄弟姊妹书》一文的鹏南，实际上在间接主张"耶在佛中"。在他看来，基督教得宗教之"端"，讲的是宗教的基础知识，佛教得宗教之"全"，讲的是基础知识之上的高级内容。信奉学习了佛教，'才能获得宗教的全貌，登上宗教认识的最高峰。基督教既然是为佛教这一"大学"打基础的带有附属性质的"中学"，自然是"耶在佛中"了。

他在文中自述自己出身于基督徒家庭，从小叙笃信基督教，从不敢违背上帝和耶稣的旨意。长大后离开江南去外地供职，接触了佛教，研究了佛学，发现"佛教具有圆融无碍之真理"，而相比之下，基督教所揭示的真理就比较有限了"这样自己虽然还未脱离教籍，仍以基督徒的身份向教会缴纳年捐、杂项捐、特别捐，但内心已自认是佛弟子了。"他反复申明自己虽然已在思想上"由耶入佛"，但对基督教并无恶感，而只是认为佛教更高明。"并非耶教全非，不过如大学与中学之比例耳。佛教则为真实之大学，吾辈既入中学，何不更进而升入大学。中学知其端，大学得其全，热心宗教者，谁不欲造乎极致。倘终身耶教者，决无登峰造极之日"。[44]

时任内政部长的蒋雨岩居士指出，世界上任何一种宗教，只有适应当时社会环境人类的发展要求，才能获得生存和发展，佛教也不例外。他特别提

---

[43] 张钦士《国内近十年来之宗教思潮》，第407、408页。

[44] 鹏南《敬告奉耶教诸兄弟姊妹书》，《海潮音》，第2年，第7期，1921年7月。

到近代基督宗教的传教士，不仅拥有丰富的基督宗教修养，还具有其他的各种科技和社会知识，从而使他们在传教时能够得到社会的接近。他说：如耶教的人传教，多有一种学问为社会所需要而得人信仰，或懂得医术，即由行医而与人接近，然后传布其教。故布教师须对各种学说都有研究，如对科学家讲科学的道理，对农人说耕种的道理，对读书的人即因其所学而与之谈论，总要处处能与人接近，处处能使信仰其教。[45]

（3）以佛释耶或佛化基督论

《人间觉半月刊》是二十世纪三十年代中后期，由当时的中国佛教会厦门分会主办的一份佛教学术刊物。该刊基本上是秉承和弘扬以太虚法师为代表的近代佛教革新派的精神主旨，比较关注当时来自各方面的挑战，并作出积极的回应。在一九三七年五月二十日的第二卷第十期，集中刊登了多篇回应基督宗教的文章，几乎成为从佛法的角度展开与基督宗教对话的专号，成为近代中国佛教以佛释耶或佛化基督的罕有现象。

大致说来，该刊物回应基督教的挑战，基本上可分四大层面：一，对于来自基督宗教方面的攻击和贬低进行反驳；二，对于基督宗教徒对佛教的误解进行辨正；三，从佛法的立场对基督宗教的某些教义进行批评；四，积极肯定基督宗教的正面价值，尤其是社会服务的精神。

其次，是从佛教的因缘观出发，根本否定基督宗教赖以依存的上帝观念，以佛教的无神论贬斥基督宗教的一元神论；并从工具理性出发，否定耶稣的历史真实性，批评基督宗教教义的自相矛盾性，由此贬低整个基督宗教。再次，是从大乘佛教的入世观念出发，驳斥基督宗教徒将佛教看作是消极避世的迷信宗教的误解，大力弘扬大乘佛教的积极救世精神，坚决维护佛陀释迦牟尼的崇高地位和整个佛教的优胜形象。其三，自觉地从佛教的基本教义出发，纠正基督徒知识分子对佛教教义的曲解，批驳他们对基督宗教的佛化阐释及其对佛的贬损，力求正本清源，揭示佛教与基督宗教在教义方面的根本分歧，防止佛教基督教化。其四，在回应基督徒的挑战的同时，尝试从近代宗教文化发展大势和社会发展的现实需要出发，认真检讨中国佛教晚近的衰落和自身存在着的积弊与时病，积极肯定基督宗教在教义和传教与开展社

---

45 蒋雨岩讲，远志记《要振兴佛教须速整理僧寺》，《海潮音》，第 17 卷，第 8 号，1936 年.8 月，第 114 页。

会服务等方面所存在着的优势与经验，自觉地为中国佛教的近代革新与复兴寻找借鉴。[46]

从佛教界的代表人物来说，应当是早在民国初年就已提出"佛化基督教"的主张的张纯一（张仲如）。他试图以大乘佛学和《新约圣经》阐释基督教的福音和教义，认为真基督教无异于佛教，不研究佛教决不能了解真基督教之奥妙。

他曾尝试以中国大乘佛学为诠释框架，建构一套深具佛教色彩的基督宗教神学，尤其在拯救论和三一上帝论的课题上着墨不少。

张纯一是活跃在民国初年的学者，对儒、道、墨、佛有深厚的认识，尤其在墨学的研究上，至今仍在学术界有一定的地位，张纯一先信基督教，在上海广学会工作多年，曾站在基督教立场著多本弘道书，又尝试进行神学本色化的工作，以中国的宗教哲学阐释基督教。张纯一既对基督教有深厚的认识，又改宗于佛教，更扬言以佛法来改造基督教，而"佛化基督教"更是他所致力的事业，至少是他讨论宗教问题时的主要课题。因此，张纯一是值得研究中国耶佛对话的学者所关注的人物，亦是探讨耶佛对话必须参考的元素之一。

而张纯一所要做的是"佛化"基督教，产生一个中国人可以接受的新宗教——一个耶佛兼备的宗教，即佛化了的"基督教"。整个佛化基督教工作，是建基在张纯一的多元主义宗教观下，企图融通基督教与中国宗教，好产生一个更接近真实的宗教。

其中的问题是，既然中国早已有了儒道墨各家的思想，又有大乘佛教的传入和植根，中国早有了不少的圣贤和菩萨存在，中国为何又需要多一个西洋的菩萨呢？一个降生于犹太，盛行于欧美的菩萨，没有必然要拥有众多菩萨的中国人接受。从这立场看，张纯一的佛化基督论，不但是把基督地位降低，还削弱基督宗教对中国的适切性呢。张纯一所提出的佛化基督教，未必真能如他所说，带来一个真正属于中国人的基督教。

与张纯一接近的，是徐松石"以佛释耶"的思想。这是他接受新文化思潮激荡和出洋留学后所总结的反省，也是他在民国时期展开耶佛对话的一种尝试。

---

46 赖品超、何建明、卓新平主编《宗教比较与对话》第三辑，北京宗教文化出版社 2001 年。

徐松石（1900-1999），原名徐振凡，广东省肇庆府新兴县人，于广州市出世，在美国三藩市过身，享年九十九岁。徐松石接触佛教，始于幼年。他自言自幼读儒书，稍长兼爱佛老之学，相信只要发扬佛教净业和儒家忠恕精神，国家便可大治。[47]

徐松石接触基督教，始于在沪江大学就读一年级时。出洋留学的体验，让他明白一个道理，就是西方民族的立国基础是建立在民族自身的文化，这个道理使他觉悟到自己需要为民族寻求一个安身立命的文化基础，并一改一往对本土传统宗教的负面态度。于是，整合中国传统文化与基督教信仰，成为他的关注。他先后担任广州美华浸会印书局上海编辑部主任，和沪江大学联属的上海崇德女子中学校长，同时也兼任《真光》杂志编辑部的工作。

徐松石相信，中国民族文化必须植根于基督教的上帝，才有生存和发展的盼望。所以，如何向生活在中国文化下的人诠释基督教的上帝，是他当前的关注。进取以佛教诠释基督教。徐松石也指出，佛教为基督教二千多年来向外求的传统提供一个新向度，就是回转向内求的方向。他借用佛教"人皆有佛性（觉的可能）"的理论，对基督教上帝与人的关系提出新颖的诠释，指出上帝的灵和上帝的性，是即在人身内和在身外，人应利用上帝所赋予人的"基督性"追求与身内和身外的上帝契合，故此外功和内功的修养均不可缺乏。[48]

在他看来，上帝既是构成基督教的核心，也可以成为沟通基督教与佛教思想的基础。他利用基督教与佛教共有的教理特色——超越性观念——放在佛教的人与真如关系上进行论述。诠释上帝在人身上那种内在超越性的经验（包括 感通、救赎、启迪等工作）所建立的神人关系，并且要求人"以诚以灵"的态度，回应仁义兼备的上帝。[49]

所以，徐松石曾提出，以上帝为中心的耶佛沟通理论。他认为，具本土特色的基督教，是以上帝为主体的。他认为西方基督教内的教义、礼仪、禅学等等，受历代西方文化的影响，都是基督教的枝节、甚至用来描述上帝、耶稣、圣灵的文字记录，以至灵感的宗教经验，也不是基督教的核心；惟有超越的上帝，才是中国本色基督教的核心和基础。换句话说，基督教要诠释

---

47 徐松石《耶稣眼里的中华民族》，上海中华书局 1946 年，第 3 页。

48 徐松石《基督教的佛味》，《真光》，第 31 卷，第 10 号，1932 年 10 月，第 24 页。

49 徐松石《中华民族眼里的基督》，《真光》，第 23 卷，第 2 号，1933 年 2 月，第 32 页。《真光》第 31 卷，第 10 号，1932 年 10 月，第 43-44 页。

上帝，需要借助中国人熟悉的语言和文字等符号；甚至借助中国熟悉的佛教思想、语言和文字，作为表达和诠释的工具。[50]

正如佛教与中国文化融通的成功经验，可以作为基督教的借鉴，故此，基督教必须寻找佛教与中国文化互相融通的基础。徐松石尝试寻找佛教与中国文化融通的地方，什么内容是与上帝观念较接近，什么内容较为方便诠释上帝的观念。徐松石指出大乘佛教的积极救济众生，爱人爱物的唯爱舍己精神，融会于中国文化内，可以作为基督教的参考。徐松石还指出了，佛教的精彩之处并不在于它的宗教思想，而是它的人生哲学。[51] 而它的人生哲学又构成了中国民族的人生思想。在此，徐松石借用佛教在中国流行的三正学的人生修养学说，来说明基督教的信爱望精神。

徐松石将佛教的三正学应用在基督教，指出"戒"是指基督教的戒命，就是叫人爱神和爱人的爱，"定"是指能移大山像芥菜种般的信心，"慧"是指盼望。串连以上信、爱、望的观念，便成为救恩故事：上帝因爱世人而使基督降生；基督死于十字架上，使人因信他可以得救；基督复活赐下圣灵，使人得着复活的"盼望"。故此，"基督的示生是始于爱，基督的进寂是进于信，基督的示活是成于望"。可见徐松石借用佛教的三正学的修养，说明人的三皈和三常，三皈即皈依靠父、子、圣灵；三常，即对父上帝的爱，对基督的信，靠着圣灵而有永生的盼望。[52]

徐松石在三十年代以基督教的上帝作为耶佛对话的基础。他试图利用佛教的观念、语言和文字来诠释基督教，让基督教与佛教透过相互沟通和交流，消除彼此间的误会和迷信；也让基督教在解释佛教智理的哲学时，能够对本体世界有更深入详细的诠释。[53]

最后，徐松石得力于佛教"内在超越"观念的启迪，以至他在理性和灵启的基础上，来理解《圣经》内所记述的基督教，这是耶佛两教共通的基础。

---

50 徐松石《基督教在中国的演进及其趋势》，《真光》，第26卷，第5号，1927年5月，第8页。

51 徐松石《基督教在中国的演进及其趋势》，《真光》，第26卷，第5号，1927.5月，第8页。

52 徐松石《中华民族眼里的基督》，《真光》，第31卷，第8号，1932年8月，第188-189页。

53 徐松石《基督眼里的中华民族》，《真光》第31卷，第8号，1932年8月，第45-46页。

虽然其他宗教有可以补足基督教的地方，徐松石仍然将基督教放在佛教之上，因为佛教能够为补足基督教之处，并不是基督教的信仰核心——上帝观念，而是上帝观念的本土化诠释，例如破执文字训诂、内在超越的上帝、拯救观念和宗教的方便法和阶梯法。在徐松石眼中，只有上帝才可以构成基督教比佛教在性质上和人生观上较优越的真正基础。

他企图通过基督教与佛教缔造较和谐、和平等的关系。将基督教立足于中国人的宗教和文化社会中，成为他们的基础。徐松石这种渴望，与孔汉思（Hans King，或译汉斯.昆）提出的论调十分相似，就是在迷失方向的时代，渴望寻找一套可以安身立命的根本价值观，企图在凡俗世界中，将人生建立在一个各种宗教所寻找的上帝或惟一的实在——不论是梵天、涅槃、阿拉或天道——还是《圣经》中所记载的上帝。

与张纯一或徐松石不同，许地山并没有选择在理论或神学层面去处理基督教和佛教间的矛盾，而是选择从道德生活的层面、情爱的层面去会通自己与佛教徒的心灵。

这条路，并不是以宗教超越文化，也不是以上帝超越人类和文化，而是从生活的层面，选取以道德、情爱，去超越基督徒与佛教徒在宗教的信仰上的矛盾。另一方面，许地山所展示的这一条路，就是即使未能令佛教信徒皈依基督，也能与佛教信徒融洽相处，一起工作，一起面对某些问题，甚至会得到佛教信徒的尊重。这种以爱超越不同宗教信徒在信仰上差异的例子，可以在德兰修女身上找到。

许地山是一个在基督新教内外也相当著名的基督徒，他是一位文学作家、一位宗教学者、也是一位文化人。他出生于佛教家庭，但选择加入基督教；作为一个基督徒，却又娶了佛教徒林月森做妻子，娶了佛教徒为妻后不久，就进入神学院念书；而在教研上，许地山却又比较集中研究中国宗教，他在生活上与佛教徒及基督徒都有很深的交往。

然而，如果站在保持个别宗教的纯正性和独特性的大前提下，从事宗教对话，很可能只是各说各的，至多是相互了解对方的看法，而未能相互转化。如果要宗教间可以在核心和重要的差异上相互转化又能保持个别宗教的纯正性和独特性，似乎十分困难。时至今天，在神学或教理上的宗教对话，成就仍十分有限。

如果一个基督徒深爱一个佛教徒（或一个佛教徒深爱一个基督徒），又认为爱比宗教间的差异、比宗教的向往（例如天堂、不再轮回等等）更重要的话，也许能够像许地山一样，与佛教徒融洽相处。融洽相处虽然不等于解决了宗教间的差异，但不融洽相处以至于冲突，也不等于能解决宗教间的差异。在未解决宗教间的差异之前，中国基督徒仍然有很多事情需要一起合作，仍有很多机会要一起生活。但由于这条路并没有解决基督教与佛教在理性、理论上的矛盾，因此，在现实层面上，基督徒与佛教徒可能会各自按照自己的看法和处境去接纳对方。基督徒若没有一个神学上的准则去接纳佛教，会有一个危机，就是有机会吸纳了一些不容于传统基督教的元素。[54]

显然，现今的宗教对话，很多是偏重于神学或教理上的对话，但对于已经发展了上千年以上的宗教，他们自有相当完备、自足、整全和独特的系统和理论，他们系统中一点和另一点之间有紧密的关联，如果独立地抽出某一宗教理论的其中一点与另一宗教其中与之相似的一点带来比较、会通，很多时并不能解决宗教间理论上较核心和较重要的差异。

毕竟，一个基督徒与一个佛教徒相遇，并不是一套基督教神学与一套佛教的理论上的"对话"，或一条基督教规跟一条佛教的戒律的触碰，而是一个有血有肉的基督徒与一个有血有肉的佛教徒接触、相交，甚至相互鼓励，相互帮助。

基督宗教内不少知识分子，基本上是出自本色化之诉求，进而向佛教在华的本色化"吸取经验"；而佛教方面则是出自内部改革复兴之要求，企图借鉴基督教之现代化经验。因此，在民国时期的耶佛对话里，佛教参考基督宗教的地方基本上是集中在外相的部分，例如传教的策略和技巧，神学课程的设计，慈善事业的推广等等，而对基督宗教的教义和思想却保持轻视的态度。这种思维，往往低估了基督宗教之所以有成功的传教、教育及慈善事业，与其教义之关系。

反观基督徒对佛教的理解虽然未必没有偏颇，但比较能欣赏对方在教理上的优点。然而，中国基督徒更多着眼的是中国佛教本色化的方法。甚至可以把在神学中采用佛教概念视为一种传道手段；然而，更多出现的是主张学

---

54 赖品超《中国宗教与救赎历史》，载欧大年、赖品超合著《中国宗教、基督宗教、拯救：中国宗教学家与基督教神学家的对话》，香港中文大学崇基学院宗教与中国社会研究中心，2000年，第9-24页。

习佛教在华传播史中的成功因素，包括利用儒家而不是佛教的思想作为本色化的媒介，最终目的是在传道效果上要胜出佛教。

正如蒂利希指出，涅槃与上帝国分别是佛教与基督宗教对终极境地的象征，此两象征将引致对社会伦理有不同的重点。[55] 因此，若只参考基督宗教的外在实践，而忽略了实践背后的精神及思想，这种参考只会是虚浅无根，并且忽略了即使在思想的层次也可能有它的参考价值。

（4）佛耶对立论

民国时期持此论的佛徒，则以印顺、寄尘、照空、蔡慧诚、芝峰等人为代表，而持此论的基督徒，则以谢颂羔等人为代表。

印顺对基督教进行了全面抨击。他批评基督教非理性，基督徒"重感情，薄理智，不愿意运用自己的思想，抉择事理的是非"。认为人们信奉基督教，根本无法获得真理。寄尘、照空重点抨击基督教的"上帝"说。寄尘指出：不但宇宙万物不是上帝所造，就是上帝自身，"也因之发生危险而不得能够存在了"

照空认为，上帝不过是人为了求得快乐而相机设立的虚幻之物。他进一步指出，对人来说，实现涅槃"是最高的幸福"。[56]

蔡慧诚认为，基督教教义"浅肤庸俗"，与博大精深的佛法相比，"真有天地之悬殊"。芝峰和谢颂羔则围绕佛教和基督教思想中的几个不同之处展开了论战。首先是对"上帝"的看法。谢颂羔认为上帝是世界的主宰，任何人都应当敬事上帝。而佛教"持有上帝的观念，以为得救全在自己……佛教太注重于内心自觉，忘却了上帝也有帮助人得救的能力"。[57]

对此，芝峰法师反驳说，上帝只是佛学所说的"六凡界"中"天界"里的生灵。它不能避免生死轮回，并不是什么世界的主宰。基督教信仰上帝，说明基督教是一种奴性宗教。在他看来，佛教的确不承认人有什么灵魂，它是不会想到用上帝的一口气作人类的灵魂的，而基督教的这种灵魂说教，让人觉着是小孩在那里讲童话。但佛教认为人具有聚集在一起的各种心理，也即小乘佛教所说的六识和同六识相应的四十六种心所，或大乘佛教所说的八识和同八识相应的五十一种心所。

---

55 赖品超《边缘上的神学反思》，香港《文艺》，2001 年，第 160-161 页。
56 《中国佛教季刊》，第 1 卷，第 2 期，第 18 页。
57 谢颂羔《诸教的研究》，上海广学会 1935 年版，第 272 页。

从上面论述中，可以得出这样的结论：一些基督徒和佛徒虽然在教理上争执不休，互斥对方为非，但并不十分对立，冲突也不十分严重。出现这种情况的主要原因有三条：一是两教思想中都有民主宽容和平的成份；二是中国传教市场之大足以使两教从容竞争；三是多数佛徒的徽散作风让基督徒较为放心。他们认为佛徒较为缺乏献身宗教的精神，对于传教多数佛徒并不热心。对于这一点有识有为的佛徒也不得不痛苦地承认："佛教徒于需要为其教而作牺牲之时，乃为世界上最啬音之人"。[58]

（5）佛耶同异兼具论

陈独秀最初认为，佛教与基督教的相同之处在于两者"都是一种骗人的偶像；阿弥陀佛是骗人的，耶和华上帝也是骗人的，玉皇大帝也是骗人的，一切宗教家所尊重的崇拜的神佛仙鬼，都是无用的骗人的偶像，都应该破坏！"[59]不过，陈独秀后来又认为，佛教基督教两教只要除去非科学的迷信部分，皆可成为新宗教，于社会还是有益的。对于佛教与基督教的相异处，陈独秀认为基督教是纯正的宗教，而"佛法为广大精深之哲学"。[60]

梁启超视"平等"、"博爱"为两教共有之教义，认为两教都有存在的必然性，因为人类有情感的一面。他指出所谓的宗教，其实就是人类的一种"白热度情感"，是人类必不可缺的。两教的差异，在梁启超看来，突出表现为佛教比基督教高明，佛教是全世界文化的最高产品。[61]

在佛教徒中，太虚、净空、郎村等人是持"佛耶同异兼具论"的代表。

太虚认为佛教和基督教思想都属于宗教思想，都含有"自心修证及教化他人之两方面"。这是二者的相同之处，但佛教思想或者起因于人对人世不满而图超脱满足的念头，或者起因于人对自身价值永存的希求。而基督教思想起因于人对宇宙万物有创造者主宰者的推起及人内心的灵感体验。这是二者的第一个不同之处。佛教思想是高级的"自心教"思想，主张人类依靠自己的本心、依赖自己的本心、修习自己的本心去获得真理，求得快乐幸福。而基督教思想是低级的"天神教"思想，主张人类信仰上帝、服从上帝、敬事

---

58 《海潮音》第 16 卷第 8 号第 121 页。

59 陈独秀《偶像破坏论》，《新青年》，第 6 卷，第 2 号，第 89 页，1918 年 8 月 15 日。

60 陈独秀《答李大钊》，《青年杂志》，第 1 卷，第 3 号，1915 年 11 月 15 日。

61 梁启超《评非宗教同盟》，《东方杂志》，第 19 卷，第 8 号，第 136 页，1922 年 4 月 25 日。

上帝去求得幸福。太虚认为这是两者的又一个不同之处。[62]

净空的论述角度与太虚不同，他指出，耶稣是佛菩萨的化身，基督教自由、平等、博爱三大主义与佛化主义相同，基督教教义也在佛义之中。他说："据佛学比较研究，凡新约全书内，精粹教义，无不与佛'人夭教'密合。且拥众多教徒，不肯为犹太王，奋热烈精神，舍刹那生命，忍死十字架，圆成一神教，传播全地球，与释巡佛为忍辱仙人，弃王捐国，不假政权，行教三界，亦无差别，此其所以同也"。

至于两教的不同之处，净空讲耶稣虽是佛菩萨的化身，但化身与真身毕竟有别。耶稣没有把天界的情况，尤其是上帝的实情给人讲明，而仅仅提出了一些"概括原理"。佛则"折伏群言"，于世间创成教理精密、博大高深之佛教。以至于佛徒解基督教义易，而基督徒解佛教教义难。

朗村强调佛教和基督教"都是教人为善的，都是看轻肉体的，都是指导世人、向清净光明的道路去作的，都是凭藉真理的。"[63]

对于两教的教义，人们应该抱尊重的态度，而不应在不懂的情况下就去毁谤它们、污蔑它们。朗村认为，佛与耶稣生活在世间的时候，都"纯粹是人，绝不是神，且都遇着反对的人。如佛之于歌利王割截身体，墓督于十字架之难，可为明证"。但他又指出，佛教主张众生平等，全无尊卑，而基督教有神人之分，尊卑之别。这样的话，两教之间"究有广狭之别"，佛教比基督教更民主更宽容更博爱。

基督徒中持"佛耶同异兼具论"者，以许地山、杨永清为代表。许地山认为佛教与基督教虽有不同，但"同是劝人为善，初无胜劣之分"。杨永清指出两教虽有不同，但都是人类"以智力的锐进而激起。"[64]

（6）佛耶取长补短论

他们反思了佛教界的现状，指出"寺院失掉了佛教原有的精神，只剩了一个躯壳！僧尼腐化，醉生梦死……不肯精进用功办道，发奋同前"。[65]而基

62 太虚《我之宗教观》，《海潮音》，第 6 卷，第 11 期，1926 年 1 月 4 日。

63 朗村《佛化与现有各宗教之长短若何》，《佛化新青年》第 1 卷，第 11，12 号，1924 年 1 月 15 月。

64 杨永清《基督教教育在新中国之地位》，《心中华基督教教育季刊》，第 4 卷，第 4 期，第 19 页，1928 年 12 月。

65 印顺《理想中的偶像——耶稣，新现代佛教》，第 5 卷，第 6 期，第 371 页，1932 年 5 月 10 日。

督教由于大力主张兴办社会慈善事业，并将这一思想努力付诸实行，这就迎合了社会需求，在社会中不断发展兴盛，"彼基督教徒，博得人民之信仰，日愈见其增厚"。

他们认为在指导思想上，佛教应从三个方面学习基督教：不离世间，建设人间宗教；以革命的精神来阐发教义，厉行社会慈善公益事业。"[66]

总体来看，近代中国佛教徒企图向基督宗教学习现代化之途，尤其基督宗教的传教方法、教育及慈善事业等等，以振兴中国佛教，但对基督宗教的教理等基本上是不屑一顾的，也缺乏深入之了解。而中国基督宗教的神学工作者，从廿世纪三十年代开始，基于当时的政治和社会气候的转变，他们的主要关注，即由基督宗教与传统中国文化的关系的问题，慢慢转向对当代政治社会处境的回应；即由一种本色化/本土化（indigenization）为主导的神学，过渡到以处境化（contextualization）为主导的神学，将注意力集中在基督宗教与革命，以至抗日救国等问题。

之所以会出现这样的现象，主要是因为中国佛教与中国民间宗教有千丝万缕的关系，容易被某些人认为是充满迷信或拜偶像的元素。这也使基督徒学者所选择的对话对象，往往是以儒家思想为主。因为很多基督教人士认为，在中国社会，儒家才是传统中国文化的真正代表，最少比源自印度的佛教更能代表中国文化。对于与儒家的对话，不少基督徒从宗教与文化的角度来思考，以本色化和基督教与中国文化比较的名义来加以肯定；但对于基督教与佛教的对话，则以宗教间的角度来思考，以真理的独一性、宗教混和主义等理由而加以否定。[67]

所以，近代中国佛教与基督教在上述各种信仰理念层面的对话、交锋、甚至是宗教交往的过程，尽管它们的形式丰富多彩，不一而足，然其交往的社会水准则难说具有什么广度与深度，大多是局限于几个学者、几个神学家之间的谈话而已。

66 《海潮音》，第 16 卷第.号第 27-28 页。

67 赖品超编著《近代中国佛教与基督宗教的相遇》，香港汉语基督教文化研究所，道风书社 2003 年，第 10-15 页。

第五章　宗教作为一种交往结构

中国历史上的耶佛交往，主要是以唐朝景教、明末天主教、近代基督教为主要内容。三个时代，背景不同，对基督宗教的信仰认同方式及其结果也迥然相异。然其交往关系之中，大多出离不了一个共同拥有的特征，那就是基督宗教所交往的佛教及其交往结构，并非单纯的耶佛交往关系，而是渗透了深刻的政治权力、经济利益、甚至是军事内容。这似乎也在说明，难以存在一种单纯简明的宗教交往关系或宗教交往结构。

在两教之间的交往关系或交往结构之间，应当具有一个使双方交往得以顺利进行的制度平台、权力秩序、或文化认同基础，从而使两教交往结构共同建构有一个公共交往平台，而非单纯的教义交流、理论对话。这就会使宗教交往关系呈现为一种包涵了理论对话在内，同时又有将对话理论置于社会实践、具体交往的语境之中的努力。

因此，当我们发现当代中国社会中耶佛对话内容比较贫乏的时候，即可以推想在二十世纪上半的耶佛对话，也大多以信仰冲突或互不理睬为主，或者是一教案的形式出现，在理论对话上基本没有什么成就可言的历史情形，仅仅是一种接触与交往而已，难说建构了什么交往关系或交往结构。为此，我们即可联想耶佛交往的这些因素及其特征，往往要与中国佛教与基督宗教在中国社会的具体生存语境相联系。

一九四九年之后，中国大陆的宗教团体，包括佛教、天主教和基督新教，基本上都是集中精力在如何适应新的社会制度的问题上；论重要性，宗教与政府间的关系，明显地盖过了宗教间的关系，在大陆以外的地区，无论是基督宗教或佛教，也不太重视耶佛对话。但在近数十年，当代佛教（尤其在台湾）发展蓬勃，对社会之影响力绝不在基督宗教之下，似乎已再没有向基督宗教学习的明确需要。当代佛教界的著名领袖中，对基督宗教有较客观而全面的研究的，差不多就只有圣严法师了（在吴恩浦与煮云法师的笔战的刺激下，圣严法师早年曾对基督宗教作猛烈的批评，后期才比较温和和正面）。

所以，自从唐朝景教以来的 1000 多年历史之后，耶佛对话的结果就如赖品超教授指出的那样："自从 1949 年以后，只有很少数的基督徒，仍在从事佛教与基督宗教的比较研究。按此标准（对宗教对话抱有一种比较狭窄的看法），在二十世纪下半期的佛耶对话就真是凤毛麟角。"一方面，近代中国基督徒知识分子往往不是对佛教本身，而是对佛教在华传播的历史有兴趣；另一方面，中国佛教对基督宗教的兴趣，基本上是集中在外在体制与传道方法，而非内在深层如教理层面。看来双方都有实用的功利取向，难以进行深入对话。[1]

不过，在耶佛之间的理论对话难有明显进步的同时，我们亦无法否认佛教基督教在社会存在形式层面的直接交往，甚至是在某个社会文化具体语境中的真实交往。或可以这样认为，基于这些具体的人际日常交往、社会文化活动层面的交往，却已经能够在这些交往关系之中萌生、孕育了一定程度的对话内涵，甚至能够为下一阶段的耶佛对话奠定有一定的社会文化基础。

因为，宗教之作为一种具有终极关怀意义的交往结构，其中就已经内涵了宗教教义、信仰认同、以及信仰认同作为宗教交往的具体形式与真实内容。

1、认同差异与宗教交往关系

此处所论之宗教制度，实际上等同于马克斯·韦伯所说的形式理性，其与价值理性的紧密关系，影响到宗教功能的最大发挥，甚至会影响到与佛教、基督教关系紧密的社会交往关系。所以，宗教交往的社会形式，在相当大的层面上取决于宗教交往的制度平台及其在国家、社会中的制度安排。这应当是佛耶交往及其信仰认同的一个基本模式。

中国的佛教与基督教，它们在制度形态层面分别呈现了不同的特点，并使这两大宗教在中国社会里的交往形式、信仰认同形式体现了相应的异同。

佛教以丛林制度为基础，并以寺庙、法师、信众三位一体。虽然其历经现代佛教改革，佛教的制度形态已多少呈现为教团佛教，但佛教信徒大多注重个人精神的修为、心性觉悟境界的个体呈现，而不以现实社会生活的组织和制约作为特点，从而构成了天国净土与心灵净化的不二法门。

---

1 赖品超编《近代中国佛教与基督宗教的相遇·导论》，香港汉语基督教文化研究所，道风书社 2003 年，第 15-16、69-71、123-124 页

基督教作为教会宗教，注重教徒生活的组织、团契形式，以教会、教团甚至教派为主体，关注个人与教会组织在精神互动层面的制度化，表达出对于现实社会生活的组织要求，以构成超越世界的制度、组织特征，进而表达出现实世界与超越理念的二元对峙。

佛教与基督教的制度差异，应当是佛教、基督教进入现实社会、影响现世生活的基本路径，并以此为基础而形成了不同的价值关怀和社会格局。通过这一比较，人们能够发现：一个宗教的社会理念，应当以宗教制度作为组织依托。所以，宗教体系本身所具有的价值理性与形式理性，相辅相成，缺一不可。

一般说来，这种理念和行动逻辑，常常会被理解为三大层面：宗教体系与现实世界的关系（即普遍性伦理认同）；以教派为中心的团体型信仰认同方式（宗教组织的社会交往模式）；形式理性与耶佛伦理之比较（日常生活交往模式）等若干层面。

在此层面上，这里特别要讨论的便是佛教、基督教信仰及其认同模式诸问题，而非单纯的宗教与信仰之关系。[2] 它与宗教有关，亦不完全局限于宗教信仰，进而才能基于这种信仰认同模式，而拓展到耶佛之间的宗教交往关系及其交往结构之中。

（1）从信仰到宗教的认同建构

中国社会具有一个信仰中心，它近似于"帝国隐喻"。[3] 因此，中国社会的这一个具有"帝国隐喻"功能的信仰中心，能够囊括所有中国人的信仰。无论是佛教、道教，还是后来的基督教等等，虽然具有不同的信仰体系，但在这些信仰现象背后，它们大多能够汇总到这样一个信仰中心的结构之中，

2　早在 1964 年，美国宗教学家史密斯（W.C.Smith）即在其《宗教的意义及其终极》（The Meaning and end of Religion）中建议使用"宗教的"（religious）或"宗教性"（religiosity）取代英文中的"宗教"（religion）一词，因为后者意味着一个静态结构，不能动态地体现宗教学中传统（cumulative tradition ）和信仰（faith）两大课题。引自杜维明《东亚价值与多元现代化》，北京：中国社会科学出版社 2001 年，第 39 页。

3　桑高仁曾认为，中国人的地域崇拜最终会上升到一个宗教中心，形成一个中国宗教。王斯福则认为，中国宗教仅存在于"帝国隐喻"的均一性，经验上无法归属到一个宗教中心。Sangren, Steven,2000,Chinese Sociologics: An Anthropological Account of the Role of Alienation in Social Reproduction, London: The Athlone Press. Feuchtwang ,Stephan 1992, Boundary Maintenance : Territorial Altars and Areas in Rural China, Cosmos ,Vol. , pp.93-109.

并以此信仰中心为圆点，扩散而不分散，并与国家紧密整合，依赖权力制度而具有了国家、民族的意识形态特征。因此，中国人的信仰认同方式，常常是以此信仰中心作为一个连结方式，通过道德中介作用，在国家权力、君臣关系、人际伦理之中，建构认同，建构制约信仰认同的权力规范。

所以，中国人的信仰认同方式，参与建构的往往有权力、哲学、伦理、宗教诸多因素，从而亦从中分离出不同层面的认同方式，建构了不同信仰层面的认同规矩。为此，中国人信仰构成，还表现在中国信仰的多重结构：官方信仰、学者信仰、宗教信仰、民间信仰、家族信仰。这多重信仰关系，彼此贯通而又各自相对独立，甚至出现上下冲突，前后脱节，很难用一个简单的判断来概括中国人的信仰特征。[4]

所以，一个依据信仰功能而分化出来的信仰空间，由上而下，由下而上，官方的、学者的、宗教的、家族的、民间的⋯依据这种信仰差异而划分出不同的功能层次和认同方法，不同的信仰以及不同的权力等级。其中，最高的是对于信仰中心的皈依，以此类推而下，以一种象征权力建构起来的图式，构成了中国人信仰认同的整体格局及其差异，左右着中国宗教的交往关系、信仰认同模式的建构。

从信仰到宗教的认同建构，这里指的是深入而持久地在时间与空间中（通过规则和资源而）建构的社会交往的连续性实践。它是一套关于行为和事件和规范模式，亦是一组普遍而抽象的认同体系。它依托在宗教制度层面之上；它体现在组织结构之中，包含了意义、支配、合法化和促进社会结构转化的功能。从某种意义上讲，制度就是集体行动控制个人行动的业务规则和运行中的机构，[5] 并由此构成了社会结构的基本框架，以及个人与社会群体行动、普遍性的价值观念、社会资源及其供求与分配之间的"过滤器"。[6]

4　关于中国人的信仰类型，参张践《中国宗教与中国文化》卷四，《宗教·政治·民族》，中国社会科学出版社 2005 年版，第 221-224 页；牟钟鉴、张践《中国宗教通史》（下），北京：社会科学文献出版社 2000 年版，第 1219-1221 页。其以官方信仰、学者信仰、民间信仰为三种类型。本文则提出另一种"家族信仰"类型，并认为中国人的信仰类型为四种。

5　康芒斯《制度经济学》，上册，北京：商务印书馆 1962 年版，第 86-89 页。

6　道格拉斯·诺思《经济史中的结构与变迁》，上海三联书店、上海人民出版社 1995 年版，第 225 页。

因此，任何一个宗教体系中的信仰者个体与信仰群体，正式的宗教组织与非正式的宗教组织，无不需要这个"过滤器"，使隶属于该体系的信仰和精神权利，建构为博弈均衡的"概要表征"或"共同信念"，进而把宗教组织本身建构为一种共同信念、以及价值预期的制度化结果。[7]

围绕着人与神、无限与有限、此岸与彼岸、生命与死亡之间的信仰关系，各个宗教体系大多能把个人的信仰，建构成一个共享的、建制型的价值体系，以表达它的信仰理念、规范信众们的行动逻辑。更加重要的是，这些绝对与相对、永恒与现时、整体与局部的对照和对比的关系，同时也显示了人神之间充满吸引力的我——你关系。[8]为此，在人与神的关系之中，"…对关系的需要是人类基本人性的一部分。"[9]可以说，神人关系或神圣与现实的关系，应当是任何一个宗教体系及其认同的核心构成。

基于各个宗教体系对此类关系的处理方法的不同，自然就在信仰认同模式之上，形成了各个宗教体系之间的差异。

佛教与基督教，就其建制形式而言，它们都属于制度宗教，从而具备了制度比较的学术价值和现实意义。因此，它们作为制度宗教（institutional religion），都是一种独立自在的宗教，具备了特有的宇宙观、崇拜仪式及专业化的神职人员。它的概念和理论是独立的，不依附于其它制度之上；它有独立的组织如教会、教堂及主教、司铎、僧侣，不是其它制度的一部分；它的成员也是独立的。做礼拜的时候，他从属于一个宗教集团，不再是其它团体的一分子。此时，宗教的成员超然于一切现实制度之外，并把这种超越，作为进入社会的前提。[10]

然而，传统中国在从信仰到宗教的认同模式的建构中，脱胎于制度宗教对现实权力制度的依赖模式，从而构成了在信仰与宗教间进行制度化的"中间逻辑"。[11]因为，在中国宗教的运行和中国人的信仰表达中，无论是制度型

7　青木昌彦《比较制度分析》，上海远东出版社 2001 年版，第 28 页。

8　卓新平《基督宗教论》，北京：社会科学文献出版社 2000 版，第 232 页。

9　查尔斯·L.坎默《基督教伦理学》，中国社会科学院出版社 1994 年版，第 144 页。

10　刘创楚、杨庆堃《中国社会——从不变到巨变》，香港中文大学出版社 1989 年版，第 65 页。

11　李向平《信仰如何构成宗教》，第三届"宗教社会科学研讨会"会议论文，北京，2006 年 7 日 5-17 日。

还是扩散型，大都隐含着一个权力关系，作为超越信念与现实关系间的交往媒介。[12] 为此，杨庆堃"制度宗教"概念中的"制度"意义，我理解为即是国家权力对于人们在精神、信仰层面各种不确定性的制度性安排。这个"制度"，实际上就相当于这样一种"中间逻辑"关系。它们在表达形式及其实施层面上的变化，构成了制度宗教中的"制度"建构形式。

佛教和基督教对于传统中国而言，尽管时代相异，但都是从异国泊来的宗教形态。佛教之在中国已经两千多年，基督教在中国也有一百多年的历史。在佛教的制度构成过程之中，佛教之信仰与个人信仰之共享的制度化结果，它依赖的是这样一种中间逻辑：众生（福报功德）——关系（法师）——机制（业报轮回）——众生（非对称性交换关系）[13] 因此，佛教所努力建造的世界关系，实际上是一种"法师（僧侣）为中介的理性主义"。它以法师个人为中介，最后是以个人角色关系为中介，没有直接地呈现出一种绝对化特征，而可以随这种个人化的中介关系的转移而转移。

所以，佛教教规没有任何权威，只是作为纯粹独立的道德的自由意志，因此除本身之外并没有权威。[14] 它以佛陀为楷模，以戒律为宗依，以"六合"为共住原则，戒和同修，法味同受，财利共享。因为，佛陀是就是僧伽组织的成员之一，[15] 所以佛教强调人成即佛成，强调信仰者个人心灵的自我约束，并不强调特别的组织化控制力量。这样，佛教组织实际上就是一种自我驱动而道德约束，具有多元的、人性的、个人化特征的宗教组织。

正如佛经上讲的，"自当炽然于法勿他炽然，当自归依法勿他归依。"[16]

强调自我关照、自我庇护，不需要外在的归依。以人为中心。一切造善恶，皆从心生想，是故新出家，皆以心为本。即心即佛，我心即佛。至于"如来戒律，布在世间，若能遵用，足相纲理。"[17] 它作为佛教的戒律，乃是佛陀的人格化的法，维系佛教僧团得以团结的源泉，必须为所有僧人遵守。于是，僧侣、戒律、寺庙，此三者就构成了佛教制度的基本内涵。其中，僧侣为中

---

12 李向平《宗教的权力表达及其形式》，《江西师范大学学报》，2004 年，第六期。

13 王顺民《当代台湾地区宗教类非营利组织的转型与发展》，台湾洪叶文化事业公司 2001 年版，第 268 页。

14 渡边楳雄《佛教的教论》，东京：三省堂 1935 年版，第 91 页。

15 宇井伯寿《印度哲学研究》，第 4 卷，东京：岩波书店 1965 年版，第 414 页。

16 《长阿含》卷二，《游行经第二》。

17 《续高僧传》卷五，《智僧传》，《大正藏》，第 50 册，第 466 页。

心，固为佛教信仰与佛教组织的中介关系，而寺庙和戒律却出自于僧侣的行动逻辑及其建制化的结果。

这个中介关系的制度化，就由此而构成了佛教与信徒之间从信仰到宗教关系的制度化处理方式，甚至是信仰认同模式。而僧侣或者法师之作为佛教与信徒之间的"交往媒介"，随即被设置在信仰者个人的社会资源及其共享的过程中，被予以了高度的角色化、个性化。而作为中介共享关系的法师或僧侣，这就是后来中国佛教的寺庙或丛林，以方丈、住持为核心的制度基因。他们个人的道德修养和宗教技术，就直接影响、左右了佛教对于日常现实生活的制约能力。于是，这种个人化和道德化的宗教形式，就使信仰者个人把佛教对于自己的宗教要求转化为宗教与哲学、文学、道德修养，注重于个人心性，而难以直接以其制度化结果而成为普遍性的社会规范，只能成为部分宗教精英、高层人士、知识分子的精神特权、乃至信仰特权，其理解世界和人生的努力就会因此而趋向道德神秘主义，难以从中引申出一种入世的合理性行为方式。

与佛教比较，基督教在它开始形成的时候，"它是集合的而不是个体的；是客观的而不是主观的；是现实的而不是理想的。"[18] 在它的历史进化过程中，逐步形成了因信称义，唯信得救，不需要神职人员作为中介，仅仅依靠个人对上帝的信仰，便可得救的行动逻辑。

在耶稣生前，他即已拥有一批忠实追随他的门徒和信仰者。耶稣死后，他们就建立了基督教社团组织，采用了"教会"这个名称，从此把那些承认耶稣为弥赛亚的会众、与那些不承认这一点的人区分开来。从此，耶路撒冷的基督教教会组织发展很快，并以彼特为首，约翰次之，整个使徒与会众因此而结合起来。

在此教会组织之中，同时也构成了一套宗教生活制度和仪式规范。他们在犹太教的整体教规之中引进了新的宗教内容，信仰弥赛亚。为此，基督教产生了自己的特殊仪式，即皈信者为表示效忠基督和悔改自己的罪，要接受"洗礼"，即奉基督的名义受洗，作为悔改罪恶，开始新关系的象征，作为上帝认可的标记，得到圣灵。

与此同时，早期基督教会还形成了一种最具有特色的"掰饼"或"圣餐"仪式，入教者要将自己的财产交给教会充作公用，大家过一种财产共济、互

18　克里斯托弗·道森《宗教与西方文化的兴起》，成都：四川人民出版社1989年版，第31页。

通有无的生活。教徒定期要举行联欢会，自带食品共同会餐，称之为"爱筵"，后来发展为每周一次的重要仪式——"圣餐"，掰开分吃象征耶稣之身的饼，喝一点象征耶稣之血的酒。对于早期基督徒来说，"掰饼"是最重要的仪式行为。一方面，这体现了基督的临在，因而也是他所建立的上帝的国的临在；另一方面，这个仪式也预演了末日的弥赛亚圣餐。在形态学上，圣餐使会众与具有神智结构的神灵相互沟通而得到祝圣和拯救，能够神秘地与上帝合一。在许多世纪当中，这个核心仪式——以及基督教最重要的仪式洗礼，启发了众多神学思想。[19] 这就加强了基督教徒间的认同和凝聚力，使早期基督教与犹太教区别开来，建构了早期基督教作为一个小宗派得以形成的组织基础。

因此，教会是上帝在基督身上成为人这一事实的延伸，是带来拯救的奇迹在人类中之建制形式的延续。[20] 它是神性的奇迹机构，它绝对地独立于人，是一种绝对和超人的力量之所在。所以基督教的信仰几乎就等同于一种"教会信仰"，是一种群体的、团体的信仰。

这种"教会信仰"是对基督开创的、具有恒久生命力的奇迹组织的信仰，是一种不以人们的意志为转移的、感应和改变着人的恩典的信仰，人自己的行为力量对于这种恩典的神性和力量毫无影响。因此，教会教义将以基督为根据而形成的共同体，看成一个先于个体的机构和由基督创建的团体，这个机构和团体将作为唯一具有拯救力量的神性力量和共同体的内核，即布道、圣事和圣职联系在一起，并非个体在位格上所达到的善功决定着从属于教会的品格，而是布道、圣事和圣职的力量的影响使位格善功圣洁化以服从共同体，然后更高的伦理善功方才作为结果与共同体联系起来。[21]

所以，教会信仰就等同于"信仰教会"，即意味着对基督创建的机构的信仰，这个机构将从基督所获得和传达的祝福力量，作为纯粹的恩典施予那些奇迹所震慑的个体。在此基础之上，基督教之作为制度宗教，在它的历史演变中就建构了一整套教团管理体系，这就是它的教会制度。它进入中国本土之后，恰好就与传统中国佛教构成一个明显的对比。

19 [美]M·伊利亚德（Mircea Eliade），《宗教思想史》，上海社会科学院出版社 2004
年版，第 710-711 页。

20 [德]特洛尔奇（Ernst Troeltsch）《基督教理论与现代》，北京：华夏出版社 2004 年
版，第 196 页。

21 [德]特洛尔奇（Ernst Troeltsch）《基督教理论与现代》，北京：华夏出版社 2004 年
版，第 198 页。

基督教的社会理念，依据其宗教制度而在圣俗两界的发挥功能。为此，教会组织是基督教作用于个人和社会的制度中介，是一个神人同在的机构。它在由个人信仰建构宗教制度的路径之中，依赖的中介逻辑关系是：信仰个体——中介（造物者）——机制（原罪预选）—他人（一种单方面交换关系）。于是，一种以造物者为中介关系的信仰体系，无疑就会建构一种绝对性，无法转移和改变。所以教会宗教，就是一种属灵的团契，可以其超越理念超越于现实社会，正可为现实社会的变迁寻一终极价值依托。基督教的教会组织之所以能够存在，乃是因为这成作为中介的、肉身的"道"，才得以继续运行。所以，教会组织就能够成为"社会的酵母"。它向外的影响力，在于它的信徒能够从里面改变他们所生活的社会，使社会可以分享它的本性，按照它的理想过活。

显而易见，信仰构成宗教的中间逻辑关系，决定了宗教制度间的差异，同时也构成并且制约了宗教交往、信仰认同的制度基础。

社会认同是个人把自己定义为该社会类型的成员，并且把这种类型的典型特征，归之于他们自己的自我心理表现和过程。这种认同源自个人依附于一种群体成员资格的共同价值和情感重要性的知识与社会认同感。由于这种认同感的产生，个人把他们自己定义为某种社会类型的成员，并且把这种类型的典型特征归之于他们自己。于是，社会认同感可以使个体成员不但能够从他们与其他个体成员相互区别的特征来感知自己，而且还能让个体成员共享他们和内群体其他成员的共同特征。[22] 因此，宗教性的组织认同，同时也是社会认同的一种重要方式，进而成为宗教交往的、信仰认同的基础。

诚然，信仰认同同时也是一种社会认同方式，基于信仰认同的自我认同，也是社会认同的一个基本出发点。当一个人不仅仅以一种内省的方式来把握自己的时候，而是以自己和他人对自己的关系进行定位时，基于信仰认同的自我认同，就会同时转换为一种社会认同、社会交往方式。换句话说，社会认同是个体成员对自己在社会中的某种地位、形象和角色，以及和他人关系的性质的接受程度，其中就建构了每个信仰者个人能够接受的信仰认同方法。

在宗教教义学中，与"承诺"相当的概念有认信、皈依、受洗等等。这些概念表示一种选择性的自我认同（即便是出自某种"召唤"），因而只能存

---

22 王彦斌《管理中的组织认同》，北京：人民出版社 2004 年，第 100 页。

在于某些具有高度发达的偶在性意识的宗教里。[23] 为此，每个宗教都有它所属有的一套特殊的认信和皈依方式，同时建构有一套相应的技术，以强化各自宗教体系所要求的身份认同。这些身份认同，如果与其信仰、仪式紧密整合的，那么，它就可能是宗教认同、信仰认同；如果它们是与各种现实因素相结合的，那么这种认同方式就可能是宗教性的社会认同、或者是宗教性的政治认同。与此认同模式紧密结合的，它们就可能是宗教性的社会交往或政治交往，或者是宗教交往中的社会交往关系，宗教交往中的政治交往关系。

（2）宗教交往结构及其现实关联模式

论及中国社会与中国宗教的问题，不能不想起梁漱溟。梁漱溟曾经在他的《中国文化要义》中认为宗教问题乃是中西文化的分水岭。也许是因为他曾提倡道德代宗教之说，此论不太受人关注。但是，无独有偶，费孝通也在《乡土中国》里论述中国社会的"差序格局"特征时，认为西方的团体社会特征源自于上帝"至上神"的崇拜等云云。

梁漱溟此论的要害，并非在于宗教问题本身，而是他提出的国家融入社会，摄法制于礼俗，宗教为礼俗所取代，社会才由伦理来组织等观念。梁的提法，与费孝通乡土中国诸论十分切近。费孝通认为，西方社会的团体组织特征，不能离开他们的宗教观念。宗教的虔诚和信赖不但是他们道德观念的来源，而且是支持行为规范的力量，是团体的象征。团体对个人的关系就如同神对于信徒的关系，是个有赏罚的裁判者，是个公正的维持者，是个全能的保护者。所以，在"团体格局"的社会中才发生笼罩万有的神的观念，并在象征着团体的神的观念下，形成两个重要的观念：一是每个个人在神面前的平等；一是神对每个个人的公道。"[24]

显然，梁、费之论，均在于宗教与组织社会的功能层面。伦理组织社会、人际伦常关系本位及其"差序格局"的形成，导致一个笼罩万有至上神的千年流失，进而构成政治包含宗教这么一个主导性价值体系。这是论及中国宗教与社会问题的基本前提，其紧要之处，不仅在于宗教，而在乎通过宗教来把握社会生活的组织形式、人际关系的整合及其道德关系。常见的现象是：有什么样的社会，便将有什么样的宗教形态；或者是正好相反，有什么样的

---

23 N.卢曼《宗教教义与社会演化》，香港道风山汉语基督教研究中心、道风书社 1998 年，第 123 页。

24 费孝通《乡土中国》；《费孝通文集》第五卷，北京：群言出版社 1999 年版。

宗教，就会有什么样的社会结构。这说明，宗教制度的建构模式，决定了该宗教体系与现实的关联形式。

一般地说来，法师为中介关系的佛教是"没有神的信仰"，佛教徒就不需要感谢神，因为在他的修行过程中，他只能依靠自己，从来不祈求神的恩惠。佛教徒作为无神论者，根本不考虑神是否存在的问题，即使神是存在的，但不管它们可能会拥有怎样的力量。为此，已经解脱的人都会认为自己是高于神的。

然而，佛陀有时也被当作了神，佛教也要有自己的寺庙，成为膜拜的对象，但是这仅仅是纪念的膜拜而已。佛教构想了人源出于自身却又超脱于自身的解脱之道，创造了没有神的信仰。在某些伟大的宗教里，请神、赎罪、祭祀以及严格意义上的祈祷并没有占据重要的地位。但是，佛教是一种宗教；它虽然不敬神，却承认神圣事物的存在，承认四圣谛以及据此而来的各种仪轨的存在。[25] 所以，以俗世之超脱作为信仰宗旨的佛教，相当强调个人的修持，从而能够视法师（僧侣）为从信仰到佛教间的中介关系。

基督教则与此迥然相反，如果没有基督永存的概念，如果没有持之以恒的膜拜实践，基督教是无法想像的。因为正是通过永生的基督，通过每天的祭献，基督徒共同体才能不断与精神生活的至高源泉相互沟通。[26]

与基督教的这种特征紧密相应，"教会"一词（"ekklesia"来自希腊语"ek-kalein""唤出来"），有"召集"的意义，通常指的就是具有宗教的目的的民众集会。它是一个多次在希腊文旧约中使用的名词，指聚集在天主前的选民会众，并被天主立为自己圣洁的子民。初期的基督徒团体自称为"教会"，承认自己是该会众的继承者。在教会内，天主从世界各地"召集"自己的子民。英文的"Church"和德文的"Kirche"皆来自另一类似的希腊字"Kyriake"，意指"属于主的会众"。

在西欧历史中，社团组织早在古罗马时代就已具备，当时存在的社团主要有：国家和共同团体、地方政府、宗教组织和政治团体。宗教组织就是其中最早的社团组织之一。罗马法中表述这种类型团体的字有：Collegium, Corpus, Corporatio, Societas，均有团体、社团的意思，指由一定数量成员（社员）构成

---

25 涂尔干《宗教生活的基本形式》，上海人民出版社1999年版，第35、36、37、43页。

26 涂尔干《宗教生活的基本形式》，上海人民出版社1999年版，第38页。

的团体，如士兵会、友谊会、各种协会等。其中 Societas 一词尤为常见，它原意是指社会，在没有团体之先，凡是经营性的组会均称为社会。最典型的 Societas 就是两个以上的人共同出资、为了共同享受利益而建立的合伙团体。

所以，在以造物主作为从信仰到宗教的基督教传统中，"教会"这个名词至少有三种含义，分别指"礼仪的聚会团体"，"地方性的信友团体"，以及"普世信友团体"。并且具有至一、至圣、至公的三重普遍特征。至一，指教会只有一个。至圣，指教会藉着基督，在基督内，也成了圣化人的奥体。这奥体的一切活动都以在基督内使人成圣为目的。至公，指教会使命的普遍性。教会必须面向整个世界，向普世万民宣讲得救的喜讯，在圣化中将全人类聚集在天主面前。[27]

对此类宗教——社会现象，梁漱溟的相关议论就显得十分深刻了。他说："西方之路开于基督，中国之路开于周孔，而以宗教问题为中西文化的分水岭。"基督教作为一种超家族的集团组织，它具有如下几种特别的功能：一、神绝对唯一；二、兼爱同仁，以上帝为父；三、超脱现实；权利事情，交由法律去处理。基督教不以法律隶属于自己。基督教推翻各家各邦的家神邦神；基督教打破家族小群和阶级制度。[28] 这是导致中西社会结构差异的一个基本原因。一个是团体社会，一个以关系本位的社会。就中国传统社会来说，中国人以伦理组织社会，在种种社会事务处理中，"中国人却从中就家庭关系推广发挥，而以伦理组织社会消融了个人与团体这两端。"伦理始于家庭，但是不止于家庭，直奔天下了。[29]

佛教组织或其丛林制度的构成，实际上就近似于这种以伦理关系组织社会的基本形式，而不太关注信仰者个人与宗教团体之间的制度设置了，甚至以个人的宗教修养要求而模糊了信仰者与宗教团体之间的界限，直接以个人的修持作为佛教组织的建构基础。

就制度与组织之间的差异而言，制度是一个社会的游戏规则，或是规范人类交往的人为的限制；组织则是具有一定目的性的团体，制度则是规范这些团体以及个人间交往的规则。[30] 如果说，宗教制度就是规范宗教信徒社会

---

27 任廷黎主编《中国天主教基本知识》，北京：宗教文化出版社 1999 年，第 105 页。

28 梁漱溟《中国文化要义》，上海：学林出版社 1987 年版，第 74、51-52 页。

29 梁漱溟《中国文化要义》，上海：学林出版社 1987 年版，第 78 页。

30 North, Douglas，《制度、制度变迁与经济绩效》，（*Institutions ,Institutional Change and Economic Performance，1990*），第 3 页。

交往的行动规则的话，那么，以此为基础的宗教组织则是具体要该宗教所具有的神圣与现实的关系。而不同宗教及其机制相异的宗教组织，就会对此类关系具有不同的处理方法。从宗教的本来意义，它们会把宗教世界中神圣与凡俗的异质性，处理为一种名副其实的对立。所以，"这两个世界不仅仅被人们看成是相互分离的，而且也被看成是相互敌视和嫉恨的对手。既然只有彻底离开这个世界，才能完全属于另一个世界，所以宗教才规劝人们要使自己彻底摆脱凡俗世界，过一种封闭的宗教生活。""如果凡俗世界与神圣世界全无联系，那么神圣世界也就毫无裨益了。"它们只有在对立的形式之中才有意义！[31]

为此，宗教之间的差异与其说是教义和信仰之间的差异，倒不如说是制度和组织层面的差异，信仰认同方式之间的差异，处理神圣和现实间关系方面的方法差异。

就基督教会的发展而言，宗教个体性和社会性之间的张力无时不在，二者互相纠缠，互相补充也彼此争斗，但因为教会组织的制约功能，促使基督教信仰者的社会性与个体性之间得以相互发明、彼此推动。至于在其社会性层面上，能够使教会圣化社会的神圣使命得以落实在历史的和社会的行动之中，特别是能以其机制完整的宗教制度保证其信仰者个体的超越可能。所以，在教会制度层面，基督教宗教的信仰就不完全是私人的行为，而是由教会这"合一的圣事"所举行的行为，即基督子民在受召基础上聚集在一起所做的事情。它把教会的宗教性与个体性予以了高度地整合。因此经由信仰共享而构成的礼仪行动，这是归于整个教会的。它显示教会，影响教会；而对每一个肢体，则以不同的方式，根据不同的等级、职务、和主动参与影响每一个人。

由于教会之作为社会组织体现了一个内在的、由上帝预先确定的目的，教会的组织制度首先必须体现神律、神正的目的，然后才是对于法律的体现和界定，并为此目的而必须面对的现实社会诸种关系。所以，教会的各种制度安排照其性质来说，本来就是团体、组织的行动法师，同时也能够直接划分了神圣与现实之间的关系。

中国传统的佛教制度却具有另外一种特征，即佛教寺庙及其制度几乎是完全镶嵌在现实社会结构之中而难以独立。这个特征首先可以从佛教僧侣的

31 涂尔干《宗教生活的基本形式》，上海人民出版社1999年版，第46页。

分类体现出来。根据佛教与中国社会人伦日常关系的分类层次，传统中国的佛教寺僧大致可被分成三类：第一类，官僧，由国家拨款供养并负责完成皇家的佛教仪礼及其服务；第二类，私僧，由一些达官贵人、大户人家提供食住等条件；第三类，民僧，他们孤立地生活或形成一个小团体而栖身于乡间，由民间社会一般信仰社群的微薄捐赠维持。[32] 正因这些原因，佛教现象才根据具体的地域和社会层次的不同，表现出了各自的发展方向、乃至关系悬殊的社会特征。

一个最基本的特征，即是在由官方承认的那些寺院和那些仅仅是允许建立的寺庙之间普遍存在着对立。寺庙主要关心的是确保受到皇帝的保护。这种保护的形式是由皇帝向寺庙赐额"，以避免道场被没收，甚至是不被官府所拆毁。所以，中国的僧侣界似乎是由许多各自独立的小集团组成的，后者又各自具有僧侣领袖，根据他们的影响或教理而分别吸引人数多寡不同的僧侣或现实人。所以，在同一位法师周围，往往有数位弟子，有时甚至可以多达几百名。相反的是，寺院仅仅组成一些相当松散的管理机构。当这些寺院规模较大时，他们在自己的许多"院"中，又形成了各擅长于某一种特殊科目的许多宗派（戒律、念诵、译经、禅定……）。在这样的条件下，由法师及其弟子们所形成的类似现实家庭的单位，则具有一种秘密集团的特点，他们在一定程度上都要逃脱"三纲"（上座、寺主、维那）的权力。文献史籍上所说的"私度"，正是暗示那些并非在寺院的寺主和现实官吏控制下使人遁入教门，而是在弟子集团内部受皈依的仪轨。[33]

按照从信仰到佛教制度的建构过程，佛教僧侣作为其间的中介关系，将直接左右着中国佛教制度的建制形式，至少是严重制约着佛教寺庙的建制形式无法建构为一个完整的制度结构，使现实权力关系对佛教的建制型教态，产生了不少深远、难以摆脱的影响。

首先佛教要处处接受官方的监督与约束，使它无法违抗官方的意旨，包括不能建立全国性的统一宗教组织。因此官方化后的中国佛教教团基本上以寺院为单位。其中子孙寺一类虽有一定的宗门色彩，寺里的主持和方丈按师承关系传位，这样，在同宗寺院之间就缺乏了互相固定的关系；同时也随着

---

32 [法]谢和耐《中国 5-10 世纪的寺院经济》，上海古籍出版社 2004 年，第 7-8、320-321 页。

33 [法]谢和耐《中国 5-10 世纪的寺院经济》，上海古籍出版社 2004 年，第 46-47 页。

寺庙住持的更换，宗门的色彩也要随之变化，而更换主持往往又是按官方或寺产捐助人的意旨；再次，不论是禅寺还是律寺等等，寺内僧众所诵习的经典就不限于一家一宗。所以，这类寺院就只能说是某一宗门的传习场所，而不是这个佛教制度的细胞组织。更加关键的是，政府经常把佛教视为一套思想法则，一种鼓舞行善的行为，从而导致了对佛教的一种儒教解释，促使佛教在经济、伦理和宗教诸领域中，只好朝着与官方传统同一种方向发展。佛教慈善就不过是朝廷君主们出于政治目的，而施行的慈惠事业的另一种形态。于是，佛教教团就不可能建构成为一支有组织的社会政治力量。[34]

基于这样一种历史背景，中国佛教以寺院为中心的佛教共同体，就逐步被镶嵌在现实权力秩序之中，其宗教共同体就逐步带用了强烈的现实社会的组织特征。还是在南北朝的时候，佛教寺庙中的"三纲"就成为了基层僧官，其产生办法是由寺众推举而改变为官府委派，或者是皇帝敕任。到了梁武帝时代，甚至出现了白衣僧正。因此，佛教之僧籍管理、度僧造寺、寺院经济等等管理权力，均得交由朝廷俗官负责。其宗教共同体的自治化损失，已经多少演变为具有政治性的和经济性的社会组织。

在这样的制度制约之下，佛教的寺院、丛林组织，只能局限在僧尼教化等等宗教行事方面的管理，个人之信仰是佛教僧团管理的主要资源。信仰成为佛教组织自我管理的基础，为此，佛教的戒律，就成为佛教信仰者的个人行为准则。虽然，"宗教的信仰和发自因果分明的观念，……各自由内心的自净其意，发为规矩，便是最高的自治的原理。"[35]然而，在制度设置和组织的管理层面上，佛教僧团的社会本质，可能就不是一种法定的宗教团体组织，而接近于某些为了共同的经济或政治目的而建构起来的组织，或许就是一种各信徒、各僧侣为了实现自己的宗教信仰而聚集到一起的。

为此，中国佛教制度就呈现一种特殊的双重性格：僧官制度和丛林制度。宏观的政治控制，使全国的佛教僧团管理向国家管辖制——僧官制度发展，并以僧官制度为主；微观的寺院僧团管理、佛教的自我管理，则向丛林制度转变，以戒律和丛林制度为主。[36]僧官制度的主要责任，是规范限制僧团的

---

34 [法]谢和耐《中国 5-10 世纪的寺院经济》，上海古籍出版社 2004 年，第 28、213、296 页。

35 南怀瑾《禅宗丛林制度与中国社会》，载张曼涛主编《现代佛教学术丛刊》(90)，台北：大乘文化出版社 1978 年版，第 373 页。

36 王永会《中国佛教僧团发展及其管理研究》，成都：巴蜀书社 2003 年版，第 335 页。

发展。至于持戒修行，佛法弘扬，则依赖于佛制戒律和丛林制度。它们是历来中国佛教僧团盛衰之标记。佛教、僧团是否能够振兴，几乎完全就在于戒律和制度是否健全。

正如印顺法师指出的那样，这就是佛教内部"法"（经）和"毗尼"（律）的不均衡发展所致。教义（法）的一面具有可以赞美的一方面，而教制——律制却是失败的。由于僧众的泛滥，影响社会和国家，从而使国家对此进行政治的干预，遂使中国佛教的僧制向国家管辖制和禅僧的丛林制度两方面演变。[37] 这就使中国佛教的管理制度，深深地表达为一种二元化的发展特征。

但是，这种所谓二元化的发展特征，并非神圣信仰与现实世界的二元化，而是在佛教制度的设置和管理层面所呈现出来的二元对峙现象，即僧官与俗官的对峙，是佛教共同体之中承受了朝廷俗官力量的渗透和制约。史籍记载："除刑名重罪、例属有司外，若僧人自相干犯，当以清规律之。若斗净犯分，若污行纵逸，若侵渔常住，宜从家训，毋扬外丑。盖悉称释氏，准俗同亲，属守祖规，随事惩戒。"[38] 朝廷法规和丛林清规，从此就在佛教的制度之中呈现出一种社会学所谓双向关系模式，既冲突亦合作。

虽然佛教在中国社会也是一种普遍性的宗教运动，但由于佛教僧侣的分层特征，使他们所能够呈现出来的社会关系形形色色，无法直接构成一种类似于"合一的圣事"那样的宗教共同体，只能与中国现实不同的社会层次，分别发生不同的社会连带关系；而中国现实社会各个层次也出自于各自的特殊利益，分别对佛教组织构成不同的要求。

所以，中国佛教尽管也被视为一种制度宗教，然其宗教现象则是通过社会关系的不同形态而分别表现出来的，自然就是一种镶嵌在现实社会关系中的组织形态，从而在制度层面表现了与基督教的极大差异。梁漱溟和费孝通之所谓宗教与社会共同体之内在逻辑关系，在佛教制度之中，也和儒教一样，是难以看得到的东西。因此，佛教交往结构的构成，常常以个人信仰及其功德为中心。此当为佛教交往结构与基督教的交往结构的基本差异所在。

---

37 印顺《泛论中国佛教制度》，《教制教典与教学》，台北：正闻出版社 1982 年版，第 5 页。
38 《敕修百丈清规》，《大正藏》，第 48 册，第 1130 页。

（3）以教派为中心的宗教交往方式

佛教与基督教制度的建制形态本身，应当说是蕴含了相当丰富的社会自主性的建构内容。不过，这仅仅是一种理论定义而已，而它们在实际的社会生活中的体现却是形形色色的。

基督教的教会组织原是以有形可见的社团组织的形式而建立起来的，因此它需要组织规律，以使其组织架构得以显示；以使其天赋职责的行使，尤其神权及圣事的施行，得以井然有序；以使信徒的彼此关系，遵照以爱德为基础的正义，保障并确定每人的权利，得以协调；以使促进基督徒美满生活的公共措施，得到法律的支持、保障与倡导。在此前提之下，制度律法提供了教徒们的基本生活规则，使基督教教友在过团契生活时，能分享教会所给予的福利，引领他们得到永生。这种教派形式，可能具有不同的形式，但是大多能够确定并保护信徒们有关灵性的获得及其得救，实现个人对别人、对教会团体的权利及义务。

一方面，新教的教会，是制定与解释教义、讲经布道、执行教规、管理信徒和传教的机构。另一方面，教会作为信徒的联合组织，同时也是基督教徒的团契，一般信徒（平信徒）与教牧人员平等。哪里有《圣经》，哪里便有教会，教牧人员无特权。所以，在教会的体制方面，教会是基督的身体，而每位信徒是肢体中的细胞，从而造就了新教各派均独立自主的组织性格。人要得救，不仅要信仰基督，而且还要参加教会的活动，进而建构了教会之外无拯救、单个基督教徒不是基督教徒的制度约束。大致地说来，这种组织、制度主要有三种：

主教制：实行新约规定的三级圣品制，即教牧人员分为主教、会长、会吏三级。主教中又有大主教和主教之分；会长相当于主任牧师，会吏相当于一般牧师。其神职人员具有较大的管理权，信徒在教会中的权力也较天主教为多。

长老制，由信徒选举长老与牧师共同管理教会。各个基层长老会联合组成上一级长老会，直至最高一级的管理机构，由其负责最高的行政权和宗教司法权。

公理制：公理就是信徒治理之意。各个教堂独立自主，相互间仅有联合性质的机构，而无上下隶属关系，也不设立教务和教会行政的总机构，各个教堂均由信徒组织管理，并选聘专职的牧师主持教务，具有浓厚的民主自治色彩。

比较而言，佛教制度之中也存在某种程度的教派及其组织。它们与上述僧侣三大分层关系相适应，也在官寺、私寺与民寺三类别基础上有所建构。在这三种寺院中，以国家资助的官寺为后盾，官寺的寺院经济一直最为雄厚；私寺的寺院经济与一般民寺相比也比较强大，惟有民寺的经济力量，自始至终一直最弱，其寺院的兴废也最频繁。特别值得注意的是，那些赞助佛教的大家户以及与宫廷保持密切关系的高僧们的意图，始终志在运用他们的各种佛教资源，力图把擅自建立的寺院改造成为官办寺院，因而使一大批本来不是由皇帝钦定建筑的佛寺，同样拥有寺额和官寺的特权。同样，那些非正式受度的出家人，也利用了皇帝颁发的一种经常性的和非常有效的压力，特别倾向于使中国佛教的发展，超越于由统治阶层为其理智确定的界限。³⁹ 为此佛教的教派运动规律，往往是运动在官寺、民寺和私寺三大关系之间，或者是教义的不同理解而形成不同的宗派组织，各自分散而门户林立，在制度建构层面无所建树。

尽管自隋唐之后，中国汉传佛教各大宗派已经初步形成，但是其目的主要是为了保证各自教义的延续，所以某些宗派以代表性寺庙（多为祖庭）作为中心，师徒相承，层层递级，上下相属，最后组成寺庙连续体。这种结构的发展，曾经在一个主寺之下，就下属有几十院上百个区，从而形成寺庙的递层结构或"连续体"，在寺庙和教派之间递层式的相互对应，结构对应，信仰形式也依旧对应。即使是在中国禅宗形成有丛林制度之后，它们也有甲乙徒弟院、十方主持院、敕差主持院三类。这些由自己所剃度的弟子轮流主持的寺院为甲乙徒弟院，简称甲乙院，又称为子孙寺庙；公请各方著名僧人主持的，称十方寺院；由朝廷给牒任命主持的，称敕差住持院，略称给牒院。稍后，朝廷取消了给牒院，禅宗丛林就只剩下子孙寺庙和十方丛林两种寺院了。

子孙丛林，大都属于一定的宗派，但世代相承，很少改动。除了禀受衣钵管理祖庭的徒弟之外，其他徒弟则出外独立门户，开创新丛林。由于宗风不改，新旧丛林之间自然就形成了连续体。⁴⁰十方寺院却因住持经常更换的关系而难以固定，在新旧丛林之间难以形成子孙丛林那样的连续结构，更是彼

---

39 [法]谢和耐《中国 5-10 世纪的寺院经济》，上海古籍出版社 2004 年版，第 7-8、320-321 页。

40 段玉明《中国寺庙文化》，上海人民出版社年版，第 220-221、245 页。

此独立、不像隶属的松散结构。所以，虽然各类寺庙之间也构成了一定的等级秩序，但是它们之间的隶属关系，却因为各个社会层级的秩序等级关系，它们之间总是难以建构出一种系统网络。似乎具有教派的分离，却无法在各种寺庙的组织结构、寺庙僧众的等级分层之间予以整合。

尤其是作为这些教派组织的核心机制，却是寺院为中心、住持为核心、以及丛林制度十方选贤的法派、以剃度派为基础的子孙传承制度。这些传法弟子或剃度弟子，寺院丛林则独自遵从祖师的遗风，自成一家，俨然一个变相的家族。至于各类寺庙、丛林制度之中组织结构，即使存在，也大多是指各类寺庙内部的管理机构。特别要指出的，是这种各自为政的组织结构，分散也罢，倘若能够各自在建制层面独立也好，然而，它们无不镶嵌在现实权力之等级结构中，难以自治，甚至直接构成了这些等级结构中的组成部分。

实际上，中国的佛教团体在某种意义上仅存于僧团与传统社会秩序之间，始终具有僧伽（佛教僧侣团体）的模式。在这种模式中，个人的佛教信仰得到官方的认可并能公开布道。根据这一观点，或许可以说，中国的教派具有双重作用：对于传统秩序而言，他们是大众水平上的初级的自愿的结社；对于既存的佛教僧团而言，教派是其发展的第二个阶段。由于这些结社十分强调大乘佛教的普渡众生这一主题，导致人们把它们基本上说成是反对现存秩序的秘密社会。[41] 佛教的组织运作体系，因此而无法自主展开，或者是合法，否则就是非法的，无法由寺院僧团建构为包括了社会佛教信徒的教团组织。它可能具有一定的教派形式，但是这种教派形式始终难以进入佛教的制度模式。出家人的僧团组织与大众性的在家信佛群体，始终是两张难以粘到一起的皮。[42]

正如欧大年研究成果所表明的那样，尽管正统的现实信仰社团的存在，一直延续至今。自宋代以后，它们对于普渡众生的关心，也为大部分佛教教派继承下来。然而，这些社团是介于独立的寺院修行和现实运动之间的一个重要过渡者。它们在宋代的活动范围表明，大乘佛教的救世教义改变了它的

---

41 [美]欧大年《中国民间宗教教派研究》，上海古籍出版社 1993 年版，第 68 页。

42 佛教之教派（sect）这个词，意指一种旨在个人得救的即存的自发结社。它是对应于一种规模更大的既存宗教体系而兴起的，这种宗教体系尽管获得了公认，但其在创立之初也是自发的。见欧大年《中国民间宗教教派研究》，上海古籍出版社1993 年版，第 73 页。

结构形式，以适应中国人信仰的需要和精神压力的疏解。[43] 无论是出家身份的僧侣，还是在家修练的佛教信徒，它们之间无法构成一种有机互动的机制。寺院丛林与居士团体之间缺乏组织关联，居士组织和丛林寺院相与分离。佛教制度以出家人为代表为核心，在家佛教徒没有独立的组织。出家在家之间，没有彼此关联的制度建构，从而削弱了佛教对于现实生活的组织功能。

久而久之，出家僧侣的佛教寺庙、丛林，就逐步转化成一种宗教活动场所了，一种具有宗教特征的空间关系而已。人们出离了这个场所，等于就出离了由它们集中构筑的人间净土，进入了现实；反之亦然，故而在出家与在家之间就缺乏了制度层面的联系。所以，佛教的制度设置和教派的形成，最终也无法改变中国人的私人信仰方式，以及以此信仰认同方式为基础的宗教交往模式。

至于与人们的信仰紧密相关的个人身份认同，应当也是社会交往的重要基础。其中信徒无疑是通过信仰认同、身份认同而对自己和他人的关系进行社会定位的，确定自己在社会的地位、形象和角色。所以，基于信仰认同的身份认同是一种社会定位过程，通过社会关系来进行社会定位。"一种社会定位需要在某个社会关系网络中指定一个人的确切'身份'。不管怎样，这一身份成了某种'类别'，伴有一系列特定的规范约束……某种社会身份，它同时蕴含一系列特定的特权与责任，被赋予该身份的行动者会充分利用或执行这些东西；他们构成了与此位置相联的角色规定。"[44]

与此问题相适应，宗教交往是一种基于宗教团体、宗教组织的社会交往方式，信仰认同却是基于个人身份的身份认同。他的信仰选择也许与个人身份无关，但是他的信仰认同、社会交往，却会和他的个人身份紧密相关，从而把他所选择的信仰予以一种社会定位，甚至会因为他的个人身份，而把他选择认定的信仰进行一种特殊的"类别"区分，或者是进行一种特定的规范约束。所以，研究这种具有特殊内涵的信仰认同及其交往方式，既可揭示一个社会运行的结构机制，亦能梳理一个宗教体系得以运行的内在机制。

（4）形式理性与耶佛伦理之比较

如果从宗教学或宗教社会学的角度来看，宗教信仰是否就应该是纯粹个人主义的体验？是否应该脱离任何社团组织而发生呢？如果答案是肯定的，教会组织和相应的教会制度就是多余的，甚至是宗教生活的累赘和妨碍。如

---

43 欧大年《中国民间宗教教派研究》，上海古籍出版社 1993 年版，第 106 页。
44 安东尼·吉登斯《现代性与自我认同》，北京：三联书店 1998 年，第 161-162 页。

果答案是否定的，那么，这就与该宗教对于社会生活的组织方式紧密关联，并且制约着该宗教信仰者如何依据自己的信仰而规训自己的私人生活、影响着自己的人际交往关系。

因为宗教既是集体的，同时也是个人的认信结果；宗教的群体性和个体性互相影响，在时间上和空间上可以不完全重合，但在社会性表达和精神个体的独立呈现方面，则能够以制度、组织来加以区隔、予以神学意义上的保证的，否则，就可能出现虽有宗教伦理，却无理性化的生活方式。

在此层面，韦伯把宗教的理性化（并非单纯的宗教伦理）视为社会行动和社会组织理性化程度的标志，而宗教的理性化则制约着人的行为方式和社会组织的发展；反过来，社会的发展又进一步促进着宗教理性化的趋势。在这里，宗教是和经济利益、社会组织紧密联系在一起的一个整体，宗教是一个能够理性化的社会存在形式。不同的宗教自然具有不同的理性类型。韦伯虽然强调唯有西方基督教产生了"理性化"的发展方向，但是他同时也承认世界其他地区的其它宗教都有建构出各异其趣的"理性主义"类型，社会科学家所要致力的是寻找出不同的理性主义的比较点，理解其中的异同以及重建这些理性主义类型的历史形塑过程。[45]

为此，神人关系、神圣与现实之关系及其关系类型的结构，是理解西方基督教与中国佛教的主要症结。对于神人、超越与现实关系的处理方式不同，就会相应地影响到该宗教伦理社会功能的基本呈现。

从基督教的角度而言，教会（ekkle sia）是受召于上帝，诞生于信仰，存活于希望并由爱所联结的团体。所以，Ekkle sia 一词，个别的翻译为"团体"，整体的则译为"教会"。教会就是旧约天主子民的继承者，由耶稣以来天主就许下教会不会过去，也不会失去它的基本特征。[46]

在教会之中，基本不会存在属于国家强令的余地。教会受召服务于此世破碎的结构中，成为对世界的一种祝福。同时，教会也不应控制国家或在国家内施行权威，而政府则应认可教会具有其自身重要性的特殊使命。教会的职能与目的，是仪式性的、布道性的、教导性的和圣事性的。国家则注重政

---

45 顾忠华《韦伯『新教伦理与资本主义精神』导读》，广西人民出版社 2005 年，第 9 页。

46 房志荣 "旧约中的国家与社会"，见《道风汉语神学学刊》复刊号，第一辑，道风山基督教丛林 1994 年版，第 265、269 页。

治秩序的职能及目的的迥异，其宗旨是安定社会、法治正义与保护公共福利。这样，教会权力才会是道德的和神圣的，才有可能作为一个法律实体建立起来，并且为着现实义务的目的而享有法律上的权利和责任。在这种概念水平上，教会与另一些特定社区中的宗教团体拥有同等的社会权利。教会成员的合理行动，将有助于确保言论自由与宗教自由。没有这些自由，教会就将难以继续它的使命。这就奠定了基督教教会组织的理性形式。

公元 863 年，罗马教会会议就警告，既然精神与肉体的作为差别如此之大，国家权力不得据教会权利为己有，教会亦不可篡夺国家权力：既然神与人的中介，降生为人的耶稣基督，凭他的行为与尊严，规定了每一种权力的责任，宁愿凭他荣耀的谦卑使自己得到提升，而不凭人的骄傲而沉沦。[47]

在古罗马的律法精神促动下，基督宗教从而以一种"法"的观念和精神来区别"神圣"与"现实"、"教内"与"教外"，留下了耶稣"恺撒的归恺撒，上帝的归上帝"的名言。所以，对教会内部而言，这种律法精神体现在体态完备的教会法典之奠立和发展、完善，从而使其在宗教生活中，无论使灵修还是礼仪，无论是宗教事务还是其人际交往，都能有法可依，有规章制度可遵循。[48]

为此，早在 12 世纪的西欧神学家，就已经明确把所有的基督徒看成一个团体（universitas Christianorum），俗人和教士是这一团体的两大组成部分，俗人由现实政权管理，教士由教皇领导；现实政权也由上帝设立，当君王行为不轨时，教皇可以纠正他们。[49] 这就把基督教的整体关系进行了制约，原来那些描述终极拯救的符号，首先是表达了各种类型的关系。拯救不是于个人的事情，而是发生在一个共同体上的事情。拯救被描述为一场有许多客人到来的盛宴，就像结婚庆典，就像有许多来自四面八方的人们共聚一堂的餐会，就像一个充满关怀的团体，就像是一个互相祥和地生活在一起的美丽城市，就像一个在子民中显现上帝的王国。[50]

---

47 托马斯·奥登："末世观中的政治制约"，见张志刚、斯图尔德主编《东西方宗教伦理及其他》，北京：中央编译出版社 1997 年，第 186-196 页。

48 卓新平《神圣与现实之间》，哈尔滨：黑龙江人民出版社 2004 年，第 71 页。

49 休·圣维克多（卒于 1141 年），《教父文献大全（拉丁编）》，第 176 卷，第 418 栏。转引自彭小瑜《教会法研究》，北京：商务印书馆 2003 年，第 217 页。

50 （挪威）诺托·R.泰勒"作为和解资源的佛教和基督教"，见徐以骅、张庆熊主编《基督教学术》（第二辑），上海古籍出版社 2004 年版，第 336 页。

　　道森就曾经指出：中世纪的自治城市，是行会组织、经济功能和市民自由等因素整合的结果，而这种结合是中世纪基督教社会理念的完整体现。根据圣托马斯等人的政治哲学观念，人类就应当是一个统一的社会，即是有信徒组成的社会。他们作为基督的肢体，本着神圣的律法与目标而联合起来，形成一个等级制的有机体，从而使每个成员均有其职责与使命。[51]

　　因此，基督教社会理念的展现，实际上就是信仰的个体性与社会性二者关系的整合。但是，基督教教会历来强调宗教的社会性，制定规范教徒行为和互相之间关系的教会法律，并且由于教会对于宗教的社会性强调，并且把他们置于教会组织的制度化设置之中，使不可触摸的个人信念得以具体化、制度化，构成一个稳定的体系。

　　基督作为社团而存在。"只有当教会为他人而存在时，它才称之为教会。……它必须参与这个世界的社会生活，……它必须告诉各行各业的人们：什么才算是一种与基督同在的生活，什么叫做'为他人而存在'。[52] 正因为这样，"所谓教会就是指人"，"它不是指建筑物，甚至也不是指一个组织，它指的是人们彼此之间的关系。"[53]

　　以此为基础，人们就不难理解这样的历史事实了：基督教在西方，即开创了与以希腊罗马人开创的"公共领域"不同的"私人领域"的重要性甚或神圣性的传统。"正是因为这两种传统，现代西方社会才得以出现。第一种传统是，古典的共和国传统。它坚持认为，参与政治生活是人类最崇高的理想。第二种传统是，基督教对现实的社会共同体的主张的怀疑。它坚持认为，灵魂的拯救是个人的事情，而现实国家的强制性权力则意味着对最崇高人类价值的威胁。"[54]

　　在这个层面，最能够说明什么是宗教伦理的理想化要求了。

　　就其佛寺丛林的高僧住持模式来说，虽然其中具有丛林两序职事及其分工制度，却因为是因事设职，它们的分工标准体现的却是农耕文化的基本特征，以住持——三纲——两序的程序，处理寺庙丛林制度中的"事"和"职"的关系。

---

51 张志刚《宗教文化学导论》，北京：人民出版社 1993 年，第 133 页。

52 朋谔菲尔《抵抗与服从》，第 415-416 页；转引自卓新平《基督宗教论》，北京：社会科学文献出版社 2000 版，第 60 页。

53 Sara Terry, "Resurrecting Hope", The Boston Globe Magazine ,July 17,1994, p.22.

54 阿克曼："新联邦主义？"参见埃尔斯特《宪政与民主》，北京：商务印书馆 1997年版，第 210 页。

然而，住持或方丈作为整个佛教僧团的核心，曰长老、教化主、有道眼、有可尊之德、德腊俱高等等，始终以住持为中心。如果一个寺庙、一座丛林，一旦缺乏了住持，就不能成为寺庙、成为丛林。从这个层面来说，寺院丛林以住持为中心，实际上就相当于一人说了算的农庄经营管理模式、一人说了算的家长制。寺庙以出家人为中心，出家人以住持为中心；没有了住持，就相当于取消了佛教。

特别是在僧官制度和丛林制度的双重关系之中，即使是这种住持为核心的寺庙丛林制度，方丈的产生，也不得不服从于僧官制度的要求。"始有众所推，既而命之官。"这就更加局限了佛教制度的理性形式的构成，把住持为核心的组织模式转换成为以德治为基础的伦理共同体。"教谓住持者，何谓也？住持也者，谓藉人持其法，使之永住而不泯也。夫戒定慧者，持法之具也；僧圆物务者，持法之资也。法也者，大圣之道也。资与具待其人而后举。善其具，不善其资不可也，善其资不善其具不可也，皆善则可以持而住之也。"[55] 住持的有无，成为僧侣集体修学、讲道的基本保证。它更加强调了佛教信徒对于内心修持的标准。

与此高僧住持模式相互配合的，就算是佛教存在根基的戒律了。所以，佛教僧团更强调个人的自律。戒律更多的是内心倾向的约束，而不像他们在原来社会中那样了。[56] 然而，戒律是中国僧团在建立之初，即为了适应中国社会的实际情况，依据佛教制度戒律发展成为自己的戒律——僧制。东晋南北朝道安制"僧尼轨范三例"、慧远之制定《社寺节度》、《外寺僧寺度》、《比丘尼节度》、支道林之立《众僧集议节度》、法云之立"清规"。皆是如此。不过，从东晋至南北朝，佛教的"致礼君亲"、"夷夏之变"、"白衣僧正"，也大都是戒律与俗法的矛盾。唐代《百丈清规》的出现，更是俗法与戒律矛盾的产物。这个结果，说明了其中的"随方毗尼"之说，"虽我所制，于余方不为清净者，则不应用；虽非我所制，于余方必应行者，皆不得不行。"把戒律的制定，视为佛教不得不为之的因地制宜之法。[57]

55 《敕修百丈清规》，《大正藏》，第 48 册，第 1121 页。

56 [加]刘在信《早期佛教与基督教》，北京：今日中国出版社 1991 年版，第 202、207 页。

57 王永会《中国佛教僧团发展及其管理研究》，成都：巴蜀书社 2003 年版，第 339-340、341 页。

依据佛陀"以戒为师"的教诲，佛教之戒律，本意在于"十利"，即"摄僧、极摄僧、僧安乐住、折服无羞人、有惭愧人得安乐住、不信者令信、已信者得增长、现法尽诸漏、未生漏不生、正法久住。"其根本还是在于僧团之共住与和合。所以，佛教制定戒律的一个根本原则就是"随犯随制"、"因缘制戒"，[58]以真实解决俗法与戒律的矛盾。

佛教之与现实社会生活间的关系，由此只能进入僧官的管理范畴；至于个人的精神修持、倾心净土的信仰和关怀，惟有在寺庙丛林之中才能得以保证。出家修道，大多呈现为一种个人的行为；在家学佛，就难以依据居士组织而得以进行了。中国佛教处理圣俗关系的方法，难以被佛教寺庙丛林完全施行制度化，正如佛教伦理核心强调的那样——即心即佛，依人而异，道德随机，不得不强调以"内律"治之，主张德治的传统，以儒教之伦理为自己的伦理，能"克己"而无法"克群"。这样就失去了佛教伦理得以顺利进行理性化的基本前提。

明僧德清曾经在《观老庄影响论》等文中将孔子的"非礼勿视，非礼勿听"等等与"不妄言绮语，不两舌恶口，不贪嗔痴"等与佛教戒律相联系；把孔子的"小不忍则乱大谋"与"六度"中的忍辱波罗密相联系，以证明佛儒两家在处世立身上的同一性。

宋僧孤山智圆说："非仲尼之教，则国无以治，家无以宁，身无以忘"；而"国不治，家不宁，身不安，释氏之道何由而行哉？"[59]这样，佛教就只好把儒教的伦理及其标准，作为推行佛教、弘扬佛法的基础，使自己呈现出宗教与道德的分离。这对于它的组织设置、戒律之作为形式理性的功能发挥，应是一个极大的障碍，影响重大。

加之，丛林制度的执行，关键在于人，人为、人治的色彩很重。如《敕修百丈清规》说："然苟非其人，一寺废荡，又遗党于后，至数十年蔓不可图。"[60]

虽有制度，却依然依赖人心、道德的修持。在制度性和伦理性的双向整合关系之间，高僧式的法师作为中间关系，寺庙丛林的存废就只好依赖于人为的东西了。其间，尤其是对寺庙丛林方丈、住持个人作用的过度强调，几乎忽略了寺庙丛林作为佛教共同体的重要性，从而把丛林制度的功能局限在

58 王永会《中国佛教僧团发展及其管理研究》，成都：巴蜀书社2003年版，第338页。
59 《闲居编》卷19，《中庸子传上》。
60 《大正藏》，第48册，第1119页。

日常生活、宗教行事的内部管理。因此，对于戒律的强调，把戒律视为佛教三学之首的主要缘由，由此而倾向为——个人之信仰，既是寺庙丛林得以完善管理的基础，亦是佛教僧团得以存在的主要资源。

依据佛教丛林制度的戒律，它无疑也应当具有马克斯·韦伯所言之形式理性及其对于宗教生活的组织功能。但是，由于它局限在寺庙丛林中内部的宗教行事治理，在其直接建构寺庙丛林的形式理性时，它的功能就被缩减了。特别是因为僧律、戒条对于国法的依附，使僧侣的言行在法律上被限定于礼教的范围之中，以儒教经义来制订寺庙丛林、佛教群体共存的伦理关系，以此作为规范僧尼们行为的准则，就不仅使他们的思想离不开儒家忠孝节义的轨道，而且也使佛教教义的内容发展趋于与传统的共存意识愈来愈一致。因为佛教教徒们为了逃避官方的惩罚和别人的攻击，不得不标榜忠孝等观念为自身辩护。如唐僧法琳在回答太史令傅奕的责难时，极言佛教是"近则安国利民，远则超凡证圣"。[61]

因此，言其寺庙丛林如同一个依儒礼而治理的家族，也许是一种赞许，也许是一种批评。因为它淡化了寺庙丛林作为佛教共同体的形式理性及其要求，泯灭了佛教共同体的群体特征。再配置以丛林制度的子孙庙倾向，许多寺庙就偏向于一个家族、私人的家族财产了。近代的太虚和尚说："中国民族以至中国佛教最大的弱点，则在家族性太深，中国佛教僧寺亦变为一个一个家族，此为中国僧寺没法整兴的症结处。若能医好此病症，中国佛教乃可重振。"[62] 印顺法师亦指出：中国佛教不容易前进的最大障碍，是寺院家庭化。中国为宗法社会的国家，家庭意识，使佛教变质。一方面，佛教不传贤而传子，结果如通货一样，劣质的通货打倒了优良通货；住持的资格，也不再是德学而是应酬与攀缘了。[63] 所以，丛林制度，本属宗法社会时代产物，所以保守性太强。[64] 这种现象，延至近代，就成为太虚和尚必欲发动近代佛教三大革命的主要内容之一。由此观之，殊不为怪。

---

61 [法]谢和耐《中国5-10世纪的寺院经济》，上海古籍出版社2004年，第213页。

62 太虚《建设中国现代佛教谈》，《太虚大师全书》，第9编，《制议》第33册，第277页。

63 印顺《泛论中国佛教制度》，《教制教典与教学》，台北：正闻出版社1982年，第13页。

64 释东初《中国佛教近代史》（上），台北：东初出版社1974年，第202页。

因此，一个宗教组织如果能够给该组织成员的个体信仰提供以相应的组织单位资源，那么，信仰者个体对该宗教组织的认同自然就会增强。而该宗教组织的制度地位和神圣资源，作为宗教信仰认同的组织化的关键因素，其实是在信仰者个体和宗教组织成员对自己在宗教中地位、现状的整体认知及其评价之后形成的。所以，信仰认同的组织化路径，主要就是指一个宗教，应当具有一个组织核心的、有特色的和持久的信仰模式，能够把该宗教看作是一个具有确定边界的社会结构实体。在这里，所谓的组织化的信仰认同，即是指宗教组织之中的认同感，包含有宗教组织实体内成员信仰的组织认同方式。[65]

这就是说，"宗教生活——指那属于灵的宗教——需要一个独立的组织，使它可和其他不过是自然的组织分开。宗教生活一达到自觉的境界，就努力成立独立的组织，如何成立这种组织始终是它的主要问题之一。公共礼拜是这一组织的中心。…基督教必须有一定的组织和一定的礼拜方式，否则它就既不能扩大，也不能有创造力。任何倾向于只重视精神自由，希望不用组织即可使宗教发展和兴旺的反动，都是一种和实际生活脱节的幻想，结果无非使全体衰弱下去。"[66] 信仰认同的组织化方式，其上，可以面对国家权力；其下，能够组织个人信仰，恰好能使该宗教得以发展和兴旺，使宗教间的交往结构得以正常的建构起来。

对于个人的信仰认同而言，无论是佛教还是基督教，它都需要在信仰者个体和现世社会之间，寻求一个比较个体来讲更加广阔、但同时又不像社会那么抽象的认同对象，这样才能有可能使个体的认同、宗教交往显得实实在在，而且，这个认同对象，还应该具有一种能够使信仰者个体对社会的认同得以实现的中介作用。这个认同对象，应当就是宗教组织。[67] 在个人认同与社会认同、信仰认同与宗教交往之间，宗教组织及其认同模式作为中介，方才能够在各种社会认同、社会交往之间，建立其信仰认同、宗教交往的连续统，提供宗教信徒的交往方法、宗教交往的社会化技巧，最终建构起宗教交往、信仰认同的制度平台、甚至是社会化基础。

65　此处关于信仰认同的组织化路径方面的讨论，参阅有王彦斌《管理中的组织认同》，北京：人民出版社 2004 年，第 122、143、60 页。

66　E.特尔慈（E. Troeltsch）《基督教社会思想史》，香港基督教文艺出版社 1991 年，第 536-537 页。

67　参王彦斌《管理中的组织认同》，北京：人民出版社 2004 年，第 102-103 页。

（5）以制度实践为基础的宗教交往

现代社会之中的耶佛交往关系，一是以宗教对话局限了宗教交往的关系与结构，局限为一种宗教团体间或宗教徒之间的一种教义对话；另一种局限，是将宗教对话局限在理论的对话层面。对不符合这种理想的对话便加以排除。按此标准，在二十世纪下半期的耶佛对话就真是凤毛麟角。然而，这些对宗教对话比较狭窄的理解是否恰当呢？[68]

所以，耶佛之间的制度比较，实际上就是耶佛两教在各自的宗教实践过程之中，如何能够既以自己的形式理性为基础，同时亦以自己的宗教价值制度为规训，发挥它们对现实社会生活的正常功能，打通形式理性与价值理性的关系，从而得以在两个层面得以展开充分的交往与互动，以避免对宗教比较或之间对话的狭隘理解。

佛教的信仰认同，是把不同的人带入到一个类似于佛国净土、学者明道的寺庙法事仪式中，让他自己在此整体式信仰认同方式里得到他人的承认、获取人生觉悟的精神动力，从而建构出不同类型、不同层次的信仰认同方式。为此，可以想象的是，佛教不但把个人的信仰认同与寺庙法事礼仪整合为一体，而且还要把个人的认同方式与其相应的礼仪联系在一起。

表面上，佛教与基督教的个人认同模式似乎一致。基督教的个人化来源于契约的要求，契约本身就是神性的产物，个人与上帝的关系首先是建立在对契约的遵守上的，因此，个人的个体化不仅仅是使善更完美的方式，也是一种显示神性的方式，从而把神性与神圣的个体以及众神联系。佛教徒却将佛性与缘分、方便与究竟联系在一起。因此，在涉及佛教与基督教的个体化形成的驱动力这一问题上，我们会发现两种宗教形式中令人惊讶的不同。

佛教信仰的信仰认同路径，本质上是依赖着整体式认同方式的。他的个人信仰好像使个人依赖于个人的自我觉悟，但是，不同的个人在此道德依赖之中却会有不同的信仰认同方式，特别是这种依赖方式几乎完全就是个人化的，佛教的信仰认同模式就出现了不同的认同类型，出现了不同的信仰层次，无法建构一个佛教信仰基本一致的信仰认同体系。在此过程中，佛教最缺失的，就是佛教教团组织的悄然落空。

至于基督教信仰的个体化路径，的确是来源于人神之间的契约关系。然其契约关系，无疑是经由了信仰认同的制度化过程。因为，基督教首先是作

---

68 赖品超编著《近代中国佛教与基督宗教的相遇》，香港道风书社2003年版，第16页。

为社团而存在的信仰群体。"只有当教会为他人而存在时，它才称之为教会。……它必须参与这个世界的社会生活，……它必须告诉各行各业的人们：什么才算是一种与基督同在的生活，什么叫做'为他人而存在'。"[69] 正因为这样，"所谓教会就是指人"，"它不是指建筑物，甚至也不是指一个组织，它指的是人们彼此之间的关系。"[70]

西方基督宗教的礼仪，源自希腊词 leitourgia，本义即指某种公共事业，尤其是指个人献给团体的公共服务。在东方，这个词则首先被用来指圣体的圣事庆典，至今仍与弥撒一词同义。在现代西方，宗教礼仪是被用来指与圣事庆典同时举行的公共祈祷。其特征是：礼仪具有一种公共敬礼的职能；礼仪是献给天主圣父，而礼仪的司祭从根本上来说是基督本人；所有的信徒按照既定的品级被联合在礼仪中，即联合在救主耶稣基督藉礼仪将各种职能派给的教会内部；礼仪所拥有的基督，不但是礼仪的直接对象，而且也是礼仪的原始主体，基督在礼仪中与信众联合，把他们的崇拜引向圣父。圣事在礼仪中产生了一种组织的效力。

因此，礼仪既传达圣言，亦藉圣事的施行赋予恩宠。所以，基督宗教的礼仪形式，本来就是"团体的举动"，乃是基督宗教行使耶稣基督的司祭职务，以各人本有的方式完成人的圣化。它是由教会合一的圣事举行的行为，即天主的子民在主教的领导下聚集在一起所做的行为。[71]

基督宗教的这种礼仪结构，与佛教在寺庙举行的各种法事是不一样的。在佛教寺庙的各种法事之中，佛陀与信徒之间的关系乃是平等的，但是在一般信徒与主持法事的法师们之间的关系并非直接的平等，所以主持法事的法师就是佛教信仰的掌控人，一般来说，他人无法染指。

基督宗教的礼仪崇拜，则是一种宗教团体的仪式，仪式中的神人关系是一种平等的关系。为此，涂尔干就以此宗教的社会性内涵为基础，曾经指出宗教的社会本质，就是一种群体的价值生活方式。他认为，"宗教是一种与既与众不同、又不可冒犯的神圣事物有关的信仰与仪轨所组成的统一体系，这些信仰与仪轨将所有信奉它们的人结合在一个被称之为'教会'的道德共同

---

69 朋谔菲尔《抵抗与服从》，第 415-416 页；转引自卓新平《基督宗教论》，北京：社会科学文献出版社 2000 版，第 60 页。
70 Sara Terry, "Resurrecting Hope", The Boston Globe Magazine ,July 17,1994, p.22.
71 参《天主教法典》中文版，第 162-163 页。

体之内。"因此，宗教及其信仰生活被视为一种群体的生活，孤独的"个体根本无法长久地维持他的信仰。"[72]

信仰不是与生俱来的东西，也不是个人能够通过自身的努力而得以获取的东西。以至于这种"宗教表达出来的集体理想，远不是什么个体天生的模糊力量，相反，它倒像是个集体生活的学校，个体在这里学会了理想化。在吸收消化社会所构筑的理想的过程中，他自己也变得有能力去构筑理想了。是社会在其作用范围之内引导个体，使这些个体产生了把自己提升到经验世界之上的需要，同时又赋予了他们构想另一个世界的手段。"[73] 在此层面，黑格尔也有同样的论述。他在其《宗教哲学》中曾经说过："在现在的社团中，教会堪称筹划者，促使众主体臻于真理，为自身把握真理。"[74]

就我所关心的信仰认同方式而言，我把它理解为信仰的组织认同路径。不同的宗教模式，便会有与之紧密适应的信仰认同路径。这种类型的信仰认同路径，首当其冲的是，该宗教组织应当是一种信仰者为了达成确定的神圣目标，而创建起来的信仰人群共同体或宗教性的社会结构单位。所以，宗教的组织成员对其宗教组织的认同，最基本的就是要以该宗教组织作为自己信仰认同的主要条件，并在此前提之下归属于该宗教组织，始终以宗教组织作为自己信仰的认同基础，以表达自己的信仰、建构自己的信仰认同方式，实现与同一组织信仰成员者之间的人际互动。

基督教的教会组织，原是以有形可见的社团组织形式而建立起来的，因此它需要组织规律，以使其组织架构得以显示；以使其天赋职责的行使，尤其神权及圣事的施行，得以井然有序；以使信徒的彼此关系，遵照以爱德为基础的正义，保障并确定每人的权利，得以协调；以使促进基督徒美满生活的公共措施，得到法律的支持、保障与倡导。在此前提之下，制度律法提供了教徒们的基本生活规则，使基督教教友在过团契生活时，能分享教会所给予的福利，引领他们得到永生。这种教派形式，可能具有不同的组织形式，但大多能够确定并保护信徒们有关灵性的获得及其得救，实现个人对别人、对教会团体的权利及义务。

---

72 埃米尔·涂尔干《宗教生活的基本形式》，上海人民出版社 1999 年，第 54、560 页。

73 埃米尔·涂尔干《宗教生活的基本形式》，上海人民出版社 1999 年，第 557 页。

74 黑格尔《宗教哲学》（中），北京：中国社会科学出版社 1999 年，第 708 页。

　　一方面，基督教教会组织，是制定与解释教义、讲经布道、执行教规、管理信徒和传教的机构。另一方面，教会组织作为信徒的联合组织，同时也是基督教徒的团契，一般信徒（平信徒）与教牧人员平等。哪里有《圣经》，哪里便有教会，教牧人员无特权。所以，在教会的体制方面，教会是基督的身体，而每位信徒是肢体中的细胞，从而造就了新教各派均独立自主的组织性格。人要得救，不仅要信仰基督，而且还要参加教会的活动，进而在教会之外无拯救、单个基督教徒不是基督教徒的信仰传统基础上，形成了以主教制、长老制和公理制为模式的各类基督教教会组织。

　　正是这种基督教的教会组织，建构一种社会学说，以其宗教社团和教会组织观为基础，假定了它关于基督教集团的一种特定概念。在这种类型的信仰集团之中，它的宗教思想可以直接表现于一种社会形态之中。这种宗教社团，把耶稣的个人主义和普及主义都包含在它的崇拜集团的观念中。在这种集团之中，每一个人都获得了宗教的平等，并且和其他团体成员建立了最密切的联系。[75]

　　在这种组织联系和信仰者成员之间的互动之中，基督教的信仰认同关系，即是一种复杂的"团体关系"或者是团体的信仰认同方式，甚至是一种社会认同的组织形态，导致由信仰认同方式而至于社会认同的可能，促使了宗教信仰的个体性和宗教组织社会性的制度整合。

　　就基督教会的发展历史而言，宗教信仰的个体性和宗教社会性之间的张力无时不在，二者互相纠缠，互相补充也彼此争斗，但因为教会组织的制约功能，促使基督教信仰者的社会性与个体性之间得以相互发明、彼此推动。在其社会性层面上，能够使教会圣化社会的神圣使命，落实在历史的和社会的行动之中，特别是能以其机制完整的宗教制度保证其信仰者个体的超越成为可能。所以，在教会制度层面，基督教宗教的信仰就不完全是私人的行为，而是由教会这"合一的圣事"所举行的行为，即基督子民在受召基础上聚集在一起所做的事情。它把教会的宗教性与个体性予以了高度地整合。因此，经由信仰共享而构成的礼仪行动，这是归于整个教会的。它显示了教会，影响了教会；而对每一个信仰肢体，则以不同的方式，根据不同的等级、职务，主动影响每一个人。

75 E.特尔慈（Ernst Troeltsch）《基督教社会思想史》，香港基督教文艺出版社1991年，第140、202页。

由于教会之作为社会组织，体现了一个内在的、由上帝预先确定的目的，教会的组织制度首先必须体现神律、神正的目的，然后才是对于法律的体现和界定，并为此目的而必须面对世俗社会诸种关系。所以，教会的各种制度安排照其性质来说，本来就是团体、组织的行动方式，同时也直接划分了神圣与世俗之间的边界关系。

可以说，基督教的信仰认同方式，组织认同的特征比较强化。依赖着这一组织化的信仰认同方式，基督教教会往往能被建构为自成一体的信仰体系。这也说明了，组织认同弱化的宗教体系，往往是难以自成一体的信仰体系。它无法在各种现世社会的复杂关系之中，使自己的信仰者认同、表达自己的信仰。

为此，中国人如何来定义自己是一名佛教信徒、基督教信徒的认同方法，实在是模糊，甚至会存在某种认同障碍。人们是认同于它的思想学说？还是认同于它的伦理精神？或者是认同于它对佛陀与上帝的信奉？原因是在于，这些思想学说、这些伦理要求，这些对于天命、神人关系的信仰方式，均被纳入那整体式认同模式之中，被划成不同类型，不同身份的信仰方法。再者，佛教信仰本来就缺乏组织化的认同方法，则促使中国人在种种不同的身份和语境之中，如何来表达自己的佛教信仰呢？

佛教关于普遍的内在的关系的教义，可以挑战基督教，促使基督教去更充分地处理内在的二元论和排他论的倾向，并且建构一个更透彻的对整个造物主的理解。基督教神学和伦理的长处，就是对于个人和社会的关怀。对佛教而言的挑战，就是寻找一个更深的理解，关于什么是"是在关系中"的意义，不仅仅是和上帝或者和同类的人的联系，而且是和整个造物，即佛教说的万物有灵。我们不仅仅需要一个社会伦理，还更需要一个宇宙观的伦理。[76]

反观二十世纪以来，中国的基督教未能在汉语思想中找到恰切的表达方式，就过于急切地转向一条比较容易的近路，即汉语基督教的"道德化"。[77] 这就等于忽略了基督教本身的形式理性特征，近似于把天国道德化了；而延至今日的佛教道德化传统，则长期注重心灵净土的偏爱，进而忽略了它在道德化过程中对于形式理性的讲求。

---

76 （挪威）诺托·R.泰勒"作为和解资源的佛教和基督教"，见徐以骅、张庆熊主编《基督教学术》（第二辑），上海古籍出版社 2004 年版，第 348 页。

77 杨慧林"汉语基督教的道德化及其结果"，见张志刚、斯图尔德主编《东西方宗教伦理及其他》，北京：中央编译出版社 1997 年，第 96-97 页。

耶佛均属于制度宗教，它们都是一种集中的、集体的、组织化的资源，是由那些由个人资源集中起来并服务于共同目的、目标的那些资源，而组织或身份或群体本身，就是支持和动员一切其它资源成为可能的基本的集体资源。[78] 这也就是说，"任何一定数目的人成为社会，不是因为在每一个人身上本身都存在着一种由物所决定的社会内容，而是只有当这些内容的活力赢得相互影响的形式时，当一个个人对另一个个人——直接地或者通过第三者的媒介——产生影响时，才从人的单位空间的并存或者也包括时间的先后，变成了一个社会"。[79] 因此，如果说，"连带责任"是一个极具基督徒特色的德行，[80] 那么，在佛教的"缘起"规则之中，也往往包涵着依赖的共生和内在的依赖之间的关系。以至于在佛教传统之中，尤其是在大乘佛教中，这条规则也能够发展为一种复杂的、对完全的内在联系的透彻理解。进而建立一个对宇宙整体的观见，作为对所有苦难中的生命的休戚相关的深刻体察，作为对一个普遍的拯救的关怀。[81]

正如学界指出的那样，当代社会，如欲完成现代宗教的一次革命性转型，那就是必须重建宗教与道德的联盟。[82] 而且，这种联盟必定要以双方的制度建构，也许才会对现实社会产生理性的功能，宗教伦理才会像韦伯所言，有助于"祛魅"，有助于现代社会理性生活的建构。否则，在目前伦理力量碎片化的现代社会，人们也许能够做的，就是保守住自己的小小团体。有了团体组织，伦理才有功能发挥的机制。不然，伦理就是伦理而已，始终难以对现实社会发生作用，反而被现实社会所利用。

佛教和基督教都有它们的戒律和戒条，它们的主要思想，就是对他人的尊重，对人类群体的尊重。在这一点上，我们愿意把它们同等对待，"我们可以把十戒看作是对人的基本需要的部分论述，这些戒律表达了人们对物质安全感的需要对尊重别人的需要，对稳固的团体照顾的需要。""根据这个文件，

---

78 丹尼斯·朗《权力论》，中国社会科学出版社 2001 年，第 159 页。

79 G·西美尔（Georg Simmel）《社会学——关于社会化形式的研究》，北京：华夏出版社 2002 年，第 5 页。

80 《天主教教理》河北天主教信德室 2004 年，第 455 页。

81 （挪威）诺托·R·泰勒"作为和解资源的佛教和基督教"，见徐以骅、张庆熊主编《基督教学术》（第二辑），上海古籍出版社 2004 年版，第 341 页。

82 万俊人"宗教与道德之间：关于'信念伦理'的对话"，见张志刚、斯图尔德主编《东西方宗教伦理及其他》，北京：中央编译出版社 1997 年，第 118 页。

人具有得到食物、住所、衣服、教育、医疗照顾和工作的权力，具有宗教自由、言论自由、地区变动和自我决定的权力"。[83] 为此，无论天国，还是净土，无论寺庙，还是教会，只要具备了与各自宗教理想紧密关联的形式理性，只要保守住它们的团体信仰形式，它们就能够在现实社会之中实现自己的宗教理想，变各自的宗教理性为这个社会急需的公共理性。而宗教间的彼此对话或宗教间的相互比较，就能够展开在这样一个公共理性的领域之中了。

值得指出的是，"因为宗教是存在于社会和这个社会的附属社区与区域之中的，它本身也就要受到这个社会及其附属单位的规范与结构的影响。"[84] 所以，它们必须具有自己的组织和制度，才能以系统对应系统，否则，就仅仅是个人的信仰。仅仅具有宗教的个人性，而无宗教的社会性了。

倘若从社会理论的角度考察这个问题，则可以将一个社会由前现代到现代的转变特征，归结为从一个散漫的群体形式变成一个组织严密紧凑的社会，由小群组织转变为大群组织。而传统社会变迁的主要过程恰巧就在于它的分化，导致各种社会组织、团体、协会从原有的社会共同体中间产生、形成，构成多种社会力量参与社会建设的可能性。所以，社会组织不但是社会学的核心概念，而且也是中国现代社会变迁之中的中心问题。[85] 在此社会语境之中，中国的佛教和基督教，它们在当代社会生活中的存在形式，实际上也是一个如何讲求它的组织形式的问题。耶佛之制度比较，就不仅是信仰、价值观念层面的比较，更重要的是耶佛之宗教组织，如何发挥韦伯所言的形式理性。

在此基础上，任何一个宗教体系都可能建成一个必须的社会组织，建成一个自由结合的精神生活共同体。惟有在一种制度、组织的基础上，宗教才能成为公共利益可靠和不可缺少的基础，参与国家、社会的公共生活，服务于社会公益事业。诚然，国家却不必直接关心宗教和道德，因为这是（宗教）教会的任务；但国家可以用间接的方式关心：她为其成员提供通向一种合乎道德的、和神圣法律相符的生活方式的手段和途径。[86]

---

83 查尔斯·L·坎默《基督教伦理学》，北京：中国社会科学院出版社 1994 年版，第 138 页。

84 罗纳德·L·约翰斯通《社会中的宗教》，成都：四川人民出版社 1991 年，第 242 页。

85 刘创楚、杨庆堃《中国社会——从不变到巨变》，香港中文大学出版社 1989 年，第 20、22、27 页。

86 席林《天主教经济伦理学》，北京：中国人民大学出版社 2003 年，第 328 页。

当代佛教的活力与对社会文化的影响力，恐怕绝不比其他宗教低。事实上，近年的耶佛对话，也已日渐脱离那种本色化的思考模式，改以基督教与佛教作为两个精神传统，探讨二者之对话是否及如何有助面对当代人类所要面对之课题，这也可能正是汉语处境中耶佛对话的一条当走之路，而这一条路也是近年来国际上耶佛对话的一个倾向。[87]

倘若基督宗教与佛教皆能积极面向时代之挑战，反省自身之不足，也许更能促成一个契机，使汉语处境中的耶佛交往、甚至是耶佛对话，在廿一世纪中进入另一高潮，不单使普世的耶佛交往及其对话方式丰富起来，更可能为众生之福祉做出贡献。[88]人们无论是进入寺庙，还是走进教会，他们无不是通向不同信仰者之间的积极交往与信仰对话，走向交往、对话中的基督教天国或佛国净土。

2、从礼仪冲突到信仰认同

"中国礼仪之争"的历史，实际上就是西方基督宗教与中国传统佛教之间的具有社会规模的最初交往。

艾儒略当年在叶向高的支持下，在福建地区也实行了利玛窦的"适应"策略。每当他涉及到灵魂观念或其他哲学、宗教的难题时，艾儒略采用儒家和佛教的术语加以表达。艾儒略也试图使基督教与地方习俗结合，视城镇、村庄、家庭的保护神为基督教天使的保护，使他们遵照天主的命令。显然，艾儒略尽量地促使中国基督教徒的传统习俗，接受基督教的影响。在葬礼中，他同意信徒在祖宗牌位边放上一个十字架，前可供奉食品。至第七天，赐福祈祷之后，其供奉的食品可以分给在场的人吃掉。艾儒略把传统中国人的供奉习俗与基督教的功德冥想组合起来，既使基督教得到中国人的接受，也可使中国人的祖宗受益。[89]

在"中国礼仪之争"的中心爆发地——福建省福安地区的穆阳镇顶头村，这里曾经是方济各会、多明我会的传教地区，迄今尚可看到中国礼仪之争的历史影响。

---

87 参赖品超，《导言》，载赖品超编《基督宗教及儒家对谈生命与伦理》，香港中文大学崇基学院宗教与中国社会研究中心，2002 Pxii-xiii）P319。

88 赖品超编著《近代中国佛教与基督宗教的相遇》，香港汉语基督教文化研究所，道风书社 2003 年，第 318-319 页。

89 参柯毅霖《晚明基督论》，第 166-167 页。

拓展我们对明末年间佛耶二教交往乃至冲突的视野，可以看到它们在历史变迁中，对于中西宗教交往的真实影响。在"礼仪之争"的中心爆发地之一——福建闽东地区的罗江顶头村，是福安地区最早信奉天主教的地区。这里曾经是意大利方济会、更是西班牙道明会的传教地区，迄今尚可看到佛耶交往乃至礼仪之争的历史影响。

1631年（一说1632年），西班牙道明会传教士高琦（Angelo Cocchi）等人经台湾抵厦门，北上福州。当时意大利耶稣会士艾儒略在福州地区传教，教务发展迅速。高琦遂来到闽东，设立道明会菲律宾玫瑰省会福建教区，开创道明会新的传教区，从而奠定了道明会在闽东地区的教务基础及其道明会教区。

西班牙道明会是在福安地区开教最早、传教时间最长、影响最为深远的外国修会。从1631年天主教传入福安地区开始，福安地区就成为福建省天主教发展的中心地区。先后到福安传教的外国神甫有66人，意大利的2人，西班牙41人，越南1人，其他国籍22人。在福安地区先后担任过主教、副主教和代理主教的，西班牙16人，意大利1人，法国2人。所以，福安地区可说是道明会的教区。由于道明会的传教方式，与耶稣会士的传教方式不同，首先是导致天主教不同修会内部的传教方式的差异和争执，继而形成教廷与中国政府乃至中西文化交流之间重大冲突的著名历史事件。其坚决反对利玛窦的规矩，无法入乡随俗，不尊重中国民俗礼仪习惯，极力干涉中国天主教徒祭天、敬孔、拜祖，正如罗光在《教廷与中国使节史》中叙述的那样："道明会士（Angelo Cocchi高琦）来中国，入福安，在'顶头'开教。次年，道明会士黎玉范（Juan Bautista Morales）和方济会士利安当（Antonio Caballero 或 Antonio de Santa Maria Caballero，又译为李安堂）两人来福安增援，从此便天下不宁了。"[90] 终于在1635年挑起了长达一个多世纪的"中国礼仪之争"。

十八世纪初，道明会还在福安的穆阳、溪填、西隐、罗江、顶头等地设立主教府，即使是在严厉的"四朝禁教时期"，道明会在福安地区的传教活动也相当顽强，没有退却。1926年，福宁代牧区成立，教区大权依然还在道明会手中。只是在鸦片战争之后，美国、德国的天主教会相继进入福建之后，道明会独占一方的局面才有所改观。但是，直到1952年，随着西班牙四位神甫被驱逐出境，才算是结束了西班牙道明会长期控制福安天主教的历史。所

90 罗光《教廷与中国使节史》，台湾传记文学出版社1969年，第84页。

以，自 1631 年到 1952 年的 320 年之间，福安地区的天主教正权主教除 1948 年以后的牛会卿一人是华籍外，其余皆为外籍教士担任，其中，大多数的教权和教职又是为西班牙道明会会士所把握和充当。

罗江地区的顶头村，则是西班牙道明会教区的中心地带。许多西班牙神甫都在顶头村待过或出任过主教，其中有记载的西班牙传教士有文道拉（Ventalla，1853 年）、李梯里（Thomas Gentilli，1868 年）、劳安可（Loranco，18 世纪末）、巴斯梯班·尔达（Bsteban Jorda，1810 年）、唐巴拉（Pla，1888 年）、本诺（Burno，1870 年）、艾仁忠（Jacobus Garcia，1889 年）、吉门诺（Gimeno，1882 年）、劳可西达（Roxada，1873 年）、贾赖蒙（Raimundus Cattara，1896 年）、方洛各·麻丁（Franciscus Martin，1920 年）、林鹤鸣（Leopoldus Colv，1930 年）、加瑞拉（Cerra，1935 年）、贾敏达（Carolus Vare，1937 年）、张高辉（Earcel Blanco，1940 年）等十余人[91]。显然，顶头村是西班牙道明会教区中的教化重点。

正因如此，顶头村才会成为"中国礼仪之争"的中心地带。在这里，几乎是保留了中国传统佛教与基督宗教进行交往的一块历史活化石，让我们可以真实感受耶佛交往的具体情境。

立足于今天的耶佛交往过程来看，任何宗教历史或历史事件本身，往往可以表现为一种知识权力，制约着后来者；或者是转化成为一种必须通过今人的活动方才能够予以再生的社会资本。三百年多以前的"礼仪之争"，在社会变迁之中，就已经演变为这样一类的知识权力或者是社会资本，再生、活用于现今的社会关系之中，直接或间接地左右着人们的社会生活和宗教习俗。

（1）共生共存的耶佛关系

福建省闽东地区的罗江顶头村，为当地最早信奉天主教的地区和著名的"礼仪之争"爆发地之一。虽然这一历史事件已经过去三百多年了，但是，它对于相关地区的社会生活及其宗教交往的真实影响，还可以在日常生活、风俗礼仪、宗教生活等方面，伸手可触。展现这些现象的真实面貌，可以历史地理解外来宗教的中国化情景以及中国宗教信徒的日常宗教生活。

当然，就后来"礼仪之争"过程和内容来看，其冲突大致集中在中国人的"三圣崇拜"即祭天、敬孔、拜祖诸方面，似乎是仅仅和儒学或儒教相干。

---

91 《福安宗教志》征求意见稿，福安宗教志编写组，1993 年 2 月

但是，除祭天为儒教的宗教专利之外，敬孔和拜祖，也与佛教有甚深的因缘。已经相当中国化的佛教，早已将此类文化礼俗纳入了自己的活动体系。由此而言，相关的礼仪之争，实也与佛教相干。虽然，礼仪之争的发展，已经延伸出宗教及其礼仪的范围，但是，就其核心层面来说，佛耶交往的关系依然可见，并随着道明会的一意孤行而得以突出。其历史痕迹，在今日福建罗江的顶头村还是斑斑可考。

参照历史，考察现实，顶头村佛耶二教的交往情形，还可以在顶头村的家庭里、祠堂中以及教堂里，历历可见，还可以看到中国礼仪在这些空间里的活力和作用。一方面，是佛耶两教的共生共存；一方面，是道明会宗教传统的历史影响，依然作用。

就"礼仪之争"过程和内容来看，其冲突大致集中在中国人的"三圣崇拜"即祭天、敬孔、拜祖诸方面，似乎是仅仅和儒学、儒教相干。其中，有一个从补儒批佛到佛耶共存的过程。

当时，除祭天为儒教的宗教专利之外，敬孔和拜祖，也与佛教有甚深的因缘。已经相当中国化的佛教，早已将此类文化礼俗纳入了自己的活动体系。由此而言，相关的礼仪之争，实也与佛教相干。虽然，礼仪之争的发展，已经延伸出宗教及其礼仪的范围，但是，就其核心层面来说，佛耶交往的关系依然可见，并随着道明会的一意孤行而得以突出。特别是在乡村宗教的日常生活之中，佛教的影响甚至要比儒教表现得更加具体、更加强烈。所以，"礼仪之争"所涉及的礼俗风习，曾经强烈地影响到顶头村宗教信徒的宗教生活。

这个顶头村，分为上街和下街，上街 500 多户，下街 140 多户，全村人口约五千人。村民大多姓黄。村庄中不信天主教者，大多是佛教徒。基督新教和道教的信仰较少。全村人五分之三信天主教，五分之二信佛教，从而构成了具有相当密度的佛耶交往空间。

该村中建有一座天主教教堂，为利安当 1632 年在顶头村所建，当时名为藤江天主堂。该堂几经修复，现为福安地区最大的一座西洋建筑。村中还有一座佛教庙堂，还建有一座祭祖祠堂。可谓"三教并存"。如站立村庄高处，则可以同时望见天主堂的尖顶、佛教寺庙的挑檐和祭祖祠堂的大屋顶，煞是可观。村里居民，不同信仰者当中有亲戚、也有邻居，还有一起做生意的合伙人。

就佛耶两教的交往关系而言，佛教与天主教之间，已经取得了基本的和平共处方式。

村民们作为邻居的，由于信仰天主和信佛教的不同。因为担心教友走错门，门上就贴有天主教或佛教的象征性符号。佛徒门口要贴万字佛符或挂道灯、镜子、鲁班尺、剪刀；信天主的，则在门上贴十字架或圣像。村民们自己说，他们之所以这样做，是怕信仰不同，搞坏了风水，担心风水会被抢了去。平时的日常生活，看不出不同宗教信仰之间的差异和冲突。他们说，各信各的，各做各的，井水不犯河水；都是一村人，没有必要去争高低，也不会有人去争。同在一个村庄，天主教、佛教，没有矛盾。各教自己发展，顺其自然。

寺庙中的方丈对我们说："信佛教的与信天主教的，实际上没有什么和不来的，偶尔也还有天主教徒到寺庙中来玩。神甫和我还是朋友咧。天主教要'圣召'，佛教讲'缘分'。"

而天主堂的神甫也和这位出家人的想法大致一样。村里的神甫在天主堂里对我说："这教堂是 1632 年建的。教堂的大门上曾经贴有一幅对联：'天主是爱，爱是实现天堂诺言；人生就是信佛，信佛本是人生！'它出自《圣教对联》，大概是河北天主教协会编的。我也喜欢这个对联。现在的教会不像以前那样狭隘了。世界上的兄弟都是一样的，不论是哪个国家的，是不是天主教徒，都渴望过一种真善美的生活，只是没有领洗罢了。这就是"无名基督教徒"。现在有小孩子的领洗，但还有一种是"愿洗"，心里有愿望，但是还没有领洗的机会罢了。"梵二"以后，教会的眼光更大了，放得更远了。无论你是属于哪一种文化，天主都会使你这种文化带有基督的精神。因为基督文化是一种博爱的文化。佛教的因果报应学说，也是一种关爱世界和人生的思想。大家都是兄弟姊妹，只是思想上有点不一样。"

方丈和神甫的话，给我们留下了很深的印象和思考。至少在顶头村——中国礼仪之争的中心发生地，佛教与天主教已经在人生伦理的层面上，达成了价值底线上的一致。《圣朝破邪集》和《天主实义》、耶稣会士与出家人曾经争议的问题，则在佛耶两教不自觉的社会交往之中，具有了最初的共识。补儒批佛，还是未能尽如人意。民间乡村的儒学，只有了文化习俗的保留；佛教传统，反而具有强大的影响。"礼仪之争"，只是争论的"礼仪"了。神学观念层面的东西，他们没有去计较，注重的是社会生活及其伦理实践的最基本要求。所谓"礼仪"，只是一种教内的存在形式了，只是一种宗教之间处理彼此交往关系的形式了。村民们宗教生活的界限也由此构成。

（2）对人不对教：佛耶共契的"游戏规则"

参照历史，考察现实，通过顶头村佛耶二教的交往情形，还可以在家庭里、祠堂中以及教堂里看到这些中国礼仪在乡村宗教里的活力和作用。一方面，是佛耶两教的共生共存；一方面，是道明会宗教传统的历史影响，依然有作用。正如历史上的"礼仪之争"，不仅仅是一种宗教纠纷那样，现实生活中的佛耶交往，也能够成为村民社会行动之中的一种权力资源。这些权力资源直接制约着现在村民的宗教关系的处理。如何使用这类资源，关联着宗教的界限及其生活影响。

正如历史上的"礼仪之争"，不仅仅是一种宗教纠纷那样，现实生活中的佛耶交往，也能够成为村民社会行动之中的一种权力资源。但在这种资源的使用当中，宗教的界限似乎又消失了。历史的变迁，使耶佛交往关系转换成为一种佛耶共契的"游戏规则"。

顶头村的村长选举，就是一个典型的实例。

村长是全村选的，16岁以上有选举权的都一起选，所以比较复杂。村长选举也当然要拉选票，佛教徒的选票不太有人拉，因为他们势力小，人也比较松散。虽然宗族关系存在，但是实际上作用不大。顶头村的佛教徒，竞选村长的比较少，因为村里佛教徒比例少，五分之四是天主教徒。佛教徒的势力是比较弱的。但是，村里也不存在宗教歧视的现象。宗族的因素在这中间也不起什么作用。前几任村长都没做好，村民们都不喜欢，很容易就把他们选下来了。这次选上的村长是天主教徒。佛教徒也照样投他的票。

用村民的话来说，这是"对人不对教"。

村支书的选举也是如此，只是范围小一些。村里有五十多个党员，佛教徒、天主教徒都有，大概是一半对一半吧。村支书的选举比村长的选举简单一点，因为就这五十多个人。宗教立场在选举过程之中的作用不是很大。现在的村支书是佛教徒，当选之前也拉选票的，就是请人吃吃饭，被请的有佛教徒有天主教徒。在这两种人之间，信什么教，不是分得很清楚的。一位村支委说："我是天主教徒，我照样投了他的票，主要是看他的能力。选支书这个东西跟宗教没什么关系，在党内的选举，宗教信仰本来就不是最重要的，重要的是能力。支书的选举是政治嘛，在政治和宗教之间，可以各做各的，没有什么矛盾。选举的时候是对人不对教嘛"。

选村长和支书都是要看能力的，能把村里的几件事情办好，或者是能够把外面的事情搞得定的人，别人就愿意选他当村长。几位村民，也是天主教徒，他们认为："村长和村支书的选举，关键在能力。政治和信仰，两个都重要。在支部，是党的东西重要；在教会，是信仰重要。""支部书记候选人拉选票，当然会偏向自己的信仰者，但是，人际关系更重要，因为投票者只会考虑自己的利益，不会考虑什么信仰。村里现有的公共利益是村里祠堂，大家出资建的，一定要管好；还有山上的一片森林，要保护好。把这些事情做好了，我们就选他做村长、做村支书。他信仰什么宗教，没有什么关系。"

村支书是佛教徒，村长则是天主教徒。对于他们的选举，成为了顶头村的公共问题，佛耶交往也因此形成了他们双方默契的"游戏规则"。

历史上的"礼仪之争"，其意义曾已逾出单纯的宗教领域，事关中国近世以来古今中西之争。与此同时，其所引起的冲突，也事关中国社会现代性的一个重要话题——即真正的政教分离是如何构成的？"礼仪之争"的一个历史特征，就是宗教和政治的相互混淆，所以有立场的错位。佛耶之交往，本为单质性的宗教相遇，但因此中原委，其对话和交往之主题被遮蔽。几百年之后，佛耶关系才真正地被历史理顺，两者方能共处于一个社会空间，谈论一个公共的话题。因此，它们的交往方才体现了应有的社会性，在某种程度上还原了"礼仪之争"的宗教主题。这样，宗教信仰作为一种社会资本、一种社会资源，已经在比较正常的层面发挥作用。无论耶佛，他们的信仰认同与宗教交往，实际上已经成为生活的一部分，成为了日常生活的习俗惯例。

村中的宗教信徒，无论是佛教还是天主教，即使是在其他日常生活交往之中，也还能够理出他们所能够理解的公共特性，遵守各自的信仰原则。在此方面，可以村中祠堂的建设及其活动的参与方式为例。

（3）从礼仪之争到礼仪共生

祠堂是拜祖的空间。在礼仪之争的时代，天主教徒进祠堂参加祭祖活动，是要被禁绝的。村民们也大都明白天主教信徒不能做偶像崇拜之事，即使是面对自己的祖宗，也有天主教徒所应当遵守的教规。身为天主教徒的村民们已经能够按照几百年来形成的信仰规矩，将其矛盾处理好。在顶头村祭祖祠堂的建造过程中，所有的村民不分宗教信仰，不论天主教徒还是佛教徒，都必须出钱或出义工。其标准是一户一丁 60 元，未成年人 30 元。另外，每户都应出几天义务工。

祠堂建好以后，凡村民都得去行祭祖礼。佛徒、天徒可以共在一个祠堂中行礼，但礼仪的形式不一样。天主教徒也必须去祠堂参加祭祖活动，只是礼仪方式与佛教徒做的不一样。天主教教友在祠堂中行礼，一般是带圣像到祠堂，点上蜡烛，献上鲜花，然后再拜祖母、拜祖宗。佛教徒则在祠堂中烧香、上供品、叩头、下跪。

祠堂的正梁之上，挂着村中两位年轻人在外学习、已获博士学位的荣誉匾额。一位是国内的医学博士；一位是美国的地球物理学的博士。他们作为全村的荣耀，激励着村民中其他读书人。作为天主教徒的村长说："年轻人都应该像他们这两人有出息"。这两副匾额，高高地悬挂在堂中上方的正梁上，其文云：

"重建宗祠，弘扬祖德，激励后昆，奋发进取"。

值得一提的是，这两位博士，一位出自天主教家庭，一位出自佛教家庭。将他们作为顶头村人的骄傲，名字写在祖祠里，村民们想法一致，没有矛盾，都认为是光宗耀祖的好事，对事不对教。

历史上的"礼仪之争"，集中在儒教和天主教。实际上，中国乡村的宗教礼仪，更多的则是由佛教的传统来体现的。道明会士对于中国礼仪的禁止，在乡村则往往与佛教的关系更为密切。而与这些佛教徒共同生活在一起的天主教徒，往往难以摆脱这种民俗风习的影响。

顶头村天主堂的神甫，对此很有感受。他说道："在顶头村，是西班牙的道明会来传教的。他们的方法与耶稣会的不一样。在北京的耶稣会，接触的是上层，有文化有素质，认为祭祖不是迷信。道明会则认为祭祖是迷信，祭神只能祭天主，不能祭祖。他们两家竞争。他们写信与教廷联系。

"这件事情在历史上影响很大。两个修会因为文化素质的差异大，传教地区的文化差异也很大，所以有冲突。顶头村这里的居民很重祖宗祭祀，认为家里的发达与否，都与风水好坏、对祖宗是否祭祀有关。所以，这里的祭祖风气特别浓，祭祖的传统很深厚。祭祖做得好，后人子孙就越好。这个传统一直保留到现在。"

祭祖以及以祭祖为中心的乡土风习，福安地区比较深厚，但是在顶头村一带最为严重，最注重风水。著名的穆阳镇距离顶头村不到一百公里，就没有这样厉害，就没有这样讲风水。

2002 年 3 月 24 日，罗江教区的教会组织曾经发有一个内部文件，意在禁止迷信活动。其文云："一切形式的占卜应该抛弃：无论是求助魔鬼、招魂或者误认为能够'揭露'未来的做法。相命、抽签、寻龙、择日子、择时辰等，这一切都违反我们对唯一天主应有的敬意、尊重和敬畏之情。"

教会的负责人还声明："我以牧者的身份，诚恳请求你们，在教区内对于教友的乔迁、丧葬及婚嫁之诸事，兴起基督信仰的新风尚；明令禁止在这些事项上，择日子、择时辰、提马灯、寻龙、看风水、合八字、对生肖等各种形式的异端迷信。"并给予相应的警告："授权与各本堂神甫，对于那些不听善劝，依然参与异端迷信活动者，得采取适当的措施。例如，不为其家人做安所、念九日经，停止本人的告解、圣体圣事等；对于业经警告，仍然固执于恶，情节严重者，得将具体个案报请教区，按法律程序予以开除教籍的处罚。"教会明令规定，如作为天主教徒进行迷信活动者，要被扣除圣事，不给领圣体，孩子大了也不给到教堂来结婚。

然而，文化传统的影响更大，可以改变的并不是很多。因为，这里讲风水、拜祖宗的传统非常牢固，"礼仪之争"以后也没有更大的改变。至于顶头村的村民，在宗教信仰方面非佛即耶。天主教徒在保留风俗习惯方面，的确也受到佛教的影响，并且和佛教徒的做法近似。只是天主教与佛教比较，天主教徒在宗教生活方面，做得稍好一些，迷信色彩淡化一点。

历史上的"礼仪之争"，集中在儒教和天主教。实际上，中国乡村的宗教礼仪，更多的则是由佛教的传统来体现的。道明会士对于中国礼仪的禁止，在乡村则往往与佛教相干。与这些佛教徒共同生活在一地的天主教徒，往往难以摆脱这种民俗风习的影响。这种干系，也可从顶头村佛耶交往的现状看出一二。

顶头村天主堂的神甫，对此很有感受。他说道：

"在顶头村，是西班牙的道明会来传教的。他们的方法与耶稣会的不一样。在北京的耶稣会，接触的是上层，有文化有素质，认为祭祖不是迷信。道明会则认为祭祖是迷信，祭神只能祭天主，不能祭祖。他们两家竞争。他们写信与教廷联系。

"这件事情在历史上影响很大。两个修会因为文化素质的差异大，传教地区的文化差异也很大，所以有冲突。顶头村这里的居民很重祖宗，认为家里的发达与否，都与风水好坏、对祖宗是否祭祀有关。所以，这里的祭祖风气特别浓，祭祖的传统很深厚。祭祖做得好，后人子孙就越好。这个传统一直保留到现在。

"这种情况，在福安地区，顶头村最严重，最注重风水。我给他们讲，没有什么风水的，像西藏的天葬，就没有风水的。各地风俗不一样。著名的穆阳镇就没有这样厉害，不到一百公里，就没有这样讲风水。前一段时间，教会组织有个文件[92] 指出，搞迷信者，要扣你圣事，不给领圣体，孩子大了也不给到教堂来结婚。但是，传统的影响更大。这些根本不能改变。

"这里讲风水、拜祖宗的传统非常牢固，而天主教在这里又是最先发展的，所以，这里会成为礼仪之争的发生地。"

顶头村的村民，在宗教信仰方面非佛即耶。天主教徒在保留风俗习惯方面，的确也受到佛教的影响，并且和佛教徒的做法近似。只是天主教与佛教比较，天主教稍微好一点，迷信色彩少一点。

按照顶头村的风俗习惯，人死了要做龙水、点灯。点灯就是在人葬下去以后，在坟墓里点一盏红灯笼，意识是把好的风水带回去。送葬的人把白衣服脱下来，把红衣服穿上去，并在身上别一个红花，把好的东西带回去。整个过程搞得红红火火的，人家搞不清楚的，还以为是结婚。

天主教现在也还是这样做。福安地区都这样。天主教的做法，就是不像佛教那样，请和尚来做法事。迷信的东西没有那么多。

按照当地的习惯，村民们的坟墓都在山上。有的坟墓要花好几万，材料都特别讲究，用石板、用水泥的，都有。坟墓的选地，都要请风水先生来看。一般都是夫妻坟墓。天主教徒的坟墓也可以和佛教徒葬在一起。如果天主教的人去一个坟墓做"安所"，旁边的其他坟墓也都会赶紧去做，或者是去清理

---

92 据 2002 年 3 月 24 日罗江教区发出的文告："一切形式的占卜应该抛弃：无论是求助魔鬼、招魂或者误认为能够'揭露'未来的做法。相命、抽签、寻龙、择日子、择时辰等，这一切都违反我们对唯一天主应有的敬意、尊重和敬畏之情。我以牧者的身份，诚恳请求你们，在教区内对于教友的乔迁、丧葬及婚嫁之诸事，兴起基督信仰的新风尚；明令禁止在这些事项上，择日子、择时辰、提马灯、寻龙、看风水、合八字、对生肖等各种形式的异端迷信。……同时，授权与各本堂神甫，对于那些不听善劝，依然参与异端迷信活动者，得采取适当的措施。例如，不为其家人做安所、念九日经，停止本人的告解、圣体圣事等；对于业经警告，仍然固执于恶，情节严重者，得将具体个案报请教区，按法律程序予以开除教籍的处罚。"

清理，拔拔草，堆堆土，担心好的风水被抢走了。

在葬礼方面，天主教的教义也已经具有了较好的表现。当天主教徒中有死亡者，神父即在天主堂为亡者祈祷，做追思。而佛教徒死亡后，则是诵读佛经，到庙里做登记做法事。天主教徒用不着到教堂登记。行葬礼时，教徒不用下跪，做祈祷而已。

埋葬形式，佛教和天主教均采用土葬，使用棺材、造墓。出殡时，佛教要择日；天主教一般不须择日。佛教徒和天主教徒，各做各的，天主徒不骂佛徒为"撒旦"，也不说他们做偶像崇拜。

但是，对于风水，天主教和佛教都一样。清明节，佛教天主教的人都可以去扫墓。"梵二"会议后，天主教徒可以请神甫到坟墓上去做"安所"。这里的 11 月是炼灵月，去的人最多。这一个月都是为死去的人做安所，做弥撒，还带唱诗班去。诗班一般有 30 多人。

天主堂的神甫还强调说："在顶头村的天主教会里，祭祖、拜祖都可以，只要不带迷信色彩就行。有时候，去拜祖的时候还会带一些吃的东西去，算半供品。有的是象征性地放在那里，苹果、花、糕点什么的。做完以后，自己拿去吃。有时候到教友家里做弥撒，也有供品放在那里。因为圣经里也说吃祭祀的东西没关系，世界上的神只有一个，都是一个神。圣经记载，耶稣的门徒曾经也吃过供品。有人说，耶稣的门徒不像话；耶稣说，这些东西都是为了人的。吃不吃，不是犯罪的问题。"

（4）耶佛认同的生活共同体

很明显，这与几百年前礼仪之争时候的情形，已经有所不同。村民们的风俗礼仪，在相当程度上构成了一个想象中的"民间文化共同体"，佛耶同处，仅仅是按各自宗教的礼仪，履行原则及其方法大同小异罢了。此时的佛耶交往，是行礼如仪，各行其是。因此，比较礼仪之争时候的具体情形来说，"道明会本来就是保守的，所以传教不成功，教友的思想比较死板；"教堂的神甫身处顶头村的风习之中，也深有感触："我觉得道明会的传教不成功的。他们传的这个教，人不会成熟。思想比较保守，死气沉沉，只要念经，其他事都不管。我们说，信仰要和生活联系起来的。但有些人一天到晚只知道念、念、念，也不关心别人，不关心社会。只管念经祷告。有时候念一天，什么经都念。有些老人他们吃早饭的时候在念，吃晚饭他还在念。他们就知道念经，以为念经就是好的。"

他还谈到天主教礼仪的改革。"香港的神甫，可以用佛教的仪式来做弥撒，拿出三根线香，敲锣，行礼如佛教。这是改革派了。如果我们这样做，教徒就会认为做弥撒做到佛教里去了。人到一定的时候，就不拘形式了。就像做工、坐着、站着，都可以祈祷。如果要拘泥形式，就会认为这是佛教的礼仪。但我们这里的礼仪，目前还是比较纯粹，传统一点。"

诚然，一个重大的历史事件，对于乡土民间社会来说，也许是影响微弱的。用神甫的话来说，"礼仪之争的影响，有还是有的，只是比较小"。这个影响就是，"如果教友们搞迷信，我们就不给他们做追思了。"其次，它的作用还表现在对于中国教会的发展和推动。这就是说，"礼仪之争的作用，是发生争论、冲突，这样的话，教会才会发展。经过风风雨雨，中国教会才发展起来。它的意义就在这里。"毋庸置疑，这就是"礼仪之争"的历史痕迹。

然而，从佛耶交往的历程来看，佛教、天主教之间再生冲突的可能性已经微乎其微，甚至可能在某些层面达成共识，打通规则。这些迹象，也可以在其他方面看出一二。"礼仪之争"所引起的宗教交往关系，现在依稀可见。但是，从佛耶交往的历程来看，佛教、天主教之间再生冲突的可能性，已经微乎其微。它们之间的交往状况，甚至可能在某些层面达成共识，打通规则。如佛耶两教教徒之间的通婚问题，村民们认为，同信仰结婚更好，老教友更喜欢这种婚姻。其他宗教之间也能结婚，但要保证两个条件：一是不干涉天主教徒的信仰自由，二是要保证子女信仰天主教。教会神学有此规定，全世界一样。

就顶头村而言，女性的宗教信仰往往影响到男性宗教信仰的选择。一般情况下，男方的宗教信仰跟从女方。天主教的教徒较多，故在宗教信仰的势力上，村民中的佛教信仰不如天主教信仰的影响强大。佛教徒和天主教徒可以通婚，但是有一定的规定。家庭中倘若有佛教徒与天主教徒结婚，在婚姻问题上发生宗教信仰的冲突，当事者本人如没转变原来的佛教信仰，改信天主教，那么，其子女则一定要改信天主教。否则，两教教徒之间不能实行混合婚姻。结婚双方中，如果都不信天主教，神父则不能为之证婚。如果天主教徒结婚，在家中仅拜圣母，然后再到教堂证婚。虽然祖宗、祖母在家辈份最高，但是天主教徒在家里不拜祖宗，这已经成为他们的生活习惯。家里挂着圣像，不挂祖母祖父的像。如果要给祖宗行礼，则到祠堂里去。作为天主教教徒的村民们知道，在家里挂着祖父祖母的像，或者是向祖父祖母礼拜，这就是偶像崇拜，为信仰不允许。

据了解，在顶头村，佛教徒改信天主教的居多，很少有天主教徒改信佛教的现象。佛教和天主教徒结婚，一般的，都要父母同意才能结婚。不然，很麻烦。或者是父母同意了才能与外教人谈朋友。不过，同意的也非常少。村里天主教徒与外教徒结婚后离婚的有1、2人。离婚了，则根据天主教的律法，天主教徒再也不能到教堂里去证婚。

显然，佛耶信徒之间的通婚问题，也已经磨合出某种规矩了。教徒们说，不同宗教之间的通婚问题，有文化就好解决。老人不同意子女和外教结婚，关键是没有文化，不理解。现在没有那么困难了，好办多了。

与婚姻相关的，是信仰的延续问题。如果祖孙之间的宗教信仰没有中断或没有改变，信仰的传承则无问题；倘若祖孙之际在宗教信仰上曾发生中断或改变，那么，子孙后代对其祖宗表示孝尊方面就显得有些困难。譬如，先祖信佛，后人改信天主，如何去修墓？如何去追思？不然，祖坟就荒芜了。

当然，其中还存有很多的矛盾。

在闽东地区，天主教信徒中，类似于顶头村村民这样处理天主教信仰与佛教信仰、祭祖礼仪、民间风习者，实际上已经成为比较普遍的现象。这说明，几百年前曾经为之发生冲突的中国礼仪，大部分问题已经在天主教的中国化过程中，逐步地得到了缓解，并获得了中国式的解决方式。

至于天主教与佛教的交往问题，也在历史的演变当中已经得到一定的缓解。它们已经在村民们的日常生活中和平相处。顶头村天主堂大门上贴着的那副对联，其实就是交付给历史的一份答卷。至于作为一种知识权力或社会资本的宗教信仰及其礼仪，也在历史的演变当中已经得到村民们的共识。它们已经在村民们的日常生活中发挥着正常的作用，成为村民们社会生活乃至宗教生活中的基本资源，得到了佛耶两教教徒们的共同默契和彼此守护。礼仪之争已经转换为礼仪共生了。

第六章　耶佛两教的交往方式比较

面对一个现代社会来说，宗教的发展形态已经相当专业化，即使是以其价值体系、伦理思想影响社会，也有一个如何影响以及影响发生在什么领域的问题，难以对于一个社会发挥其普遍的作用，以避免宗教意识形态式的作用。如果两种宗教伦理同时作用在一个社会领域的时候，并且又发生一定程度的交往、甚至是冲突的时候，这种宗教间的交往应该如何进行？于是，宗教对话的社会形式——即我说的宗教交往，乃至宗教交往的社会问题就将自然而然地浮上水面。

就一般的情形而言，宗教的对话可分为教内对话、教际对话、圣（宗教）俗（社会）对话几个层面。所谓教理教义认知层面的交流、宗教领袖和信徒的彼此交往、社会公共事业的一致参与乃至社会共建等等，均可以对话的形式呈现出宗教神学意义、文化认同意义和社会公共理性特征，同时体现出宗教对话的不同层面，如宗教神学或宗教学立场的对话，社会学或社会视角的对话，甚至是不同对话形式的多元整合。[1]

此处讨论的耶佛交往关系，并不局限于宗教教义的对话层面或宗教组织之间有意识的沟通活动，也不局限在认知的哲学或神学的对话层面，而是以宗教信徒的行为及其所构成的交往关系，注重于基督教与佛教教际交

1　赖品超：近年来的儒耶对话已改变在儒耶两个精神传统间的对话形式，探讨二者之对话如何有助于面对当代人类所面对的课题；在国际上的耶佛对话，则更为清楚地倾向于以对全球生态及相关经济问题作为对话的焦点。面对共同关心的课题，应当是中国耶佛对话着力发展的一个方向。《中国的耶佛研究：回顾与前瞻》，《中国禅学》第二卷，中华书局 2003 年。

往互动的社会形式；注重考察基督教与佛教之间，是否存在真实交往的可能性和社会空间。如果有，它的形式及其特征是什么？如果没有，其真实原因又是什么？在此研究前提下，试图探讨基督教与佛教交往的社会、公共性特征，建构一种社会—经验层面的宗教对话模式，亦即我提出的"宗教交往论"。[2]

1、佛教徒与基督教徒的社会交往

这里的调研数据，出自于国家教育部人文社科项目《当代中国东南沿海地区佛教基督教交往关系研究》的研究课题，对东南沿海浙闽地区佛教与基督教的交往问题所进行的实地调研。由于其样本的选择是非随机抽样，因此，此调查结果只说明调查样本的总体情况，或为把握当代中国社会之中基督教与佛教的交往关系，提供一种个案式的研究方式，作为上述耶佛交往问题讨论的补充，同时也能够把耶佛交往问题的讨论，从文献研究延伸到当代耶佛交往关系的实证研究。

本次调查主要在浙江杭州、宁波，福建莆田以及厦门进行，所得样本为321个，其中浙江杭州72人（占总体的22.4%）、宁波为66人（20.6%）、福建莆田为123人（38.3%）、厦门为60人（18.7%），选择浙江与福建作为研究对象，是因为这些地区是中国东南沿海佛教、基督教分布的重要地区。

样本的基本情况是：在调查总体中，男性占76.5%（241人），女性占23.5%（74人）；在教徒年龄结构方面，17岁以下的年轻教徒为1.5%（5人），18-35岁的青年教徒占43.9%（145人），是教徒中的主体，36-50岁的教徒占22.2%（76人），51-60岁的教徒为12.3%（42人），61岁以上的老年教徒为18.1%（62人）；在教徒的职业构成中，学生教徒为35.2%，是教徒的主体，然后依

2　当下的宗教对话，已经有经验——表现论的宗教模式与文化——语言学的两种模式。它们的最明显区别，就是双方对宗教经验的产生有着完全不同的理解。前者将原初的宗教经验作为宗教的核心，故事、仪式和教义等等只是在表现这些宗教经验；后者则是相反，是教义、故事和仪式处于核心地位，宗教经验从此衍生出来，不具有优先性。从文化——语言学的观点来看，宗教首先是一个综合的解释中介或者是范畴框架，人们借此而拥有某种类型的经验，并做出某种类型的断定。经验——表现论更适合用于现代性的宗教需要，特别是在宗教间的关系问题上，经验——表现主义由于承认对话和其他宗教徒得救的可能性而大受欢迎。参王志成《和平的渴望——当代宗教对话理论》，宗教文化出版社2003年，第183、189、193、204页。而我讨论的宗教交往关系，实际上近似于宗教对话的经验—表现论。

次是工人（16.4%）、农民（6.6%）、教师（5.9%）、公务员（4.9%）、私营雇员（3.0%）、私营管理人员（1.0%）和军人（0.7%），此外还有其他职业（26.3%）；教徒的文化结构，没读过书的文盲为 1.6%、小学文化为 11.4%、中学文化的为 42.2%、大中专文化为 30.1%、本科学历为 9.5%以及研究生学历为 5.2%，教徒的文化水平的中位数为中学文化；婚姻状况，教徒中已婚的占 30.7%，未婚的占 65.9%，而再婚的仅为 3.4%。

　　这里所做的分析，主要依据这些调查数据，以佛教徒与基督教徒的交往作为主要角度，同时，为了对比起见，间或地也以基督教徒接触佛教徒的角度加以比较分析。

（1）佛耶之间的教徒交往

　　作为一种文化价值体系，宗教本身具有自己的绝对性要求。此要求不当，有可能将导致宗教之间的保守，宗教之间的正常交往难以进行，甚至会产生宗教之间的竞争。因此，在缺乏有组织、有目的的宗教对话的社会背景之下，日常生活中宗教徒之间的自发交往状况，对于研究同一社会语境之中的宗教交往关系，以构建当代社会的公共理性具有重要的学术价值。

　　佛教在传入中国及其中国化的发展过程中，经历了与中国本土宗教如儒教、道教的冲突、融合过程，从而促使佛教在倡导"普渡众生"的教义的同时，展示出它固有的文化圆融特征，社会性格并不封闭，能够对其他宗教及其教徒表现出一种友善的态度。在调查中可以看出，佛教徒在与其他宗教的教徒交往方面比较频繁。

　　调查数据显示，接触过其它宗教的佛教徒占 49.8%，而没接触过其他宗教的佛教徒占 50.2%。其中，男性接触其他宗教的比例要高于女性，其比例分别是 54.9%和 31.7%，也就是说男性教徒比女性教徒更易于与其他宗教徒交往，男性佛教徒更具有开放性和宽容性。

　　在这些接触的其他宗教之中，佛教徒接触最多的宗教是基督教（42.6%），其次是道教（35.2%），与天主教（14.6%）和伊斯兰教（8%）的接触则比较少。道教是中国本土宗教，历史上与佛教的关系就非常密切，其交往频繁往往是可以预计的，但是，基督教与佛教之间的交往广度有点令人吃惊。一个极大的可能，就是因为在上述地区，基督教的发展也非常迅速，二基督教的社会交往能力也比较强，难免与佛教产生千丝万缕的社会联系。当然，需要说明的是，这种交往大都是亲戚、朋友以及日常生活之中的正常交往。

在这类交往之中，42.2%的佛教徒表示自己能够在与其他教徒的交往中，产生正常的好感。在这些朋友之中，由于基督教徒比较多（44.1%），所以，佛教徒与基督教徒成为好朋友的比例较大；其他如天主教徒（15.9%）、伊斯兰教徒（12.4%）与佛教徒也可以成为好朋友，但所占比例偏小。与此相比，49.5%的基督教徒与其他宗教徒有过接触。虽然这种交往并不算多，但是，比较以往的历史，宗教之间的封闭性已有所松弛，互动的教际关系不难形成。

在教际交往之中，基督教徒与佛教徒交往的比例最高，达到76.2%。这与佛教在我国的影响范围较广、影响程度较深有关，也说明在此调查地区中，佛教的传统比较深厚，佛教的影响比较广泛。其次，基督教徒接触较多的是天主教，其比例为11.2%。基督教与天主教有着历史上天然的亲缘关系，而在日常的宗教生活之中，两教区别在一般的教徒之间，往往并不明显。对于其他的宗教如道教、伊斯兰教，虽然是中国本土宗教或自国外传入，但局限于它们在这些地区的影响，基督教徒与其交往不是太多。其交往的比例分别是8.7%（道教）和2.3%（伊斯兰教）。[3]

调研的数据确切表明，在宗教间的交往方面，基督教徒与佛教徒的交往是其主要交往关系。42.6%的佛教徒接触最多的宗教是基督教，佛教徒与基督教徒交往的为44.1%，而基督教徒与佛教徒交往的比例则高达到76.2%。根据我们在浙闽地区的实地访谈，也可以发现基督教与其他宗教的交往，最为频繁者实为佛教，其次才是道教。显然，就目前的宗教交往的现状来看，现实生活中基督教与佛教的交往或对话，将构成宗教间彼此互动的主要宗教。

3　此问卷调查，主要是从基督教教徒与佛教徒的交往来看耶佛交往的具体情状，正与佛教徒与基督教徒的交往作为比较。其问卷调查地也集中在浙江宁波的高桥、大梁街，福建莆田和厦门等地。所得样本为342个，其中宁波高桥为25人（占总体的7.3%）、宁波大梁街为62人（18.1%）、福建莆田为184人（53.8%）、厦门为71人（20.8%）。样本的基本情况是：在调查总体中，男性占39.8%（130人），女性占57.6%（197人）。在教徒年龄结构方面，17岁以下的年轻教徒为1.5%（5人），18-35岁的青年教徒占43.9%，（145人），是教徒中的主体，36-50岁的中年教徒占13.3%（44人），50-60岁的教徒为12.7%（42人），61岁以上的老年教徒为18.2%（60人）。在教徒的职业构成中，工人职业的教徒占28.2%，是教徒的主体，其次依次为教师（10.0%）、公务员（8.5%）、农民和私营管理人员（均为7.5%）、私营雇员（6.9%）和学生（6.6%），此外还有其他职业（24.8%）。教徒的文化结构，没读过书的文盲为1.2%、小学文化为14.6%、中学文化的为49.2%、大中专文化为25.1%、本科学历为9.0%以及研究生学历为0.6%，教徒的文化水平的中位数为中学文化。婚姻状况，教徒中已婚的占65.9%，未婚的占33.0%，再婚的仅为1.0%。下引数据同。

（2）佛教徒对于佛耶关系的处理方式

基督教虽然作为外来宗教，在中国的历史要比佛教的历史短暂，但它在包括浙江、福建在内的中国东部沿海地区的影响却非常普遍。对于佛教徒来说，在日常生活乃至在正常的宗教活动中，佛教徒都有可能首先与基督教徒发生交往。

田野调查中，当问及佛教徒"心目中的基督教形象"时，佛教徒认为佛陀高于上帝的意见还是较为普遍，占调查样本总体的44.6%。这说明某一宗教的绝对要求，往往影响到对于其他宗教的认识。教际间的对话也常常如此。

另外，佛教徒认为基督教依然还是洋教的看法，也具有一定的代表性，比例达到18.6%，说明目前基督教的一般影响还不足以改变它固有的历史形象，还被认为是一种"舶来品"。其他佛教徒认为上帝与佛陀的地位一样的教徒，也占比例11.8%，说明这部分佛教徒似乎是抱有一种平等的价值理念，并对基督教与佛教的宗教本质具有相当的认识，试图寻求两教之间某种程度的沟通。

当然，佛教徒对于基督教的认识，也存在着基于文化程度、婚姻状况、身份、职业的不同而产生的认识差异，制约着佛教和基督教在社会生活之中具体的交往情态。

表1：基督教认识的文化差异（N=267）

对基督教的认识	文化程度					
	无文化	小学	中学	大中专	大学	研究生
基督教是洋教	0.0	4.0	19.5	17.9	14.8	33.3
上帝与佛陀一致	25.0	12.0	12.7	7.7	7.4	33.3
佛陀高于上帝	50.0	72.0	50.8	41.0	29.6	6.7
	100.0	100.0	100.0	100.0	100.0	100.0

表中的数据显示，对于基督教所谓洋教本质的认识，其比例随文化程度的升高而出现爬坡现象，可见现有的文化教育对于这种认识的制约作用。

在对上帝与佛陀一致的体认上，呈现出"两头大、中间少"的情况，即文化程度最低和文化程度最高的佛教徒，都具有这样的认识，所占比例都不低，只是中间文化层次的佛教徒的认识还比较模糊，或者是基本上还不知道这种比较。这可以说明，文化程度高的佛教徒如研究生，恰恰是能够从佛教、基督教价值理念的层面进行平等的比较，文化程度往往可以为教际交往提供媒介的作用；至于无文化程度者的宗教比较，则可能出于一种随意猜想。

但是，相反的情况，正好也出现在佛陀高于上帝的认识上。文化程度越高，认同佛陀高于上帝这一看法的比例就越低。由此可以看出，文化素养的高低，可以直接影响宗教信仰的认同。文化素养高者，宗教立场不易保守；相反，则易于流失为宗教立场的固执。不过，文化知识作为原教旨主义的基础，当为例外。

表2：基督教认识的婚姻基础（N=256）

对基督教的认识	婚姻状况		
	已　婚	未　婚	再　婚
基督教是洋教	9.9	23.2	12.5
上帝与佛陀一致	12.7	9.6	0.0
佛陀高于上帝	57.7	38.4	37.5
	100.0	100.0	100.0

从表中的数据来看，已婚的佛教徒有两种态度比较明显，更倾向于认为佛陀高于上帝、上帝与佛陀一致，比例分别是57.7%和12.7%；而未婚教徒更倾向于认为基督教是洋教，比例为23.2%；再婚教徒也认为佛陀高于上帝。婚姻关系在两教的交往之中，佛教本位的观念更为根本，具有本土宗教的优越感。如果将婚姻因素与文化因素比较，可以看出，文化因素应当是教际交往之中更为便当的角度和方法。

日常生活之中佛耶交往，可以从佛教徒在自己亲友的关系中反映出来。在调查中，家庭成员或亲属中有基督教徒的佛教徒占29.1%，而没有这些亲友关系的佛教徒是70.%。这种交往，往往又有地区差异。

表 3：基督徒亲友关系的地区差异（N=292）

亲友中是否有基督教徒	调查地点			
	杭 州	宁 波	莆 田	厦 门
有	13.6	64.5	23.7	17.5
没有	86.4	35.5	76.3	82.5
	100.0	100.0	100.0	100.0

从数据中可以看出明显的差异，宁波佛教徒的亲友中有基督教徒的比例最高，比例为 64.5%，其次是莆田，再次是厦门和杭州。

表 4：基督徒亲友关系的婚姻差异（N=269）

亲友中是否有基督教徒	婚姻状况		
	已 婚	未 婚	再 婚
有	32.5	27.9	60.0
没有	67.5	72.1	40.0
	100.0	100.0	100.0

从表中可以看出，在亲友中有基督教徒的比例以再婚教徒的比例最高，为 60%，已婚教徒的比例次之，为 32.5%，未婚教徒的比例最低，为 27.9%。婚姻关系的建立，意味着亲属关系的扩展，而亲属关系的开展，也同时意味着宗教间关系的形成可能性更大了。或者说，再婚的现象在近年来偏多，而佛教和基督教的交往也在近年来比过去表现得频繁一些，所以，在亲友关系中存有基督教关系者于再婚者居多。

在处理与基督教徒亲友的关系时，最普遍的处理方式是互不干涉、和平共处。采用这种方式的佛教徒比例最高，达到了 67.3%；其次是采取劝说行动，努力使对方改变宗教信仰。这类佛教徒占 21.7%；另外，平时向基督教徒传播佛教教义，以达到改变其原来信仰的佛教徒也占有一定的比例，达到 6.6%。

由于地区的差异，这种处理方法的使用频度，也基于调查地点而有所不同。

表 5：处理基督徒亲友关系的地区差异（N=272）

处理与亲友中基督教徒的关系	调查地点			
	杭 州	宁 波	莆 田	厦 门
努力改变原来信仰	23.9	3.3	38.9	3.8
向他传播佛教	8.7	3.3	8.8	3.8
互不干涉、和平共处	65.2	93.4	46.9	82.7
	100.0	100.0	100.0	100.0

从表中可以看出，宁波的教徒在处理与亲友中基督教徒的关系时，最容易采取互不干涉、和平相处的方式（93.4%），其次是厦门（82.7%）；在努力改变他原来的基督教信仰的方式上，莆田佛教徒的宗教立场比较明显（38.9%），其次是杭州的佛教徒（23.9%），厦门和宁波地区的佛教徒则态度柔和，甚至是没有这种要求。该组数据表明，宁波佛教徒在处理基督教徒的交往关系上最为宽容。

表 6：处理基督徒亲友关系的职业差异（N=299）

处理与亲友中基督教徒的关系	职 业								
	工人	农民	军人	公务员	私营雇员	私营管理	教师	学生	其他
努力改变他	33.3	23.5	.0	8.3	11.1	.0	.0	68.3	30.9
向他传播福音	.0	17.6	.0	8.3	11.1	.0	.0	8.9	10.3
互不干涉、和平共处	61.9	52.9	100.0	83.3	77.8	33.3	92.9	2.0	52.6
	100.0	100.0	100.0	100.0	100.0	100.0	100.0	100.0	100.0

表中的数据显示，各种职业的佛教徒基本上都能够在现实生活中与基督教徒互不干涉、和平共处，只有学生身份的佛教徒表现特别，他们当中很大一部分人（68.3%）主张采用努力改变他原有的基督教信仰的方式，愿意和平共处者偏少，农民佛教徒则比较愿意向亲友中的基督教徒传播佛教教义。因此，身为佛教徒的各种职业工作者，都可以在不同程度上接受了基督教信仰及其差别的存在。只是学生身份的佛教徒试图努力改变这种情况，其文化基础提供了他们执著原有宗教立场的资本。

　　总体上的情形是，佛教与基督教的社会交往空间非常开阔，至少在 50%以上的佛教徒心目中，可与基督教徒和平共处、友好往来。此可为佛教、基督教社会交往提供一个相当平和的社会环境，甚至是直接对话的社会语境。

　　（3）佛教徒对于基督教的理解

　　文化知识可以作为宗教交往的一种基础。然而宗教知识特别是对作为宗教交往对象的宗教知识的了解，更应当是宗教交往、对话的前提。在某种程度上，这种前提甚至要比一般的文化知识对宗教交往、对话的互动，更会产生直接的推动作用。在我们的调查中，平均有 60.9%的佛教徒表示他们会有意识地去了解基督教教义或者去阅读《圣经》。虽然这种现象还存在着各种差异，但是这种意图在佛教徒中还是比较普遍。

表 7：了解基督教义的地区差异（N=297）

是否有意识去了解基督教义	调查地点			
	杭　州	宁　波	莆　田	厦　门
会	24.6	72.3	58.3	88.3
不会	75.4	27.7	41.7	11.7
	100.0	100.0	100.0	100.0

　　从表中看，地区间的差异还是比较明显的。厦门的佛教徒在平时有意识地去了解基督教义的比例非常高，同样的情况也在宁波出现，比例略有降低，但仍然达到了 72.3%。这与厦门、宁波的佛教徒大致能够与基督教徒和平相处的态度相辅相成的。具有了教际平和相处的精神，才会产生去了解对方教义的可能性。

表 8：了解基督教义的性别差异（N=272）

是否会有意识地去了解基督教义与看《圣经》	性　别	
	男	女
会	70.3	28.8
不会	29.7	71.2
	100.0	100.0

男性佛教徒在主动了解基督教教义或者去阅读《圣经》方面，态度更加积极，比例占 70.3%，而女性只有 28.8%。这与男性佛教徒易于接触其他宗教的比例要高于女性，是相互一致的。这也就是说，男性教徒比女性教徒更易于与其他宗教的教徒交往，男性佛教徒的宗教意识更具有开放性和宽容性。

表9：了解基督教义的年龄差异（N=288）

是否有意识去了解基督教义	年　龄				
	17 岁以下	18-35 岁	36-50 岁	51-60 岁	61 岁以上
会	62.5	71.9	58.1	28.6	22.7
不会	37.5	28.1	41.9	71.4	77.3
	100.0	100.0	100.0	100.0	100.0

表中可以看出，基本上是年龄越低，对于基督教教义的理解态度就越积极，比例也就越高。除了 18-35 岁的教徒了解的比例最高（71.9%）外，年龄越高，平时了解基督教义的教徒比例也越低。其中的原因恐怕要归结到年轻人的思想较为活跃，对于日常生活中常常接触的基督教比较好奇，从而形成他们去了解基督教义和阅读《圣经》的求知欲。

表10：了解基督教义的职业差异（N=283）

是否有意识去了解基督教义	职　业								
	工人	农民	军人	公务员	私营雇员	私营管理	教师	学生	其他
会	36.6	10.0	100.0	66.7	66.7	100.0	76.5	72.8	63.5
不会	63.4	90.0	.0	33.3	33.3	.0	23.5	27.2	36.5
	100.0	100.0	100.0	100.0	100.0	100.0	100.0	100.0	100.0

至于职业关系与对基督教教义的了解，一般是文化层次比较高的职业或者是职业的社会功能比较开放，如私营管理人员、军人、教师、学生以及公务员、私营雇员等的佛教徒，大都会主动了解基督教教义和阅读《圣经》；而工人、农民等教徒由于思想较为保守，对基督教的教义比较排斥。这种情形给我们提供了一个值得注意的现象：传统职业者往往趋向于宗教意识的保守或固执，而处在社会变迁之中职业关系比较活跃的宗教信仰再往往表现出相应的开放、开明的态度。职业关系已经与宗教信仰的社会特征构成了某种内在的关联。

表 11：了解基督教义的文化差异（N=284）

是否有意识去了解基督教义	文化程度					
	没读过书	小　学	中　学	大中专	大　学	研究生
会	.0	40.0	53.8	71.1	75.0	81.2
不会	100.0	60.0	46.2	28.9	25.0	18.8
	100.0	100.0	100.0	100.0	100.0	100.0

　　在宗教了解与文化程度的关系上，是否去了解基督教义或者阅读《圣经》的比例与文化程度基本上呈现正的相关关系。随着文化程度的提高，了解基督教义和阅读《圣经》的比例也在逐步提高。文化水平为佛教徒了解教义提供了最基本的手段，而人们的宗教意识的开放，也大都以文化的水平为前提而逐步开放，即使是对于其他宗教的教义也能够采取比较理性的态度加以审视。但是，需要指出的是，促使宗教意识开放的文化基础，也应当具有开放内涵，方能有助于宗教对话的进行，否则适得其反。

表 12：了解基督教义的婚姻状况（N=272）

是否有意识去了解基督教义	婚姻状况		
	已　婚	未　婚	再　婚
会	39.7	71.2	70.0
不会	60.3	28.8	30.0
	100.0	100.0	100.0

　　从婚姻状况来看，未婚和再婚的佛教徒去了解基督教义或阅读《圣经》的比例比较高，而已婚佛教徒的相应比例非常低。其中的差别可能归结到教徒本身的素质和婚姻关系所带来的影响。在前面的调查数据中，也说明已婚的佛教徒更倾向于认为佛陀高于上帝，其亲友中的基督教徒也比较少，这可能会导致他们与基督教相处的距离。

　　（4）佛教徒与基督教徒的交往行为

　　上述问题，只是佛教徒对基督教的基本价值态度。在具体的行动中，这些佛教徒能否言行如一呢？在调查中，我们假设了几种情况，在社会行为层面来判断佛教徒与基督教徒之间的关系。从调研的结果来看，佛教徒对于基督教徒的态度总体上非常良好。

当问及"如果一位基督教徒进入你们正在进行佛事活动的寺院，你会怎样"时，有53.4%的教徒会欢迎他一起参加，另有41.9%的教徒顺其自然，仅有1.3%的佛教徒表示心理厌烦，但不会付诸行动不让他参加，只有1.7%的佛教徒拟立即付诸行动，请他离开。

其中占比例为53.4%的行为方式，将构成佛教、基督教在社会行为层面的正常互动关系，只是在不同的地区、人群、职业、文化程度、活动场合时，这种关系的表现有所不同而已。

表 13：调查地点与基督教徒关系（N=298）

如果一位基督教徒进入你们的宗教场所，你会	调查地点			
	杭 州	宁 波	莆 田	厦 门
欢迎他一起参加	65.5	24.6	62.2	55.9
顺其自然	30.9	69.2	33.6	39.0
心里厌烦	3.6	0.0	1.7	0.0
请他离开	0.0	4.6	1.7	0.0
	100.0	100.0	100.0	100.0

调查地区的不同，教徒采取的方式也有所不同，杭州和莆田的教徒显得比较宽容，欢迎基督教徒一起参加的比例比较高（分别为65.5%和62.2%），而宁波佛教徒的亲友中有基督教徒的比例最高，也许是日常交往比较频繁，所以宁波佛教徒的基本态度很是平常，顺其自然。但杭州一部分佛教徒的心理反感比较明显，只有在宁波、莆田的一些少数佛教徒中，已经将这种反感发展成为一种直接"请他离开"的行动意图。

表 14：年龄与基督教徒关系（N=289）

如果一位基督教徒进入你们的宗教场所，你会	年龄				
	17 岁以下	18-35 岁	36-50 岁	51-60 岁	61 岁以上
欢迎他一起参加	55.6	55.7	27.6	63.0	47.6
顺其自然	33.3	40.9	51.7	37.0	52.4
心里厌烦	.0	0.5	10.3	.0	.0

请他离开	11.1	1.0	6.9	.0	.0
其他	.0	2.0	3.4	.0	.0
	100.0	100.0	100.0	100.0	100.0

从年龄的角度看，51-60 岁年龄段的教徒的态度较为宽容，欢迎他们参加的比例为 63.0%，其次是 18-35 岁年龄段（55.7%）和 17 岁以下（55.6%），持顺其自然的态度的佛教徒，以 61 岁以上年龄段（52.4%）和 36-50 岁年龄段（51.7%）的教徒最为明显，心里厌烦的佛教徒以 36-50 岁的教徒最多，比例为 10.3%，至于请他离开的极端态度，则是以 17 岁以下的教徒最多，为 11.1%。顺其自然和欢迎参加者乃是主要的方面，不会形成不理不睬的僵局。

表 15：职业与基督教徒关系（N=284）

如果一位基督教徒进入你们的宗教场所，你会	职业								
	工人	农民	军人	公务员	私营雇员	私营管理	教师	学生	其他
欢迎他一起参加	41.6	45.0	0.0	35.7	12.5	66.7	41.2	65.7	58.4
顺其自然	48.7	40.0	100.0	64.3	87.5	33.3	52.9	30.5	37.7
心里厌烦	3.1	.0	.0	.0	.0	.0	5.9	.0	1.3
请他离开	.0	15.0	.0	.0	.0	.0	.0	1.9	.0
	100.0	100.0	100.0	100.0	100.0	100.0	100.0	100.0	100.0

从职业的角度看，意见较为分散，大体上各种职业的佛教徒都没有对基督教怀抱敌意的态度，友好的自然态度作为其主要的行为方式。其中，私营管理人员与学生的态度最为友好，持欢迎他们参加态度的佛教徒比例达到 66.7% 和 65.7%。在顺其自然的意见中，军人教徒和私营雇员教徒的比例最高，分别为 100.0% 和 87.5%。

在心里厌烦的态度上，教师佛教徒的态度最为明显。在"请他离开"的态度方面，农民佛教徒显得非常突出，这与他们宗教意识的保守态度紧密相关。

表 16：文化程度与基督教徒关系（N=284）

如果一位基督教徒进入你们的宗教场所，你会	文化程度					
	没读过书	小学	中学	大中专	大学	研究生
欢迎他一起参加	0.0	55.2	58.5	51.5	58.6	26.7
顺其自然	66.7	37.9	35.6	45.6	41.4	66.7
心里厌烦	0.0	0.0	2.5	1.1	0.0	0.0
请他离开	0.0	6.9	1.7	1.1	0.0	0.0
	100.0	100.0	100.0	100.0	100.0	100.0

一般来说，文化程度越高，对于其他宗教的宽容程度就会越高。但是调查数据显示，研究生层次的教徒"欢迎基督教徒一起参加"的比例也只有26.7%，与其他文化程度的教徒（均在 50%以上）都有很大差距；而研究生层次的教徒持"顺其自然"态度的比例最高（66.7%），这与没读过书的教徒相同。另外，虽然持宽容态度的比例比较高，但是持"请他离开"的极端态度的比例也很高（6.9%）。总体上看，文化程度最高与最低的佛教徒对于基督教徒的态度都保持着相当的距离。

也许，文化上的彼此理解，也将会形成社会行为层面的客观距离。研究生对于基督教教义的理解是非常主动的，但是他们的行为方式是以顺其自然者居多，似乎是可以说明这种社会现象的。相映成趣的是，无文化者对待基督教的态度也同样以顺其自然作为主要的行为方式，与研究生毫无差异。因此，宗教间的对话，文化的作用要有客观的分析，难以一味乐观。关键是要在对话的宗教之间嵌入类似于以社会公共理性为制约原则的社会空间。

表 17：婚姻状况与基督教徒关系（N=275）

如果一位基督教徒进入你们的宗教场所，你会	婚姻状况		
	已 婚	未 婚	再 婚
欢迎他一起参加	44.9	58.5	11.1
顺其自然	48.7	37.2	88.9

心里厌烦	3.8	0.5	0.0
请他离开	2.6	1.1	0.0
	100.0	100.0	100.0

从婚姻关系的角度来看，未婚教徒的宽容度比较高（58.5%），倾向于欢迎基督教徒一起参与佛教活动，已婚的教徒次之，为44.9%；再婚佛教徒"顺其自然"的比例比较高（88.9%），其他意见所占的比例都比较小，说明婚姻关系对佛教徒是否在行为上宽容对待基督教徒有一定的影响。

当然，以上所分析的宗教宽容度，只是佛教徒对待基督教徒的一个方面。与此同时，我们还考察了佛教徒在基督教徒有困难的时候将如何对待基督教徒的态度，以再次论证宗教徒之间在行为层面可以相互帮助的可信程度。在调查中，当我们问及"如果一名基督教徒有困难向你求助时，你会采取何种态度"时，其结果大体一致。平均有90.1%的教徒表示会提供帮助，6.6%的教徒会找别人帮助他，只有1.7%的佛教徒表示可以不予帮助。这证明我们的研究假设是可以成立的。

表 18：是否帮助基督教徒与调查地点（N=303）

是否帮助基督教徒	调查地点			
	杭 州	宁 波	莆 田	厦 门
帮助他	98.3	69.2	94.2	96.7
找别人帮助他	0.0	26.2	2.5	0.0
不帮他	1.7	4.6	0.8	0.0
	100.0	100.0	100.0	100.0

从表中可以看出，杭州与莆田的教徒会更多地主动帮助他，其比例分别为98.3%和94.2%；而宁波的教徒在找人帮助他的态度上略有偏高，为26.2%。杭州和宁波的教徒的助人意愿比较明显，不帮助基督教徒的比例均为0。但是在宁波和莆田的佛教徒中有一小部分则表示无意提供帮助。

表 19：是否帮助基督教徒与文化程度（N=290）

是否帮助基督教徒	文化程度					
	没读过书	小　学	中　学	大中专	大　学	研究生
帮助他	80.0	92.3	90.2	87.9	96.6	90.3
找别人帮助他	.0	3.8	6.5	11.0	.0	6.6
不帮他	20.0	3.8	1.6	.0	.0	1.4
其他	.0	.0	1.6	1.1	3.4	1.7
	100.0	100.0	100.0	100.0	100.0	100.0

　　总体上看，各种文化程度的佛教徒提供帮助的比例都比较高，其中具有大学文化程度的佛教徒的助人态度最为积极，其次是小学和中学文化的教徒。在"不帮他"的比例中，可以看到，没读过书的教徒的比例最高，为 20%。虽然在这里没有明显的规律可以寻找，但是这个现象却是可以肯定的，文化程度越高的教徒越愿意对其他宗教的教徒提供帮助。特别有意思的是，不愿意基督教徒一起来参加宗教活动的研究生，在此类数据之中的比例却表现不低。文化程度所构筑的某种思想壁垒，可以在宗教信仰的核心层面上作用；但是在公民社会的普遍道德底线上，人们的道德意识却容易沟通一致。

表 20：是否帮助基督教徒与婚姻状况（N=280）

是否帮助基督教徒	婚姻状况		
	已　婚	未　婚	再　婚
帮助他	82.5	94.2	70.0
找别人帮助他	11.4	3.1	30.0
不帮他	2.5	1.0	0.0
	100.0	100.0	100.0

　　在与婚姻相关的社会行为上，未婚佛教徒相比较更愿意直接帮助他，而找别人帮助的佛教徒中再婚佛教徒的比例比较高，为 30%，不帮他的比例都比较少。

　　显而易见，行为层面上的宗教互动，尤其是在具有社会底线伦理作为制约的问题上，宗教间的交往往往比较顺利，互动的程度也比较高、比较理想。

这是因为，这些互动不仅仅是佛教和基督教双方的事情，还有社会公共道德、社会公共理性的参与和作用，因此耶佛的互动也就比较容易进行，常常没有宗教教义的相互理解那样的困难。公共社会理性的作用在两种宗教之间，起到了宗教交往的基础效应。

2、基督教教徒与佛教徒的社会交往

与上述佛教徒与基督教徒的交往研究作为比较，我们也从基督教徒的角度，考察基督教教徒对于佛教的态度、及其与宗教信徒的交往，以便于从社会——经验的角度来把握宗教间的交往问题，以便于对东南沿海地区基督教徒与佛教徒的社会交往状况进行交叉式的比较研究。

为此，我们以基督教信徒作为调查对象进行了问卷调查，力求反映出以基督教徒的宗教生活为出发点、而与佛教徒进行社会交往的基本情况。与上述问卷调查的基本情况基本一致，本次调查的样本选择也是非随机的，调查结果只能反映本次调查所涉及到的样本总体，在将其推论到总体时，我们则试图把其中的相关现象，作为特殊的问题来加以讨论。另外，特别指出的是，本次调查数据中的显著性程度 p 均为 0.05。

本次问卷调查，主要在宁波高桥、大梁街，福建莆田以及厦门进行，所得样本为 342 个，其中宁波高桥为 25 人（占总体的 7.3%）、宁波大梁桥为 62 人（18.1%）、福建莆田为 184 人（53.8%）、厦门为 71 人（20.8%），福建作为基督教徒分布的重要地区，是我们研究的重点对象。

样本的基本情况：在调查总体中，男性占 39.8%（130 人），女性占 57.6%（197 人）；在教徒年龄结构方面，17 岁以下的年轻教徒为 1.5%（5 人），18-35 岁的青年教徒占 43.9%，（145 人），是教徒中的主体，36-50 岁的中年教徒占 13.3%（44 人），50-60 岁的教徒为 12.7%（42 人），61 岁以上的老年教徒为 18.2%（60 人）；在教徒的职业构成中，工人职业的教徒占 28.2%，是教徒的主体，其次依次为教师（10.0%）、公务员（8.5%）、农民和私营管理人员（均为 7.5%）、私营雇员（6.9%）和学生（6.6%），此外还有其他职业（24.8%）；教徒的文化结构，没读过书的文盲为 1.2%、小学文化为 14.6%、中学文化的为 49.2%、大中专文化为 25.1%、本科学历为 9.0%以及研究生学历为 0.6%，教徒的文化水平的中位数为中学文化；婚姻状况，教徒中已婚的占 65.9%，未婚的占 33.0%，而再婚的仅为 1.0%，说明基督教徒还是非常刻守教义的。

（1）基督教徒的基本信仰情况

信教的基本情况包括样本本人接触基督教的时间、受洗时间以及信教原因等等，是一名基督教徒在最初接触耶稣的心理历程。

① 亲近耶稣的时间

亲近耶稣也就是接触耶稣的时间过程，主要指教徒本人对耶稣的心灵感应时间，它有可能与受洗时间相同，也有可能与受洗时间不同，从亲近耶稣的时间可以看出，教徒在最初接触基督教的心路历程。

调查数据显示，总体上亲近耶稣的时间都处在 30 年以内，亲近耶稣的时间以 15 年以下为最多（57.8%），然后是 16-30 年（23.3%），然后依次是 46-60 年（9.3%）、31-45 年（6.1%）和 60 年以上（3.5%）。

在调查中，我们发现，在亲近耶稣的时间存在地区差异。

表 1：亲近耶稣的时间与调查地区（N=313）

亲近耶稣的时间	问卷的来源地			
	宁波高桥	宁波大梁桥	福建莆田	福建厦门
15 年以下	87.0	66.7	54.7	47.5
15-30 年	13.0	28.1	24.4	19.7
31-45 年	.0	1.8	7.0	9.8
46-60 年	.0	3.5	10.5	14.8
60 年以上	.0	.0	3.5	8.2
	100.0	100.0	100.0	100.0

可以看出，虽然亲近耶稣的年份大部分集中在 30 年以内，但这主要集中在宁波高桥和大梁桥两个地区，而在福建的莆田和厦门，教徒亲近耶稣的年份有所延长，在 30 年以上的比例分别为 21% 和 32.8%，说明福建地区受基督教的影响要比宁波早。

同样，年龄因素对于亲近耶稣的时间有更加直接的影响。自然年龄因素制约着人们体验耶稣的年限，呈现为年龄越大，亲近耶稣的时间也就越长，这是显而易见的。

另外，职业的不同对于亲近耶稣的时间有明显的影响。

表 2：亲近耶稣的时间与职业（N=291）

亲近耶稣的时间	职　业							
	工人	农民	公务员	私营雇员	私营管理	教师	学生	其他
15 年以下	67.4	72.7	52.0	76.5	58.3	17.2	82.4	54.2
15-30 年	17.6	22.7	28.0	23.5	20.8	20.7	17.6	30.6
31-45 年	5.9	.0	12.0	.0	12.5	6.9	.0	8.3
46-60 年	9.4	4.5	4.0	.0	8.3	41.4	.0	4.2
60 年以上	2.4	.0	4.0	.0	.0	13.8	.0	2.8
	100.0	100.0	100.0	100.0	100.0	100.0	100.0	100.0

　　从表中可以看出，各职业的教徒亲近耶稣的时间大都在 15 年以下（只有教师的比例最低，为 17.2%），其中以学生和农民的比例最高（82.4%和 72.7%）；亲近耶稣在 15-45 年中的以公务员（28.0%）、私营雇员和工人（均为 23.5%）的比例最高；亲近耶稣的时间在 46 年以上的比例以教师最高（55.2%），其次是工人（11.8%），说明大部分教师教徒亲近主的时间要超过其他职业。

　　② 受洗时间

　　受洗是教徒正式入教的标志，可以说，受洗时间的长短可以反映出教徒本人信教的时间。调查中，受洗时间都比较短，普遍集中在 10 年以下（77.9%），然后随着正式受洗时间的延长，所占比例也逐步下降，11-20 年为 11.7%、21-30 年为 3.1%、31-40 年为 5.8%、40 年以上为 1.5%。10 年以上的老教徒相对较少。

　　从调查数据可以看出，由于调查地区的不同，教徒在受洗时间上也存在差异。

表 3：正式受洗时间与调查地区（%）

正式受洗的时间	问卷的来源地			
	宁波高桥	宁波大梁桥	福建莆田	福建厦门
10 年以下	91.3	91.5	76.7	64.7
11-20 年	8.7	8.5	13.1	11.8
21-30 年	.0	.0	2.8	7.4
31-40 年	.0	.0	5.1	14.7
40 年以上	.0	.0	2.3	1.5
	100.0	100.0	100.0	100.0

与亲近耶稣的时间相对应，基于同样的的原因，宁波的两个地区的教徒的受洗时间都在 20 年之内，而在基督教影响很深的福建地区，虽然受洗时间在 20 年之内的占很大比重，但信教 20 年以上的教徒也占相当比重（莆田为 10.2%、厦门为 23.6%）。

同样，在正式受洗的时间上，存在着基于职业的差异。

表 4：亲近耶稣的时间与职业（N=291）

正式受洗的时间	职 业							
	工人	农民	公务员	私营雇员	私营管理	教师	学生	其他
10 年以下	79.5	91.3	84.6	94.7	70.8	30.0	100.0	85.3
11-20 年	8.0	4.3	7.7	5.3	29.2	30.0	.0	8.0
21-30 年	3.4	.0	3.8	.0	.0	6.7	.0	4.0
31-40 年	8.0	4.3	3.8	.0	.0	26.6	.0	2.7
40 年以上	1.1	.0	.0	.0	.0	6.7	.0	.0
	100.0	100.0	100.0	100.0	100.0	100.0	100.0	100.0

从职业的角度看，除了教师的受洗时间较为分散以外，其他职业的教徒正式受洗的时间大都集中在 10 年以下，其他时间受洗的教徒都比较少。但是值得注意的是，教师的受洗时间较为分散，在 10 年以下与 10-20 年的分别为 30%，在 31-40 年的也占到了 26.6%，结合亲近耶稣的时间较长，说明教师群体中很大一部分教徒信仰基督的时间较长，对主的爱也非常深厚。

与亲近耶稣的时间相似，正式受洗的时间与自然年龄也存在明显的相关关系，呈现为年龄越长，正式受洗的时间也就越长。

③ 信教原因

当然，在教徒最初信仰基督教的过程中，不仅要受到周围环境的影响，而且也与个人的内在动因有关。在调查中，我们将其分解为接触基督教的环境因素和信教的个人内在原因。

在调查中，我们发现，在接触基督教的原因中，血亲的影响非常重要。由于血亲的影响而接触基督教徒占 59.0%，其次是看《圣经》及其他基督教书籍（9.2%）、受朋友影响（7.9%）、受其他基督教徒影响（7.6%）和受配偶影响（7.3%）。

在信教这种私人化的经历中，血亲的影响最大，这可以归结为血亲的示范效应。在人一生的不断社会化过程中，家庭以及亲友中的教徒的行为往往会对家庭中的其他人产生比较大的影响，促使他们接触基督教。

但要涉及到自己信教的原因，还是非常个人化的，要归结到教徒本人。在自己信教的原因中，可以看出，教徒在信教的动机较为分散，其中最为强烈的动机是"求平安"。

在信教原因中，为了"求平安"而信教的比例为26.6%，是人们选择基督教的首要原因，其次是健康原因（18.3%）、个人情感原因（13.4%）、家庭矛盾（5.7%）、学习或工作压力（4.0%）。

由于基督教徒在生活中面临的问题不同，因此，他们在信教时的动机也有所不同。调查数据显示，教徒信教普遍的动机是"求平安"（26.6%）。无论在社会稳定时期还是在社会变革时期，祈求家人、朋友以及事事平安都是人们共同的心愿，因此通过信教寄托这种美好的愿望也就顺理成章了。当然，教徒在选择信教原因时也并不是这一因素直接造成的，其他如"健康原因"、"情感矛盾"等等个人化的问题都占相当比例，可以说，个人在生活中存在的各种问题是促使他们信教的根本原因。

虽然，基督最终成为教徒求助的对象而成为他们的信仰，但在他们寻求"主"解救之前，还存在着他们通过其他手段去寻求解脱的现象。从信教原因的角度上看，他们可能正是在其他求助方式没有效果的情况下，才选择了基督，开始信仰基督教调查中我们发现，基督教徒在信仰基督教前存在这种现象占38.1%，还是比较常见。

而在曾经求助的对象中，寻求"基督"这样的精神寄托（拜菩萨、求神签）的方式还是占了很大比例，达62.9%，而向外界求助如治疗或心理咨询的仅为10.7%，采用不健康方式如酗酒或吸毒的仅为1.4%。从各种宗教书籍中获得慰藉的也占到了11.4%。

在选择"主"作为自己生命中的信仰之前相当比例的教徒寄托于佛教的菩萨或者神签，这两种方式的比例最高，从此也可以发现佛教对于人们日常生活的巨大影响。除了这些具体的形式以外，通过阅读宗教书籍获得解脱也是主要方式之一。同时，一些基督教徒还求助于正式的治疗与心理咨询，这些积极的方式对于人们的精神得到解脱具有重要的作用。但同时，求助于一些不健康的方式的也有一定比例，但信仰基督使他们从中摆脱出来，可以说，信仰基督是他们最终的共同选择。

在"是否以其他方式求助"上，存在着基于年龄、职业、文化程度、以及婚姻状况的差异。

表5：是否求助于其他方式与年龄（%）

是否求助于其他方式	年　　龄				
	17岁以下	18-35岁	36-50	51-60	61岁以上
是	20.0	33.1	50.7	50.0	21.7
否	80.0	66.9	49.3	50.0	78.3
	100.0	100.0	100.0	100.0	100.0

从表中可以看出，在50岁以下，随着年龄的增长，采用其他方式的比例在逐步提高，但到了50岁以后，采用其他方式的比例在下降。说明年轻人与老年人由于对于手段的选择余地很小，在信教以前对采用其他手段的可能性比较低，而中年左右的人由于选择手段的余地比较大，因此，采用其他手段的可能性比较大。

表6：是否求助于其他方式与职业（N=291）

是否求助于其他方式	职　　业							
	工人	农民	公务员	私营雇员	私营管理	教师	学生	其他
是	50.6	35.0	19.2	61.9	37.5	27.6	15.0	34.7
否	49.4	65.0	80.8	38.1	62.5	72.4	85.0	65.5
	100.0	100.0	100.0	100.0	100.0	100.0	100.0	100.0

从表中可以看出，工人、私营雇员等职业的教徒在信教前更易于求助于其他手段，而农民、公务员等其他职业的教徒更倾向于不采用其他手段，其中尤其是学生和公务员，他们由于自身角色的束缚，更加难以选择其他手段。

表7：是否求助于其他方式与文化程度（N=293）

是否求助于其他方式	文化程度					
	没读过书	小　学	中　学	大中专	大　学	研究生
是	100.0	42.5	45.1	22.1	32.1	.0
否	.0	57.5	54.9	77.9	67.9	100.0
	100.0	100.0	100.0	100.0	100.0	100.0

从表中看出，文化程度越低，就越有可能在信教前采用其他的手段。这可以归结为随着文化程度的提高，人们的思想认识也就越高，对于那些手段采用的可能性就越小。

表8：是否求助于其他方式与婚姻状况

是否求助于其他方式	婚姻状况		
	已　婚	未　婚	再　婚
是	44.1	26.7	.0
否	55.1	73.3	100.0
	100.0	100.0	100.0

从表中可以看出，未婚和再婚的教徒要比已婚的教徒在信教前更倾向于采用其他的手段，说明已婚的教徒在信教前，面对各种问题更多，更容易采用多样化的手段。

（2）基督教徒的宗教活动

对于基督教徒来进行日常的宗教活动是他们信教的主要表现，这种活动主要表现为礼拜的频率、私人祈祷以及阅读《圣经》等宗教书籍。

① 礼拜的频率

去教堂礼拜是每个基督教徒亲近耶稣，聆听圣谕的重要方式，并且只有在教堂中才能体现出教徒的虔诚。在调查中，我们对礼拜情况进行了调查，结果发现，基督教徒对于参加教堂礼拜还是非常积极的。

表 9：参加教堂礼拜的频率

参加教堂礼拜	频 次	比 例
每周一次以上	206	60.4
差不多每周一次	108	31.7
一月一次	9	2.6
很少去	8	2.3
其他	1	0.3
	341	100.0

"每周一次以上"和"差不多每周一次"的共占 92.1%，而"一个月去一次"（2.6%）、"很少去"（2.3%）和"不去"（0.3%）的人都非常少，都表明广大教徒还是非常虔诚的，能够坚持每周至少一次的礼拜。这也反映出，样本中的教徒基本上都是非常贴近"主"的，能够经常去教堂参拜上帝。

至于去教堂的原因，基本上是出于对"主"的虔诚，希望获得"主"的爱。

表 10：去教堂的目的

去教堂目的	频 数	比 例
寻求主的爱	287	66.1
加强道德修养	61	14.1
家庭意愿	16	3.7
以形成一种习惯	39	9.0
受其他基督教徒影响	31	7.1
合计	434	100.0

调查数据显示，虽然教徒们去教堂礼拜的目的、动机比较复杂，各种目的兼而有之，但更多的教徒去教堂为的是"寻求主的爱"（66.1%）寻求一种与主的情感交流正是教徒们的普遍需求。宗教本身就是一种道德力量，它通过教义约束教徒的行为，而到教堂进行礼拜可以净化自己的思想，获得道德上的教育，因此有很大一部分教徒（14.1%）去教堂"加强道德修养"。而"形成一种习惯"（9.0%），可能也是一些教徒在前两个原因基础上对基督产生了

心理上的依赖。其他受其他基督教徒影响和家庭的影响而产生的从众行为的比例也不低。

　　② 个人祈祷

　　每个人的需求是多方面的，且因人而异，要实现自己的愿望谈何容易，因此各种宗教要求信教者不断地进行祈祷，而且强调祈祷时信念要"诚"。于是"诚则灵，不灵则不诚"成为祈祷者的基本条件，也是检验愿望能否实现的标准。这样一来，能否实现愿望的最终责任在人不在神，成败，神皆在理，祈祷者都要心悦诚服。为了达到"至诚"，信教者除了坚定信仰外，还须不断坚持周而复始的祈祷，信心和忍耐就必不可少，祈祷也就成为每日离不开的宗教活动了。

　　祈祷是人与神交往和联系的行为方式，要通过语言工具和身体动作来表达。祈祷时，借助语言使神与人双方都成了发话者和聆听者，缩短了人与神之间的距离，直接传达了信息，赋予了意义，具有一种特殊的心理作用。

　　个人的祈祷更是如此，随着基督教历史上的几次宗教革命，教徒已经不必通过教堂才能与上帝交流，只要通过《圣经》和自我祈祷就可以达到与上帝交流的神奇境界。在调查中，我们可以看出，教徒们在私下进行个人祈祷的情况还是非常普遍的，达到了样本总体的96.1%，说明，这些基督教徒对上帝还是非常虔诚的。

表11：是否进行个人祈祷

	频　次	比　例
是	318	96.1
否	13	3.9
	342	100.0

　　祈祷可以说是信教者最普遍的宗教行为，是宗教生活中不可缺少的内容。20世纪80年代初，国外的某些统计资料表明，整个西欧约有6/10的人经常祈祷，其中以老人、妇女、鳏夫和寡妇及有孤独感者更为突出。在美国，75%的美国人每周祈祷一次，52%的人每天至少祈祷一次，甚至有的人把其作为"扩展生活领域的一种方法"。

　　教徒的祈祷频率是非常重要的指标，体现了与"主"交流的次数。在调查中，我们看到，能够坚持每天一次或一次以上的教徒占样本的73.3%，大部分教徒还是坚持每天与"主"交流，从而能够将自己每天做的事情以及经历向"主"汇报，以求能够得到"主"的指导，提高自己的修行。

表 12：祈祷时间间隔

	频　次	比　例
每天一次以上	184	58.4
每天一次	47	14.9
有时间就祈祷	53	16.8
需要时才祈祷	22	7.0
其他	9	2.9
	315	100.0

③ 阅读《圣经》

《圣经》是一部记录耶稣以及耶稣的使徒事迹的一本典籍，同时也是基督教教义的集大成者。自从马丁·路德宗教革命以后，人们可以通过阅读《圣经》来获得与"主"的直接交流，从而提高了人们与"主"之间的交流。因此，阅读《圣经》，了解"主"及其使徒的事迹和基督教教义，就成为一名虔诚的基督教徒的基本义务。

在调查中，我们看到，坚持阅读《圣经》的教徒已经成为教徒的宗教生活的重要内容。其中，不读《圣经》的教徒比例仅占样本的 1.2%，微乎其微，这也就意味着98.8%的教徒会阅读《圣经》。经常读的教徒占到了样本总体的69.6%，说明广大教徒对于通过阅读《圣经》获得与"主"的交流还是非常积极而虔诚的。

表 13：平时是否阅读《圣经》

	频　次	比　例
读	231	69.6
不读	4	1.2
偶尔读	91	27.4
布道时读	3	0.9
其他	3	0.9
	332	100.0

在阅读《圣经》方面，存在着基于职业而产生的差异。

表 14：平时是否阅读《圣经》与职业

平时是否阅读《圣经》	职业							
	工人	农民	公务员	私营雇员	私营管理	教师	学生	其他
读	73.6	52.2	70.4	68.2	77.3	47.6	47.6	74.4
不读	.0	8.7	.0	.0	.0	.0	.0	2.6
偶尔读	24.1	39.1	25.9	31.8	13.6	52.4	52.4	23.1
布道时读	.0	.0	.0	.0	9.1	.0	.0	.0
其他	2.3	.0	3.7	.0	.0	.0	.0	.0
	100.0	100.0	100.0	100.0	100.0	100.0	100.0	100.0

从表中可以看出，由于职业的不同、业余时间的多少差异，因此产生了阅读《圣经》的差异。经常读的比例在各职业中都比较高，其中尤以私营管理人员教徒（77.3%）、工人教徒（73.6%）为最高，而教师教徒与学生教徒（均为 47.6%）的比例比较低。相反的，偶尔读《圣经》的则以教师教徒与学生教徒的比例为高（均为 52.4%），而其他职业的比例都比较低，其中尤以私营管理人员教徒（13.6%）和工人教徒（24.1%）为最低。其中尤其值得注意的是农民教徒不读《圣经》的比例最高（8.7%），这与他们的文化程度不高有关，而在布道时读的以私营管理人员教徒最多（9.1%），说明他们的工作繁忙，在平时难以抽出时间阅读，只好在布道时阅读。

除了《圣经》以外，对于其他基督教书籍的阅读情况反映了教徒钻研教义的情况。与《圣经》相比，阅读其他基督教经典的比例有所下降，而不读的比例有所上升，达到了 7.3%，经常读和偶尔读的也占到了 92.7%。

从年龄上看，年龄差异对于阅读其他基督教书籍具有明显的影响。

表 15：阅读其他基督教书籍与年龄（N=304）

阅读其他基督教书籍	年龄				
	17 岁以下	18-35 岁	36-50 岁	51-60 岁	61 岁以上
读	20.0	54.0	77.1	69.2	86.3
不读	40.0	8.8	1.4	7.7	5.9
偶尔读	40.0	37.2	21.4	23.1	7.8
	100.0	100.0	100.0	100.0	100.0

阅读基督教书籍与年龄有密切的关系，年龄通过影响教育经历而对阅读基督教书籍产生影响。年龄越大，阅读比例也就越高。而不读的比例也随着年龄的增长而不断下降。说明年龄越大，对于基督教典籍的了解也就越广。

表 16：阅读其他基督教书籍与文化程度（N=304）

阅读其他基督教书籍	文化程度					
	没读过书	小　学	中　学	大中专	大　学	研究生
读	75.0	78.9	58.6	69.7	86.2	.0
不读	25.0	5.3	7.6	7.9	3.4	.0
偶尔读	.0	15.8	33.8	22.4	10.3	100.0
	100.0	100.0	100.0	100.0	100.0	100.0

文化程度是决定教徒是否能够有能力去阅读基督教经典的关键因素。从调查数据上看，基本上呈现随着文化程度的提高，阅读比例（以读和偶尔读的比例之和计）也在逐步提高的，而不读的比例则逐步下降。

另外，婚姻状况也影响对于其他基督教书籍的阅读情况。

表 17：阅读其他基督教书籍与婚姻状况（N=262）

阅读其他基督教书籍	婚姻状况		
	已　婚	未　婚	再　婚
读	71.4	49.4	50.0
不读	4.6	12.0	.0
偶尔读	24.0	38.6	50.0
	100.0	100.0	100.0

从上表中可以看出，虽然读其他基督教书籍的比例都比较高，但是，其中已婚的教徒阅读的比例较高，而未婚教徒的比例比较低。可以看出，婚姻对于一个基督教徒加深自己在教义方面的修养具有非常大的促进作用，这可能与基督教对于婚姻的忠诚的道德守则有关，而未婚教徒正因为缺乏这一因素而显得动力不足。

（3）基督教徒的宗教感受

宗教感受作为教徒在与上帝交流过程中的感受，对于教徒具有重要意义。从这种超验的交流过程中，教徒们向上帝忏悔并从上帝那里获得指示，以指导自己今后的行为，从这个意义上讲，宗教感受对教徒自身具有重要意义。

① 宗教的重要性与负罪感

对于虔诚的基督教徒来说，宗教在他的生命中的位置非常重要，可以说，宗教为他确立了一种终极的价值理念，激励他为了追求与这种超自然超人间的力量或神灵进行交流从而获得自身灵魂的解救而信仰与崇拜"主"，渴望与"主"的交流，获得"主"的爱，以便成为"上帝的选民"（韦伯）。

表 18：宗教在生活中的重要性

	频　次	比　例
非常重要	293	88.0
有些重要	35	10.5
不太重要	4	1.2
完全不重要	1	0.3
	333	100.0

从调查数据来看，宗教在教徒的生活中的地位非常重要，比例高达 88.0%，而认为完全不重要的比例仅为 0.3%。这一方面说明这些基督教徒都是一些非常虔诚的基督教徒，真正将"主"以及整个宗教教义纳入了自己的生活领域，而另一方面也说明，正式因为这些教徒对于"主"的虔诚，宗教才在他们的生活中占据主要位置。

基督教预先假定人是有罪的，并且在生活中不断地犯罪，只有信奉基督，并且不断地按照教义向"主"忏悔，得到主的宽恕，才能获得解救。这种原罪观念是基督教徒的基本宗教观念，因此，这一宗教感受对于衡量一个基督教徒是否虔诚是非常重要的。

在调查中，我们发现，大部分基督教徒的"原罪"观念还是非常强烈的，觉得自己每天有意无意犯罪的比例高达 85.0%，而否定的看法则为 14.9%，说明宗教观念已经发生了变化，相当一部分人对"原罪"观念的理解已经发生了偏离。

　　同样，在祈祷时"是否因为自己犯的罪而在主面前流泪"的问题上的看法也出现了差别。认为完全会的占 47.0%，偶尔会的占 42.0%，认为自己不会的占 6.4%，总体上看，有这种行为的教徒还是占到了绝大多数。与原罪相对应，这种认罪行为的比例也相对较高。但是值得注意的是，相当一部分教徒虽然认为自己并不每天在犯罪，但是，在具体行为中还是会按照教义规定的仪式去做，这种形式与内容相脱离的现象正反映了社会剧烈变动当中，基督教徒行为方式的变化。

　　一般来说，年龄越长，对于基督教义的理解也就越深，同时这种观念与行为的契合度也就越高，而年龄越轻，对于宗教教义的规定越容易趋向一种仪式化的遵守。

表 19：祈祷时你是否因犯罪在上帝面前流泪与年龄（N=304）

祈祷时，你是否因犯罪而流泪	年　龄				
	17 岁以下	18-35 岁	36-50 岁	51-60 岁	61 岁以上
会	20.0	45.0	44.4	69.4	44.9
偶尔会	40.0	43.6	45.8	19.4	49.0
不会	40.0	6.4	4.2	8.3	4.1
其他	.0	5.0	5.6	2.8	2.0
	100.0	100.0	100.0	100.0	100.0

　　从表中可以看出，在祈祷中人们因犯罪在上帝面前流泪这种行为的产生呈现明显的不规则现象。总体上看，年龄比较小的教徒，由于思想较为活跃，对于这一表达宗教情感的行为更不重视，不会的比例高达 40.0%。同样的现象也发生在中年教徒身上（51-60 岁），为 8.3%，但比例要比青少年教徒为低。

　　② 是否与上帝同在

　　是否感觉到自己是以某种方式在上帝面前，也就是能否感觉到上帝与自己同在，这是一种深刻的宗教体验。同时，与上帝同在也是一种制约监督机制，即教徒在做任何事情的时候，是否感觉到有上帝在注视他，监督他的行为，从而能够在这种外在的监督下按照基督教所制定的道德行为规范行事。在调查中，我们发现，84.7%的教徒有这种感觉，而也有 15.7%的教徒没有这种感觉，说明有相当一部分的教徒并没有体验到这种感受。

　　在这种宗教感受上，存在着基于年龄的差异。

表 20：是否感觉自己是在上帝面前与年龄（N=228）

是否感觉自己是在上帝面前	年龄				
	17 岁以下	18-35 岁	36-50 岁	51-60 岁	61 岁以上
是	60.0	81.3	83.0	96.3	96.6
否	40.0	18.8	17.0	3.7	3.4
	100.0	100.0	100.0	100.0	

从表中可以看出，总体上有这种感受的教徒的比例在各年龄段都比较高。同时呈现出一种趋势，年龄越小，感受到这种感觉的教徒就越少，比例相对也较低，在 17 岁以下的教徒中，没有这种感受的竟占到了 40.0%，说明他们的宗教修行还不够。之后随着年龄的增长，有这种感受的教徒也不断增长，到 61 岁以上达到最高，为 96.6%。

另外，有无这种感受还与婚姻状况有关。

表 21：是否感觉自己是在上帝面前与婚姻状况（N=199）

是否感觉自己是在上帝面前	婚姻状况		
	已　婚	未　婚	再　婚
是	86.5	81.4	.0
否	13.5	18.6	100.0
	100.0	100.0	100.0

从表中可以看出，已婚的教徒中有这种感受的人较未婚教徒为多，比例相对较高。值得注意的是，再婚的教徒完全没有，这可能与再婚违反了基督教义有关，由于他们违反了，因此上帝便对他们不再眷顾。

从教徒的角度看，任何人都是有罪的，为了取得主的宽恕和拯救，必须严格遵守教义，勤奋工作，以向上帝证明自己，从而获得上帝的拯救。在调查中，我们发现，广大教徒中绝大部分都曾经感觉到被上帝拯救过，比例高达 97.7%，仅有 2.3%的教徒没有这种感觉，说明广大教徒对于上帝拯救还是有感觉的。

与上帝拯救相对应，上帝也要对教徒的偏离教义的行为进行惩罚，可以说，这是上帝对教徒的最有力的制约。在调查中，感觉上帝惩罚过的教徒比例为 70.2%，远远低于受到上帝拯救的比例，说明广大教徒还是遵守教义的，对上帝还是非常崇敬的。

③ 对"主"的信任

对于主的感情还表现在对于上帝及《圣经》的信任上。《圣经》作为基督教的宗教典籍，是上帝指导人类生活的基本手段。在《圣经》中，主为人类描述了许多奇迹，这同时也激励了教徒对基督教的忠诚，只要忠诚，任何奇迹就可能发生。因此，对主的信任就表现在对于主的能力以及未来图景能否实现上。

在调查中，有 92.1% 的教徒对于《圣经》中描述的奇迹发生完全相信，不相信的比例仅为 0.3%，另有 3.9% 的教徒不太相信。可以说，教徒对于上帝所创造出来的奇迹还是非常信任的，这又从另一个方面证明了教徒对于上帝的信任。

表 22：上帝为教徒会带来

	频　次	比　例
富裕	37	7.1
身体健康	97	18.6
事业成功	60	11.5
充满信心	238	45.7
其他	89	17.1
	521	100.0

从上帝能为教徒带来的各种福音中，教徒们的选择也是多种多样的，既有世俗性的富裕、身体健康、事业成功，也有精神上的充满信心。总体上看，教徒对于福音中最希望的是"获得充足的信心"（45.7%），说明人们还是更为看重精神上的满足，对于世俗性的目标，教徒看重的还是"身体健康"，而外在的"富裕"和"事业成功"的比例都比较低。在这个问题上，教徒大多数还是重精神轻物质的。

从另一方面来说，当前人类面临着众多危机，而这些危机的解决真是仁者见仁、智者见智，目前的看法还不是很统一。对于基督教徒来说，出于对上帝的信任，他们更多地把解决问题的关键放在了上帝这方面。

从基督教徒的角度来看，人类面临着许多危机性的问题。普遍的看法认为，道德危机（26.8%）和精神空虚（24.5%）是人类面临的最为头疼的问题，现实状况正是如此，这也是教徒们选择信教的很重要的原因之一。另外，其他问题如环境污染（15.6%）、世界末日来临和战争暴力（12.4%），也是他们认为严重的人类问题，这些问题的解决在他们看来，非要借助上帝基督教的力量。

表23：基督教能为社会做些什么

	频　次	比　例
拯救人类	197	21.5
重整社会道德	128	14.0
消除战争	82	9.0
使人类互相友爱	206	22.5
建设精神文明	125	13.7
家庭和睦	133	14.5
其他	44	4.8
	915	100.0

上表中可以看出，较多的教徒认为上帝能够"使人类互相友爱"（22.5%）和"拯救人类"（21.5%），其次是"家庭和睦"（14.5%）和"重整社会道德"（14.0%）、"建设家庭文明"（13.7%），最后才是"消除战争"（9.0%）。当然，教徒们认为基督教的作用是多方位的。但是针对人类面临的危机，宗教的最重要的作用是能够重整社会道德，创造一种人与人之间的新型关系，使人们相互友爱，从而为其他问题的解决创造一种合作解决的基础。而对于其他具体问题的解决则大多是间接发挥作用，对于这一点，教徒们都有着明确的认识。

（4）基督教徒对其他宗教的态度

宗教的认同功能能促成强大的凝聚力，它可使同教者亲近，但由于这种认同的专注与执着，也容易引起排斥其他宗教和同教其他教派的情绪，他们认定只有自己真正站在上帝或神的一方为正宗，真正忠实地恪守上帝或神的旨意，而视其他宗教、教派为异己和非正统，极易对其产生排斥心理。印度的印度教、伊斯兰教与锡克教之间的怨恨和争端就是强烈的宗教认同所带来的负效应。在全民族信仰某种宗教的地区，宗教所带来的认同感往往会导致狭隘的民族主义，因而造成与其他民族与国家的紧张与冲突。

① 对其他宗教信徒的态度

在基督教历史上，这种对其他宗教徒的迫害也时有发生。在当代日益开放的社会中，这种情况是否有所变化呢，在调查中我们对此进行了调查。

在与其他宗教徒的交往上，49.5%的教徒与其他宗教徒进行过接触，50.5%的教徒没有这种经历。说明虽然宗教之间的壁垒依然存在，但是以往相比，已经有所松动，良好、融洽的宗教之间的新关系正在形成。

表 24：其他宗教徒之间的关系

	频　次	比　例
佛教	131	76.2
道教	15	8.7
天主教	20	11.6
伊斯兰教	4	2.3
其他	2	1.2
	172	100.0

在教徒们所接触的其他宗教徒中，佛教徒的比例最高，达到了76.2%，这与佛教在我国的影响范围较广、影响程度较深有关，并且这些地区本身的佛教发展也比较快。其次是天主教（11.2%），基督教与天主教有着天然的亲缘关系，两教的教徒相互之间的交往也是很正常的。对于其他的宗教如道教、伊斯兰教，虽然是中国本土宗教或者外国传入的，但在这些地区的影响很有限，这也可能是造成他们与基督教徒交往不多的原因。

由于教义的不同，其他宗教徒之间交往可以形成较为密切私人关系吗？调查数据显示，这种可能性非常大，在与其他宗教徒有交往的基督教徒中，与其他宗教徒形成亲密的朋友关系的比例为 53.5%，说明随着社会的日益开放，人们的思想观念也逐步从保守转向解放，对于其他宗教之间的关系有了更为理性的认识，他们之间的关系正在发生积极的变化。在亲密的其他宗教徒朋友中，信仰佛教的最多（79.2%），其次是信仰天主教（8.5%）、然后是道教（5.4%）和伊斯兰教（1.5%），这与前文的结果是一样的，佛教徒与基督教徒更有可能成为亲密的朋友。

当问及"假如在家庭亲属中有其他宗教徒，你会如何"时，许多的教徒更多地是采用一种宽容的态度并试图去改变他，那种反对态度则不是很强烈。

表 25：对血亲中的其他宗教徒的态度

	频　次	比　例
反对	30	9.3
支持	16	5.0
努力改变他	220	68.5
顺其自然	42	13.1
其他	13	4.0
	321	100.0

调查数据显示，对于家庭中的亲人与亲属中的其他宗教徒，基督教徒普遍所持的态度是"努力改变他"（68.5%），其次是"顺其自然"，为13.1%，反对的只占9.3%，另外支持的也占5.0%。总体上看，坚决反对的只是很小一部分教徒，大部分教徒是付诸行动，通过自己的努力，向亲人中的其他宗教徒宣传基督教义，促使他们发生变化，皈依基督教。说明即使是在亲属中，信奉其他宗教还是可以接受的，这从另一个层面上表现出其他宗教之间的关系发生了新的变化，宗教之间的关系逐步趋向宽容、开放。

② 对佛教的态度

佛教是从印度传入我国，在我国迅速发展，成为我国的第一大宗教，具有极其广泛的影响力，同为外传宗教的基督教的影响较之则影响要小得多。因此，研究基督教与佛教之间的关系问题具有非常重要的意义。基督教徒对于佛教的看法包括从基本认识到具体行动之间。

在基督教徒眼中，对于佛教的评价比较低，相当多的教徒认为佛教是"封建迷信"（44.9%），其次是认为佛教是一种"偶像崇拜"（33.7%），其他有代表性的意见还认为佛教是"传统文化"（11.2%）。总体上看，基督教徒对于佛教有一种贬低的评价，这种评价是基于宗教偏见而产生的，这种看法的形成与发展，必将会对人们对待佛教徒的具体行为产生影响。

在对佛教的看法上存在着基于性别而产生的差异。

表 26：对佛教的看法与性别（N=275）

对佛教的看法	性　　别	
	男	女
迷信	38.9	49.4
偶像崇拜	38.1	29.6
魔鬼	1.8	4.9
哲学	4.4	0.6
传统文化	14.2	9.9
其他	2.7	5.6
	100.0	100.0

从表中可以看出，男性教徒比女性教徒更倾向于将佛教认为是"偶像崇拜"和"哲学"、"传统文化"，而女性教徒比男性教徒更易于将佛教认为是"迷信"和"魔鬼"。总体上看，男性教徒的看法较为理性，倾向于将佛教看成是某种理性化的产物，而女性教徒则从感性上认为佛教是某种非理性的产物。

同时，66.3%的基督教徒家中有佛教徒，反映出佛教的巨大影响，同时也为基督教徒提出了怎样处理两种不同价值理念之间关系的问题。在处理与亲属中的佛教徒之间的关系的时候，与前文相类似，基本上是想通过一种潜移默化的影响改变家人对佛教的信仰。调查数据显示，"平时向他传播福音"（45.3%）与"努力改变他"（30.8%）是处理他们之间关系的基本准则，当然，在此之外，还有一种"和平共处、互不干涉"（21.8%）。基本上没有激烈的冲突，基督教徒还是寄希望于能够通过家庭中的相互影响使佛教徒放弃佛教而转信基督教。

同样，对于家庭以外的佛教徒，基督教徒们采取的态度也是非常宽容的。在问及"如果一位佛教徒进入你们正在举行活动的教堂或场所，你会怎样"时，75.0%的教徒会"欢迎他一起参加"，13.1%的教徒会"顺其自然"，只有3.5%的教徒会感到"心里厌烦"，但并不表现出来，而明确表示"请他离开"的教徒仅占1.3%。同样的，如果一位佛教徒有困难寻求基督教徒的帮助，有89.9%的教徒会自己或找别人帮助他，仅有3.9%的教徒会采取"不帮他"的行动。

这就形成了与教徒对佛教认知的巨大反差，虽然教徒对佛教的看法并不是很好，但在具体交往中，他们对佛教徒还是非常宽容的。

　　另外，基督教徒对佛教的态度还反映在对于佛教典籍的了解上。在这方面，与教徒对佛教的认识非常一致，明确表示有意识去了解的基督教徒仅为22.6%，说明如果涉及到教义的层次，一般的教徒的保护性还是很强的。

　　在是否了解佛教典籍的问题上，存在着基于性别、文化程度的差别而产生的差异。

表 27：了解佛教教义与性别（N=293）

是否有意识地了解佛教教义	性　别	
	男	女
会	30.5	17.1
不会	69.5	82.9
	100.0	100.0

　　从表中可以看出，在有意识了解佛教教义方面，男性教徒比女性教徒的可能性更大，这要归因于男性教徒对于佛教的认识还是比较理性，因此会有意识地去了解，从而再与基督教义进行比较，坚定自己的信仰。

表 28：了解佛教教义与文化程度（N=293）

是否有意识地了解佛教教义	文化程度					
	没读过书	小　学	中　学	大中专	大　学	研究生
会	33.3	5.1	19.6	26.9	44.4	50.0
不会	66.7	94.9	80.4	73.1	55.6	50.0
	100.0	100.0	100.0	100.0	100.0	100.0

　　从表中可以看出，文化程度对于人们是否有意识了解佛教教义具有明显的影响，文化程度越高，就会越有意识地去了解佛教教义。说明文化程度越高，对于两种宗教之间的差别的认识也就更加理性，对佛教教义的看法也就更宽容。

　　③ 基督教徒的佛教理解

　　在与其他宗教教徒交往的基督教徒中，与他们形成亲密朋友关系的基督教徒比例为53.5%。这与历史中"教案"不断，视"洋教"、另类者大相径庭。

历经几十年的社会发展与社会变迁，基督教已经相当的中国化，普通的中国人已经不再以基督教为"洋教"。社会学意义上的现代社会正逐步建成，人们的宗教信念也有了相应的生存空间，能够从宗教方面的道德保守转向信仰宽容，可以与其他宗教进行接触乃至理解，彼此相待的态度也比较理性。所以，基督教徒与非基督教徒可以交友，亲密相处。基督教与其它宗教的生活交往关系，表现得比较正常。

在基督教徒与其他宗教朋友的交往关系之中，佛教徒朋友以基督教徒居多一样，基督教徒的朋友也是以佛教信仰者最多（79.2%），其次才是天主教教徒（8.5%）、然后是道教（5.4%）和伊斯兰教的信仰者（1.5%）。从现有宗教的交往而言，佛教徒与基督教徒是有可能成为亲密朋友的，两教之间的交往、沟通，显得比较直接。

当调查中问及"假如在家庭亲属中有其他宗教徒，你会如何"时，许多的基督教徒往往能够采用一种宽容的态度并试图去改变他，反对并表示无法共同生活的态度极其微弱，毫不强烈。对于家庭生活的重视，促使他们将宗教信念与家庭伦理和谐处理，很少有因为宗教信仰之相左而破坏了正常家庭关系的现象。

基督教徒对于家庭中亲属中的其他宗教徒，普遍所持的态度是"努力改变他"的信仰、以归顺基督教（68.5%）；但是在此种努力难以成为现实的时候，他们的态度也能够"顺其自然"，比例为13.1%，反对的只占9.3%。另外，支持其他宗教信仰者，也占 5.0%的比例。总体上看，对于其他宗教信仰的坚决反对，仅仅是基督教徒之中比例很小的部分教徒。这说明，即使是在亲属关系中，基督教徒对于家人信奉其他宗教，还是可以接受和理解，同样显现出教际关系可加协调的生活空间。

还有 66.3%的基督教徒,在家庭生活中愿意和佛教徒共同生活、和平共处。这反映出佛教传统的深厚与普遍，不得不促使基督教徒直接面对与己相异的宗教信仰及其生活方式。特别是近年来，中国基督教的发展比较迅速，在其处境化及其社会化的过程之中，常常会与佛教或其他宗教相互遭遇。

为此，大多数的基督教徒，并不要求自己的家人人为地改变已有的佛教信仰，更无强力控制以及暴力压服，而是意在于通过互相的生活，彼此的了解，以达到家人改变信仰的目的。调查的数据显示，"平时向他传播福音"（45.3%），促使家人接受基督教，为基督教徒的最主要生活态度。其次，则是在日常的家庭生活之中，想方设法，"努力改变他"（30.8%）。虽然，基督教信仰及其理念，乃是基督教徒处理日常生活以及家庭伦理关系的基本准则，但是，在基督教看来，信仰的不同，并不妨碍基督教徒和佛教徒之间的正常生活以及家庭感情，能够彼此之间"和平共处、互不干涉"。

调查数据中，有 21.8% 的基督教徒认为与佛教徒同居一家，基本上不会构成激烈的冲突。家庭生活及其和睦相处的要求，甚至与宗教信仰同等重要。正如某些教徒所说，基督教信仰就是教人以爱，彼此相爱，也就是基督教信仰的精神所在。与此同时，传统的儒家道德及其对于家庭生活的强调，几乎在所有的基督教家庭生活中，也都有深切的感受。基督教与佛教、儒家在社会道德层面上的亲和性，由此可以窥豹一斑。

所以，在问及"如果一位佛教徒进入你们正在举行活动的教堂或场所，你会怎样"时，75.0% 的教徒会"欢迎他一起参加"，13.1% 的基督教徒会"顺其自然"，只有 3.5% 的教徒会感到"心里厌烦"，但没有强烈的行动表现；明确表示要"请他离开"的基督教徒仅占 1.3%。同样的，如果一位佛教徒，有困难寻求基督教徒的帮助，有 89.9% 的基督教徒会自己或找别人帮助他，仅有3.9% 的教徒会采取"不帮他"的行动。

此类态度，与佛教徒对于基督教徒的方式那样，已经超出于家庭范围，进入公共生活领域。虽然这种不分彼此的态度，依然是基于基督教的价值观念，"欢迎他一起参加"，但是，这可以在一定的程度上说明，宗教信仰并没有成为公共生活的界限，以信仰区分你我。不然，宗教对立就会根深蒂固，难以消除。

然而，在对于佛教的认知层面，基督教与佛教的交往则存在一些问题。相当多的基督教徒基于一神教的教义及其价值判断，对于佛教的评价往往不高，对于佛教教义并不具备太多的了解。一般的基督教教徒都认为佛教是"封建迷信"（44.9%），是一种"偶像崇拜"（33.7%），只有少数人认为佛教是"传统文化"（11.2%）。基督教徒对佛教的态度，还表现在他们对于佛教典籍及其教义的了解上。在这方面，明确表示有意识地去了解佛教教义的基督教徒仅为调查对象的 22.6%，说明基督教徒的护教意识及其判教观念相当强烈。

特别是一般的基督教徒对于佛教徒普遍所持的态度，首先是"努力改变他"以归顺基督教，其次才是在此种努力难以成为现实的时候，其态度才会改变为"顺其自然"、和平共处。尽管这种对待佛教的方式，不会发生宗教间的冲突，但是这种方式本身，却存在着一种较强的宗教本位思想。倘若是过度的执著于宗教立场及其绝对要求，仅仅以基督教的神学思想来理解佛教的教义、佛教的礼仪及其意义，耶佛的交往就会变得不可能、不正常。

调研当中，许多基督教徒是为"求平安"而获得的"平安信"，这种信仰占总体样本比例的26.6%。另外，由于血亲的影响而接触、信仰基督教的教徒，占59.0%。而在信仰基督以前，很多教徒也采用过其他方法来寻求解脱，如拜菩萨、求神签等等，最后才接近基督教。此类现象的比例也高达62.9%。这种信仰方式，也相当深刻地制约着基督教徒对于佛教教义的理解。如果再加上职业、性别和文化等方面的差异，基督教徒在对佛教教义的理解，远比行为层面的沟通要低。

这就是说，宗教行为较之宗教信仰及其教义的理解，更易于产生教际沟通的可能性。不去人为地区分教别、教义，日常生活中则可以不分你我，不分耶佛。倘若宗教组织能够进行某些有意识的社团活动，让不同信仰者在活动层面彼此认识、了解，友好相处，然后再致力于教义层面的理解和沟通，也许，这将直接左右着当代中国宗教交往或宗教对话的社会水准。

（5）耶佛交往的社会——经验模式

通过以上的数据分析，可以把耶佛交往分为信仰特征、彼此相处、教义理解、交往行为等四个层面，分别从地点、性别、职业、婚姻、年龄、文化程度等方面，对耶佛交往的具体情状予以考察，以分别把握耶佛交往的社会特征。我们发现，这四个地区（杭州、宁波、莆田、厦门）的耶佛交往，总体上存在着如下特点：

就目前宗教交往的现状来看，现实生活中的宗教关系，将以基督教与佛教的交往或对话，构成宗教间对话的主要宗教。

本研究结果显示，各类宗教交往关系之中，42.6%的佛教徒接触最多的宗教是基督教，佛教徒与基督教徒交往成为朋友者为44.1%。与此相应，而基督教徒与佛教徒交往的比例高达到76.2%，在基督教徒的其他宗教朋友中，基督教徒的佛教朋友也是最多（79.2%），其次才是天主教徒的朋友（8.5%）、然后是道教（5.4%）和伊斯兰教（1.5%）。

身为佛教徒的各种职业工作者，大都能够在不同程度上接受基督教信仰及其差别的存在，并对基督教怀抱友好态度。其中，私营管理人员与学生的态度最为友好，持欢迎他们参加态度的佛教徒比例达到66.7%和65.7%。在顺其自然的意见中，军人教徒和私营雇员教徒的比例最高，分别为 100.0%和 87.5%。比较而言，文化层次比高的职业或职业功能比较开放者，如私营管理人员、军人、教师、学生以及公务员、私营雇员等的佛教徒，基本上都会去主动了解基督教教义和阅读《圣经》。平均有 60.9%各种职业的佛教徒表示，他们会有意识地去了解基督教教义或者去阅读《圣经》。这说明，职业关系已经与宗教信仰的社会特征构成了某种内在的关联。传统职业者比较趋向于宗教意识的保守或固执，而处在社会变迁之中职业关系比较活跃的宗教信仰，其宗教立场往往会显示出相应的开放姿态。

在社会行为层面，佛教徒对于基督教徒的态度也非常友好。当问及"如果一位基督教徒进入你们正在进行佛事活动的寺院，你会怎样"时，有 53.4%的教徒会欢迎他一起参加，另有 41.9%的教徒顺其自然，仅有 1.3%的佛教徒表示心理厌烦，但不会付诸行动不让他参加，只有 1.7%的佛教徒拟立即付诸行动，请他离开。这个比例为 53.4%的宗教交往方式，将构成佛教、基督教在社会行为层面的正常互动空间。

因此，佛教与基督教的社会交往空间非常开阔，至少在 50%以上的佛教徒心目中，可与基督教徒和平共处、友好往来。此可为佛教、基督教社会交往提供一个相当平和的社会环境，甚至是直接对话的社会语境。

在地区特点方面，佛教在杭州和莆田的影响比较深，无论从宗教活动、宗教信仰以及与基督教徒的交往上所反映出来的宗教态度都比较虔诚。然而，在社会行为方面，杭州和莆田的佛教徒显得更加宽容，欢迎基督教徒一起参加活动的比例较高（分别为 65.5%和 62.2%），厦门为 55.9%；宁波佛教徒的亲友中有基督教徒的比例最高，与基督教徒的交往态度很平常，顺其自然。

在基督教徒遭遇困难的时候，杭州与莆田的教徒会更多地主动帮助他，其比例分别为 98.3%和 94.2%；而宁波的教徒在找人帮助他的态度上略有偏高，为 26.2%。杭州和宁波的教徒的助人意愿比较明显，不帮助基督教徒的比例均为 0。

宁波的教徒在处理与亲友中基督教徒的关系时，最容易采取互不干涉、和平相处的方式（93.4%），其次是厦门（82.7%）；在努力改变他原来的基督教信仰的方式上，莆田佛教徒的宗教立场比较明显（38.9%），其次是杭州的佛教徒（23.9%），厦门和宁波地区的佛教徒则态度柔和，甚至是没有这种要求。该组数据表明，宁波佛教徒在处理基督教徒的交往关系上最为宽容。

从基督教徒的角度而言，比例为 66.3% 的基督教徒，在家庭生活中愿意和佛教徒共同生活、和平共处。在问及"如果一位佛教徒进入你们正在举行活动的教堂或场所，你会怎样"时，75.0% 的教徒会"欢迎他一起参加"，13.1% 的基督教徒会"顺其自然"，只有 3.5% 的教徒会感到"心里厌烦"，但没有强烈的行动表现；明确表示要"请他离开"的基督教徒仅占 1.3%。同样的，如果一位佛教徒，有困难寻求基督教徒的帮助，有 89.9% 的基督教徒会自己或找别人帮助他，仅有 3.9% 的教徒会采取"不帮他"的行动。

此类态度，与佛教徒对于基督教徒的方式那样，已经超出于家庭范围，进入公共生活领域。虽然这种不分彼此的态度，依然是基于基督教的价值观念，"欢迎他一起参加"，但是，这可以在一定的程度上说明，宗教信仰并没有成为公共生活的界限，以信仰区分你我。

然而，在对于佛教的认知层面，基督教与佛教的交往则存在一些问题，如再加上职业、性别和文化等方面的差异，基督教徒对佛教教义的理解，远比行为层面的沟通要低。相当多的基督教徒基于一神教的教义及其价值判断，对于佛教的评价往往不高，对于佛教教义并不具备太多的了解。一般的基督教教徒都认为佛教是"封建迷信"（44.9%），是一种"偶像崇拜"（33.7%）。

而通过对于东南沿海基督教徒的调查，我们可以发现在这些地区的基督教徒中存在着以下一些特点。

首先，亲近耶稣的时间和正式受洗时间都比较长，调查数据显示，总体上亲近耶稣的时间都处在 30 年以内，亲近耶稣的时间以 15 年以下为最多（57.8%），同样，年龄因素对于亲近耶稣的时间有更加直接的影响。另外，职业、调查地点的不同对于亲近耶稣的时间有明显的影响。并且由于接触基督教的时间都比较长，对于基督教的教义有明确的认识。在促使教徒信教的各种因素中，更多的是一些俗世间的问题。同时，血亲教徒的影响力不可忽视，由于血亲的影响而接触基督教徒占 59.0%。从教徒本人的动机出发，主要是为了"求平安"，在信教原因中，为了"求平安"而信教的比例为 26.6%。

同样，在信仰基督以前，很多教徒还采用过其他手段来进行解脱，如拜菩萨、求神签，等等，在教徒中达到达 62.9%，，并且这种方式要受到婚姻状况、文化程度、自然年龄等因素的影响。

其次，在宗教活动上，基督教徒基本能够进行各种宗教活动，对于主的感情较为深厚，宗教态度较为虔诚。去教堂参加礼拜"每周一次以上"和"差不多每周一次"的共占92.1%，而"一个月去一次"（2.6%）、"很少去"（2.3%）和"不去"（0.3%）的人都非常少。个人私下的祈祷，频率都很高，达到了样本总体的96.1%。能够积极地阅读《圣经》和其他基督教经典，其中，不读《圣经》的教徒比例仅占样本的1.2%，与《圣经》相比，阅读其他基督教经典的比例有所下降，而不读的比例有所上升，达到了7.3%，经常读和偶尔读的也占到了92.7%，从而能够加深对教义的理解。

在宗教感受上，对于主的感情非常深厚，84.7%的教徒相信上帝与自己同在。非常信任主的能力，对《圣经》上所发生的奇迹深信不疑，92.1%的教徒表示非常相信。同时他们认识到虽然人类社会面临着很多的危机，道德危机（26.8%）和精神空虚（24.5%）是人类面临的最为头疼的问题，但是，只要在主的周围，通过基督教的信仰的传播，人类的这些问题就会逐步解决。

第三，在与其他宗教信徒的交往上，基督教徒对于其他宗教信徒的态度比较宽容，能够与他们和睦共处。在与其他宗教信徒的交往过程中，49.5%的教徒与其他宗教徒进行过接触，50.5%的教徒则没有这种经历。在对待佛教的态度上，存在着认知与行动的巨大反差。在认知上，广大基督教徒对于佛教的看法并不高，甚至很多人认为是一种封建迷信。在基督教徒眼中，对于佛教的评价比较低，相当多的教徒认为佛教是"封建迷信"（44.9%），其次是认为佛教是一种"偶像崇拜"（33.7%），其他有代表性的意见还认为佛教是"传统文化"（11.2%）。

但是，基督教徒在佛教徒的具体接触当中，广大基督教教徒还是具有非常宽容的胸襟，能够与他们和睦相处。75.0%的基督教教徒会欢迎佛教徒一起参加宗教仪式。如果一位佛教徒有困难寻求基督教徒的帮助，有89.9%的教徒会自己或找别人帮助他。

这说明，行为层面上的宗教互动，如果具有社会底线伦理作为制约，其过程往往比较顺利，互动的程度也比较理想。因为，这一互动不仅仅是耶佛双方的事情，还有社会公德、公共理性的参与和作用。因此社会行为层面的耶佛互动要比教义层面的相互理解显得容易一些；社会公共理性在耶佛之间起到了制约两教交往的基础效应。

佛教与基督教，实为两种不同类型的宗教，它是两种不同的信仰范式。一个人不可能在追随耶稣的时候，又同时追随佛陀。一个人是否能够同时属于两个或两个以上的宗教？是否可以具有双重教籍？[4] 这个问题，今天又被全球化的语境挤压出来了。目前的耶佛交往，实际上也是把此问题再次提出。据目前的研究，这种宗教交往模式，不但不会构成冲突，反而可以走向对话，即由宗教行为的互动，直接宗教理解，面向信仰对话。

全球化的语境之中，宗教的对话大抵上有神学教义的、哲学认知的或社会经验方面的几种模式。绝对不能进行在意识形态的层面。任何一种宗教的意识形态化，必然就会在宗教间发生无法缓解的冲突。在现代社会里，某一宗教体系并不具有公共权威，也不具备绝对真理。所以，宗教对话绝不是要表明自己的最终合理性，更不是要实现各宗教体系间的均质性和一元化。因此，宗教间的交往或对话，除可能产生的各种社会功能之外，它还有一个更关键的功能，那就是在宗教对话之中可以呈现各宗教体系的局限性。这种局限性，尤其是在社会公共理性的参与性比较之下，将表现得更加明显。

宗教间的正常交往和对话，只有在一个公共的社会空间里才有可能。这时，各个宗教都是一个独立的宗教实体，彼此之间接触、交往的价值原则都不在各自的宗教体系之中，而在社会的法律和道德体系之中。所以，宗教间对话的社会形式，只能是社会——经验的综合交往模式。

因为，宗教间的交往或对话，只有越出本宗教体系之外才能进行。局限于一个宗教体系内部的交往或对话，往往是不可能的事情。它的宗教信仰方式意欲在交往的形式之中获得一种新的表达形式。这就需要不同的宗教组织之间的合作与默契，进入一个非本宗教组织能够控制的领域即休戚与共的公共领域，而这种在宗教间有可能产生、形成的合作与默契，由此则具有了社会形式及其公共特征。这就是现代社会之中人们表达自己宗教信仰的社会团体方式和公共成分。[5] 而这种表达方式，就是属于非官方非市场的社会形式，也是一种经验形态的方式。其特征是，既可以突破本宗教体系教义的正统性格，亦能够在一个更大的社会领域里，以服从该宗教所生存的社会秩序及其法律的制约。

4　秦家懿、孔汉思《中国宗教与基督教》，三联书店 1990 年，第 255、247 页。

5　香农·L·荣格《宗教与美国现代社会》，今日中国出版社 1992 年，第 38 页。

换言之，任何一类都必须将宗教经验体现在法律组织与程序中。这不仅是指宗教团体内的组织和程序，也是指这些包括宗教团体在内的更大社会中的组织与程序。只有这样，该宗教方能体现出它应当具有的社会性，而不会流失于单纯的个人化的宗教体验。[6]也正是在这个层面上，我们才认为，社会行为层面的宗教交往和对话应当是一种社会——经验的形态。

在制度宗教的方面，其外在社会特征的表现大都会与社会公共事态紧密相关联，并在其宗教组织与社会的关系上，无论是对社会采取单一的拒绝还是多元的接受，都会由此呈现自己宗教组织的社会特性。但凡是对社会无法接受的宗教组织，也无法与之进行宗教间的交往和对话。特别是在当代社会之中，宗教已经成为一种专门化的制度，主要与家庭和个人相关，宗教基本上成为了个人的事情，属于个人的私生活。这时，宗教间的交往形态和对话形式，当然可以采用个人体验式的，也可以采用制度宗教的方式。然从宗教间交往的社会形式来说，这种形式就只能是一种社会形式，并在其间融入了制度化的宗教理念、个人的宗教体验以及社会公共理性，[7]然后构成其社会——经验的对话模式。

所以，宗教间的交往关系，自然就不是去强化本宗教教义的绝对性，而是通过宗教对话去设法获得一种社会性。因为只有对话才能获得这种社会性，从而在此过程之中获得更大的公共性与合法性。这种界定于社会——经验层面的对话形式，可以在宗教间嵌入一个社会互动的关系或者范畴，以使宗教间的互动关系社会化、公开化，既可抑制某个宗教盲目做大的霸权可能，亦能在社会领域导致宗教对话的"公共和平"。而这种对话的结果，始终就是一种社会经验形态而不是一种意识形态，始终是一个伴随社会变迁而自我适应变化的自变量。其意义是：平等性的获得；开放性的获得；社会性的获得；宗教间社会界限的形成。

---

6 哈罗德.J.伯尔曼：《法律与宗教》，北京三联书店1991年，第125、95页。伯尔曼还指出："法律和宗教乃是人类经验两个不同的方面；但它们各自又都是对方的一个方面。它们一荣俱荣，一损俱损。"（第95页）

7 此处的公共理性概念，参约翰·罗尔斯《万民法》"公共理性观念新论"部分，吉林人民出版社2001年。其主要内涵即属于组织良好的宪政民主社会的总念之一；是由宗教、哲学及道德等相互冲突的合理完备性学说形成的多元性；其本质和内容是公共的；其目标在于正当性的公开证明。

借用约翰·罗尔斯的话来说："这样的情形如何可能——那些信奉基于诸如教会或圣经等等宗教权威之宗教学说的人，同时又如何能坚持合理宪政民主体制的合理政治总念？……这后面的问题，重新表明了合法性观念的意义，以及公共理性在确定合法性法律时的作用。"[8]

这两个问题的综合，大抵上就是社会——经验的宗教交往及其对话模式的社会内涵了。这说明了，当代中国佛教或基督教的发展，都已具备了相当程度的中国社会伦理性格，在相当广泛的社会语境之中已经伦理化，并已在宗教之间构成了可以正常交往的伦理态度和社会行为，积累了一些值得总结的社会经验。

---

8 约翰·罗尔斯《万民法》，吉林人民出版社 2001 年，第 160、161 页。

第七章　佛耶交往的社会经验

实际上，不同的宗教交往及其认同方式，恰好就是对于该宗教及其信仰方式的认同而已。至于这些认同方式和认同的内涵，它们都会历经的历史与社会的变迁，在不同程度上，或多或少地会转换成为一种社会化的意识形态、人际交往规范或与日常生活紧密联系的价值体系了。

这些现象与问题，远非主观观念形态中的宗教对话能够触及，能够把握。它们更加鲜活，更加能够展示不同宗教、不同信仰方式之间的交往与认同。这就是说，当我们认识到，宗教及其意义就是不同的观念体系、社会关系、不同的话语体系得以交流和互动的结果，那么，人们就一定会建构一个更加有益的宗教与信仰的交往模式及其公共平台，而不会把宗教信仰对话的意义局限于神学或人文学科的场面。因为，宗教交往及其不同信仰间如何建构认同的过程，同时也是一种基于公共平台的信仰实践及信仰之间的真实互动。为此，我们在此展现的，就是耶佛两教之间活生生的交往经验，以及基督教徒与佛教徒之间真实的交往关系。

一、佛耶信仰的认知异同

1、基督徒的信仰认知

依据目前一般看法，基督教信徒一般可以分为三个层次，即知识型（大学生、白领、学者、老板）、信众型（好奇、家族性、随大众型）和功用型（与家庭、亲友无关，是由于本人实际情况需要而信教的）至于选择了基督教信仰或者是为何信仰基督教，大抵具有这样几种原因：1. 家族影响，如"婴儿洗"；2. 朋友影响；3. 个人好奇；4. 读圣经的结果；5. 西学东渐的影响。

一位牧师告诉我们，他所以信仰了基督教，是因为受到家庭的一定影响。他说：我是 1980 年受洗的。我父母都是基督徒，与他们交往的人士都比较好。文革期间，他们常常到我家里来，求父亲为他们祷告。后来，我个人作为知识青年下乡了。要说真正受影响还是在改革开放之后，当时因为母亲生病，便常到教堂来祷告，我就随他前来听布道，听了以后觉得那些教义还有些道理，然后再去看看《圣经》，就开始信了。

这位牧师说，基督教信徒信教，会受到感情、家庭生活、身体羸弱等各种原因的影响。其中，家庭的影响比例较大，估计有 40%。我们基督教里教徒之间联姻的情况是比较多的。在信仰的人里面，上年纪者的比较多，生病的也比较多，它们都是要来寻求一种寄托的。在信仰方式上，传统方式也是有的，包括一些中年人，主要还是求平安。1970 年代末 1980 年代初，一些老信徒也都是生病了，但不吃药，都是靠信心。当然，这种情况比较少。当初基督教最早多就是通过给人看病来传教的。第一个到宁波传教者就是一位眼科医生，那是在"五口通商"之后，接触的也多是老年人。通过治病，一是献爱心，一是传教。现在，我们也给人看病，星期三、星期六，在我们的诊所，主要是针灸，医生都是些退休的医生，是教徒。来看病的，有的是从农村来的，非教徒也有，有时也去上门寻诊。

特别有意思的是，这位牧师的妻子，曾经是一下岗工人，原来是建筑公司的油漆工，三年前下岗。但她认为这也是神的旨意，毫无怨言。其他姐妹中也有下岗的，也是如此看法。他们都认为，自己的生活是神的旨意。人管不住的地方，神能够管得住。[1]这几乎是基督徒比较普遍的信仰观念。

其次，家庭或亲友的影响，往往也是一些基督徒信仰基督教的原因。基督教在信仰方式上，多是受传统的家庭影响；有些慕道友，他们是自己接近教会的，这是通过各种各样的形式；至于生病作为信主的原因，原来是比较多的，但现在已经开始减少了。因为，现在信主的青年人多起来了；再说，既然生病也就应当去看病。上帝的工作，可以由不同的人去承担，虽然信仰上帝也可以治病。

一位基督徒说：我信基督，最初也是跟着父母信的，10 岁受洗。小时候，父母经常带我到我家附近的布道点去参加仪式。在那里，由讲师主持祷告，一般的程序是先祷告，再唱圣歌，接着再祷告，然后就是提出自己的疑问由

1　沈家门某教堂牧师访谈记录。

讲师做解答，最候再祷告，结束。长大以后，我就自己去教堂参加礼拜。后来，交了男朋友，他不信基督，但后来在我的影响下也相信了。我的文化水平是大专，在我的同学中也有一些是信徒。

当然，也有些基督徒选择基督教信仰，曾经受家庭传统的影响，但是，中间也有中断了几年信仰的。后来，他们觉得生活得比较无聊，便又重新选择了信仰上帝。所以，基督教的信仰不像天主教的信仰那样，完全是由家庭所致，还有一部分是自己的选择。

特别有意思的是，基督教作为一神论的信仰，也成为现代人信仰基督教的一个理由。比如，现代人都比较忙，信仰的神太多也麻烦，所以有的人以为，信基督教很简单，信一个神就行了，不用像中国传统的佛教，不仅要在庙里拜菩萨，拜了菩萨还要到道观里去抽签。信了一个菩萨，还有许多"牛鬼蛇神"要去伺候，还有祖宗神也要小心对待。他们认为，一信基督就好多了，不用那么麻烦了。

大多数基督徒能够自然而然地信仰，也有因生病等原因而信仰的。因为功利目的去信基督教，是可以的，不然人们为什么去信上帝呢？关键是通过这些事情进入教会，去接近上帝和道理。所以，信基督不是为眼前利益，是为了灵魂解脱。这就使人由对眼前利益的注重，去注重精神、灵魂和永生等问题。[2]

对大多数基督徒而言，尽管都是信仰基督教的，却因为信仰关系或个人身份地位教育的不一样，也会导致同一种宗教中信仰方式的不同。年纪大的信徒，虽然信仰了基督教，但他们信仰表达方式却是传统佛教、道教式的，大多以为信了上帝，就可以不生病等等。在这种类型的基督教信仰者之中，文化素质低的，大都会采用传统的信仰方式。所以，即便是基督教的信仰素质，也存在不少问题。一位老牧师认为，在基督徒的素质问题上，主要是如何在逆境中仍然能坚持信仰。现在进教会的人有些不纯真，他们缺乏信仰，没有奉献精神，只讲享受。在发展好的时候来教会的，他们的信仰就不一定太纯正。因为教会的发达是可以共享，只有在教会艰苦的工作环境下的信仰才是纯真的。

基督徒中间，尽管都是信仰基督教的，也会因为信仰关系或个人身份地位教育的不一样，导致同一种宗教中信仰方式的不同。年纪大的信徒，虽然

2　浙江舟山一位牧师的访谈纪录。

信仰了基督教，但他们的信仰表达方式却类似于传统佛教、或道教，大多以为信了上帝，就可以不生病等等。在这种类型的基督教信仰者之中，文化素质低下的缘故，促使他们大都会采用传统的信仰方式。

这也说明部分基督徒信主的原因，除了家庭因素以外，还有一个就是生病。在此方面，这些基督徒的信仰认知，与很多佛教徒也是一样的。人生病了就会四处求医，有的还去拜佛。如有一对夫妇，是中学教师，得了鼻癌、胃癌，教会祈祷后就好了，现在被聘为堂管会的执事，原来已被判为死刑的人，现在在负责卖《天风》杂志。这一类的信仰选择与认知现象比较多。在农村，有的人得了精神病，也会去求教会。

虽然有不少基督徒是受各种基督教教会宣传的影响而信基督教的，如朋友的介绍，或听福音广播、看基督教的书籍，但是在他们在当下社会商品大潮中的影响下，也有来教会谋生的人。一般信徒，教会是可以选拔送到神学院去学习的，有的没考上大学的尤其如此，之后就可以做牧师了。但就这样他们还会讨价还价。原来都是讲奉献，进教会是没有个人要求的。现在，部分地区基督教信徒的构成，不得不以老年人信教的比较多，因为青年人是想不到去信的，只有老年人才想得到。其他宗教、其他地区也大多是一样。在文化的构成上，大专水平的不多，主要是高中、初中水平的。有些党员也信基督教，只是不愿透露他们的宗教身份。

在信仰方式上，信徒们主要是求平安和健康，这是较好的。信教对他们来说是一种依靠，是一种帮助。有了这种依靠，他们就会认为上帝是爱他的，是关心他的。上帝爱他，就会听他的祈祷。这样的信仰不能说是功利式的，若没这些信仰就不可能认识上帝。但也不能只是为了自己得好处，要奉献，要自己发光照耀他人，自私自利要改变，要自我改变自己。[3]

过去的基督教信徒，多是小学文化或没有文化，现在一般也有中学文化，但文化水平并不等于宗教素质高，如果对宗教信仰的理解、认识水平有限，素质也是无法提高的。在基督徒的信仰原因上，因生病而信的，也有相当一部分。而像医生、大学生等，基本不是这个原因，也可能与家庭有渊源。[4]

社会转轨时期，各种弊端出现，商品经济市场大潮的影响，宗教内部的许多行为为经济利益所驱动。现在，信徒很多是为眼前的经济利益所驱动，

3 某教堂一位老牧师（84 岁）的访谈纪录。
4 温州某教堂牧师访谈记录。

带有功利的目的去信教的，或为发财，或为保平安，或为身体健康等等，也就是说，信仰方式仍是传统性质的。

一位来自四川省的巴中县的农民，到沿海城市来打工已有五、六年了，在一家建筑队。他接近教会已有 3 年，现在是一家教堂里的义工。他告诉我们，他过去在巴中的时候，从来就不曾听说过什么"基督"，没有听到过"基督"二字，也没有想过什么生命的意义。他说，我没什么文化，初中也没毕业。我是出于好奇才走进教堂的，在听牧师讲道后，就渐渐信仰了基督，成为慕道友。在我信仰基督之前，一直觉得那些信主的基督徒都很傻，国家的政策开放了，邓小平的政策这么好，他们还要信基督，真是傻瓜！现在，我自己成了基督徒，回想自己的过去，觉得自己很傻，什么信仰都没有。现在看来，那些不信教的人才是傻啊！因为他们不知道人生的意义，不知道人生的目的是什么。其实，人生的意义或者说价值，就是在信仰中寻找得到的。人应该活得有意义，这个意义就在于他有信仰。

在信基督之前，我去过佛教的寺庙，是为了去玩。在我信了基督以后，我也去过，但这就不是为了玩了，是去要看看清楚，看看佛教到底在搞什么东西，不知道他们是在那拜什么。其实，佛教的创始人释迦牟尼并不曾告诉人们佛教是有神论，所以佛教应该属于无神论。佛教虽然谈到了人生之"苦"，但它并没有给出一个解决这些问题的答案，也解决不了人的生、老、病、死等问题。释迦牟尼自己也不认为自己是神，而是佛，他们讲：人人可以成佛。真正的信仰应该是有神论，而不是无神论。

人是有罪的，有语罪、行为罪等。但是，"人之初，性本善"，"罪"是人生的过失，但依靠人自己是改正不了的，所以要靠耶稣在十字架上流的血和苦难，才能刷清。佛教在这一点上就没有讲清楚，它讲靠自己，怎么靠？它没有拿出一个方案来。

信仰，是超过理性的，却又不违背理性。基督教就给了我们解决问题的方法，它将这一切都放在"罪"中，因为人有"原罪"，所以人就有生、老、病、死。这与佛教的"业"有着某种相似性。

在信主以后，我就觉得自己的行为、思想都有了很大很大的变化。因为基督教讲语言罪、行为罪、意识罪，这一切的约束都引导着我的行为和思想。平时，我随时随地都进行祷告的，比如，在与你们谈话的时候，我就向上帝祷告，希望他给我更多的智慧。我每天一有时间，还要看看《圣经》，以及一些围绕着《圣经》进行解释或讲解的书。

在我们在工程队中，也有的人对于我信基督教加以嘲讽、讥笑。同时，我也希望将自己获得的"宝"，同他们一起分享，所以我也会常常把自己的体会讲给我的那些朋友们听，向别人传播福音。在我的影响下，也有几个四川的老乡会到教堂来看看、听听福音，但他们虽对基督教的知识有了一些了解，但还不曾信仰。

我的志向是做个牧师，我要报考神学院，去学习神学，然后再回巴中去布道。

还有一位某省神学院的学生，她谈的信仰体验也很有特点。她说，科学是靠实验，信仰是靠体验。我是从小就有信仰体验的。我初中毕业，原来是龙田镇上薛村的小学语文教师。在我 5 年的任教期间，曾是当地的优秀班主任，我所教的班级也被评为市一级的先进班集体。1997 年，我辞掉小学教师工作，到福建省神学院专科学习。

在我信仰的历程中，有很多见证。在我 5、6 岁的时候，摔倒过一次，当时是口吐白沫，到医院去检查也查不出个原因出来，医院还下达了一份病危通知书。我的伯父是信佛的，他就责怪我的父母信基督，不信佛，把小女的命都要丢了；于是乎，我家邻居就劝我父母去抽个签求求；最后没办法了，我母亲只好坚持祷告，还叫来一些兄弟姐妹来帮我祷告。第二天，我的病就好了，仿佛睡了一觉似的。

还有一次，发生车祸，我给摩托车撞了一下，可是却什么伤都没有，这就是上帝见证的奇迹。我觉得，信主与不信主是不一样的，主要是信仰教人敬畏上帝。它使人害怕犯罪，做什么事情都要有责任心。人的"心路"是最难理解的，人的本罪就与此相联系的。外在的罪，就是比较容易清除的。

2、佛教信徒的信徒认知

与基督教因信称义的信仰认知与信仰方式不太一样的是，佛教信仰的选择有两个路径，一个是由理入，主张佛教经典的研读，而理解佛教的教义与觉悟的究竟；一个是由行入，强调对佛法的修正，以自己的修行体验证明佛法的神圣。也许是因为这个强调，佛教所定义的"宗教"，乃分为"宗下"与"教门"。而一般人所谓的"信佛教"，往往是礼佛、拜佛、求佛等等现象。

佛教信仰者可以分成两个大类，一类是出家僧尼，一类是在家居士，即不是出家的在家信仰者。实际上，前者的佛教信仰很容易认定，而后者的定义方式则比较困难。一般是以他们自己认为是否信佛来自我认定。

　　一位法师说，我本来是天津人，主要是在青海西宁生活，很早就出家了，那是在 1992 年。初中时，我就读过了《六祖坛经》。因为我妈妈年轻的时候就信佛，她收藏有这方面的书籍，各种佛教书都有，我就受到了一些影响。她是个小学语文教师，我父亲是铁路局局长，我的一个姐姐、一个哥哥都是从商的。　出家前，我原来是铁路机务段的团支部书记。我之所以出家，一是因为佩服慧能的经历；二是亲身见到了两次事故：一次是恶性交通事故，死了 4 人；一次是恶性火灾，死了 30 多人。经历了一系列的事故后，我开始觉得人生是那么脆弱，一不小心就没了。所以，后来我就出家了。

　　但这位法师出家以来，却有形成了比较大的困惑，觉得佛教问题多！不是世俗化，就是山林化。整个地方的佛教徒，受戒居士只有 200 多人，而渔溪镇也就是 10 多人皈依。在这里，我们佛教与社会民众的联系是不太紧密的，比较松弛。这一带的信仰基本上是民间信仰，这里的本地人主要是受"石竹山"的影响，只信本地神灵。该山去年名列风景名胜地区第 17 位，这里叫做"佛道寺"。在福清城关，那山上是佛教、道教放一起供奉。佛道教庙中，前面有佛教神像，后面又有道教的什么七爷、八爷等等。这是这里的特点；二是各地各村都有本地的信仰，有的是地头神什么的。再加上，本地人还信基督教、天主教，这样佛教的信仰空间就小多了。

　　一位大学生佛教信徒接受了我们的访谈，他为我们叙述了他选择佛教及其信仰的经过。他说，我现在是厦门大学中文系现当代文学专业 97 级的研究生，本科是在沈阳师范学院中文系毕业的。我觉得如果有过多的宗教情怀，搞研究反而不适合。我身边了解佛教的人比较多，只是我有机缘罢了。

　　1996 年 7 月，我们去了河北的柏林寺，在 3 个人中，有两个人皈依了佛教，她们现在在复旦大学读美学博士，其中的一位修持比较好，她每天都做功课，将佛法与生活结合在一起，有"精进"精神。她们当时都在辽宁大学读研究生。她是通过家庭有修持的，那时她还没有皈依，她是通过姐姐信的，她姐姐的修持更好，她父母并不相信。在她父亲得癌症逝世的时候，她们两姐妹为他念咒一个星期，最后她父亲很安详地、带着微笑地逝去。

　　在这之前，我与佛教没有什么接触，当时我在中专做老师，对工作不太满意，不顺心，现实与理想之间的差距太大。来到厦门后，与南普陀寺很近，情绪一有波动就去南普陀。我现在还有净慧法师的皈依证，与河北柏林寺的流通处也保持着联系。我是从 1999 年 1 月正式开始吃素的。在这之前，只是断断续续地听些佛学故事，看看经书，后来觉得应该吃素了，就吃了，吃的是方便素，如肉边菜。

在参加了那次的佛教"夏令营"后，我性格就有所改变了，朋友也多了，这好象是佛陀的安排，现在朋友的数量还再增多，范围也很大，无论走到那里都有朋友；过去在生活中有很多很凶的脸孔，现在好像这种脸孔越来越少了，如去医院和医生就成为了朋友，去车站买票的时候，售票员也对我也很和善。

我现在每天都在诵《心经》、念佛号，墙上、书架上都是佛像，身上也带着，寝室的朋友也比较尊重我，也有人受我影响，很信，但还没有皈依，她现在已经毕业了，在上海工作；还有另一位，经常到南普陀去拜拜。我们寝室另外还有一位是基督徒，不过我们相处的很好；她没洗礼，她说，你祈祷时也请帮我祈祷祈祷，她对基督教了解并不多。我们只是在生活态度上有些差异，准则不一样。我与室友并没有在宗教上有太多的交流。

我也见过其他的基督徒，他很想了解佛教，还为我唱圣歌，他是香港人。他曾要引导我见耶稣，我跟他说我很尊重基督，但是我与佛已经联系在一起。他就送我一本《你听过四个属灵的原则吗？》

佛的精神是一般人难以超越的，他很精进，并不是一般人认为的那样消极，阿公、阿婆们烧香时，把乱七八糟的东西如袋、包等放在佛像前，我觉得是不应该的，还有用木片在观音前算命的，都不对。我每次去寺庙都有一种回家的感觉，去了就感觉很安静，那是生活的净土。

显而易见的是，大多数佛教信徒对基督教的看法，也大多是从宗教关系及其比较出发的。一位佛教居士说，她今年60岁了，信佛是件很奇怪的事，是地藏菩萨托梦的。她在梦里让她到雪峰寺去亲近佛教。在这之前，她还从未接触过佛教，也没有遇到过什么磨难。

至于佛教与基督教信仰关系的转变，她说，现在也有些基督徒改信佛教的。原因是有的人信了基督以后，生的病还是没有好转，就改信了佛教；有的是子女信佛，父母也就随着改信了。她还告诉说，在她生病住院的时候，有位基督教徒也生病住院。那位女教徒就常常劝她信耶稣，告诉她主会保佑她的。可是，她始终认为，她所得的病，完全是因为我自己的"业"所致，所以根本不需要什么主的保佑。第二天，女教徒与她丈夫一同来唱赞歌，她也不管他们，只管自己打坐。那女教徒是位教师，她丈夫是搞音乐的。不过，平时还是好朋友。

按照她的体验，天主教、基督教与佛教最大的不同是，信天主、耶稣的，认为一切都是上帝主宰的，上帝再给予人们"爱"，这一切都是外来的。而佛教是主张一切从内心出发，慈悲喜舍皆由内心生发。

当然，也还有些地区，曾经有不少出家为僧尼者，最初一般是由于家庭生活困难才将子女送出去出家，或者是因为身体健康的原因而信佛出家。这就导致了信仰认知层面的差异。现在，经济利益的目标更为明显，也有一些人是为了赚钱而出家为僧尼的，出家做僧尼甚至成为部分人"发财致富"的一种手段。就佛教而言，宗教神职人员认为，政府最初投入大量财力恢复普陀山，普陀山一年的经济效益非常好。因此，地方政府把佛教视为"福利工业"。佛教与政府的关系比较密切，政府人员常拜普陀山。这使佛教界也深受影响，甚至有把佛教香火视为一种谋生的路径。

比如在宁波地区，在当地的农民中竟还出现了许多专门以"出家人"形式外出挣钱的，农闲其间出外做假和尚赚钱，农忙时候再回家种田，过普通人生活，家中有妻子、儿女等。他们剃了头、换了衣服，就成了和尚。与此类似，浙江温州附近、福建的福鼎，也都有人把佛教作为"第三产业"而发展，有的一家几口人都出家做和尚、尼姑。农闲的时候就到温州来，租一间房子，做和尚赚钱。农忙时，就回家干活，和家人、孩子团聚。还有一些人，从外地来，主要是四川、安徽、河南等地的，在这里租房，出外行走做法事赚钱的。这完全会影响佛教信徒的素质，从何谈文化素质。他们文化水平大都为小学、初中，目前好多了，增加了一些高中生。

正如佛教界前辈曾经说的那样：现在许多出家人出家不是为信仰，而是寻找职业，所以是职业和尚。如同一位寺庙僧人的批评那样：我们佛教界有谁在实证实修？世俗化太厉害了。有些和尚只知道建庙，建庙又有什么用？佛教的发展靠庙是发展不起来的，佛教的发展必须依靠自己的力量。

二、佛耶之间的彼此认知

一般而言，宗教信仰者对信仰的理解及其有关信仰的动力构成，会直接影响到宗教交往的广度与深度。信仰的功用特征越多，宗教交往的广度可能更大；信仰动力越是严格单一，对宗教交往的深度越是要求严格。

因此，功用型的信仰方式，更加易于与其他宗教信仰者进行交往；而非功用型的信仰方式，则不太容易与其他宗教信仰者进行交往，会形成对信仰者文化素质的一定要求。无论基督教还是佛教，这种情况，基督教信仰者或佛教信仰者之中都有，尤其是在宗教交往中的相互评论之中，这种现象会特别突出。

1、佛耶互动中的佛教认知特征

宗教学的创始人麦克思·缪勒曾经说过，只知道一种宗教，往往会对宗教一无所知。缪勒的话说的不错，但是，有人批评他说，如果一个人知道很多宗教，最好也会连一个宗教都不知道。可见，宗教的理解很困难，而宗教间的理解就更加困难了。我们在这里给读者呈现的，不是人们对一个宗教的理解，也不是比较下来的不同宗教的理解，而是宗教互动之中的宗教理解。既能包含了人们对一个宗教的理解，同时也具体宗教的间的不同理解。我们希望，在宗教互动中的理解，恰好能够建构一种宗教交往、信仰互动的特殊意义。

首先是从宗教的定义、宗教与社会的关系特征等方面来看待不同宗教的特征。佛教信仰者认为，如何界定"宗教"的内涵呢？因为，"宗教"的概念是从基督教开始，基督教是宗教。我们讲的宗教不是基督教讲的宗教。假如说佛教是宗教的话，佛教、基督教有本质上的不同。基督教是神本、神道的宗教，一神论；佛教是人本、人道的宗教，佛在人间，每个人都可成佛，非常开放。宗教与迷信的差异也是由此产生的。基督教是不可能人人都能成上帝。在这一点上，两者是有区别的。

其次，中国佛教善于与中国的传统文化、国情相结合。人间佛教嘛，大乘行是中国特点。大乘佛教在印度不能发展而在中国能够得以发展，最重要的一点是从一个人修行上转化为服务社会、关心社会。宗教生活是人的生活中非常重要的组成部分。

基督教是很难做到这一点的，它主要是保持了原有风格，如它的建筑，是西洋的。基督教很难与中国传统文化、伦理道德相符合。它与传统伦理是相冲突的，如他们认为信上帝的都是兄弟姐妹，父子母女都没有了人伦差异，还不能拜祖宗。而佛教是可以祭祀的，也明确了长幼关系，也可以对这些人回向，可以超度亡灵。

佛教寺庙的建筑风格，在各个国家都有各国的风格，适合本地，适合时代；佛像也是与时代特点相结合、相适应。这易于本土化、民族化、地域化。

这一点与基督教有不同。从佛教的历程出发，佛教信仰者会认为，基督教排他性较强，认为不信教者会下地狱。如果在一些杂志的封面有佛教的照片，基督徒就会撕掉。但佛教不会，佛教是具有宽容性的，不信教者也不会下地狱。

然而，如果从宗教走入社会、人群方面来看，即便是佛教徒也认为基督教做的比佛教好。这主要是教职人员的特点不一样。基督教神职人员与常人一样，与社会人群较易于接近，从外相上就可以说明这一点，这也便于他们布道。还包括他们的诗歌、音乐也很好听，易于引起民众的接触。这一切都利于他们亲近社会、人群。

佛教过去是参与文化建设的，但是现在却在渐渐地退出文化建设，无法站在文化创造的前沿。因为，现在的佛教在道风、学风的建设上也存在很大的问题。这是一个浮躁不安的时代，没有事也着急；一个人，也在急自己，跟自己过不去。

一个时代的发展，要有主流，需要一种主导文化为指导，一个没有主导文化的时代是很难有所发展，可能只是有一种发展的表象存在。当代就缺乏这种主导文化，佛教能担当此任吗？佛教若要成为这种主导文化还是很不容易。从敦煌到龙门，我们可以看到的是在这一条道路上，佛教在中间起到了主体文化的作用。从此以后，佛教就再难以成为主体文化了。

原因是大家对佛教、佛学还比较陌生、不了解，那些有求必应式的信徒进庙，与佛像接触的最初的出发点就错了。但是，如果不这样他们对佛教就更不了解了，所以改变这种认识不是短时间所能够做到的，消除这一偏见是很难的，僧俗两界都缺乏正确的认识。再一点，就是无神论的影响，政治的不允许。因为政党制度下，宗教成为主导文化就存在限度。但是如何可能，在其他文化形成主导文化的过程中，佛教是能够在其中产生一些影响的。

佛教被看成是多神教，信仰分歧，可以信观音，信西方佛，也可以信药师佛……，佛多，法门众出，不好管理。不像基督教，一本《圣经》、一位耶稣，这种信仰在宗教管理上也易于管理。南传佛教只信释迦牟尼一个佛，没有其他地方神的信仰。西藏只信上师，活佛说了算。所以，他们比较单纯，容易管理。至于汉传佛教菩萨很多，太多法门，太方便了，其实是只有方便没有究竟，与地方神祇易于结合，造成信仰上的混乱。没法强化一个宗派的力量，一本经书的地位没有强化。这可能与过于强调圆融有关，谈无碍，最终发展造成这种混乱现象。这就是说，越是方便的简单的法门，越是容易推广。这对普及的信仰、吸引大众都是有益的，但是法师如果以此作为修行的要求，就很不利于佛教的自身发展。

在佛教与基督教的交往过程中，各个宗教信徒针对对方的一些评论，可能会影响或者是反映了两大宗教之间的交往形式及其信仰特征。比较而言，基督徒对佛教的看法很值得关注。在这些看法之中，往往包涵了某种宗教批评。这位基督徒认为：对于佛教嘛，我认为佛教是看破红尘，而我们基督教是为了拯救罪恶的世界。

最典型的，是一位教会牧师的老家瑞安，那里有一座教堂和一座寺庙。两座宗教建筑，几乎就并列在同一个地方。曾有一个基督徒老姐妹在桥上遇见从寺庙里面出来的佛教徒时，这位老姐妹就用扇子遮住脸。她以为，我们基督徒是上帝的子民，而他们是魔鬼，所以就只好用扇子遮住脸，让他们过去。

有出家僧人也告诉我们，一家寺庙的僧人，曾经利用礼拜天的时间，到一座教堂去观看基督教信徒做礼拜，有些基督徒就冲着他高喊"shadai"、"shadai"（魔鬼"撒旦"的意思）。当然，这些僧人告诉我，像这样喊叫的，也只是些一般基督徒。

针对基督教徒对佛教的批评，一般人认为，佛教是包容性比较强的，基督教则比较排异。即便是有基督教、佛教之间的争论，宗教之间还是应该相互沟通。浙江一些地方的出家人曾经到斯里兰卡学习的，他们在斯里兰卡学习时，也经常与基督徒来往，只是基督徒强调情感、信仰，而不强调智慧。这些僧人认为，要突破"宗教定式"的定位作用，加强宗教的对话与交往。

厦门大学里一位大学生出身的佛教徒说，他对基督教我没什么了解，只是从历史、文学史上有所认识，觉得个别的基督教徒并不接受佛教，他们认为基督是至高无上的，而佛教认为一切人都是平等的。信仰基督和信仰佛陀从最高境界来说是一致的，教堂我是一直也没去过。我从来也没有寻找过精神家园，而是一脚踏进来的。对于基督徒，至少我会把他当朋友的，如果他不想与我做朋友，那是他的事。他还说，在我们厦门大学的同学圈中有一些是信佛的。对男友的要求，我希望他最好是个佛教徒，或者是亲近佛教的，或者是尊重我的信仰。

不过，事情也有例外，不是所有的基督教徒对佛教的认知都比较低。著名佛教艺术家丰子恺的一位亲戚，是一位非常虔诚的基督教徒。出生于一个三代基督徒的家庭，祖母是位传道，父母也是传道，舅舅是牧师、姨夫、姐夫也是牧师。他自己是一位大学的教授。

他说，在厦门信佛教的人数很多，但也很松散，他们彼此之间没有什么联系，所以共产党比较放心。由佛教徒改为基督徒是有的。一般都是为了保平安，求子孙发达，但对教义的了解并不多，对信仰目的不了解。在我们教堂中基督教徒的文化层次也比较高，文盲比较少，大约有几十位教授、副教授、高级工程师，我们长执会内部就有副研究员、有教授。

对于宗教信仰的看法，这位身为教授的基督教徒却是接受了著名的弘一法师的观点，认为，社会上绝大部分人为吃饱、吃好、繁衍，第二层次的是科学家，他们要发明创造，造福人类，是有追求的；第三成就是宗教徒，是向看不见的东西追求。

其中，追求应是灵魂的归宿，不是花花绿绿的世界，长寿也只是永恒灵魂的一瞬间。他明确地说，我崇敬弘一法师，还写过记念新加坡著名法师广洽的文章，在新加坡的《纪念广洽文集》中。广洽就是弘一的弟子，每次他从新加坡来我都要接待他，并与之谈论宗教。"我与广洽法师有所接触，除了宗教信仰之外，我与他接触的越多，就越觉得他这个人可尊、可敬。我是欣赏他的人格精神，他对文化的保护、传播，及对知识分子的尊重。"

在这篇文章中，他曾经对法师说过"'我是基督徒'。可是，这位法师也出乎意料地回答说：'我在新加坡也有许多其他教徒的朋友。'此外，洽师还同意我这样的观点：基督教与佛教有本质上的差别，但却有共同点。诸如教徒们追求的不是花花的物质世界，而是灵魂的归宿，基督教称为'天国'，而佛教称为'极乐世界'；又如在待人出世方面，佛教提倡'无我'，而基督教则要求'爱人如己'的爱心；再则就是自己行善，劝人行善。……"最后，这位基督教徒则以佛教徒的礼仪表达了自己对于广洽法师的敬意，"我以这篇短文作为一柱香，敬奉在洽师灵前，用以寄托我的哀思，并祈法师乘愿再来！

他也曾参加著名佛教居士丰子恺的诞辰纪念会。因为丰子恺是他大嫂的父亲。虽然他与丰子恺在信仰上有本质的差别，但大家相处都很好，对佛教、对基督教彼此也都有较好的理解，大家彼此尊重。其父亲原来是在神学院教文学的，喜好写诗、填词，所以与丰子恺也是诗友，有书信往来。

可见，无论是基督教还是佛教，同样要解决的就是人生观和价值观的问题，而非信仰的问题。从佛教总的来说，像弘一这样的高层次的人才是有，但普遍不如基督教多。信佛教因有事祈求而信的很多，基督教也有，但比佛教少。一般的信徒，在佛教、基督教之间是格格不入的。对关公这里很信，如果文化层次较高的话，双方就可以对信仰进行探讨，也有的可以取得共识。但本质上是不一样的，他们的本质区别就是上帝信仰与佛陀信仰的区别。很明显，佛教基督教之间的不同认知，其交往水准无疑是以双方的文化素养为基础的。文化素养高，认知水平也相应地高，反之亦然。

相比较而言，宗教界教职人员的认识则要谨慎得多。福建顶头村教堂的一位天主教神甫对我说：现在的教会不像以前那样狭隘了。世界上的兄弟都是一样的，不论是那个国家的，渴望过一种真善美的生活，就是一个天主教徒，只是没有领洗罢了。这就是"无名基督教徒"。现在有小孩子的领洗，但还有一种是"愿洗"，心里有愿望，但是还没有领洗的机会罢了。"梵二"以后，教会的眼光更大了，放得更远了。

无论你是属于哪一种文化，天主都会使你这种文化带有基督的精神。因为基督文化是一种博爱的文化。即便是佛教的因果报应学说，也是一种关爱世界和人生的思想。大家都是兄弟姊妹，只不过思想上有点不一样罢了。

所以，天主教与佛教共同生活的一个村里，其中的祠堂建好了，神甫也能够接受佛教徒发给他的请贴，能够去祠堂喝酒。天主教徒和佛教徒也在一起喝酒。那天，神甫去的时候还故意穿了神甫的衣服去，许多教友也去了。当然在祠堂里的时候，神甫并没有行礼，就是去吃饭。天主教徒则绝对不去祠堂烧香的，也可能会参加一些祠堂落成的礼仪。

浙江一位基督教教会的负责人说，我们各个宗教间的来往还是很好的。说佛教"不是上帝的子民"的话是有的，但是不多。我们宗教领导人之间经常来往，有些政治活动也在我们教堂里进行，很好。这就是说，政治活动可以为不同宗教的交往提供一个相应的平台，甚至是提供一种宗教协商制度。所以他们常说，宗教间的来往也可以在不同的会议上面，他们能够见面、交谈。

这说明，宗教界代表人士对不同宗教之间的交往与认知，往往要比一般的宗教信徒好得多。宗教交往的具体情况与文明水准，既要看宗教交往之间的宗教信徒关系，同时也要看其交往的文化背景。这些因素，都会直接影响到基督教与佛教交往的现状，进而导致不同地区、不同信徒之间的交往情况的差异。

　　福建莆田地区的佛教信徒众多,福建也是个佛教大省。每年 6 月 19 日"观音诞"的时候，一天便有几十万人在南普陀寺求拜烧香。当然，佛教徒的具体人数是很难确定的，所以一般不公布佛教徒数字。佛教、道教容易与一些民间信仰结合，这就造成了信仰上的不清楚。也就会出现白莲教等，像"法轮功"，这种宗教是无法辨认的。信徒们也就分不清什么佛教、道教、一贯道了，一律都拜。

　　佛教影响社会的途径主要是做人的工作。如果说佛教对社会的影响，扶贫救灾、慈善，这都不是主要的。这些事情，如果没有佛教，其他人也可以做。佛教对社会的影响应该体现出佛教自己的特点。这些慈善行为只是代表佛教徒的心意。她对社会的影响主要是在精神文明建设上做出要求、做出服务。

　　在佛教的发展过程中，现在存在着一种问题，就是爱国而忘了爱教，这就丧失了我们佛教徒自己真正的身份。现在的佛教寺庙，大多数只是旅游点，有大量的游客。我们可以通过自己所做工作来影响他们。宗教本身说到底是做人的工作，僧侣如果有水平，就可以有好的影响和引导。每当初一、十五寺庙"法会"的时候，我们就可以引导他们，让他们建立佛化家庭；这样就可以让他们做到"居家做模范公民，入寺做模范居士"。

　　我们佛教对教育的影响，尤其是对学校教育的影响是有限的、很难的，没有这种渠道。只有信佛的才学佛，大专院校的学生、教师学佛、读经，不能说成是我们对教育的影响，那是他们自愿地接触佛教，是将之作为传统文化来学习、接触的。

　　当然，佛教还具有统战的作用。在宗教的发展中，应该是同时存在法王与国王的。宗教如果发展为政治，就会不利于宗教的发展。台湾佛教的发展，都只是在外表形式上的假象，没有什么实在性的东西。佛教界的高僧出现比较少，这和学校里著名的学者少一样，环境较差。这可能也是只爱国不爱教的原因。

　　佛教还会影响到民间信仰、民间节日和民俗生活。因为，现在人们的价值观出现了混乱，什么人都想的是挣钱。城市人的生活匆匆忙忙的，充满了不安。我们广化寺的观音阁就有抽签活动。

　　对于基督教的看法，一位法师说，基督教的本土化从根本上说是不可能的，是困难的。如果基督教成为主导文化，那么社会将成为西化社会。我认为应该是东西结合，多教结合，多学派结合。

关于宗教沟通，我们提倡宗教对话，教派之间要有对话，包括与科学的对话，不能拒斥现代文明。我们计划请阿訇、神父、牧师来讲他们的宗教，这（在佛学院中）已经列入到教学计划中，让他们做专题讲座，就同一关心的问题对话，还要请专家学者来讲学。宗教对话的方式一般是：就宗教教义做专题讲座，对某个社会、道德、政治问题进行双方面的讨论，也请工商业与企业界的人士、党政界人士来，我们可以了解他们管理的方法、观察的方法。我们要求他们不对佛教作评价。我们要开放办学，这些对话是对自己有助益的。

在佛学的学习过程中，我们提倡宗教间的比较、对话，注重社会的焦点问题，比如环境保护问题、计划生育问题、下岗问题、台湾问题、科索沃问题、管理问题等与佛教的关系，努力把佛教的发展与社会的发展相结合。这是佛教寺庙为社会服务的一个主要方面和主要方法。

现在的寺庙多数都类似于"博物馆"，只是静态的，没有动态，没有活动，没有弘法行为。这也是我们自己的问题，我们没有充分运用政策。真正能弘法的以后应该是在城市，比如说用"因特网"，一间房子就可以了，所以佛教应该与科学对话，利用现代科学的多种方法、手段、途径弘扬佛法。

2、佛耶互动中的基督教认知特征

福建莆田的基督教对于莆田的佛教，认识也很不错，很有特点。虽然从基督教徒的信仰立场来说，基督教与妈祖、佛教一般是没有什么关系的。基督教徒认为，因为我们是每个星期天都有传道、讲经，依据《圣经》的教义向教徒传道，比较纯正，基督教信仰一般不会同时信妈祖或佛教的。

而在基督教徒的眼中的佛教，莆田的佛教广化寺是一座大寺，它的信仰是比较纯正的，比较正宗的，它们不作民间法事，没有什么抽签算命的活动，寺庙中的事情一般也是按佛教经典办理的。

对宗教，基督教徒是能够互相尊重的，也不说佛教什么坏话，只是宗教间的相互往来比较少。这里的基督教徒对佛教，并不认为他们是"撒旦"。

莆田教堂的牧师把当地基督教与佛教之间的交往给予了很具体的叙述。他说，我们这里也有和尚会到教堂这里来玩。曾有过10多个青年的和尚来到我们这里询问《圣经》类的事，还听我们布道。我们的信徒对他们也很宽容，我们也很欢迎。他们临走的时候还买了《圣经》回去。我们问他们，在寺庙中是否可看《圣经》，他们说可以，但唱圣诗自己是不能唱的，但也可以用耳机在收音机里听。佛教他们也学习我们，组织了唱诗班，但唱的都是佛歌。对此，我们基督教是非常欢迎他们这样做的，互相学习嘛，这只是偶尔有之。这些和尚，大都是莆田佛学院的学生，比较开放、开明。不过，有些老的和尚就不行了。

莆田市内，基督教大约有牧师50、60个，神学生有几十人。但我们的牧师和神学生没有到佛教寺庙去看的情况。我们基督教徒与具有民间信仰的人是可以结婚的，但与信佛教的人结婚，现在还没有发现。

另外，我们基督教是比较注重文化的，过去我们这里曾办有两所著名的中学，一个是哲理中学，就是现在的"二中"。本堂牧师也是从哲理中学毕业的。一个是咸益女中。过去满清的时候，男女是不能同学的，教会适应这一点，就办了女子中学。所以，莆田很早就有了女大学生，如女科学家林兰英。

我们教会影响社会的渠道，过去主要是在文教、医疗等方面。所以，我们现在也比较注重医疗。现在的莆田医院、涵江医院（过去叫兴仁医院）都是教会医院，仙游医院（过去叫协和医院）也是。莆田县的好几任院长都是我们培养的。

当然，教会对社会的影响一般还是通过家庭。没有信主之前，家庭常常会出现一些矛盾，比如夫妻、婆媳间的矛盾，但在信教后家庭就和睦起来了，这对社会稳定是起到作用的。我们基督教讲究要在家庭、婚姻、夫妻、婆媳之间和小孩的教育上，互相关心，这与孔孟的传统也是相通的。基督教注重孝敬、尊重老人，这是中国传统的文化。我们主张要在父母活着的时候关心、孝敬他们，不主张父母死后的厚葬、烧香磕头。主张实际关心。

比如，基督教在人死后，一般可以开个家庭的小型聚会，搞个追思礼拜，谈谈老人的好处，怀念他是如何培养后代的，这也可以教育下一代，让后人了解先人的生平。这种礼拜，是在尊重家属的前提下，或是在教堂，或是在家里进行，一般是在家庭里的多些。我们牧师主持礼拜是免费的（佛教则可能要花很多钱）。葬礼也按基督教的方式办的，多数是火葬，尤其在农村火葬比较多。每到清明和冬至，我们也是可以上坟去看看的，扫扫墓、除除草，但是不烧香，不设供品。

我们基督徒的婚礼是按《圣经》的教导办的，或在礼堂，或在家里，花费很少，由牧师证婚，证婚后也有少数人去酒店办些酒席。有的一方不是基督徒，也欢喜在教堂里办婚礼。教堂里办的婚礼具有着神圣的意义，因为双方是在上帝的面前立的约，立下婚约。

平时我们证婚都是为一对新人，到国庆节等节日的时候有时是同时为几对新人证婚。在堂里结婚很好看的，教堂会为新人准备婚纱的，而且也不需要收费，唱诗班还会为新人唱圣歌，这都会对他们的生活有影响的，在这里举办婚礼很神圣。这对现在婚姻的不稳定现象也是一种约束，所以也受到了社会的欢迎，这对社会风气的转变和婚礼质量的提高，都有好的作用。

从上面的叙述可以看出，佛教徒与基督教徒彼此之间应当是能够相处和谐的，但在相互的认识层面，还是具有不小的距离。传统的基督徒认为其他宗教的信徒是魔鬼，就连其他基督教徒也能够认识到，这是因为他们水平不高、文化不高。而有些佛教徒也认为，基督教是外来宗教，中国人就不应该去信什么基督教。

很明显，在一个宗教里面，其宗教信徒来自于不同的社会阶层，教育、职业的不同常常会导致不同的宗教认知水平。比较具有交往理性的一种观点是，不同的宗教虽然信仰与信仰方式不一样，但是在扶贫与社会服务上面，不应选择宗教倾向，不分什么教派，应该以社会和谐为主。基于这个考虑，宗教界认识到能够意识促使各教之间的关系都很和谐，领导者经常往来。因为各教的目的都是是一致的，止恶扬善，有着共同的特点，在此基础上对社会上产生作用。基督徒对佛教有偏见，那是他们的事情。信仰应该是自由的，应该是各个人的事情，因为每个人的思维方式不同，所以选择的信仰也就有所不同。

所以，对信仰，不要争论，不要说：这个教彻底，那个教不彻底，只要讲清楚自己的教义就行了，就可以让人们去选择。现在宗教之间存在的矛盾冲突，都是在互相攻击和贬低对方教义的过程中产生。

三、佛耶信仰及其生活交往

发生在明末清初的著名"礼仪之争"，实际上就是不同宗教交往关系逐步恶化的一个极端史例。当年"礼仪之争"的发生地，如今的福建福安地区，依旧存在着天主教、基督教与佛教等方面的复杂关系，影响着人们的日常生活与其他交往关系。我们在这里选择了四个比较具有代表性的个案，展示不同宗教之间的交往、及其与日常生活婚丧嫁娶方面的具体情形。

个案之一："礼仪之争"影响下的宗教交往

（1）福建闽东地区的罗江天主堂，大小有 720 平方米，可容纳 1200 人

罗江有"三个第一"：出生在这里的罗文藻，是第一位中国籍神父、主教；1642 年来到福安的西班牙神父刘·嘉彼来，于顺治五年（1648），因发生教案而殉教，是第一个死于中国教案的传教士；下邳村的陈子东，被称为中华第一童贞花，就是第一位修女。

罗文藻原来是信佛教的。他小的时候，在家是给人家看鸭子的，没事就去听教书，当时方济各会的李安丹在这里办了个修院。他没有什么文化，但记忆力很好，听了就能记住。这引起了教士的注意，后来就被带走了。他是个孤儿，没有兄弟，堂兄弟是有一位，他做了神父，没儿子，所以后代不发达。两个村子都是罗姓，都属一座宗祠。

闽东地区共有 9 个县，200 多万人口。大大小小的天主堂有 100 多座，教徒 8 万多人，福安有 5 万人，剩下的主要集中在宁德地区，有 5 千人，霞浦、周宁也较多一点，有 2-3 千人。解放初，福安的天主徒有 2 万 7、8 千人。

著名的"礼仪之争"，就发生在顶头村，下白石旁边，距离罗江教堂有 50 里。那主要是与祭祖、祭礼的矛盾。"祭祀"、"拜祖"本来属于纪念性、尊祖性的活动，但后来掺入了"迷信"色彩的活动。当时的信徒也不懂东西文化交流中的矛盾，"多明我会"来了以后，又不知道背景，所以就引起了矛盾，影响到全国、整个教会，直到教宗。

顶头村是福安地区最早信天主教的地方，那里的人多数姓黄。那里现在信天主教的很多，比信佛的多，有一个大教堂。不过，现在仍有信佛教的。其实，当时的"礼仪之争"在福安地区的影响并不大，因为这里做官的不多，做官就要搞祭祀嘛；上海做官的人多，那影响就大了，比如徐光启他们，因为信主，就不能做官。

一般说来，人们都会认为，同一种信仰结婚更好。老教友更喜欢这种婚姻。异教之间也能结婚，但要保证两个条件，一是不干涉天主教徒的信仰自由，二是要保证子女信仰天主教。教会上《隆礼神学》有规定，全世界一样。

礼仪之争的作用，只有发生争论、冲突，教会才会发展。经过风风雨雨，中国教会才发展起来。它的意义就在这里。福建穆阳顶头村天主堂，曾经是宁德地区最大的天主教教堂之一。几百年前的礼仪之争，至今都还有它们的影响。

历史上的顶头村，祭祀祖宗的传统很深厚。祭祖做得好，后人子孙就越好。这个传统一直保留到现在。 当年天主教的多明我会到此地传教，与耶稣会的传教方式很不一样。这里的祭祖风气特别浓。在北京的耶稣会，接触的是上层，有文化有素质，认为祭祖不是迷信。相反，多明我会认为是迷信。多明我会认为，祭神只能祭天主，不能祭祖。

他们两家竞争，彼此都写信与教廷联系。多明我会告耶稣会的状，说是搞迷信。教皇看了告的状，就会骂耶稣会说：这是迷信，你们怎么说，这不是迷信？耶稣会消息反馈，有许多资料，认为不是迷信。教皇也认为有道理。耶稣会接触的人士，文化层次高一些。认为多明我会的说法不行。乡村祭祖拜先人，这是对祖宗的一种怀念。这件事情在历史上影响很大。两个天主教的差会，会因为文化素质的差异大，传教地区的文化差异也很大。这里的居民很重祖宗，认为家里的发达与否，都与风水、对祖宗是否祭祀有关。

这里埋葬先人的坟墓非常讲究，位置要好。天主教与佛教比较，天主教稍微好一点点，迷信色彩少一点。龙水、点灯没有。点灯就是在人葬下去以后，在坟墓里点一盏红灯笼，意识是把好的风水带回去。送葬的人把白衣服脱下来，把红衣服穿上去，并在身上别一个红花，把好的东西带回去。人家搞不清楚，还以为是结婚。天主教现在也这样做。福安地区都这样。与其他的差别，就是不请佛教去做法事。迷信的东西没有那么多。坟墓都在山上，有的坟墓要花好几万，材料都特别讲究，用石板、用水泥的，都有。宗族坟墓的习惯已经没有了，只讲风水。没有族坟墓，选地就是请风水先生来看。一般都是夫妻坟墓。

天主教的坟地都是分散的，不会按宗族葬在一起，也可以和佛教徒葬在一起。如果天主教徒去一个坟墓做"安所"，旁边的其他坟墓都会赶紧去做清理，拔拔草，堆堆土，担心好的风水被抢走了。

对于风水，天主教和佛教都一样。清明节也可以去，梵二会议后，天主教徒可以请神甫去坟墓上做"安所"。11 月炼灵月，去的人最多。这一个月都是为死去的人做安所，做弥撒。还带唱诗班去，很热闹。因为天主教是要他们最后一程的。唱诗班一般有几十人，现在呢，很多人出去打工了，嫁出去了。

在天主教会里，一般不带迷信色彩的都可以做。祭祖、拜祖都可以的。有时候去拜祖的时候还会带一些吃的东西去，算半供品。有象征性地放在那里，苹果、花、糕点什么的。做完以后，自己拿去吃。有时候到教友家里做弥撒，也有供品放在那里。因为圣经里也说吃祭祀的东西没关系，世界上的神只有一个，都是一个神。圣经记载，耶稣的门徒曾经也吃过供品。有人说，耶稣的门徒不象话，耶稣说，这些东西都是为了人的，不是人为了这些东西的。吃不吃，不是犯罪的问题。

香港的神甫，可以用佛教的仪式来做弥撒，拿出三根线香，敲锣，行礼如佛教。这是改革派了。如果这里的天主教这样做，教徒就会认为做弥撒做到佛教里去了。人到一定的时候，就不拘形式了。就像做工、坐着、站着，都可以祈祷。要拘泥形式，就认为是佛教的礼仪了。我们这里的礼仪还是比较纯粹一点，传统一点。这里的人信仰是比较死板一些的信仰。他们就知道每天到圣堂去念经，离开了教堂就可能做一些不好的事情。但是，教义说，教堂里是一个教徒，出了教堂还是一个教徒。你的生活和信仰不能脱离。老教友的信仰很虔诚，但他们就知道念经，以为念经就是好的。

礼仪之争的影响，直到今天也还有，但是比较小了。罗江的神甫说，如果你们搞迷信，我们就不给你们做追思了。做"安所"的时候，常常看到他们点灯、敲龙水。这是，神甫就会骂他们一顿，不给他们做了。他们呢，说，我们请你们来，做就是了。请你来做，我们付钱。这种情况，在福安这里顶头最严重。最注重风水。神甫给他们讲，没有什么风水的，像西藏的天葬，就没有的。各地风俗不一样。穆阳可不行。不到1百公里，也没有这样讲风水。下白石这一带。前一段时间，就有文件指出，搞迷信者要扣你是圣事，不给领圣体，孩子大了也不给到教堂来结婚。传统的影响更大。这些根本不能改变。

在这里很多地方，佛教与天主教的区分是很严格的。两教的交往不多。可以来往，无所谓的。门上的天主教标记，是防止走方和尚走错门。天主教和佛教在这里的区别很明显，教堂在村中，寺庙在周遍地方。

（2）同处福安地区的穆阳镇，人口有 14800 多，其中有 4000 多天主徒，这既包括地上教会的，也包括地下教会的。有普通的居民，也有在机关工作的，还有农民、渔民，约占总人口的1/3。一般的做法，是把不进堂的都划作佛教徒。这里，信基督教的和信道教的是很少的

这里的行政划分是：一镇两区两乡，即穆云乡、康厝乡，还有穆阳经济开发区和穆阳畲族经济开发区。赛江在这里入海。所有最早的传教士从赛江进入福建的。这里水路方便，他们从澳门、广州来到这里。

天主教最早传入当地的年代是 1630 年。原来基本上是多明我会的传教区，西班牙传教士白主教就是被清政府所杀，那是在福州的西门。

这里的天主徒大都姓缪，是一个大族。最早的信徒叫缪贵山。当时，康熙是很支持天主教的。后来因为"礼仪之争"，才开始反对的。这里的邮亭前村，全村都是教友，他们主要是陈姓、刘姓和黄姓。我们这只有一个堂口，但老教友比较多，他们信仰的基础比较深。

穆阳镇西城街天主堂，是在 1889 年在扩建的。它原来是一六三几年建的。在 1889 年前扩建时，曾有两次备好了材料，但因佛教信徒们排斥外教，所以建筑材料两次被那些佛教徒给烧毁。最后是在（光绪十五年），清政府派来了 50 名清兵，来保护这座天主堂，在这里驻兵 1 年多，才把宗教冲突的问题解决了。当时天主教建堂要买地，如果是天主堂出面买，一般人都不卖的，后来都改由教徒出面买。

在这个地区，天主教和佛教分得是很清楚的。他们彼此不能通婚，混合婚姻也不行。但鉴于教友人数少的原因，也许与非教徒或异教徒间的结合，但这是要有个前提的，就是子女要成为天主教徒，要受洗礼。如果有一方不能答应这个条件，神父就不能予以证婚。现在，这种混合婚姻也是存在的。大家在一起做生意是可以的，交朋友也是可以的。主要的区别是在婚礼和葬礼上。天主教是由神父带人去为亡者祈祷、做追思；而佛经则是请和尚尼姑来诵经、做法事。天主教是不行法事的，也不下跪，而由圣母引导，回来后还有拜谢圣母；佛教是要选择良晨吉日的，天主教一般不须择日，随时都可以；佛教和天主教都是土葬，都要棺材、造墓，也都有对联，但内容是不一样的。在这些仪式上，彼此是各做各的，天主徒也不骂佛教徒为"撒旦"，也不说他们是偶像崇拜。

天主教范围里面，一般的传教都是婚姻教、家庭教。"家庭教"就是家里的子女是要领洗的，"婚姻家"就是配偶虽不信天主，但子女必须要是。比如，穆阳镇的康厝村就是以缪姓为主的天主教村；该村共有信徒 3000 人，总人口是 5000 人。这一带，缪姓是个大姓，当初白神甫来到这里，就是向缪家传教的。直到现在，教友祭祀祖先、亲人，主要是到教堂来做祷告，而不在家里或是祠堂里搞活动。

不过，我们与信佛教的人是可以来往的，甚至与佛教徒结婚的也有。这里的信教家庭与信佛家庭较为明显。信天主家庭门上都贴有十字，而信佛的家庭门上或划卍字，或有八卦或门两侧设有烧香的铁管，或者门梁上挂八卦、镜子、尺子、剪刀。要讲清楚的是，信教的可以与外教结婚，但还是有些麻烦，主要是对信仰的坚定性上有麻烦，比如会在家庭里发生争吵等问题。总的来说，与外教结婚的是比较少的。一位神甫说，去年由我证婚的有20多，但与外教结婚的只有1-2名。

至于在礼仪之争很重要的祭祖问题，迄今已经得到了缓解。因为，祭祖这种方式在我们的礼仪之中还是存在的，但是其纪念仪式是与外教是有所不同的。我们仅仅是在"清明"的时候去扫扫墓，但也只是进行一些清理，打扫一下坟墓，同时在坟墓上祷告祷告而已。在葬礼方面，有的是土葬，有的是火葬，但一般都要举行追思弥撒、祷告。天主教一般是在家里做弥撒，尸体一般不能抬到教堂里。这是风俗。神甫与教友都是到亡者家里去。

穆阳镇的刘神甫，针对礼仪之争的现实影响，他说：

> 我只要求两个条件，一个是不能干涉天主教的信仰自由，一个是所生子女要信天主教。第一个条件很好接受，第二个就很难接受。问题是我的孩子还没有出生，你就包办。比如说长大以后，男孩要做神甫，女孩要当修女，别人怎么能接受呢？但是天主教也有好处，按照天主教的教义，孩子出生就是有罪的，但是洗礼以后就成为一个无罪的人。他的罪已经由耶稣代了，通过洗礼，生命获得了新生，把罪洗掉了。但一般人也不理解，人之初，性本善，怎么又变成有罪的呢？就说这是代父母，他替你承担这个罪责。

在这种情况下，成婚的还是很多的，人们还是理解的。成不了的还是可以结婚，现在不一样了，信仰问题没有解决，他们照样可以成家，父母压下来，年轻人也不管。但这样搞得矛盾也很大，父母不同意照样结婚，当事人刚开始有矛盾，后来也就以婚姻为主。信仰也就淡了。

根据中国法律18岁信仰自由，但中国从南到北，没有一个能做到，因为很多人18岁以下就进教堂了。谁管你那么多，也没人来管。生出来了，洗礼了，长到18岁，再重新选择一次。就这么做了，等孩子长大了他可以再选嘛。这个矛盾在礼仪之争中没有的，是后来才有的。是近一二十年的事情。比如佛教在穆阳这里很厉害，道教也很厉害，什么活动都参加。一般不信天主教的，在这里就信佛教。道教比较少，基督教也没有，就城关有一点点基督教。我们这里主要就是佛教与天主教，他们可以在一起做生意，一起交往，这个问题已经磨合了很久时间了。

过年喝酒，大家都在一起。圣诞酒，是我们这里的一个宗教习惯，但佛教徒也过来喝，大家都来喝，党员、干部、佛教徒都来。信仰不同，但是有酒照样一起喝。有点像娱乐活动，交流。天主教也不反对佛教来。

此外，佛教徒在农历 12 月 24 祭灶神，要喝灶神酒，天主教也去。灶神现在权利很大，佛教要祭他，不祭他要讲坏话的。佛教很看重灶神，灶神是地方保长，这个民间活动很厉害，道教佛教都信，天主教不信，但是天主教徒要去喝酒。有酒就喝，但是老一辈认为这个就是有罪，年轻人去喝。保罗就说信外道邪神有罪，吃外道的东西也有罪，吃祭过其他神的东西是有罪的。但佛教徒说，我这个酒不是祭灶的，是另外的酒。煮的东西也不是祭灶的，是另外煮的，其实也都是一锅煮的。这样子就没罪啦。这都是 1949 年解放以后的事情。宗教之间的严格区分也没有了，神甫也没有了，教堂也没有了。大家都在一起喝酒，党员也来喝了，干部也来喝了。

喝圣诞酒的时候，如果村里有祠堂的，一般都在祠堂里喝。天主教的地方都没有祠堂，穆阳有两个天主教的祠堂，天主教来了以后，就把祭祖的祠堂改过来了。也不拜了，也不敬神，虽然现在可以祭祖，但是现在也没有祭祖。有些地方没有圣堂的，也在祠堂里做弥撒，官方教会有教堂，传统教会没有，所以只好在祠堂里做。我们就没有教堂，就在祠堂里，原来就在缪氏宗祠里，但是后来也不给我们做了，因为没有登记，不是宗教场所也不能在里面做。我们选择的是废弃的祠堂，没有祭祖作用的。所以到现在为止，看来"礼仪之争"还没有离开，还在作用。传统教会、普世教会……哪一个国家都是一个样子，另外我们成为官方教会或者"爱国会"教会。不是爱国教会，否则我就是"叛国教会"了？所以他是爱国会教会。

清明节的时候，天主教也可以上坟，但是大多数都在清明节前的万圣节去，大约 11 月 2 号左右。万圣节的第二天是亡人节，这天去上坟。清明节要去做，也可以做，但是我们不做。去的时候礼仪不一样。如果老不祭祖、也不上坟就会跟传统文化发生矛盾。不能只要信仰，不要文化传统。所以可以做，做的时候礼仪不一样。香也是可以用的，香不是佛教的，是中国的。有些礼节，佛教用的，中国也用的，不是佛教一个人用。香敬观音可以的，敬玛利亚也可以的。提炉用香和末药，是西方的香，我们也用中国的香。这些事情以后都可以做的。

　　我们这里还是比较开放的，但是大陆很多地方都很保守，比如北京上海都反对，我们和台湾是很近的，他们做我们也随着做。台湾有个神甫是我们福安人，到台湾去了。回来以后上祖坟，也烧香也拜也放供品，别人都气糊涂了，以为他信佛教了。他说哪里，这不是佛教的，这是中国的文化嘛，他还是天主教徒。香就是香，这是东方香，西方的香是提炉。

　　依照天主教的"四戒"，让人们孝敬父母，现在拜牌位也是可以的。拜牌位与迷信不同，香港比较开明，大陆开放的时期不长，"梵二"精神传入的也较晚，另外港台教友的文化程度比较高，对这种变化接受的也比较快。我们这里教友的文化水平比较低，再加上长期以来的习惯，还是不太容易接受新东西的。"礼仪之争"的影响比较深刻，直到如今。

　　当时中国天主教三大柱石之一罗文藻的一位同族后人，曾经是福建师范大学历史系 87 届的毕业生，现在宁德地委某政府部门工作。他也为我们讲述了福安地区宗教交往的一些具体情况。

　　他说：我本人是信佛的，这主要是受家族的影响。我们罗家分为两大支，一支是信天主的，一支信佛教的。其实，佛教的信仰对我来说已经很淡化了，因为我是机关干部。我老婆她也是信佛的。

　　在我们这里，信佛的是不用领什么皈依证的。在闽东地区，信仰佛教都是一种传统的影响，家庭的影响。初一、十五的时候，在家里或到庙里去，烧烧香就可以了，或是在门上烧上两柱香也行，不到寺庙也行。但它也经常是与本地的民间信仰结合，都是家族传承性的传统习俗。

　　佛教与天主教曾经是有矛盾的，这些矛盾也影响到了婚姻。因为，佛教徒与天主徒的联姻，常常会引起一些宗族械斗。在我上初中的时候，也就是70 年代中期，在我们罗江就曾发生过这种因信佛的家庭，与信天主的家庭联姻而造成的宗族械斗。其实，一般信佛的家庭都尽量教育子女，避免与信天主的家庭联姻，信天主的家庭也是这样。都尽量避免冲突。

　　除婚姻以外，一般这两种宗教的信徒还都能和平共处。我们罗家原来都是信佛的，后来在天主教传入以后，才有一部分人改信天主教了。天主教徒对祖宗的孝敬、尊重是与我们不同的，他们的祖坟都荒芜了。如果是从一个祖宗下来的，要是信仰没有中断或改变，那还没什么问题；要是中断了或改变了，那么后人就难以对他的祖宗表示孝敬和尊重，祖坟也就荒芜了。譬如，他先祖是信佛的，但后人改信天主了，那如何去修墓呢？又要采用什么方式去修墓、去追思呢？这里面有很大一个矛盾，涉及到人生观念的问题。

我们宁德这里，有个地方叫"三都岙"，历史上是国际知名的良港。明清时代外商很多，反而使得宁德这一地名倒不出名。附近的"下白石"地区，在清代也曾发生过宗族械斗，其中的一方在洋枪队的支持下，打败了另一方，所以这一族就全都改信天主教了。

个案之二：基督教徒与佛教徒的生活交往

与福建福安地区的天主教情况不一样，浙江基督教似乎更具有宗教间交往的主动性。基督教教会的一位牧师说，谈到造祠堂祭祖，"文革"期间就开始有了。在乡村里面，祠堂兼学习活动，宗族活动也很活跃。对于正当的宗族活动，基督教徒除祭拜之外的其他活动，我们都可以参加。《圣经》中也有家谱的。教会中的"属灵派"不参加家谱的写作，他们的名字要写在天上，不要写在家谱上。当然，基督教"两会"也认为这是不正常的，会影响人际关系。但是，在修路、造桥等公益事业上，我们是出钱的；在修祠堂的时候，基督徒是不出钱的。我们这里不祭祖，仅仅是做祷告、感恩，但也与传统习俗结合的，只是方法不一。

对基督教徒来说，我们的祖宗就是耶稣。人死后，不是天堂，就是地狱。所以，没用的，不如活着的时候对父母好一些。对于死去的爸爸妈妈，我们是不祭拜的，只有祷告，让其升天。

温州的基督教徒指出，实际上信什么教，人死后的安葬都一样，都是土葬，就埋在山上！但方式不太一样。基督教的要做祷告；信佛的还要做道场，有迷信活动，时间一定要在下午 3 点之后，入葬也得限定时间。我们这里没有火葬场，只是在温州市里有。结婚，一般是在家里，做些祷告。

如果两兄弟，有信主的与不信主的，那就自己去解决。一般是按信主的去做，因为按迷信的搞，是很花钱的。如果按信主的搞，弟兄们就会都来了，很热闹，这样也很吸引人。按信佛的搞，是没有人来帮忙的，只有自家人；要帮忙的，却是要花钱的，还要大吃大喝的。信主的，是比较艰苦朴素的，用钱少。我婆婆死了，来送葬的有几百人。所用的钱只有几千块，送礼的有 4 万块，只花了几个钱。一般的，葬礼要花去几万块钱。人死了，有的当天就出殡了，不会放三天或者七天的。

另外，作为基督教徒在丧祭礼仪方面，牧师也强调了信基督教的好处。这些好处，一是在百年（人去世）之后，主内的弟兄都会去帮忙的，也不拿钱，连饭也不吃。我们基督教徒只是唱歌，一本《圣经》，两本《赞美诗》，不花钱。所以，花钱少，有爱心；二是少花钱。信佛的花钱！三是人际关系和睦。在某地的监狱中，有3000多人，但是没有一个是信主的；四是对待子女的教育，实在是好的，小孩都很听话。信主的与不信主的教育是不一样的。现在，有的小孩14岁就犯罪。信主的人，是不去舞厅的，去玩电子游戏的也不多，所以就不花钱，也就不会去偷、抢。

当然，承受着礼仪之争这种历史传统与信仰习惯的影响，在对待基督徒与佛教徒之间的婚姻关系，教会一般也是希望婚姻关系最好是有同一种信仰的基础。"在我们基督徒与非基督徒（比如佛教徒）之间结婚问题上，我认为如果只是交朋友是完全可以的，但是要组成家庭成为终生伴侣，就需要认真考虑了。因为，我们从小父母的信仰灌输中就有这方面的东西（指对婚姻的态度）。我们结婚并不一定非要去教堂，订婚也就是亲戚朋友聚在一起玩玩、乐乐、喝喝酒。"

在一般习俗上面，基督徒敬拜祖先的方法与佛教不一样，每到祖先的忌日，我们也去拜祖，到坟上去献上些鲜花，但不放什么供品，也是要跪下来的。在同一个家族里，如果有其他人是信佛的，我们就与他们错开时间去拜祖，并不一同前往。所以，祭祖的活动基督徒一般是不去的，清明节的时候祭祖，基督徒也只是到墓地去扫扫墓，很少去祠堂。祭祖本来不算迷信，但方式好象是迷信。

关于祭祖活动，基督徒是不主动做的。这主要是佛教徒、道教徒在做。这是一个难题。基督徒对此很头疼，建祠堂时，也不出钱；被迫出钱的也有。比较好一点的人会说：他是信耶稣的，不搭关系。就不出钱了。续写家谱，基督徒是愿意出钱的，但是祭礼的钱是不愿意不出的。但也不是想象中的那样好处理。不出建祠堂的钱，但是可以出修桥、铺路的钱，这也解决了矛盾。主要是不合理的钱不出。为此，基督徒如何表达对祖宗的敬意呢？一是清明时扫墓；二是做点实事、奉献；三是生前好好赡养。生前不孝，死了做又有什么用呢？

所以，基督教也有个敬老孝亲日，讲究孝敬父母。但我们强调生前侍奉。父母过世后，也可以上坟，但不烧香，只是写个字、送上一些鲜花，培培土，家庭里也没有祭台，不行供礼，不拜，可以挂遗像，没有烧纸、献点心。我们主张应是父母在世时爱他，不是只给他们吃穿。要使父母不担忧才是最大的爱。家庭不和、盗窃、贪污等，都会使父母心灵上不得安宁，这就是不孝。[5]

5　宁波某教堂老牧师访谈记录。

基督徒认为，对父母孝顺，应是在生前，给他吃好，让他活好。父母死后，灵魂上天，也就不吃东西，不必供养食物了。如果有的家庭关系不好，我们教会会出面劝导他们改善关系的，在基督教中也是把孝敬父母放在第一位。

浙江地区的基督教信仰，实际上大多和佛教具有某种交往关系。比如慈溪地方的基督教会告诉我们，他们的信徒在没信主之前，都是信佛的。佛教信的人造偶像，基督教都相信真神。

基督教、佛教在信仰上不一样，生活上也一样。有的家庭，家中成员可信奉天主教、基督教、佛教三种宗教，没有矛盾，挂圣像则是各自挂在自己的房间。信三种宗教的家庭不太多，但信奉佛教、基督教两教的家庭偏多，约有十分之一多。妻子如果信主了，丈夫不同意，也不反对，过了一段时间，矛盾也就没了。有一个丈夫是做佛事的，妻子是信主的，牧师就劝她自己要保持信仰的本色，感化她的丈夫，信仰自由。女的信主的，就在教堂结婚，男的可以不来，可以来专为新娘做祷告，男的则另外做。牧师告诉她：新娘应该做的事很多，如孝敬公婆、信仰上帝，但拜天地什么的则不做，只有夫妻对拜、拜父母就可以了。

具有家庭传统的信仰不多，新近信主的，则大多不是受家庭影响的，是因为生活、身体上等方面的因素，信主之后，病好了，从而又影响其他的人也来信主。

有一个人生了癌症之后，牧师对他说："耶稣可以治好你的病"，"如果治不好你的病，你的灵魂也可以得救！"他祷告了半年之后，眼睛可以看到了，身体也慢慢好了，还可以上山采茶了。现在10多年了，还活着。他们村里原来没有一人信主的，后来就有20多人跟着他信主了。在这里，活的见证，比牧师讲道还管用。城里人你可以和他讲道理，但我们村里人则要讲事实、讲见证。

这就是说，在社会中，基督教的临终关怀则与人不能一致，如出殡仪式就应坚持自己的宗教仪式。我们不主张再用古代的方式去礼拜祖先，而是主张从内心里去纪念。有的人家庭中有祠堂，有些信徒就有些不敢去。但是，基督教在礼仪上当地化，在服饰用品上也当地化。教会要求是要做"时代工人"，教会中的人是工人，要做出美好见证，没有文化，就不能将好的送给别人。在现代化过程中，不能仅满足心灵的需要，还要跟上时代的发展。

基督徒也应该是一个现代人，外部的知识也是需要的，要供应人们的心灵需要。所以，要提高水平，适应时代，适应现代化，努力学习英语、电脑。外面常来请我们去讲道，我们所要讲的，不能只是过去的，也不能只是外国的。虽然在宗教活动上不能来往，但生活上是有沟通。只有让那些不生病的人信道，才好。这就是基督教本土化的结果。

个案之三：佛教名山中的基督徒

普陀山上曾经有10多个基督教徒。原来他们的家都在沈家门，后来搬到了佛教名山普陀山里面，但还坚持了原来的信仰。其中，有些人是嫁到那里去的，但父母在这里，是随家而信的。他们都住在后山，交通不便。

在家庭中有不同信仰时，在生活上也会有所冲突、矛盾的。比如偶像崇拜，奠祖宗和神的供品，我们是不能吃的。如过年夜时，祭祖的食品不能吃。血也不能吃。狗肉不吃，勒死的动物不吃，酒不喝，等。对于酒，《圣经》上说不可醉酒，我们牧师的是不能吃酒的。至于吸烟，《圣经》是没有禁止的，那时候还没有烟。不过，信耶稣的人慢慢会感到吸烟是有苦味的，那就是基督不让你吸，也就不要吸了。我过去就吸烟，现在不吸了。这主要是生活上的问题。其他方面是互不干涉。过年或重阳节的时候，我们也会买些水果、酒送去。

至于佛教与基督教的关系，基督教信的不是人，佛教信的是人，这可用基督教的超越性超越那些泥塑木雕的偶像。而佛教与基督教的沟通是比较困难的。我们有一位姐妹，父母是信佛的，不让她晚上出来到教会练习唱诗。她常跑出来，因为还未出嫁，与父母同住，父母就把佛龛设在她的房间里，我们就告诫她不必去想它就可以了。有的家里，婆婆信佛，媳妇信基督，婆婆在念经时就不让媳妇过来，因为媳妇过来就不灵了。

在基督教对社会生活的影响上，如有的孤寡老人死了，我们这些兄弟姐妹就去帮送葬，送葬人很多，外人来看出我们教会团结。这样，一些子女较少或不在身边的人，也就愿意入教。我们送葬都不吃饭的，水也不喝，出于自愿。服装、出丧、陪夜等，都是义工，不吃饭、送礼。送葬的队伍还有西洋乐队。这是符合中国人的心理情感的。丧事一般是在家内做礼拜。

至于说到送葬的葬礼，我们和佛教还曾发生过一次冲突。那是在普陀山的后山。在那里，有10个基督徒。其中，有一位教友去世。我们有100多位兄弟姐妹从沈家门到普陀山相送，自带食品，不吃不喝丧家的。

开始，普陀山信佛教的人对我们有歧视，带着歧视的眼光看我们。死者的父母弟弟、亲戚都是佛教徒，想以佛教的方式操办；但他妻子是基督徒，她反对，认为丈夫信主，就应以基督教方式办理。家族里坚持要用佛教的葬仪，但他妻子不愿意，坚持要按基督教的葬仪。家里人就不愿参予，也不理睬，不抬棺材——那里是土葬。因为死者是信主的，所以他们抬棺也不抬了。沈家门基督教"三自"协会知道后，就马上叫了些兄弟过去，自备干粮，不给他们家人增添麻烦，去为他出葬。

当时，有两部汽车负责接送从沈家门去的人。死者的小叔子的一个亲戚是开车的，由于家人反对，就阻止他帮忙开车，还想不让我们用基督教仪式出葬。所以我说："现在是宗教自由，不能如此不讲理，不然，我到普陀山管理局去告你们。"对此，我们一方面另找一辆车，一共两辆车运送兄弟，一方面找几个兄弟，还有牧师，一起动手抬棺送葬。抬棺材的时候，我们的组织过程很严密。整个丧事处理的很好，人们认为基督教很团结，很能做事，不计报酬，乐于助人。这件事在普陀山影响很大，他们称我们是"大闹普陀山"。在这之后，当地人也有两个受此影响加入了基督教。

若说佛教嘛，现在宗教之间是一种不平等的地位。领导来了，都让他们去普陀山进寺庙。舟山市领导大年初一还去烧香，但他们不能进教堂。在捐款救灾方面，如果是普陀山做的，就可以登报，如果是基督教做的，就不能登报。佛教在的历史有两千年，可基督教在中国的历史也有一千多年了，更何况我们还是"三自会"的。现在政府重视开发佛教，忽略了对于基督教的开发。

个案之四："三教"同处一岛

这里是一个海岛，三教并存。这个海岛居民信仰天主教、基督教的与信佛教的，各个都有。全岛有2万5千9百人，7572户，共18个行政村。原来我们岛上的人是不种田的，这是一个以渔业为主的著名乡镇，也是一个重点的宗教乡镇。

比较来说，海岛上的佛教徒还是多数，天主教徒有1100多，天主教堂点共有5处，实际上信教人数是1300到1400人；佛教的正式寺庵有3所，常住有25人；基督教有4个点，登记的教会有2个，还有2个教会未登记，还在做工作。原来，只有2个点，但由于道路比较远，后来就分为4个。他们是自己上台讲，家庭形式，没有传道人；每个点，多的50、60人，少的20多人，总共不到200人。

从管理上讲，海岛上的乡政府已经在 1997 年就搞了"宗教与社会主义相适应"的试点工程，二、三年效果很好，已变为经常性工程。这个"宗教与社会主义相适应"的工程，现在我们还只是试点工程，没有全面铺开，现在仍是发动他们参加社会公益活动。对寺庙、教堂人员加强社会主义知识、法制等的教育，依法管理。对此，宗教界很配合，动员所在村的精神文化。他们都能承认国家、社会主义制度。比如去年洪水后，大家为灾区捐款，宗教界就献出了 8 万 9 千多元，还有其他衣物，总价值有 40 多万钱；1997 年，香港回归，教界也搞了个活动，全岛大游行，以天主教为主，由佛教徒出物出钱。此外，我们还搞了"十星文明家庭"活动，并组办"9 月 10 日渔民文化节"。

从 1949 年解放前开始，这几种宗教在这个岛上就有。其中，信佛教比较花钱，信天主教不花钱。天主教收买人心很厉害，他们共同祈祷，互相关心。佛教要请一个和尚就要花钱。天主教的婚礼和葬礼就在教堂，不花钱。送葬时，信徒都去帮忙，吹吹打打，都是自愿的，他们不喝酒、不吃饭。很实惠，老百姓喜欢。

10 年前，他们天主教徒大约有 500 人。等他们的成绩做出来，就赢得了民众的支持，有部分佛教徒就过来了，耶稣信徒也有过来的，还有部分普通的民众。小学生也有。增加了 1000 人。

修建海岛上这座天主教堂，花费了 60 多万。它属宁波总堂的管理，所以总堂拨了一部分款，大都是义工。另一部分由教徒自愿捐款，大都每人 1 到 2 千，他们说这是小意思。修建过程中，信徒都来参加劳动，自愿出工，义务捐建材。

宗教交往方面，在这个海岛上很有意思。在我们这里的渔民中，还有传统观点，就是不同宗教的人不能一同出海。即便是现在，佛教徒渔民也还反对与天主教徒一起出海。

在佛教、基督教、天主教的三教关系上，佛教是怕天主教的。"天主来了，佛不灵了。"这种观念比较普遍；但不同信仰的人们在一起，就还是朋友。现在是渔民股份合作，冲淡了这种观念上的限制。但彼此上的互相沟通，却是不可能的，因为"信"的角度不同。然而，在家庭中，还有信教自由，一个家庭中有信几种（宗教）的。比如，丈夫是党员，老婆信耶稣，儿子里一个信基督，一个是党员，而儿媳又可能信佛。

要说的东西是，这里对天主教和基督教有些抵制的倾向。比如基督教，人数较少，没成势。在教义上也不追求欲望，一切都是给主的，所以人们不喜欢。另外，又都是因为人们生了病才信耶稣。所以，很少有人去信了。天主教原也如此，后来有了一些公益活动，又人心团结，他们的活动比较实在、实惠，影响大，吸引人，所以信徒有所增加。

这里的渔民主要是信佛的。因为受普陀山影响很大，受菩萨保佑的习惯很重。（1979 年中越）"自卫反击战"的时候，我们普陀区参加越战的人没有死的，也没有受伤的。大家都传说是观音保佑，他们说"观世音是我们的"，"这里是观音的故乡"。所以，出海捕鱼，船上都挂有印有普陀山大印的小令旗。这种旗子，一般在家里、汽车里和船上都有。

与佛教徒不一样，天主教信徒都挂玛利亚像，但天主教徒出海好象不挂玛丽亚，他们都是在家里、身上挂。天主教徒也是做生意的，他们到外面去，做海运、开车。从人口比例上看，做生意的以天主教偏多。原来天主教徒是老人多，现在是青年人多。他们生存能力比较强，很会挣钱，有的一年能挣20 多万。有的还办有敬老院。他们挣了钱，自己不用，多是用于天主教。海岛的一位乡干部，他老婆的舅舅就在宁波办了个敬老院，还在黄石开办了一个厂。这里教堂的所有灯也都是他捐的。

天主教信徒们说，"我们最好了，比佛菩萨更好。一个教堂 60 万就造成了。但是要给政府盖，100 万也造不好。"他们家的人都信天主，家里很好，我岳母和妻子也都信天主，我丈人是老党员、全国劳模。而我妈妈和我自己则是信佛。对于这项婚姻，我们双方的母亲并没有什么意见和不满。我们结婚时，我妈也没有什么反对的，很平常。我家还有的人信别的，我大舅是信基督的，小舅的妻兄搞巫术，大舅妻是什么都信。

很奇怪的是，这位乡镇干部说，信天主教的家庭都很和睦，经济条件也很好；信佛的就不行，比较穷。"小群派"开始经济条件也不好，后来认识到了，便有人去从事工商业了。

海岛上的天主堂负责人，从小就信天主，他外婆就是。在海岛上，基本都是受家庭的影响，还有生病治不好的，因为信迷信（指信佛者）治不好（他们的病）。信天主教的，约有 80% 的是因生病而信的，约 20% 是从小就信的。那 80% 因病而信的，基本上是先信菩萨，而后才信天主的。在这些信徒中，约有 60% 是女性，40% 是男性。

我们信天主的出海是不带玛利亚像的，因为同在一条船的信佛的人不同意，所以不能带；还有，就是因为信天主教是在心里信的。

在婚姻方面，我们认为如果能够彼此沟通，信天主的也可以与信佛的人结婚。基督教是不允许的，他们要么信耶稣，要么不结婚。但在一个家庭中又信天主、又信佛的家庭不多。

我们天主教好啊！我们天主就好比毛泽东，菩萨就是雷锋，佛教的神太多。我们是不怕菩萨的，信佛的如果怕天主教，可以到我们这里来。

祭祖是各种宗教都有祭的，天主教徒在家里是不设供品的，因为死者升天后，是不吃凡人食品的。现在，祠堂已没有了，一般是在家中，没牌位，有些家里还在农历年节里拜祖。有些家庭性的小祠堂还存在。

佛教徒祭祀很花钱。如果他们到普陀山做一堂佛事要 300 元，如果在岛上的庙里做一堂要 150 元，春节里做一堂要 60 元。他们佛教徒之间，多年也都不太来往。做佛事时也互相压价；管理者是老太婆，因为钱财等因素，关系有点闹得不好。所以，民众看来看去，就觉得天主教好。

在天主教看来，我们每个人都有两个罪，一个是原罪，是亚当、夏娃的罪；再一个是本罪，就是自己做的坏事。人生下来是好的，原罪是看不到的，自由意志驱使我们便产生了本罪。因为家庭、环境、智力高低等影响，学好不容易啊！

与上述的一些说法不一样，海岛上的基督教教会召集人认为，我们在婚姻上是，信的与不信的是不相配的。我们不建教堂是因为我们自己家就可以用了，如果人多了，就可以再找家里有地方的人家分出去。为了祷告，我们可以早晨、中午不吃饭，我们是要以恳切的心祷告。

海岛上信佛教的人多，是因为他们的路好走，他们是没有什么可遵行的，他们还可吃吸烟酒等。他们说我们的教太严格，不能吃烟酒。其实，我们也没对他们说这些。我过去也吃烟酒，但耶稣告诉我不能吃，我害怕了。因能死人，我就不吃了。在我说的话，佛教，那是迷信，是泥塑木雕，上古就信菩萨。我是从没拜过佛，我们自己也不挂耶稣（像）。《圣经》告诉我们，一切世间的偶像都不可拜。来这里的很多人原来都信佛。上半年的 3 月份，一位拜观音的，脑子不好，去精神病院；她丈夫是信徒，我们就为她祷告，后来她好了，过几天她也来了，信了基督教。

这个海岛，还有一座很好的寺庙，名叫兴泉寺，据说有 200 年的历史，是龙王之地，兴建于 1811 年。传说观音菩萨也到过。在通往寺庙的途中，自山脚到山腰上，有一条 300 米长、1 米宽的水泥路，是由 6 位船老大捐了 11500 元，于 1996 年 8 月修造的，名为"为民路"。这也是佛教的公益事业。

寺庙中有常住 25 位，其中 6、7 个是从普陀山过来的。主持是 1987 年第一届普陀山佛学院学员，来这个寺已经十多年了。

寺庙的主持告诉我，这座新寺也有 11 年的历史了，曾经重新修葺了一次。修这座大殿，有五、六千人捐资，每人 100 元，在 18 个行政村中（现在缩编后的数量没有 18 个），有 17 个村的信徒捐了款，只有一个走马塘村，因太小，现在已经没什么人了，只有几位老太。前几年，在一次海难中，全村大部分男劳力都丧了命。此外，还有些外地人的捐资，大约三、四十人。当初，是准备让 1 万人捐助，来建这个大殿的。然后，留下他们的功德芳名。这里的人，大都是乐意捐钱建庙的。

这里的民众主要以信佛为主。不过，天主教他们比较团结，人心齐，公共事情愿意去做；每周都做礼拜，还讲经一次。我们佛寺里有法堂，原来也有讲经说法。我们也在安排法会讲经，是定期讲经，我们请了一位 80 多岁的老法师来讲法，每次有二、三百人。讲经的效果比较好，还是比较受欢迎的。

平时，信徒也将不懂的问题告知我，我就转告这位老法师，法师就根据这些问题来讲解。但有些信徒交了钱、做了法事就算了，也不需要听什么讲经，再者也没什么时间听。

在宗教交往方面，他认为天主教不太好。居士们反映，天主教对他们比较排斥，遇到了也不太理睬。有一次，半夜，庙里有个小沙弥生病，肚子疼，赶下山去看病，因为天主教的医务所较近，便去就医，那医生是个天主教徒，他看我们是出家人就不与理睬，不给看病。（海岛干部插话：我妻子就是天主教徒，她到普陀山，是不拜菩萨的。）

我们佛教是比较宽容的，天主徒如果来寺庙，也不会赶出去。佛教徒对天主徒，并不是很对立。（海岛干部说：我妈送给我一尊观音，我妻子送给我一个玛利亚像，她们为的都是保佑我。其实，我对佛教是最有感情的，经常来这里和法师聊聊。）

出海的时候，佛教徒与天主教徒不愿意一起去，这是双方都有的思想倾向。不同信仰，没法一条船出海。佛教与天主教两教在一个家中共处的，是有的，但不多。佛教徒出海，是要做"出海法事"的。每当出海前，她们便来这寺院做法事，由船老大领令旗，再将大旗挂在桅杆上，旗上书写着"观音佛祖令"。此外，船杆上和船长的驾驶室里都挂有小令旗。这些"令旗"是每年更换一次的。有钱的佛教徒是去普陀山领，没钱的就在本岛领。渔民出海挂"令旗"是有着悠久历史的，这《普门品》中是有关于"令旗"的记载。在这个法事中我们要诵的是《太平经》。在海上，"令旗"[6]就好比是方向、寄托、依靠。出海归来，渔民们也要来寺院还愿。渔民出海时，平时在家的妇女也会时常来求平安。

海岛上的一位教师认为，他是信佛的，因为母亲信，就跟着母亲信了。他母亲希望父亲出海不要与外教人同船，父亲也会受影响。

海岛上还有很多人来寺庙做"太平七"，农历初一嘛！这是我们这里的特色。打"太平七"，每个人要30元，普陀山是只交钱不"打七"，我们这里打，所以来的人比较多。

兴泉寺旁有座"圣塘庙"（庙的门额上写有"捍匪勇义"、"义勇捍匪"等字样），传统上是祭船王的。这庙本来是要拆除的，后来我们请求把它作为兴泉寺的库房，这样政府才予以保留。后来有几位老妈子（女居士）却自行将它恢复了，在里面放置了"船王"像。这样，每当渔民出海的时候，也到它这里来上香许愿，有的人家死人了，也要到它这里通告一声。

要说巫婆、神汉，是与佛教有些关系的，他们有时是会让人来寺院拜菩萨、做法事的。佛教徒太散漫，类似于全民化，世俗化，难以用宗教的戒律去要求他们。

海岛干部说，我们全岛有18平方公里（佛教胜地普陀山仅有12平方公里），18个自然村落。三种宗教的发展，有一种争夺信徒的过程和方式。这是该岛的一大特点。天主教徒说：信上帝是全地球的。但寺庙间是彼此不来往的。而佛教徒们说：信徒们的烧香，是烧了这座寺，再去烧另外一座寺。特别是出海之前，要烧遍全岛的寺庙。这岛上另外还有两个"保留寺庙"，是由老太太负责。她们为了挣钱，就互相压价。

在佛教与天主教的通婚方面，有些麻烦。但是，两教之间的通婚也是有的。父为天主教徒，母为佛教徒；母是天主教徒，父是佛教徒，都可以通婚。

6　"令旗"是用来镇海怪的，比如有的大鱼能将小渔船打翻，所以当渔民们看见有大鱼靠近渔船时，他们就会将"令旗"抛出去，就没事了。

海岛上曾经有一家人，妻子是天主教徒，丈夫是佛教徒。在修家里的祖坟时，丈夫想按佛教的习惯做丧礼，在客厅里点灯点三天。但因为老婆不让搞，丈夫也就不搞了。但是，他的妻子也不按天主教的习惯搞，只是把坟墓修好就是了。由此而避免家庭中的没有必要的矛盾。

四、社会公共事业中的宗教交往

对于宗教间的区别，宗教界一般都能够在一定程度上达成共识，这是非常难能可贵的。即便是不同的宗教信仰体系，但是在他们共识之中，依旧会有这样可贵的认识：宗教没有最好的，最好的都是在来世；虽然是不同宗教，但在拯救目的和动机上，彼此都有相似之处，只是在方法上有所不同。

所以，宗教交往的一般水准，往往要取决于社会交往公共领域及其改革事业中的不同宗教关系的如何构成。在公共领域比较成熟，或公共事业建设比较出色的基础上，不同宗教之间的交往一般就会比较宽容，就会因此而构成一定的公共交往规矩，使他们超越了各种的信仰教义，关注与社会公共事业的认同。

1、福音村里的公共事务

福建福清地区有若干福音村，其中的基督教教会与村委会、老人会，构成了一种很好的公共协调机制，从而使宗教能够参与一定的公共事务。

在些村里，东宵村大约有 250 到 260 多户人家，1000 多人口，只有一个老太婆是不信主的，她好迷信。这里原有天主教，有几十户，还有天主堂。基督教分两种，一是聚会处，一是传统的卫理公会。这个村的人都姓郭，一户外姓也没有，郭氏宗祠是在玉桂村，是 100 多年前从那迁居到这里的。附近的玉桂村有 1000 多户，4000 多人，都是姓郭，杂姓只有二、三户。玉桂村信基督的有 1/4 多，3/4 是搞迷信的，他们的迷信也不似佛教、道教，只是拜些神。玉桂村是由两个自然村并在一起的。还有个张姓的村，叫张厝，约占 1/4 的人口，那儿有一个聚会处的教堂，还有一个"三自会"的教堂。

东宵村里有一座教堂，是 1997 年建的，可容纳 400 人，共花费 35 万，另外还有很多人出义工。村里也有宗祠，是新建的，很不错，建成几年了。原来的在"文革"期间被毁掉了，原来的牌位也都被毁了。修宗祠时，他们派人来摊派，村里支持了一些经费，但在建的时候村民没出义工。过去，宗祠有电影放，就去看看。现在，有电视就不去了。祭祖的活动基督徒是不去的，清明节的时候祭祖，基督徒只是到墓地去扫扫墓，很少去祠堂。在这里祭祖不太重视，不隆重，较为简单。莆田可能比较重视，仙游也是。祭祖本来不算迷信，但方式好象是迷信。

该村的村长是张厝的，村书记是东宵村的，是"文革"期间入党的，村委会共有 8 个人，4 个人是张厝的，4 个人是东宵的，他们有的是党员，有的还不是。

这里的经济还比较好，有做工程包头的，有做手工业的，有开店铺的，还有出国的。我们这里是每人 3 分田，种花生、水稻都不挣钱。现在在国外的有 70 多人。

这里的基督教是 1911 年外国传教士近来的，开始办起教会，就在这新堂原地。最初是美国人来传的，美以美会。当时有 20 多户，从迁入后的五、六十年里，一直也没有什么发展。基督教进来以后发展就快了，人也文明了，因为文化过来了，人们也开始识字了。解放初的时候，这里就是"文明村"了。现在每年平均有 3 个到 5 个人读大学、中专，共有 20 多人读大学，只是这些年才多起来。高中生不算很多，多半是初中生。

这里有老人会，是一种老人组织，代表了过去的族长，由老人们集中讨论村里的大事，有了问题由他们出面解决。这就做到了小问题不到政府解决，由老人会来解决。在报上被称为"第二政府"，一般是 50 岁以上就是老人家，100 多人，选出主要负责人，内部设有会长。类似于家族董事会，村长不参与老人会。下和洋地方也存在老人会。出现道德问题是由老人解决，出现法律问题是由政府解决。已有 13-14 年的历史了，我们这里还算是比较迟的，其他村更早。这在过去"文革"中是没有的，但它符合中国的传统。

宗教问题是由教会自己解决，不是由老人会解决。老人会是以"家丑不可外扬"的观念，来管理一般道德事务的。基督教与老人会的结合，这有三大层面的互动关系，教会管理宗教事务，老人会管理道德事务，村委会负责行政事务，配合得比较好。对下面来说算是摊派任务，我们这里也十分积极配合完成。计划生育工作，交公粮等，我们都完成的很好。

老人会还解决村里纠纷问题。如解决宗族械斗问题，老人会就很有作用；在利益冲突上，在人身财产问题上，尤是如此。我们老人会的会长，77 岁，下设理事 8 个人，一个小队出 2 人，原有 4 人。会长是在聚会处的，他们的聚会处已经在政府登记过了。

1993 年之后，由村干部党员出面成立了老人会的理事会。理事会成员有几位，会长是个好厨师，村里的婚丧嫁娶都是他主厨。理事会成员的条件是，家中有威望。大的家庭可以选出二人，小的一人。家族和乡里的事情就由他们负责。他们都是基督教徒，听神的命令。教会和村里的事情，他们的贡献都很大。支持教会，解决村里的事情。村委会、教会和老人会相处不错，能够处理一些公共事务。

村里教会有些派别，但教会与"小群派"也能成功合作，比如"春节"的时候，初一、初二、初三，我们一起召开一个大型的布道会，让外面工作的人在回家探亲时也能听听福音。这时，"小群派"与教会都能很好地合作、参与，地点大都在教堂。教会的信徒大约有 300 多，聚会处的也有 300 多人，天主教的有 100 多。这里的孩子是在 18 岁以后才受洗的。天主教好像没有神甫，只是村神甫，他们天主教是用拉丁语翻译《圣经》，我们基督教是用希腊语译《圣经》，没有什么沟通，但在生活上是有沟通的。

老人会会长是"小群派"的，在 8 个理事中，分别有"小群派"的、天主教的和基督教的。在老人会中，处理问题的立场，就不是教会的立场，而是老人会的立场。好比爱国爱教，公民与教徒的关系是没有冲突的。受过教会影响的信徒，一般认识都比较高，一般都会大事化小，小事化了。老人会会长实行族长职能。有事则开会。比如村里要修路、扩建小学这些事都由老人会决定的。老人会有专门的活动场所，村里的公共事业都是由老人会主持，但他们并不是按固定时间开会，一般一年差不多一次。建学校的那半年时间里，有时几天就开一次会。我们要建教堂，则由我们教会自己决定。

老人会、教会、村委会并没有一起开会的情况，葬礼是有可能一起参加。如果村里有大家关心的事情，三方的代表都可以发言。比如，我们这里有一位婶婶，被工程的落物砸死，在赔偿上出现了分歧，无法解决。最后是就由老人会与宗教组织一起协商解决的。

村委书记也不在老人会，要 55 岁退休才能参加，没退休也不能加入老人会。50 岁以上，不论男女，都可以参加老人会，但董事会中是没有女性的。

我们教会有堂管会，主任是牧师，共 7 人，分别负责财务、教务、事务等。下设副主任，即执事会副主席。教会对于村民精神的作用极大的，它会改变村民的面貌。

村委书记是由党员选举的，这里党员有 17、18 位，多为转业军人；他们在没到部队时就已信主了，基本上是有信仰的，虽然有信仰，但是是不参加宗教活动的。村长是由村民选举的。村委会只管政策性事情，有事情摊派的时候，比如只有在征兵、征粮等政策下达的工作上有些作用。我们是尊重村委会的，他们下达的政策我们都是积极配合。有位村长就是以《圣经》教导村民完成计划生育、纳粮等工作。自己第一个带头去结扎。

在村民门上，贴十字的是信天主教的，基督教一般是在家里贴年历。在村里，几乎每户的门前房后都种有无花果。因为这是基督教的象征，《圣经》中多次提到，在神的国度里吃的都是这种果。以色列人有三种食物：葡萄、橄榄和无花果。

村里的基督堂，距天主堂约 30 米，天主堂距基督教教堂约 50 米，老人会是在基督堂后的一间小房。他们都有一定的议事功能。

在乡村社会，乡村干部一般而言多信佛道教，所以支持佛道教者居多。比如，佛道教在建造寺庙时，一般都可以采伐村里部分山上的林木，但基督教如果要建教堂，似乎要麻烦一些；要用木头也可以，但基督教教会建造教堂的时候，不能安装外面的大铁门，目的是能够让村民可以自由的进进出出。

关于"宗教与社会主义时候相适应"，他们提供了一些数据。村里曾经进行了"双五好"评比活动，就是评"五好场所"和"五好信徒"。各个宗教联合解决了 100 名少数民族希望工程儿童 1 年的学费。还有，就是各个宗教都与一个少数民族的贫困县挂钩扶贫。这项工作，最初是由民宗局联系的，再由县民宗局具体操办，上报支付的数额，宗教界再捐赠。后来，是由宗教界人士自己下乡、参观，认为需要捐资多少就捐多少。

2、基督教徒如何参与公共事务

在基督教与社会的关系上，某县教会会长说，基督教是不管社会的，只管信仰和灵魂的事情。村委会的选举，是通过投票的。基督教徒，在村社共同体中，形成不了一个社会分层。起到它的地位和作用。如村长选举，选票以"房"（家族）来进行。教徒关系无足轻重。

在地方选举方面，基督教徒也是可竞选的，但不去参加竞选，他们认为这是社会的事情。选举是按"房"投票的，教徒的作用并不突出，宗族伦理、社会关系作用还是比较突出的。其他村下家畲的村长，是党员，也做教徒。因为"神迹"是不分党派的，都可以信。

村长的功能主要是调解纠纷。主要是家庭的纠纷、夫妻纠纷。但信耶稣的人则不太找村长，而是找教会，由教会帮助解决。教徒们找了教会，等于就找到了上一级机构，问题一般都能解决。那些信佛的、信道的人才喜欢去找村长。村长是"拿自己的钱，做别人的事情"。

就基督教与社会公共关系来说，村民在遇到实际困难问题时，只是找村长，一般不会去找教会。身体不好，没有钱治病，或者治不好病，有些村民会来找教会。但是像财产纠纷、土地纠纷一类的事情，他们就找村长了。基督教不介入这种事情，这对基督教没有好处，而教会也没有能力去解决这一类的事情。

同时，基督教也不会干涉村村委会有关选举的行政工作，基督教也不拉帮结派。虽然在选举中有花钱拉票的事情，基督教信徒参加选举，不受贿赂，不受礼。他们只选举自己认为好的村干部。这可是宗教信仰带来的好处啊。

福建闽东罗江村，因为地理关系，又分为里村和外村。里村是中国第一神甫罗文藻的家乡。在里村与外村对村长的选举过程中，尤其能够反映佛教与天主教之间的公共交往关系。

里村的佛教徒多，外村的天主教徒多。现任村长是佛教徒。前任村长是天主教徒。本届的村长选举，有两位候选人是天主教徒，但是，被选举的村长则是佛教徒。村民们在选举时，并没有明显地持守他们的宗教立场。虽然村民们都知道候选人的宗教信仰，但是在候选人的选票上并没有注明候选人的宗教信仰，现在被选上的村长，人品好，能力强，信佛，他的老婆也信佛，已经从里村搬到外村几年了。

选举的时候，村里所有成人都参加选举，即便小孩也有选举权，但小孩没有参加选举。村民们选举村长的标准，是办事的能力，宗教信仰没有影响。原来的村长是天主教徒，佛教徒也照样投他的票。关键是候选人的能力。另外，整个罗江村都姓罗，但宗族的关系并没有太大的影响。

村民们说，村长选举属于大家的事情，也就不论信仰了。再如，里村里要修一条路，佛教徒和天主教徒都捐钱。现在村里的路修好了，大家都方便。

与罗江村相距不远的顶头村，与历史上著名的"礼仪之争"事件关系密切。该村共570多户，人口是2700-3000人左右，仅有四分之一是佛教徒，其他是天主教徒。其中，天主教地下教会有1000人左右，而属于天主教爱国会的天主教徒，也是1000人多一点。还有一些是两边都不去的天主教徒。因为信教人口众多，其宗教信仰关系显得格外的重要。

令人惊奇的是，宗教信仰与村里的公共事件及其交往，基本上没有直接的关联，似乎宗教信仰与公共交往很自然地呈现了一种分割与距离。

就村长的选举而言，村长是全村选的，16 岁以上有选举权的都一起选，所以比较复杂。无论是佛教徒还是天主教徒，他们都有一个公共交往习惯，即选举的时候"对人不对教"。虽然村长选举也当然要拉选票，但佛教徒的选票不太有人拉，因为他们势力小，人也比较松散。虽然宗族关系存在，但是实际上作用不大。一次选举，他们选上的村长是天主教徒，却是天主教"地下教会"的。但大家还是选了他，缺点是他喜欢赌博。

一位村委说，选村长和支书都是要看能力的，能把村里的几件事情办好。比如说，有些事情能够在外面搞得定的人，别人就愿意选他当村长。原来村里一人一年要交 43 块统筹金，里面二十几块是教育附加费，谁能把统筹金少交或者取消，就会选谁。现在已经两三年没交了，谁也没搞定，大家都不交，但是上面就会把其他给村里的钱扣下来。谁能够把村里最重要的事情搞定，大家就会选举他。

与村长的选举类似，村支书的选举也是差不多的情形。这个村里共有五十多个党员，佛教徒与天主教徒都有，大概一半对一半吧。村支书的选举比村长的选举简单一点，因为就这五十多个人。

村支书的选举，宗教信仰的立场，在里面的作用不是很大。现在的村支书是佛教徒，当选之前也拉选票的，就是请人吃吃饭，被请的有佛教徒、也有天主教徒。这两种人之间分得不是很清楚。

一位村委员说，我是天主教徒，我照样投了他的票，主要是看他的能力。选支书这个东西跟宗教没什么关系。我们在党内的选举，信仰就不是最重要的了。重要的是能力。支书的选举是政治嘛，在政治和宗教之间可以各做各的，没有什么矛盾。

这似乎成为了就是他们的共识。村支书的选举，关键在能力。政治和信仰，两个都重要。在支部里面，是党的东西重要；在教会里面，是信仰重要。作为教徒，没有矛盾，我才会入党。支部书记候选人拉选票，当然会偏向自己的信仰者，但是，人际关系更重要，因为投票者只会考虑自己的利益，不会考虑什么信仰。

不过，在不同的宗教信仰关系之间，宗教信仰立场在拉选票方面还是具有一定影响的。比如一位村委会主任，做了十五年，是个信佛教的。后来在一次村长的选举中，村里大多数天主教徒就因为他是佛教徒，不便于帮天主教说话，就没选他。

再如，该村的佛教徒比较少，所以佛教徒竞选村长的就比较少，因为村里佛教徒比例少，五分之四是天主教徒。佛教徒的势力是比较弱的，但是也不存在宗教歧视的现象。宗族的因素在这中间也不起什么作用。前几任村长都没做好，村民们都不喜欢，很容易就把他们选下来了。村里的经济财政也有点讲不清楚，比如说煤气经营权就很便宜地卖给附近的英平村，当时 45 块一瓶，现在涨价到 60 块一瓶了，这是前面的村长没有做好。财政开支也不清楚，没有财务公开。所以选村长没有什么统一的标准，才能和政绩都谈不上。

比如，现在这个村长，是个天主教徒，喜欢赌博，什么事情也不做，他选上村长是因为村里赌博的人多。村里的干部大多数也赌博，所以他当选是赌友选的。现在在祠堂里演戏已经演了一个多月了，都是赌博的。村里的人也只管自己的事情，不管这些。原来村里有赌博的人，没有给村长送礼，马上就叫派出所抓走，现在的村长自己赌博，就没有人来抓了。

当然，村里的公共利益还是最重要的。村里现有的公共利益是村里祠堂，大家出资建的；还有山上的一片森林。如果能够把这些村里的事情做好，就是最好的村长人选。

顶头村还出现过一件佛教与天主教通力合作的事情。那就是关于村里要建火车站的事情。佛教徒、天主教徒，顶头村的男女老少包括天主教的神甫，每一个人都出动了，想方设法，找关系，要把火车站建在顶头村的附近。他们设计的地方，建造火车站的地方不好。距离顶头村也远。

为了这事，村里牵头的人，佛教天主教的人都有。每家活动经费二十元，用来跑北京中央拉关系。这就成为了村里的公共事情，每个人都关心，所以大家都没有了矛盾，都参加。原来全村人在祠堂里开会，商量去福州市静坐的事。天主教也参加了。后来因为有人告状，所以就改到家里开了。虽然这事情后来没做成，但可以看得出，村里人对大家的事情，无论是什么宗教信仰，都是很关心，很热心参与的。

3、学校教育中的信仰关系

学校里的宗教信仰关系，在目前还不是很普遍，但是在某些地方的学校教育过程之中，实际上已经反映出不同宗教之间的交往及其重要性了。这种交往情况，甚至会涉及到一个学校里面同学之间的正常交往。这里反映的是福建闽东地区一家三姐弟，他们所谈及的学校教育及其与不同宗教信仰之间的关系。

这一家小孩有三姐弟，都出生于一家天主教家庭。但他们都是共青团员和红领巾少先队员。

老大是初中生。那天在他们家里，他们告诉我不少故事。其中，老大——也就是他们的姐姐告诉我："我在学校里接触的大多数天主教的朋友，当然也有信佛教的朋友，但是在我的村里却没有信佛教的朋友。我从小就受洗了，每个周日都去教堂望弥撒。现在是共青团员。但是我不知道什么是共青团，我只知道入了团就要付钱，一个月付一块钱。至于天主教信仰，我还知道一些，也许长大了对这个问题会懂得一些，现在还不懂。

"就在我们班上，佛教和天主教的朋友也有的。在朋友和同学之中，我们也不会讨论信仰问题，不会因为信仰而吵架，影响朋友之间的友谊。吵架不好，破坏友情，但不会破坏信仰的，因为坚定的信仰是不会被破坏的。我也常常去教堂念经、望弥撒，也常常会跟佛教徒的朋友在一块玩，不会问他们是信仰什么教。但是有的同学也会经常问别人是什么教。我想他们是有一种特别的信仰。这些人也会问老师同学信什么教，好象是为了一些方便。比如，问的人是佛教徒，他知道班主任是佛教徒的话，他会给他送礼物、向他请假，他就会说自己是佛教徒，得到请假的方便。如果是天主教的老师，天主教的同学去向他请假也就方便一些。

"记得有一次圣诞晚会，上课的老师是佛教徒，他担心我们去看圣诞晚会，他就说你们给我好好地呆在教室里，宗教的东西我比你们懂得多，今晚不许出去。还有天主教徒的学生，如果向佛教徒老师请假，就要比佛教徒同学请假困难一些。特别是圣诞节的时候，请假往往是得不到允许的。当然圣诞晚会也不太想去，节目做得不好。

奇妙的是，学校里的老师大多数都是信佛教的。我只知道有两个老师是信天主教的，他们待人很热情，好象比信佛教的好。

老师们常常这样对我们讲：不要去相信什么佛教、天主教，要相信科学。当然班上的同学一般也是信佛教的多。我们中间有个老师，因为妻子的原因由佛教改信天主教了，大概是因为老婆厉害，母老虎的原因。我们的副校长，女的，是信天主教的，正校长，男的，信佛教的。但他们不会吵架的，因为他们都是同事。"

　　家里的老二说："我的很多朋友是佛教的，我们讲的是友谊，不过天主教的朋友多一点。一般的来讲，信佛的人不主动和信天主教的人交朋友，他们觉得信仰不同。但是信天主教的人会主动和信佛教的人交朋友，我就是这样。"

　　然而，家里的老三，是个小学生，他说的很是直接。他说："在我们班上，同学常常会因为信仰的事吵架。天主教的人会骂信佛的人不好，而信佛的人会骂信天主教的人不好。有一次，一个信佛教的同学从对面跑过来，不小心自己摔倒了，他就怪是一个信天主教的同学把他拌倒了，他就会骂这个信天主教的同学。有时他也会说，你们这些信天主教的就是搞迷信；那么天主教的同学说，世界上的人也不该相信这个，相信那个，都应该相信科学。也有信天主教的人骂佛教，认为佛教才是迷信。"

　　说到这里，老二插嘴说："这些都是小孩最幼稚的想法，实际上信什么东西讲不清楚，很复杂。"

　　对这些问题，还是老大比较成熟些。老大接着说："在我们村里，佛教徒和天主教徒一般不会有什么矛盾，如果吵架也不会是因为信仰，而是因为生活中的小事情。不过也会因为这些生活中的小事情，带出一些信仰的矛盾，比如说有人借钱不还，如果借钱不还的人是天主教徒，佛教徒就会说：借钱不还，还是信天主教的人呢！（其中老二说：因为天主教的信仰比较好，借钱都要还的。）如果是佛教的人借钱不还，天主教的人也会骂他，但是不会以佛教的名义骂他，只骂他个人。"

　　老二在一旁说："因为信佛教的人不太守规矩，很随便，所以信天主教的人就不会用佛教的规矩来骂他。"

五、佛耶之间的某种冲突

　　作为现代性扩展的一部分，传统社会学的重心——集体研究及其分层化的冲突，在现代社会学中，也许将会转向个人权责、公民身份和社会成员对于规则的认同研究。[7]从宗教社会学的场面来说，这就会使研究者把注意力从宗教群体的组织结构及其对社会的影响方式的研究，转向各个宗教信仰者如何进入社会、以及各个宗教如何与社会进行有效互动的研究。

　　7　张静主编《身份认同研究》，上海人民出版社，2006年，第21页。

1、制度内的佛耶冲突

从我们的访谈过程所获取的信息来看，被访谈对象一般认为，佛教的管理比较混乱，而基督教的管理则机构比较健全，管理能力也较好。道教主要是与民间信仰的关系，通过改造使它们（指民间信仰）转到道教层面上来，拿掉文武判官、门神像等。而基督教内彼此的关心、团结，也许能够对社会具有比较大的吸引力。一般市民对佛教基督教的看法也能够反映一些特点出来。温州一位市民曾经对我谈到了他们对佛教、基督教的看法：

——某女，约 40 岁，小学教师，丈夫是出租车司机。她说，我父母都信佛。我也受父母的影响信佛。信基督教不太随意，不能搓麻将、跳舞、唱 OK等，周日还要去做礼拜。所以，我信佛了，信佛方便些，需要时就到庙里去烧烧香就行了。反正都是迷信，佛教、基督教都一样。

——某男，50 岁左右。他说他正在寻找信仰，不然，心中总是觉的不塌实。他的感觉是，也许可能会找基督教，因为基督教它团结、心齐、乐意帮助人。

这两位被访谈者不一定就能够代表很多人的看法，但作为我们在街道上随意访谈的对象来说，他们所说的内容或许也能反映部分情形。

这里是一位法师说的：佛教信仰很难说，它与民间信仰差不多。信教信徒一般以领皈依证为标志。但我们出家人与信徒的关系是很松散的。一般是不去找信徒的，只是凭一个缘分。有缘者来，无缘者去。

此外，在与不少佛教信仰者的访谈中，信教信徒也能够感觉到，基督教与佛教在争取信徒，佛教在基督教他们的眼里是"魔鬼"。他们说，基督教他们善于传教，传教的方式也很现代。佛教是不做这种事情的。

与此类现象紧密相关的是，一些地方的基督徒对佛教徒是比较排斥的。有的基督教徒认为，佛教是"魔鬼"，是偶像崇拜，所以造成了在佛教与基督教之间不太容易沟通的倾向。因为，在基督教徒看来，上帝是灵，不是偶像。基督教与天主教则比较具有好感；与伊斯兰教还可以，因为信仰上有相通之处，所以也比较容易沟通。

这种理解，很容易给人一种误解，以为制度性的宗教如基督教难与其他宗教沟通，进而容易形成冲突；而松散的宗教信仰形式如佛教、民间信仰不太会与其他宗教构成冲突。实际上，这只是一种似是而非的感觉罢了。

所以，人们应当警醒的是，宗教对话，既能够构成公共话语，同时也会构成新的冲突。实际上，当我们与某些人共享一个特定的世界或意义体系的时候，我们同时也就确认了那些"不属于"这个世界的东西。如果我们分享了一个存在神的世界，这就意味着我们也同时知道了无神论、或者是其他宗教信仰将意味着什么。如果这个分享尚未找到一个双方都能够分享的公共定领域、或者是第三方空间之际，那么，这种分享就很有可能被阻断，形成一定程度上的冲突。

曾经在浙江的某一乡镇，佛教和基督教发生有一次冲突。该镇 1 万多人，7 个村，姓徐。有七个村，大约 2000 户，其中有 50 来户信耶稣，天主教徒只有 200 多信众。相对来讲，是佛道教的势力要大一点。基督教方面，共有四个基督教堂，2 个聚会点，信众 1000 多人。

1990 年代中叶，就在这个镇子上，还发生过基督教徒和佛道教徒的冲突事件。事件的经过是这样的，即在该镇的两处佛教寺庙中，发生了一件非常怪异的事情。一夜之间，寺庙中 13 个塑像的头全部不翼而飞。这引起了 100 多名佛教徒很大的不满，他们首先怀疑是本镇一个实力较大的宗教团体——基督教会所为。结果，他们就把该镇的两座教堂给封了两个月。

出于报复起见，佛教徒将该镇上教堂的 3 个入口处用木板钉住，再用铁链锁住，不让基督教徒进教堂做礼拜。另有 200 多名基督徒只能在教堂的附属房中进行祷告。村的老人协会（以信佛道教的退休干部为主）也集中了非基督徒村民 1000 多人，为的是让基督教徒给他们承认错误，并且要基督徒交钱赔偿损失。

礼拜只能在大堂边的附属堂做了。政府也不好处理，省、市县也都知道了，批评了佛教徒：没有根据，不好乱说。佛教徒要求赔钱，还进行威吓。

当时，教会中的牧师特地赶来与信佛的村民进行交涉。牧师说："即使是基督教徒所为，这也是个人的行为，不能让教会承担责任"。然而，双方对此并没有达成任何谅解。

教会牧师向县宗教局提交了情况，以表说明。两个月后，当地宗教局出面处理此事，并签订了双方的协调协议书。其中规定，宗教之间要互相尊重的条款。最后，这一冲突都由镇政府出面来加以解决。正是镇政府在充分了解双方冲突背景的情况下，充当了双方冲突得以解决的公共平台，这一冲突才没有被激化。

类似于这样的制度内冲突，在我们的研究之中，还有一件，是出自浙江某县两个乡村之间教堂与土地庙的地皮之争。

据我们的实地考察，当时他是建造的基督教教堂与道教土地庙之间，两者仅隔几步之遥。土地庙里供奉着五生大帝、关帝、玉皇大帝等。现代灯光装饰，大堂中还有一戏台，专演温州地方戏，庙会性质。

基督教教堂则是邻近几个村合建的。教堂与土地庙发生的矛盾是，它们两座宗教建筑共同使用一块土地，而土地恰好是位于基督教的教堂门口。凡是要去土地庙的人都得经过这座基督教教堂的门口。可问题是，这块土地又是属于教堂的。为此，建造教堂的人没有为土地庙的信众考虑，直接把教堂的大门建在了这个地方，导致要去土地庙的无路可进了，也对于基督教的人不让信奉土地庙的人从教堂门前走过了。

矛盾发生之后，双方争执不下。教堂当然有他们的理由。这是他们的地方，有理由不给通过。于是，双方都动怒了，几个村庄的人都拿起了锄头、铲子，几乎就要发生乡村械斗了。

这个时候，县政府知道了。县领导也下来了解情况了。双方一看，有政府领导来过问了，事情可能就会好办了。果然，双方在县领导的调解之下，矛盾解决了。基督教教堂让出门口一点地方，修建一条路，给去土地庙的人通过。而教堂的大门建得往里面退后一些。这样，一场宗教用地的矛盾迎刃而解了。记得我事后去调研此事的时候，双方都是这样说的，既然有县领导出来作为第三方调解了，我们就没有理由再吵下去了。这样，道路的问题解决了。道教徒可走，基督教徒也可以走。

此类冲突现象，很有意思的是，当佛耶之间有可能构成冲突的时候，仅仅是佛耶双方似乎很难达成调节或达成协议的，必定需要一个能够高于佛耶双方的第三方力量，这一冲突更加容易得到解决。上述的例子就是一个很好的说明。在佛耶之间，如果存在一个第三方力量，而且这一第三方力量就是法律，就是制度，作为宗教交往的中介，那么，宗教间的交往就会成为在法制中的交往，即便有冲突，也是在法律内的冲突了。法律内的冲突，即便难以避免，却也能够在法律内得以处理与缓解，最终建构一种法律架构之中的交往与互动。

2、公共交往中的冲突

不少的宗教及其信仰共同体，无疑都会包括不同的价值观、合理性与信仰实践模式。因此，在不同的宗教信仰共同体之间，不同的信仰者如何处理彼此的关系，对于多元社会与宗教多样化的发展，应当是非常重要的事情。为此，这些不同的宗教及其意义共同体或价值复合体，很有可能具有交叉或冲突的可能；但它们却各具特色，不得不发生共同的交往，使我们能够生存于其中。而公共领域中的交往及其可能的冲突，就成为很值得关注的事情了。

福建某海岛上面基督教教堂，是一所真耶稣会的教堂。在整座海岛上，有基督教的聚会处和真耶稣会存在。据说，该教堂总共约 200-300 名信徒。大约是 1985 年左右，有位眼盲的老太太，是东蔡村人，前往岛外卖唱，外地教堂有人劝她信主，她就信仰了真耶稣会。返回岛后，便请莆田堂口的传道一起到岛上来布道，一些因病没有治好的病人，受这一因素的影响就开始信仰基督教，传道也积极前往病人家中传道。后来的几年间，海岛上的基督教发展非常迅速。

原来，在张庄建有一个堂口，后来因为修公路而重新在莲池修建新堂，虽经政府批准，但是地方的老人会却非常反对。周围村民也以唱圣歌会影响他们的生活为借口，反对教堂的建设。当教堂刚建了一层的时候，他们就会聚集很多人前来破坏，开始是在晚上，后来白天也来破坏。在阻止海岛上真耶稣会建教堂的过程中，当地的"老人会"也在其间起了一定的作用。可是，当初他们是反对的人当中，后来在他们之中也有几位成了基督教信徒。

因为海岛上本来是信妈祖人多，他们欺负信耶稣的人少，所以建堂的时候发生冲突，能够把筑好的墙给推倒，不让建。可是，政府也已经批准建堂了。而我们信主的人，很能耐，晚上都要去看守建筑工地。不过，教堂建起来之后，村民就不来吵了。

这座教堂是从 1994 年开始建第一层的。该教堂建立时，村里老人会都来反对，陆地上来的人也有。但，现则老人会中的人也改信了基督教。因为老人会中有的孩子生病，求妈祖治不好，后到教堂，则病好了，所以就信了基督教。这样就使得这座教堂才能够在困难之中慢慢地得以建造起来。

当地的传道者，每周安息日时来传一次，以后是一月来一次，现在一年中只来几次。这里的活动有周六的聚会和周五晚上的聚会。全岛的基督教信徒这时都集中在该堂。他们信主的原因，有的是生病，有的是听了道理之后，有的是出于好奇。现在已经信主的人，都不信妈祖了，不拜偶像了，也不去妈祖庙。认为那是迷信。

这座教堂里面没有牧师，传道人的水平也较低。近几年来，信主的人增加较快。这岛上的都是渔民，出海时都是全家祷告，干什么事之前也全家祷告。距离近一点的人，就来堂里祷告。家中挂贴一张安息日的基督教年历表。每周六，大都是从岛外请人来布道，也有本地人布道的。

另外一种冲突，几年前发生在温州平阳。

具体情况是这样的，端午节时，要划龙舟。在出钱的时候，龙舟要放在教堂里，还要基督徒出钱，基督教就极力反对。最后，是由宗教局出面，同意把龙舟放在了寺庙，由佛教徒来出钱，事情就不闹了。基督徒是不参加龙舟类的活动的，因为在基督教看来，那些都是"传统迷信"的活动。天主教、基督教这两教的态度是一样的。每年一次的划龙舟活动，都一样热闹，佛教徒、道教徒都很喜欢。

就是在这地方，还曾因为建祠堂（王家祠堂）发生了一次冲突。当时建祠堂时，佛教徒要基督徒出钱。一般的时候出现这种事，大多是由乡、村出面，制止这种行为。当时有 90% 的基督徒在建祠堂时是不出钱的。如果祠堂是不烧香、不拜祖的，可能还会出钱。

后来，因上级不让出钱，也就算了。因为建教堂也不让不信的人出钱，所以造祠堂也不要让基督徒出钱。但在造家谱时是可以同样都入谱的；祠堂里则不许基督徒进。平时，同样都是亲族，没有什么矛盾。

当地曾经有 100 多个祠堂。解放前的时候，冲突是最大的。改革开放后，冲突就少了。因为信上帝的人多了，他们也害怕了，人多了，势力就大了，也就没办法了，所以没什么冲突。一般基督徒是不主张建祠堂的，个别的人认为是可以建的，也可以出钱。

一个村如果都是信基督教的，那就不会建祠堂，但基督徒也要造家谱，认为这个很重要，不然就没有家庭辈分了。基督教、佛教、道教的家谱都一样。

一般都是由基督徒出钱，托付给信佛的人家来造家谱，自己不独立造家谱。不出钱，是不能入谱的。个别的也有不写谱的，他们认为自己的名字已经写在天上，不入谱也不要紧。但是，如果不入谱，辈分则要依照别人来算，这也可以算辈分。在谱中，任何一个宗教的术语都不写。如果写，出钱就有困难，信仰就会有冲突。如果只是一种宗教，就可以随便写了，这也不会造成出钱上的困难。温州地区大都是这种处理方法，温州的基督徒具有比较明显的发展，他们与原有的伦理秩序所以就会产生一定的冲突，但冲突大都已经获得解决。

实际上，冲突本身也不是什么大不了的事情，关键是冲突发生之后，我们这个社会能够容纳这种冲突，能够缓解这种冲突。而能够解决冲突的社会与宗教，方才是有内涵的宗教与有正能量的社会。

3、日常生活交往中的冲突

毫无疑问，宗教信仰与家庭生活紧密联系。所以，不少的冲突是悄然发生在人们的四周及其生活之中。这些现象，在基督教牧师看来，"礼仪之争"的影响一直到现在，利马窦的方式是难以行得通的。

在福建闽东地区，体现天主教与其他宗教发生矛盾的地方，主要发生在婚姻方面，比如说丈夫和妻子有不同信仰，就各做各的。在丧礼上也有矛盾，老人去世的时候，也会碰到礼仪上的矛盾。在做丧礼时，佛教举行法式，天主教徒可以去，但不能参加活动。拜是可以的，这是表示孝敬。可以行礼，这是中国礼，不是佛教礼，道教礼，中国礼可以接受，其他宗教内容不能参加。

在婚姻冲突上，还是天主教的利害，因为天主教信仰比较坚定，对教义比较理解，天主教管理比较到位，教义也讲得比较清楚，经常聚会的。佛教自己修行，自己有结果，也没人管他们。有事就来烧香，求他们，其他也没什么事。天主教就要集中起来学习啊，神甫要给他们讲道，不来不行。

天主教和其他宗教的冲突也没什么，要有的话，主要表现在结婚上。平时都是各干各的，没什么问题。庙都在山上，教堂在平原，因为天主教的发展当时就注意到要交通方面，便于发展。寺庙是越远越好，要安静，要爬山的，比如说五台山、峨眉山都要爬山的。爬的越高越虔诚。天主教教友和神甫跑那么远，每个礼拜都要去，很不方便，所以我们要在人民中间，交通方便的地方。我们管理也非常到位。

关键是在婚姻对象上面，所有宗教信仰者都希望结婚对象最好是自己同样信仰的人。国家有民法，天主教也有法律，和国家民法是一样的。不符合法律就是无效的婚姻，整个天主教都一样，不来登记就不能结婚。如果碰到不同信仰的人，处理的方法有很多。一种是外面打工，把对象从外面带回来的，这种人文化都还可以。一种是本地的，文化可能低一点。这都是神甫在证婚中知道的。

虽然说，基督徒只要不是迷信的，都是可以做的。基督徒出于尊祖也是可以去祠堂的，但最好是不要拜。因为基督徒只能拜上帝，不能拜偶像，鞠躬可以，出于敬意的可以，拜偶像的则不行。这就构成了天主教、乃至基督教与其他传统宗教最大的不同，乃至冲突。

然而，牧师也会认为，这一切，对于宗亲关系大体是不会有什么影响的。来往如常，婚丧嫁娶都来往，该哭的都哭，该帮忙的都帮忙。但是在礼仪上，是互相提防的，怕风水受影响，怕自己的风水给对方拉过去了。佛教、道教则比较注意这一点，基督徒是不讲究这些的。

一旦家里有老人去世了，丧事怎么办理？老大信佛，老二信上帝，这种矛盾，首先要依照老人的信仰倾向做丧事。如果老人是信基督教的，那么，信佛的老大就出钱，却不出场，但要披麻戴孝，只是在宗教仪式、宗教活动场面上，不参与。办丧事的钱却是平摊的。老人死之前，也会吩咐的，要按自己的信仰去办丧事。家人一般是不会违背的。中国人是很聪明的，问题处理的都很好，宗亲关系必须顾及，但宗教意识、仪式却不可违背。

在温州地区，这样的家庭有很多。多种信仰的教徒，集中在一个家庭里。冲突也是存在的，主要是夫妻之间的冲突，较大、较多。如果只有一个儿子，信佛，妻子信上帝，老辈死了，到底听谁的，按谁的做丧事呢？这就是矛盾！老人病了，按谁的礼仪来办、祷告呢？这也是矛盾！

牧师认为，这样的事情不勉强，可以谦让，不要与其他宗教冲突。信佛的也比较客气、谦让。只有个别比较固执的，才会有矛盾。如果家里有两个儿子，就没问题了。现在，都反过来了，妻子的影响大，信佛的一般都是跟着妻子走。如果妻子是信基督教的，大多数会把自己的丈夫给拉过来了。因为温州人大都在外面做生意，管不了家里的事。所以呢，精神信仰的事情是由妻子负责，经营企业是由丈夫负责。

与家庭生活紧密关联的是，即是因为基督教和佛教两大信仰体系对人生的基本态度完全不一样，这也有可能形成另外一种冲突。

一些被访谈者对我们说，佛教认为空，人生没有意义；基督教则是盼望将来，主张在今天抓住机会，通过工作和奉献。所以，基督徒都是有上进心的。对金钱，佛教徒是拼命攒钱；而基督教徒却不过分贪心。这一切在生活上都有所反映，在言语上和行为上。但佛教是传统，信徒是绝大多数，基督教的发展并不会对其有多大的冲击，也说不上什么矛盾。虽然有些地方，人们不让造教堂，认为这会破坏风水，要求换个地方。总之，不是真正意义上的佛教与基督教的矛盾，属于迷信部分。

当然，基督教和佛教有一个特点，就是都听上面的话，在爱国、爱教上是统一的。它们也有共同参加的活动，如太极拳、国庆节、元旦节，都不是民俗节日，而是政府组织的活动，所以它们大都会参加的。在活动中，同一宗教的教徒会亲切一些，佛教徒、基督徒自然会聚在一起。如教内的政协委员都会在一起。

实际上，基督教发展与佛教发展之间的冲突，也没有什么大的表现，因为佛教不做什么工作，信仰全靠自己；基督教要去教堂，还要看看《圣经》。农村的老太太并不在乎信什么，看见菩萨就拜，见到雷锋也拜，对着毛泽东也照样烧香，信仰上不同。

基于上述的大致叙述，我们不难看出，乡村宗教的发展，始终局限在族群关系之中。基督教或者是佛教的信仰群体，他们大多不是一个独立的社会阶层，仅只是一个族群关系框架中的特殊"人群"而已。所以，当几种或两种"宗教人群"同时出现在一个族群框架中时，他们就会在不定的时间、地点、事件上发生某种性质的冲突。但是，这种冲突又只是在固有的族群关系当中，不会撼动固有的人际伦理秩序，从而出现"多教共处"或"耶佛共处"的社会宗教现象；各种宗教信仰可以各行其事，井水不犯河水。即便发生有某种形式的冲突，那也是"制度中的冲突"而已。

不过，当各个宗教的存在与发展进入城镇化之后，情况可能就不一样。各种宗教信仰体系及其信仰群体，他们已不同时相处在一个族群关系的框架当中，所以他们或许已不存在直接的冲突、交往，各行其事的可能性与社会空间更大了，家族化信仰共同体的色彩也同时被淡化，家庭化和个体化的信仰者特征自然而然地就会形成。如果，这些宗教信仰群体能够稳定发展，并与企业、经济、社会流动等过程结合，他们就很可能形成为一个独特的社会阶层，一种新的社会分层现象就会相应地出现了。

至于各种宗教信仰在其城镇化过程中，是否会发生某种交往、沟通和冲突，那就要看各个宗教在当代社会空间，能否平等相处，发挥其应有的作用、对话或互动，共同建构一种不同宗教皆能理性交往的公共平台。如果各个宗教依旧局限在其"个体"信仰特征上，无法在制度层面相互交往、联系，或者只有在政协会议上，政府组织的活动中才能相互遭遇，当然也能够形成一种宗教协调机制，但是，宗教间交往的水平与互动、理解的层次，同时也会受到局限，就无法得以相应地提高或进化了。因为，在一个既定法律架构之中，不同宗教之间公共理性的交往及其公共理性的构成，往往要取决于各个宗教的互动能力及其理性交往的能力。

六、耶佛之间的信仰转变

现代社会之中，信仰的选择与改变是很正常的事情。而宗教之间改宗或改变信仰的过程，常常也是宗教交往的一种很普通的形式。在这类宗教交往的形式之中，双方的信仰者之所以会改变自己固有的信仰，大多是因为人际关系、个人利益、信仰治病等几个方面。

但是，在这些信仰者改宗的过程中，我们依旧可以看到不同宗教间的不同交往方式、对宗教的态度、以及可能具有的认同方法。

1、佛教信仰转为基督徒信仰

与基督教的组织性比较，佛教信仰者之间的交往显得比较松散，信仰形式也松弛，同时也祭拜家神，寺庙与僧团也不希望去组织教团，没法控制信徒。佛教信仰者只是自由来往，有缘则来，无缘则去。

在浙江沿海地区，佛教徒改信基督教的比较多。改信的原因大多是信仰治病方面的缘故。但是，这些佛教信徒或许都不是真正的佛教徒，他们只在家中设个佛堂，到寺庙里去烧烧香而已。这种信仰现象，或许可以称之为自认为是信佛教的人。也有女的基督徒改宗佛教了。村民说，她年纪比较大，过去也没怎么听基督教的传道，而是信其他民间信仰，后来就从民间信仰改信了佛教。

另外，也有家庭成员对于宗教信仰很有误解的。教会里面曾经有一位受洗者，受洗之后要求把自己的名字从教堂的花名册中拿掉，因为家里遇到了困难，家人有可能把这些困难，归罪于是他信了基督教。当然，像这种情况的人。一方面可能是因为政治原因，或许是党员，或许是家族成员对他信仰进行非难的结果。

实际上，关于基督教与佛教的信仰改变问题，有这样几种情况：一是那些世代信天主的家庭里，有人出嫁到信佛教的家庭，一般妇女都是随夫家的，也就到寺庙去求菩萨；再一种是那些信佛的，信也是因为生病而信的，但病一直不好，后因受基督教的影响就改宗了；还有就是基督徒改信天主教的，因为天主教的管理较好，活动也较正常。

比较而言，基督教徒改宗信仰佛教的人是有的，但是不多。原来受民间信仰的影响，人们就信佛教；后来接受基督教的影响，就到基督教来了。

2、基督徒信仰转为佛教信仰

浙江一处乡村，100多年前，村民大多数信佛教。"师姑娘"（指尼姑）有一堂，就是由尼庵变教堂的。这就是温州地区鳌江镇务垟乡的溪湄教堂。寺庙与"师姑娘"有亲戚关系，所以和尚也就改信基督教了。当时的佛教徒反对，要赶和尚走。和尚武功好，"师姑娘"武功也好，全村人都打不过。后来，村里就同意改寺庙为教堂。从此之后，全村人也由信佛改信基督了。现在这个村子基本上为基督徒，没宗教间的矛盾了。1957到1982年，基督教礼拜活动停止了。"文革"之后，宗教活动才得以恢复。

村民们说，佛教和基督教平时是没有矛盾的，只是有事时，才会有矛盾。不过，现在是越来越小了。1909年的时候，这个村有48亩土地，划归了基督教。在寺庙改作教堂的时候，产生了争议，主要是土地所有权的争议。当时的和尚不知是什么人。村民们告诉我，改教的原因：一是这个和尚与村民有矛盾。当时的村民都没有信上帝，有也很少。二是寺庙改教堂后，其他人也过来做礼拜，本堂的和尚就到了方家，后来做了基督徒。教堂改建之后，福音教育多了，对周围的村民产生了影响。目前，这个堂可容纳500到600人。

基督徒认为，从佛教改宗基督教的情况比较多，因为基督教有爱心，它不要你交钱，教人公正，不卖门票，也不提"奉献"，平时自己捐献多少全由自觉，无人知道。

浙江沈家门一位人力车师傅对我说，沈家门的基督徒很多以前是信佛教的，大都从佛教来的，他们的父母都是信佛的。后来，有文化的人读了《圣经》，觉得好，就改信基督教了。有的人生了病，拜佛不好，然后就信基督试试看，好了，也就改信了，家人也就跟着信了。我们这里，约有70%以上，大都是由佛教转信基督教的，70%到80%都是因生病而信基督教的。有的病好了，有的病不好。

一般的，家中没有大的事情，如死、病等，都不会信基督教的。其实，不是我们相信不相信，而是上帝对我们已被拣选。我们有位姐妹，是位药品推销员，在杭州某制药厂的什么办理处工作，高中毕业。她的婆婆是信佛的，儿子却跟她信了基督教，家里其他人什么都不信。过去，她到佛顶山，三步一叩，叩了三年，最后一次没去。后来，就改信主了。

有些人家原来是信佛教的，后来因父亲生病而信了天主，姐姐也跟着信了。信教后，父亲的病有所减轻。

可以说，信仰治病，曾经是宗教信仰重新选择最多的一种现象。一位牧师说，我今年 51 岁，我是受婴儿洗的，因为我母亲信基督教。她 67 岁了。我过去肠胃有毛病，一吃海鲜就犯病。原来很信佛教，曾三步一拜地上佛顶山。圣诞节的时候，来这里（即教堂）看礼拜活动，病就好了，从那以后，就改信基督教了。那时他是 30 多岁，还有些文化，就看了看《圣经》，进而选择了基督教信仰。

下面这里是一位基督教牧师的信仰经历，它真实反映了基督教与佛教之间的信仰关系及其交往。他说：

"我是 1980 年开始在教会工作的，教诗歌，当时是家庭教会。1986 年教会成立，负责唱诗班。1989 年 5 月，老牧师借到我教会，专职教会工作。1990 年 2 月，到浙江神学院读了一年。做牧师必须是神学院出来的人，这是硬性规定，一般人不愿去神学院，因为做牧师是很苦的，尤其在经济上。

我们家中是信仰自由的。我的妻子是基督徒。她原来是佛教徒，和我结婚后就改信基督教了。丈母娘也知道基督教好，但她不会信。我的丈母娘是信佛教的。她信佛后，是比较虔诚的，上普陀山，拜了师傅。去普陀山，花了许多钱，家中出的事情很多，还吵架。所以，现在不太去了，也就不太信佛了。家里设有佛龛，平时就玩玩麻将。我妻子青年的时候也随母亲去普陀，烧香拜佛，她过去就不太习惯，没拜师傅，对拜祖先也不习惯，主要是受她母亲的影响。我与她结婚前，彼此知道信仰上的不同，说好互不干涉，也不曾互相开导，相安无事。我在市里参加政协会议的时候，我曾经问过佛教协会的秘书长，"为何做一场佛事这样贵？"他们说："有钱的人，才能信佛教。"

另一位改宗基督教信仰的经历也大致类似，出于平安信。

这位基督徒改宗的经历是："我是 1982 年开始信基督教的，原来是信佛教。我婆婆信基督教，由于她信主，致使他们家族、亲属中有 80 多个人归信了主。我是 1976 年结婚的。那时，时常跟着我妈妈去普陀山拜佛。

1982 年，在我 27 岁的时候，生了病，是肺炎，当时心情不好，在医院住院，婆婆就给我讲她基督教，让我听圣乐，我也就慢慢信了。原来说要住院三个月，后来仅住了 1 个月。当时，在医院和家里，我天天祷告，当时还不会做，做的很简单，但是神会知道的。出院就祷告，神给了一个凭据，病好了，不吃药了。有神迹啊！在家一个星期，叔叔说你可以上班了，我就上班了。后来，儿子生牙病时，我也和丈夫下跪祷告，以后就信下去了。

在我孩子五岁的时候，我丈夫去了神学院学习。有一天晚上，1 点多钟，儿子突然醒过来，他求我为他祷告，因为他身体发热，我开灯一看，儿子成了个"红人"。因为那孩子很胖、很重，医院又很远，走路去，需要 20、30 分钟。如果他在家，可能就去医院了。那时，我身体也不好，不可能一个人带孩子去医院。当时我就想：只能将这孩子交给主了。于是，便为他祷告。大约两个小时，也就是到了近四点的时候，儿子说："妈妈，我已经好了，你睡觉吧！"我看他的体温已下来了，便在床上躺着，但还是不断地祷告，直至睡着。

清晨，我以为儿子是无法去幼儿园了，因为他昨天晚上病得那么重。想不到的是，儿子对我说：我已经好了，你送我去幼儿园吧！

这件事对我触动很大，我觉得这是"主"在考验我。这样的神迹在我们家出现过好多次。神的恩典是讲不清，奇迹很多。工作调动、分房等事情，都有蒙恩典。"

还有一家三代人都信佛的基督徒。那时在一次平安夜，她来教堂参加活动后，感觉很好，就信了。

他们原来信佛，为治病烧香、磕头，花了不少钱。信了基督以后，对佛的态度就觉得：可怜啊！佛教里是没有真神的，都是偶像。什么事无论好事、坏事都可以做。没有责备，可以讲谎话。信佛的人都是传统的，仅仅是烧香叩头，实在的佛理也不懂，真正进入佛教的人是很少的。虽然，中国人信佛的多，但不用人力去影响他们。一个人能信上帝，也不是人力所能做到的。

1990 年，我父亲在普陀山开了座冷库，加工厂。那是一个佛教村。我母亲在那里烧饭，因为我妈妈去寺庙有事，便让我去帮助做饭。到晚上便闹肚子，很厉害，拉一塑料桶。我便祷告，如果主不想让我烧这个饭，你就让我好。第二天，我便坐了第一班船离开，当时我儿子也生了病。之后，便不拉肚子了，第二天，我一登上沈家门的岸，便完全好了。从此以后，普陀山我再也不去了。我父亲的帮工问我，为什么闹肚子，我说：是因为这里的每一个石板都是不干净的。

真正信基督教的人是不会去普陀山的。在佛教圣地中，分离出这些基督教徒，很不容易。香港基督教曾经有 10 名牧师到访普陀山后认为，佛教文化是一个漂亮的工艺品。

另一位基督徒说，"人的心是很硬的，不生病的话，无缘无故地他能信什么？你让他相信，他是不会信的。"我有 35 岁。在沈家门食品公司工作，做统计，上个月刚刚下岗。我父母原来都信佛。因为我姐生病，信主后病愈，父母也就改信了基督教。我姐父也信，他是家族性的。一人信耶稣，全家有福分。所以说，"耶稣是我们的避难所。"如今，他们也跟着我姐姐信了。

我信基督教，是从 1986 年开始的。原来是我姐姐相信。她讲信基督很好。结婚之后，我才相信。姐姐是因为生病才相信的。原来，我只听讲些道理，做做祈祷。后来，我丈夫受外面人的诱惑喜好赌钱，他自控能力很差，有赌瘾，赌起来就不知早晚。他们赌的是"二片头"，就是两人用两张牌，翻过来看谁大小。这样，输了许多钱。后来，我就慢慢体会到了主的道理。因为这种事对双方父母都不好说，知道他们没有这个能力，本来他们培养他就不易了，所以不必再让他们烦恼了。也不曾和姐姐谈，因为这事其他人也帮不了。自己慢慢体会后，便在上帝面前祷告，祷告时常常是泪流满面。当时，流泪并不是因为伤心、难受，而是一种情不自禁的。流了泪，起身后，就一心平安了，很平静。

从此之后，一切只能让耶稣管了。最初我和老公讲耶稣，他说他信菩萨。其实，他并不信菩萨，只是和我唱反调。就这样，经过了 10 年的眼泪，我丈夫后来也慢慢戒了赌，也到教堂去了。他也认为相信基督是很好的，也认为世界上的朋友都不会帮他的。现在他信了，他的前后的改变，大约经历了十几年，我付出的钱，和流的泪都很多。

那时，他是没有家庭的，也不管小孩。现在，他也下岗了，在做渔货生意。他是去年下的岗，原来也在食品公司工作。他的转变是一个慢慢的过程。现在，完全不同了，对我很关心。

你问我：上帝如果是爱我的，为什么等了十几年后才让我见证了他的爱？当初想到做人没意思，只能靠耶稣了，有了耶稣就没什么苦恼了。现在懂得了：当时我的耐心不够，心中还有恨，而不是爱。要不也不要这么长的时间，要早知道，就应早些给他爱。现在，懂了这个道理，当时应当是更好地去爱他。我女儿，现在跟着我，也相信了（基督教）。

曾经有人说，中国基督教的发展是"家族化"的，一个人祷告，家族中的父母都有大大小小的恩典和见证。这是因为，原来没有一个完整的基督文化背景。它与信佛是一样的，也是受家族的影响。在性别差异上，女性信仰的多，女性影响男性的多。这可能是女性对灵理的接触更加容易吧。浙江的佛教徒也是女性多；基督教徒中间，也是女性多。

这还有一位女性，她原来是信佛的，常跟母亲一起去普陀山拜山。8 年后，生了病，信耶稣的婆婆就劝她信耶稣。她本人就信，也是因为得了糖尿病后相信的。当时她是 27 岁，到医院去住院，婆婆每次去医院就将教堂的新歌教她唱。这位女性得的是肺炎，医生说应住三个月。她就天天祈祷，一个月便出院了。

回家后，她还是每天祈祷，上帝恩典——领导我。那时，她每天祈祷，"我哪天能上班？"上帝恩典，一个星期就可以上班了。她说，有一天在祈祷时，就觉得背部的衣服上揪两下，但当时没有别人在旁边。第二天，就讲给她丈夫的叔叔听，他也信耶稣的。他说你病好了。第二天，我便上班了，再也没有吃药，直到今天。

她的丈夫是商业局的副局长，六年转亏为赢。当时是亏了 2000 多万，她就为他祷告，现在日益好转。她的丈夫，只是心里信，他不祈祷，只是在我生病时他祈祷过一次，后来孩子牙齿生不出来，他与她第二次跪下，祈祷过主。

一般而言，基督徒会认为，要在有人的地方讲见证、讲爱，佛教只是为了自己才出家做和尚、做尼姑，就到远远的地方，不管别人了。信基督教的人，胸怀比较宽广，不会对小小的事情追究。信基督教的主要要看他的灵性，单是挂在嘴边说信是没用的。也有人利用基督教搞些邪门歪道，这些都不是真正的信徒。基督徒会讲究：对于他人要用更大的爱心，把他们引上基督之路。

一位女基督徒，今年 38 岁，是搞化妆品批发的个体户。她说，从 1992年开始做这个生意，一直不错，我是自己做。我先生他是司机，原来是在单位，现在是在外贸拉集装箱。我娘家是信主的，结婚嫁到非基督徒家庭后，信仰也就逐渐弱化了。直到 1997 年，我母亲去世的时候，参加了当时的家庭聚会，又受到主的感召，才在 1998 年受洗。我在 14 岁的时候下乡做了赤脚医生，9 岁的时候父亲去世，我奶奶和父亲都是信徒。我一直与母亲相依为命。

我丈夫家是信佛的，是比较世俗的。因为他家信佛，我也去过庙里。他家每逢某些节日的时候就要去庙里，我要是不去又觉得不好，就跟着去，去也不出自内心。1997 年我信基督教后，去教堂便是发自内心的了。

婆婆与我不住在一起，我让丈夫信基督，他说你信你的，我信我的。他开始是反对的，主要是考虑以后父母去世后，谁来烧香呢？他家有小叔，我公婆也很开明，认为可以让他随妻子信。有一段时间，他也来教堂，但是没有什么感受，就不来了。感受和经历是非常重要的。

我和他讲了很多信主的好处，但是他认为，人活着都应付不了，哪还能考虑死后的事呢？他没有感到主的爱，认为主并没有使他有钱。我每次来教堂，就为他祷告。这是我最大的困难。我公婆也认为主是好的，但他们也没有感受。

从信主开始，再忙我也会在主日到教堂来。不信的时候是舍不得一上午的，生意不做来教堂。我现在有雇工 4 位，有一位女孩现在也来教堂听布道。另外两位女孩的家里是信佛教的，让她们来，但家里不同意。另一位是我家小叔。在批发市场里，没有我这样的老板的，没有老板的样子，佣工们都有责任心，与其它店员有很大区别。

虽然我每周来教堂，但是生意并没受到影响。其实，苦难是锤炼信心的。我的店曾经被偷过，但我也要感谢神。最初我也想不通，为什么上帝不保佑我呢？老公也这样说。但上帝并没有使我倒下去，这也是上帝给予的。

我有 6 个兄弟姐妹，3 个哥 1 个姐 1 个妹。我二哥是不来教堂的，但他承认自己是信徒，不做不好的事；我妹从小就信，因为过去家里贫困，从小就把她寄托给一个信天主教的家庭，所以她的信仰较好；大哥现在香港，他还有些追求，和嫂嫂一起还有一些活动；我三哥随嫂嫂信佛，他们在山区。我女儿还在读初二。

信主的老板数量不会很少。在我们批发市场中就有 4、5 个。信仰不必分中国、外国的，神只有一个，是不分种族的。只要是找到了可以经历的神就可以。其实是自己心里的神，真正信主的人不会认为这是"洋教"，也不会这样想，这样想都是外边人讲的。

很明显，出自于改宗的过程，这些基督徒大多会涉及对原来所信的佛教的一些看法。虽然从宗教比较的角度看，这些认知在理性层面未必都是正确的，但也都反映了他们了的某些信仰态度。其中，最最基本的，就是基督教一神信仰方式，对待佛教的态度。佛教从哲学层面讲，甚至不是有神论的信仰，而是无神的信仰。但是在信仰方式层面，一般信仰者大多则采取了民间的民俗的信仰方式。特别是这种信仰方式，大多因人而异，同时也比较缺乏信仰者团契，故而呈现了两大宗教信仰方式层面很大的不同。比如一位改信基督教的朋友认为，也许有一些道理，值得关注与思考。

他说："……人们信佛教的很多，家家户户都是烧香、拜佛，但是，他们没有什么系统、组织。道教是比较模糊的，它的成仙什么的，是难以让人相信的。孔子的主张很有意思，并不是纯粹宗教性的，他有很多是对社会的认识。佛教只讲了个人的问题，没有讲整个社会的问题，如果都像基督教那样关心整个社会，社会会更好"。

七、耶佛之间的合作关系

基于社会构建论的理论，意义产生于互动；这就是说，当人们能够进行有效的互动的时候，方才能够构成意义。但是，互动仅只是双方都能够满意的传统方式——彼此了解对方。一般说来，一个比较单纯的宗教信仰体系，一般能够使该宗教的信仰者进入一个可以值得信赖、彼此认同的价值世界，从中能够感受到个人的身份，理解社会是非的标准以及人生的终极目标，能够以此而建立那种相互信赖、相互珍视、彼此扶持的利益关系、团体关系或伦理关系。

可是，在不同的宗教信仰之间，特别是一神论信仰与多神论其他信仰体系之间如果它们都是基于本宗教的信仰方式，那么，它们之间能否建构一种既基于信仰、却又能够超越信仰的价值共识，这就不是一件简单的事情了。这就要求交往中的宗教双方都能够超越各自的信仰与教义局限，致力于交往过程的公共规范的共享与互动中的公共规则的建构，基于宗教交往中公共理性、公共交往及其公共领域的构成。

1、佛耶合作的公共服务

这里的佛耶交往情形，来自于对福建泉州一座寺庙监院的访谈。这一访谈内容主要是呈现了佛教信仰过程中，佛教与基督教在社会服务之中的不同交往关系。

这位法师认为：佛教与基督教各教做好自己的事情，只要群众需要，我们就做，只要对子孙后代有用。只要能够帮助培养好子孙后代，我们不管他们（指东壁村的基督教徒）是不是基督教。我们的目的是要带动所有宗教，去关心社会和教育的发展，做有益于社会、人群的事。宗教是社会不足的补充，自己去充当补充社会不足的角色。

我们寺庙所在的村庄有个小学，小学的学生要从隔壁村来读书，有三华里的路，都是山路，小学生上学就很困难。这个岛上有3000人左右，是长方形的岛，但小学却是破破烂烂的。

泉州附近的一个乡镇，有一个少数民族畲族的村子。那里人饮用水是不干净的地沟水，大多数的妇女都出现了妇科病。基督教徒在义诊时发现了这个问题。但是，基督教会没有经费，结果是我们佛教出资去建立了自来水，共花费了9万多。通水时，老百姓高兴得要死，这个村有400多人，一年之后，这种病就少多了。这是佛教与基督教之间最好的一种交往。今年，我们又捐钱建了生产用水，1700米多的水渠，快建好了，可灌溉400亩的柑橘林，也花了9万多。

这种交往方式，是他们基督教发现问题，我们佛教来解决问题。他们基督教有人才，有医生，但钱少；我们人才少但有钱财。在当地的另外一村子叫南美村，我们佛教捐资4万，新建了小学的厕所。所有的捐助，我们都是实地考察的，建成后再去检查。

当地还有40个贫困村的小学生，我们寺庙就对他们进行捐资，负责他们从小学一年级到中学毕业的费用。去年，地方发生水灾的时候，我们也捐资了28万。

平时我们用于佛教教育的费用，每年有12万，我们曾经办了个"泉州佛学苑"。我们是礼拜天讲经，周三念佛，听众200到300人，冬天有300到400人。讲的也就是《普门品》、《无量寿经》、《弥陀经》，佛学基本知识等，还有《八关斋戒》是在家居士的戒律。佛经是可俗可雅的，应该尽量通俗化，以家庭、社会的实际生活的例子来解说经典，目的就是将其执着性去掉。要使信众懂得佛教与其他宗教、邪教、迷信的区别，佛教为什么要反对迷信。这是对文化层次较低的人讲。对文化层次高的人则讲正信，讲哲学，从哲学角度去讲。针对不同的对象讲的不同内容。

也许很多人知道，基督教、佛教在理论上与信仰上是很难沟通的。佛教没有没有造物主，没有主宰神，只有自信、自修，以行为规范来获取觉悟；天主教、基督教有神，有最高主宰者。这就不能沟通。释迦牟尼不是神，是人，是有智慧、有觉悟的人，是一个伟大的、善于挖掘智慧的教育家，启发众生的自觉性。而基督教、天主教连吃的饭都是被认为主给予的。

在人生哲学上，这是个关键问题。但佛教、基督教在这个关键问题上是对立的，在信仰上是所以就无法沟通的。社会公益上的沟通、合作，不是实质，只是表相，是佛教的方便法门，不是根本性的问题。信徒在信仰上是无法沟通，但是在社会服务能够合作。

一般信众，我们不去强迫他，我们的佛教讲究随缘，是否入教，那是他个人的事。什么都可强迫，唯有思想上的东西是无法强迫的。所以，信徒又信佛、又信基督教的情况，我们是无法了解的。我们佛教还有一个缺点，就是封闭性，生活方式上与常人不一样，也无法沟通，我们在寺院生活，佛教不提倡信徒在家里。这就使佛教自以为是天人之师，高高在上，因为是信徒自己找上来寺庙的。在房内修行，导致封闭性。

而天主教、基督教就比较主动，可以自己到信徒家去，所以这几年发展很快。佛教最近在低层次上的发展很快，在高层次上则基本是停滞的。

这个地方很有排外性，这使较高层次的知识分子很难进入这个地方。寺庙里面的僧人，往往出去之后才能发挥作用。基督教的高层次人才就有很多。中国佛协的人员来到寺庙里面，也无法发挥作用，原因只能在寺庙里找因为政府利用还俗的人来管理寺庙、统治佛教。"穿和尚衣服被人管，脱掉衣服管和尚"。

这个法师去过巴西。他说，巴西天主教是个国家，佛教是随着华人而进入的。天主教是比较和善的，基督教是比较好斗的。他们对佛教并不懂，但也将观音像请回家放置，还请法师去帮他们布置。

在中国的佛教里，信众与信徒是不同的，有皈依手续的才是信徒。寺庙里面的信徒很多，但没有具体数量，没人做统计。收信徒的法师，大多也比较自由随意，谁都可以收徒，难以统计。中国是信众多于信徒。佛教的管理是一种松散性管理，不严密，有的连管理也没有。因为烧香、拜佛，谁也不能管理。虽然佛教信徒要比基督教、天主教的信徒多出好几倍，但天主教、基督教能够进行严格的管理，所以显得较好的素质。

在他看来，佛教在政府、群众之间起到了桥梁作用。佛教的发展主要靠政府，看领导，领导好就发展好。但宗教局则包办的过多，不民主，这不好。至于基督教与我们佛教关系，一般就是开会在一起，彼此也比较热情，统战部举办的社会主义学院的学习，我们也能够在一起学习。但普通的教徒之间的交往，还是比较差的。

正如一位省基督教协会的负责人说的那样，在社会慈善事业方面，佛教与基督教在很多方面是相通的。不过，佛教、基督教两教却是各发展各的，基本上没有什么融通的地方。如果说有什么相通之处，那就是是爱国、爱教的政治层面。普陀山是佛教盛地，但基督教也能在上面发展，并行不悖，相安无事。[8] 当然，我们要走指出的是，如何与社会发展与社会建设相适应，基督教在这个问题上远远没有解决。从神学与教会生活、社会变化、时代要求是紧密联系的问题来看，这就是说，我们基督教的神学观念还有很多是陈旧的，信仰形式是旧的，还没有转变过来。所以，基督教在中国的本土化问题还远没有完成。这与文化，慈善、教育、其他宗教是有关系的。这就导致基督教没有法子直接面对社会，只有通过民政局，比如救灾时的捐款、捐物都是交给民政局后，方才给灾民、灾区；与教育也没法沟通，因为国家政策规定教会是不能干预学校的。

基督教如此，佛教之服务社会的现状也未尝不是如此。佛教方面的情况是，有人愿意花几万块钱去建一座小庙，塑一座佛像，但不乐意捐一张课桌，建一座小学。原因是没有回报，尤其没有精神上的回报。曾经有一个朋友，是佛教企业家，曾经为上海城市建设捐了 1800 万元。他说，他的经商智慧是佛陀给的，他的钱是菩萨保佑他挣的。有谁捐出 1 万元？只见往自己口袋里放，谁往外拿？他曾到鄞县阿育王寺烧香，那里有一个喷水的龙嘴，别人朝里扔硬币，始终难以投进去，他一扔就进，结果呢？他回去经商做买卖，就发了财。

倘若大多数宗教信仰者都局限于这种信仰实践方式，那么，他们在宗教交往层面，也就基本不会具有更大的公共交往意义了。

值得指出的是，宗教之间分头进行的、或者是合作进行的公益事业，大多是能够消减宗教之间的误解，同时增加宗教之间的相互理解。比如，有的地方本来对宗教存在误解的，却因为宗教界进行的那些公益活动，获得了地

8　与某省基督教协会负责人的谈话。

方群众、政府的肯定，同时也获得了初步的宗教理解。即便是那些存在于不同宗教信仰之间的误解、曲解，它们也能够在经由一种相互合作、彼此互动的公益服务事业之后，无疑就会有一种宗教之间是可以合作的体会。

2、合作中的公共规则

曾经是著名的"礼仪之争"所在地——福建福安顶头村的天主教教堂大门上面，张贴有这样一副对联：

> 天主是爱，爱是实现天堂诺言；
>
> 人生就是信佛，信仰本是人生！

它似乎给我们展示了不同宗教信仰之间的价值底线，人生的关怀。

即便是具有"中国耶路撒冷"之称的温州，当地基督教的牧师也认为，在不同宗教之间的对话问题上，一般的交流工作是有过，政治学习有时会在一起，在教义上还是彼此尊重的，佛教在信仰上与我们基督教的信仰是有相似性的。比如，"佛在灵山莫他求；灵山宝塔在心头"，这与基督教义是有相似之处的。上帝、天国在心中，可以不去寺庙求拜。英国传教士爱乐德，曾在温州传教20年，改革开放后来温州，访问、参观了寺庙后说：他们（佛教徒）与我们所走的路是一样的。有些教徒对高级教牧人员与佛教、道教一起工作，不理解，有反感，认为佛教、道教都拜偶像，是魔鬼。我们就教育他们说：他们也是人，也是"上帝爱世人"的人。

上面谈到的温州平阳溪尾，原来有一个和尚，社会关系不好，与地方不和，因为外国传教士有势力，所以他就转信基督教，由基督教来保护他，他则把寺庙改成了礼拜堂。他的堂上有幅对联写道："菩提树结天花心，莲花池搭葡萄藤"，其中"菩提树"、"莲花池"是佛教的，"天花心"、"葡萄藤"是基督教的。这是俞国桢牧师写的。原来则是寺庙风格的礼拜堂，改建成现代的了。

在不同宗教真实相处的个案之中，福建福安顶头村的例子应该很有代表性。这个村，全村人的3/5是信天主的，2/5是信佛的，全村人口总共是5000人。这个有两个大族，就是阮姓和黄姓。下村又叫"英平村"，姓阮；上村是"顶头村"，姓黄。一姓有1座祠堂，村里还有一座寺庙。村里还有少数杂姓村民。村里教堂的神甫是山西人。

在这个村里，你从每家每户的门上就能分别出哪家是信佛的，哪家是信天主的。因为信天主的人家是在门上放上"圣母像"，天主徒的家庭在门上都贴着或画着"十字架"；而佛教徒家是在门上画有"万字佛"，或者是在门口挂"道灯"的。他们挂"道灯"，是担心风水会被抢走了，跑了。这里的"道灯"是由镜子、剪刀、鲁班尺、八卦图和两棵香草构成的。

为什么要挂香草呢？这里有个的传说：说是有一个人从小就经常受邻里的欺负。有人便出来加以阻止，说如果他未来做了大官，你们就吃亏了。后来，他果然做了官，于是就派兵前来报复，为了报答当年的恩人，并与恩人约定在门口挂上两棵香草，这样，凡是门上有香草的人家，士兵便不得打扰。他的恩人便将这个约定告知全村人，使全村人家免于一难。此后，挂香草以避劫难，便成为这里习俗。一般是在建房子的时候，就在房内设置佛龛，在将"道灯"挂于门梁上。

顶头村女性的地位是比较高的，一般男方是跟着女方信仰的，绝大多数的是佛教徒的跟着信天主的改宗。如果不跟的话，那么子女也一定要信天主。很少有信天主教的跟随信佛教的人，几乎没有。

当年礼仪之争发生的一个根本原因在于信仰天主的人能否祭祖。如今三百多年过去了，这个问题似乎得到了解决。

比如，在祭祖问题上，新修宗祠时（指顶头村的黄氏宗祠），凡黄姓的都要出力。天主徒也一样出资、出义工，第一次是每人出 60 元，主要以老人为主；第二次扩建时是出 30 元，因为老人没什么钱，主要以年轻人为主，还要另出几天义务工，修建宗祠的负责人就是个天主徒，也是自愿出义工的。当然，不分教内教外，都要去行祭祖礼。即是是对天主教来说，这也是没什么问题的。

在祭祖时，佛教徒和天主徒是可以在一个祠堂里同时行礼的，但在仪式上有所不同。教友如果到祠堂去拜，就带着圣像到祠堂去拜，拜主母，拜祖宗；教友是不点香的，而是点蜡烛，佛教徒则是烧香。天主教徒的信仰应该是来自《圣经》的，但是教友不一定读，这是与基督教不一样的。因为天主教主张信仰是与生活一样的，教堂与家庭都应该是一样的，所以我们对生活的束缚比较强。所以，不读《圣经》也不要紧。但也应该鼓励信徒们了解《圣经》，天主教则开办了"慕道班"，讲解《圣经》。至于天主教徒结婚，在家中只拜圣母，然后在到教堂由神甫证婚。圣母是最大的，所以已不相信祖宗了，但纪念祖宗。这已经成了习惯。

顶头村修建宗祠的负责人接受了我的访谈。他说，平时，管理我们这个祠堂的一般是佛徒。我们村的村长是个天主徒，也姓黄。我也是天主徒。我来负责修建这个祠堂是自愿的，我放弃了出外搞工程的机会，来建这个祠，目的就如这里的标语所说的，"重建宗祠，弘扬祖德，激励后昆，奋发进取"。我有 4 个孩子，也希望他们能学有所成，能光宗耀祖。

祭祖的时候嘛，我们天主徒也是要拜的，是跪拜，但并不一定是将圣像带入祠堂里来。平时是可以带来的。但我们"黄氏宗族董事会"是有明确规定的，在重大的活动中，是不能带入天主圣像的，也必须要跪拜祖宗牌位的。

我们黄氏是有宗谱的，现在是分别存在各支里，要定期续谱的。

我们黄氏是十分重视知识的，你看这宗祠里还有博士的牌匾呢？我们这村出了两个博士，一个是黄忠耀，他是医学博士，现在福州工作；一个是黄鹏，是学地球物理的，现在美国。比如，在黄忠耀获医学博士后，我们董事会出钱，专门在祠堂内聚会庆祝，然后再敲锣打鼓地到黄忠耀家去祝贺，他家也在门前鞭炮相迎，董事会就将一幅大红纸送上，上面写着"祝贺黄君忠耀国务院授予博士学位"的字样。他父母还兴高采烈地请我们大家吃冰茶。黄忠耀博士就认为，天主教家庭对他的成长影响很大。

村里还有一座寺庙，始建于光绪 28 年，黄氏的宗谱中就有这个佛寺的记载。后来，因为大旱，人们都来这里求拜，结果香火烧掉了这个庙。现在这个新庙是在 1992 年重修的。其实，这个所谓寺庙只是一所大殿，大殿边有一偏房。这座寺里除当家师一名男众外，还有几位尼众，就是"菜姑"。村民信佛的大约有 200 多户。上街的人口有 500 多户，下街的有 140 多户。

寺庙当家师对我说，佛教和天主教只是在道法上不一样，但都是劝人行善的。两者同在一个地区，彼此共同发展，并没有矛盾。天主教讲的是"圣召"，而佛教讲的是"缘分"。顺其自然嘛！

谈话间，当寺庙里的"菜姑"拿上葡萄分给我们吃时，一位陪我们到寺庙访谈的修女便拿了一颗。走出寺庙后，她才把葡萄吃了。葡萄一般来说，是佛信徒拿来供奉给佛的。当我们将这个问题提她时问，她认为这倒无所谓，因为信仰天主，主要是在心里。

在具体的宗教生活之中，乡村社会各自具有它们独特的智慧。虽是各种宗教信仰具有差异，但都处理的井水不犯河水，各做各的。有的家里，家庭成员之间有的是佛教徒，有的是天主教徒，彼此宗教物品也都能够放在一起；但有的家里，佛教和天主教宗教物品则一样都不放，只能放一些花罢了。至于做生意，佛教徒和天主教徒是绝对是可以在一起做的，没有问题。不会有区别。

不过，此类情况也有另外。福建海边一个港口的船员对我表明，在他们的船上，老板是天主教徒，所以，大多数船员是天主教徒。但佛教徒也有，都是外地来打工的。出海回来时，天主教徒他们要到教堂去念经，这些佛教徒没有事情干，就只好在一边待着。至于佛教的礼仪和佛教的东西，在出海的时候，那是绝对不能带上船的。天主教徒有时在船上念经，佛教徒也只好看着。各自互不干涉，虽然无法提高到信仰权利层面，可是这也近似于宗教信仰之间的相互尊重了。

厦门南普陀寺一位法师有过一次经历，表现了超越不同宗教信仰的相互帮助。他告诉我，一位基督教徒曾经患有心脏病，需要换个心脏起搏器。和尚们通过报纸了解到情况，他们基督教的组织没有钱帮助他，寺庙基金会就准备帮助他，但是，有基督教徒们出面阻止这件事。我们认为，这件事并不是要让他改宗，而是要救活一个人的生命。后来，其家属在面临儿子死亡的前提下，不得已接受佛教基金会的帮助。佛教基金会原来准备了 3 万元，后来是出了 4 万元，换了一部永久性的心脏起搏器。现在他活的很好，仍是个基督教徒。他病愈后，不曾到佛教寺院里来，但写了感谢信，参加了佛教寺庙举办的新闻发布会。

基于宗教社会学的研究，对于宗教与社会交往的过程及其现象，我曾经提出过"社会缺席，宗教何在"的论点。因为，一个健全的宗教信仰体系，唯有存在于一个现代社会的框架之中，它才会具有正常的社会交往功能与价值维系。除此之外，宗教之间的社会交往功能往往会遭致曲解或歧视。特别是当两个宗教交往之际，如果发生了冲突，而冲突又是发生在一个社会架构之中的时候，法律的解决方法就是最基本的方法。否则，就是行政权力直接出面才能解决问题，这就加大了宗教协调的行政成本。尤其是当下不同宗教及其信仰体系之际交往的可能性增强，宗教交往之间的公共理性与公共规范就显得更加重要，而公共权力及其政府部门为此提供公共平台，则是当务之急。

第八章　耶佛交往格局的关系建构

　　中国宗教及其信仰的具体交往，往往镶嵌在各种"关系"之中。佛教与基督教在当代中国社会中所呈现的开发或封闭性交往特征，在其社会学意义上，就是一种宗教型或政教关系中的"交往实践"。如果把握了这种交往关系及其实践逻辑，无形中就把握了中国宗教与社会权力的真实互动。这说明，对于宗教交往关系、交换媒介及其实践逻辑的研究，一方面能够使固有的宗教研究跳出单向的、单一的宗教理解模式，一方面也能够为中国宗教的正常交往提供一个新的视角。如果在宗教交往关系之中，存有一个子系统对一般性交换媒介的垄断的话，那么，交换媒介的民主化、社会化，对宗教交往与信仰认同、社会沟通，乃是存有积极作用的。

　　当代中国社会，尤其是华北、华南、华东几个主要区域，就宗教影响而言，在五大宗教里面，要数佛教和基督教最大，而其影响亦最为重要。同时，佛教、基督教的信徒人数所占比重也比较大。因此，论及当代中国宗教格局，如果从佛教、基督教的交往关系着眼，应当能把握中国宗教格局的主要构成及其演变态势，亦能由此而对宗教与中国社会间的真实关系有一个具体而深入的理解路径。

　　一般而论，宗教关系包括信教与不信教群众之间的关系、宗教与宗教之间的关系、宗教与社会之间的关系、宗教组织与执政党和政府之间的关系等等，后者实际上就是政教关系。从某种意义上讲，政教关系是宗教关系中最重要的关系。古今中外，有各式各样的政教关系模式，现代国家一般实行政教分离，以防止宗教干涉国家事务和国家干预宗教内部事务，这是保障宗教信仰自由的一种制度安排。由于文化传统、社会制度、发展水平以及宗教状况不同，各国实行政教分离也呈现出不同的形态，并不是千篇一律。所以，我们不能仅仅停留在政教分离上，而是要在政教分离的基础上进一步追求政教关系的良性互动，实现和而不同的境界，达致政教关系的和谐，真正做到"信仰上互相尊重、政治上团结合作"。[1]

因此，本文拟从资源分配、占有机会、社会表达、宗教及其与社会间的交往关系、特别是宗教交往中介如权力、货币、影响与价值承诺等四种社会子系统间一般性交换媒介入手，讨论中国宗教格局的关系构成。因为，宗教交往、宗教关系与一般性社会关系与社会交往一样，都是需要互动关系与交换媒介的，而信仰关系、政教关系、宗教关系、宗教间关系、宗教与社会间的关系，亦大多如此。

实际上，中国宗教及其信仰的"实践逻辑"，[2]往往就是镶嵌在各种"关系"之中、在各种关系整合中的具体表达过程。为此，佛教与基督教的具体交往关系，在其社会本质上，就是一种社会关系中的交往实践方式。把握了这种交往关系及其实践逻辑，无形中就把握了中国宗教与社会权力的真实互动。

本文以为，宗教交往关系、交换媒介及其实践逻辑的研究方法，一方面能够使固有的宗教研究跳出单向的、单一的宗教理解模式，一方面也能够为中国宗教的正常发展提供一个新的视角。

1、神人关系与宗教交往格局

信仰最初为社会关系的一种形式，只是人与人之关系的一种形式。所有的宗教形式都是由社会形式转化出来的，而一旦宗教形式凝聚成形，又会对其赖以形成的母体——社会形式产生规导作用。社会作为人的互动关系，本身就带有宗教因素。西美尔认为，宗教是一种社会关系的升华，是社会关系的超越形式。[3]

因此，围绕着人与神、无限与有限、此岸与彼岸、生命与死亡之间的信仰关系，各个宗教体系大多能把个人的神人交往关系，建构成一个共享的、建制型的价值体系，以表达它的信仰理念、规范信众们的行动逻辑。更加重

1　《协调"社会主义与宗教"需要高超的政治智慧——专访国家宗教局局长王作安》，柴爱新，《瞭望东方周刊》，2010 年 1 月。

2　李向平《从信仰到宗教的"实践逻辑"——中国宗教社会学理论发凡》，谢立中、林端主编《社会理论》，2009 年秋季号。

3　G.西美尔《宗教社会学》，曹卫东译，上海人民出版社 2003 年，第 5 页。

要的是，这些绝对与相对、永恒与现时、整体与局部的对照和对比的关系，同时也显示了人神之间充满吸引力的我——你关系。[4]为此，在人与神的关系之中，"…对关系的需要是人类基本人性的一部分。"[5]可以说，神人关系或神圣与现实的关系，应当是任何一个宗教体系及其认同的核心构成，从神人交往关系，直接延伸到人与人的交往关系、宗教间与宗教与社会的交往关系。

从信仰到宗教的交往关系与认同建构，这里指的是深入而持久地在时间与空间中（通过规则和资源而）建构的社会交往的连续性实践。它是一套关于行为和事件和规范模式，亦是一组普遍而抽象的认同体系。它依托在宗教制度层面之上；它体现在组织结构之中，包含了意义、支配、合法化和促进社会结构转化的功能。从某种意义上讲，制度就是集体行动控制个人行动的业务规则和运行中的机构，[6]并由此构成了社会结构的基本框架，以及个人与社会群体行动、普遍性的价值观念、社会资源及其供求与分配之间的"过滤器"。[7]

因此，任何一个宗教体系中的信仰者个体与信仰群体，正式的宗教组织与非正式的宗教组织，无不需要这个"过滤器"，使隶属于该体系的信仰和精神权利，建构为博弈均衡的"概要表征"或"共同信念"，进而把宗教组织本身建构为一种共同信念、以及价值预期的制度化结果。[8]

中国社会具有一个信仰中心，它近似于"帝国隐喻"。[9]因此，中国社会作为一个具有"帝国隐喻"功能的信仰中心，能够囊括所有中国人、中国宗教的信仰功能。无论是佛教、道教，还是后来的基督教等等，虽然具有不同的信仰体系，但在这些信仰现象背后，它们大多能够汇总到这样一个信仰中心的结构之中，以此信仰中心为圆点，扩散而不分散，并与国家权力紧密整

4　卓新平《基督宗教论》，北京：社会科学文献出版社 2000 版，第 232 页。

5　查尔斯·L.坎默《基督教伦理学》，中国社会科学院出版社 1994 年版，第 144 页。

6　康芒斯《制度经济学》，上册，北京：商务印书馆 1962 年版，第 86-89 页。

7　道格拉斯·诺思《经济史中的结构与变迁》，上海三联书店、上海人民出版社 1995 年版，第 225 页。

8　青木昌彦《比较制度分析》，上海远东出版社 2001 年，第 28 页。

9　桑高仁曾认为，中国人的地域崇拜最终会上升到一个宗教中心，形成一个中国宗教。王斯福则认为，中国宗教仅存在于"帝国隐喻"的均一性，经验上无法归属到一个宗教中心。Sangren, Steven,2000,Chinese Sociologics: An Anthropological Account of the Role of Alienation in Social Reproduction, London: The Athlone Press. Feuchtwang ,Stephan 1992, Boundary Maintenance : Territorial Altars and Areas in Rural China, Cosmos ,Vol. , pp.93-109.

合，依赖权力制度而具有了国家、民族的意识形态特征。因此，中国人的信仰实践方式，常常是以此信仰中心作为一个连结方式，通过道德中介，在国家权力、社会交往关系、人际伦理之中，建构宗教交往、信仰认同的权力关系。

所以，中国人的宗教交往与信仰认同方式，参与建构的往往有权力、哲学、伦理、宗教诸多因素，从而亦从中分离出不同层面的认同方式，建构了不同信仰层面的认同规矩。为此，中国人信仰构成，还表现在中国信仰的多重结构：官方信仰、学者信仰、宗教信仰、民间信仰、家族信仰。这多重信仰关系，彼此贯通而又各自相对独立，甚至出现上下冲突，前后脱节，很难用一个简单的判断来概括中国人的信仰特征。[10]

所以，一个依据信仰功能而分化出来的信仰空间，由上而下，由下而上，官方的、学者的、宗教的、家族的、民间的…依据这种信仰差异而划分出不同的功能层次和认同方法，不同的信仰以及不同的权力等级。其中，最高的是对于信仰中心的皈依，以此类推而下，以一种象征权力建构起来的关系图式，构成了中国人信仰认同的整体格局及其差异，左右着中国宗教的交往关系、信仰认同模式的建构。

2、宗教交往的权力架构

中国历史上的文明价值体系，并不由宗教体系来加以组织与经纬。所以中国历史可以出现"三武灭佛"的教难，却难以出现以信仰为核心要求的宗教战争。学术界因此出现了许多相应的观念，认为中国文明体系的理性程度比较高，或认为中华文明体系以人为本、绝无宗教信仰凌驾于人的伦理要求之上云云。

然而，仔细考察中国历史，仅仅是因为中国宗教及其信仰实践的非制度化特征，导致了中国宗教难以制度宗教的形式直接进入皇权主义秩序之中，左右朝廷权力，或者是直接规范中国人的社会生活与社会交往。然而，在这

---

10 关于中国人的信仰类型，参张践《中国宗教与中国文化》卷四，《宗教·政治·民族》，中国社会科学出版社 2005 年版，第 221-224 页；牟钟鉴、张践《中国宗教通史》（下），北京：社会科学文献出版社 2000 年版，第 1219-1221 页。其以官方信仰、学者信仰、民间信仰为三种类型。本文则认为还应有"家族信仰"、"宗教信仰"、民族信仰、国家信仰诸种类型，并认为中国信仰的实践方式多元多样、但总体归属这仅为超自然信仰与超社会信仰两大类别。

种弱势的制度宗教情形之下，中国人的宗教信仰却影响不弱。中国人的各种宗教信仰关系常常能够表现得异常的强大，无处不在，无处不有，并且能够渗透在中国社会的方方面面，进而以林林总总的社会权力形式表达出来。

这些极其丰富的信仰形式，若隐若现地表现出中国信仰的力量与制约中国人人际交往的方法。虽然它们这种影响方式大多要经由朝廷权力、皇权主义的形式，但正是因为这一特别的形式，所以中国历史上的权力危机、道德冲突，往往要伴随着中国人的宗教信仰层面的危机。[11] 中国历史的这一特征，我可以使用"宗教无战争，信仰有冲突"这句话来加以概括。因此，中国历史上的宗教交往，常常要被赋予一种其他交往形式，或者是朝廷权力、或者是人际交往关系，不会直接体现为宗教信仰的认同与交往。宗教交往的过程，往往被镶嵌在一种权力秩序之中，或者是渗透了其他宗法家族、身份利益等层面的交往关系。

因此，当宗教交往进行接触的时候，信仰的直接冲突或融合的问题，常常是要通过宗教交往双方的第三者关系才有可能发生。唯有在这第三方关系的基础之上，宗教之间的交往才有可能顺利进行。也正是因为这一缘由，中国社会中的佛教与基督教的交往，往往就是一种比较特殊的交往形式；而宗教信仰者的信仰表达与实践方法，也就是另外一种交往策略与认同方式了。这就制约了佛教与基督教交往的非宗教交往方式、以及非信仰认同方式。这也就是说，当代中国的佛教与基督教的交往，注重的、能够进行的交往，大多是在非宗教、非信仰的社会权力层面，难以直接构成佛教与基督教在信仰层面的直接面对或直接交往。

几年前，浙江温州地区曾有一个案，说的是佛教与基督教在同一块地方各建一座寺庙与教堂，因为两座建筑紧密相靠，发生了地盘争执问题，使寺庙与教堂间的关系一度紧张，乃至发生冲突，几乎造成两个村子的械斗。后来经过县政府出面调停，这件事情很快就解决了。事后，我去该地做访问，了解此事的经过及影响。

无论佛教还是基督教，双方都认为，政府都出面了，这件事情就没有什么好吵的了。此事类似于《宗教事务条例》中定义的"公共事务"。只有在宗教间或者是宗教与社会间的公共事务，才是政府的宗教管理领域。它是宗教

---

11 参李向平《信仰、革命与权力秩序——中国宗教社会学研究》的相关论述，上海人民出版社 2006 年。

事务，而非宗教交往。当然，此事也可由政府土地管理部门来处理与界定，因为它们也可以被视为一种非宗教关系，或者仅仅是与宗教相关的社会事务而已。

在田野研究之中，宗教交往关系是我常常关心的问题。这种交往，一般分为两大层面，一个佛教基督教教职人员（即宗教界领导）关系层面，一个是各宗教一般宗教信徒的日常生活交往层面。否则不在权力架构之中，前者却只能在权力关系中才有可能进行制度层面的宗教交往。这种交往，往往发生在政府部门组织的各种活动与政治学习过程中。他们告诉我，宗教间的交往是有的，比如政治学习、批判法轮功、学习文件、组织公益慈善活动等。至于一般宗教信徒间的交往，宗教信仰或宗教信徒的身份意识，反而会非常淡化，甚至会在双方皆无宗教身份意识的情况下进行交往。我把此类交往关系定义为宗教徒的个人交往，而非宗教交往。宗教交往，在此是信仰群体或宗教团体的意义。

所以，一般情况下，佛教或基督教不会以信仰群体或宗教团体的身份来进行宗教交往，尤其是缺乏权力架构的基础上，它们无法构成交往关系。因此，宗教交往关系中的权力架构，不仅仅体现于其他社会关系里的操控，同时也可以化身为一种理性的思维和实践方式，渗透于整个社会文化、宗教交往领域，把宗教交往与信仰实践诸关系制约为工具理性取向。显然，在当代中国宗教格局的关系构成中，政教关系是最重要、同时也是最基本的关系。

就整个社会交往系统而言，大多会有一个交往媒介，而各个社会子系统之间，也会有一个一般性的交换媒介，如权力、价值、规范、货币等等。各个社会子系统唯有通过各种一般性交换媒介，它们才能进行交往和联系。至于公共权力虽在政治子系统中，但其功能与影响却在社会整合系统之中，从而会呈现为社会系统一般性交换媒介的总体功能。至于各宗教信仰体系，本应按各自的信仰关系在一个法制空间里进行交往，然而，宗教交往却在其信徒关系被淡化的前提下，只能依托其他交往媒介进行交往，这样就构成了中国宗教格局关系的复杂构成。

3、佛耶交往的关系差异

基于各个宗教体系对此类关系的处理方法的不同，自然就在宗教交往与信仰认同模式之上，形成了各个宗教体系之间的差异。

佛教与基督教，就其建制形式而言，它们都属于制度宗教，从而具备了制度比较的学术价值和现实意义。因此，它们作为制度宗教（institutional religion），都是一种独立自在的宗教，具备了特有的宇宙观、崇拜仪式及专业化的神职人员。它的概念和理论是独立的，不依附于其它制度之上；它有独立的组织如教会、教堂及主教、司铎、僧侣，不是其它制度的一部分；它的成员也是独立的。做礼拜的时候，他从属于一个宗教集团，不再是其它团体的一分子。此时，宗教的成员超然于一切现实制度之外，并把这种超越，作为进入社会的前提。[12]

然而，传统中国在从信仰到宗教的认同模式的建构中，脱胎于制度宗教对现实权力制度的依赖模式，从而构成了在信仰与宗教间进行制度化的"实践逻辑"。[13] 因为，在中国宗教的运行和中国人的信仰表达中，无论是制度型还是扩散型，大都隐含着一个权力关系，作为超越信念与现实关系间的交往媒介。[14] 为此，杨庆堃"制度宗教"概念中的"制度"意义，即是国家权力对于人们在精神、信仰层面各种不确定性的制度性安排。这个"制度"，实际上就相当于这样一种"实践逻辑"关系。它们在表达形式及其实施层面上的变化，构成了制度宗教中的"制度"建构形式。

佛教和基督教对于传统中国而言，尽管时代相异，但都是从异国泊来的宗教形态。佛教在中国已经两千多年，基督教在中国也有一百多年的历史。在佛教的制度构成过程之中，佛教之信仰与个人信仰之共享的制度化结果，它依赖的是这样一种中间逻辑：众生（福报功德）——关系（法师）——机制（业报轮回）——众生（非对称性交换关系）[15] 因此，佛教所努力建造的世界关系，实际上是一种"法师（僧侣）为中介的理性主义"。它以法师个人为中介，最后是以个人角色关系为中介，没有直接地呈现出一种绝对化特征，而可以随这种个人化的中介关系的转移而转移。

与佛教比较，基督教在它开始形成的时候，"它是集合的而不是个体的；

---

12 刘创楚、杨庆堃《中国社会——从不变到巨变》，香港中文大学出版社 1989 年版，第 65 页。

13 李向平《从信仰到宗教的"实践逻辑"》，谢立中、林端主编《社会理论》，2009 年秋季号。

14 李向平《宗教的权力表达及其形式》，《江西师范大学学报》，2004 年，第六期。

15 王顺民《当代台湾地区宗教类非营利组织的转型与发展》，台湾洪叶文化事业公司 2001 年版，第 268 页。

是客观的而不是主观的；是现实的而不是理想的。"[16] 在它的历史进化过程中，逐步形成了因信称义，唯信得救，不需要神职人员作为中介，仅仅依靠个人对上帝的信仰，便可得救的行动逻辑。

在此教会组织之中，同时也构成了一套宗教生活制度和仪式规范。他们在犹太教的整体教规之中引进了新的宗教内容，信仰弥赛亚。为此，基督教产生了自己的特殊仪式，即皈信者为表示效忠基督和悔改自己的罪，要接受"洗礼"，即奉基督的名义受洗，作为悔改罪恶，开始新关系的象征，作为上帝认可的标记，得到圣灵。

因此，教会是上帝在基督身上成为人这一事实的延伸，是带来拯救的奇迹在人类中之建制形式的延续。[17] 它是神性的奇迹机构，它绝对地独立于人，是一种绝对和超人的力量之所在。所以基督教的信仰几乎就等同于一种"教会信仰"，是一种群体的、团体的信仰。

这种"教会信仰"是对基督开创的、具有恒久生命力的奇迹组织的信仰，是一种不以人们的意志为转移的、感应和改变着人的恩典的信仰，人自己的行为力量对于这种恩典的神性和力量毫无影响。因此，教会教义将以基督为根据而形成的共同体，看成一个先于个体的机构和由基督创建的团体，这个机构和团体将作为唯一具有拯救力量的神性力量和共同体的内核，即布道、圣事和圣职联系在一起，并非个体在位格上所达到的善功决定着从属于教会的品格，而是布道、圣事和圣职的力量的影响使位格善功圣洁化以服从共同体，然后更高的伦理善功方才作为结果与共同体联系起来。[18]

所以，教会信仰就等同于"信仰教会"，即意味着对基督创建的机构的信仰，这个机构将从基督所获得和传达的祝福力量，作为纯粹的恩典施予那些奇迹所震慑的个体。在此基础之上，基督教之作为制度宗教，在它的历史演变中就建构了一整套教团管理体系，这就是它的教会制度。它进入中国本土之后，恰好就与传统中国佛教构成一个明显的对比。

基督教的社会理念，依据其宗教制度而在圣俗两界的功能发挥。为此，教会组织是基督教信仰实践作用于个人和社会的制度中介，是一个神人同在

16 克里斯托弗·道森《宗教与西方文化的兴起》，四川人民出版社1989年，第31页。
17 特洛尔奇（Ernst Troeltsch）《基督教理论与现代》，北京：华夏出版社2004年，第196页。
18 特洛尔奇（Ernst Troeltsch）《基督教理论与现代》，北京：华夏出版社2004年，第198页。

的信仰共同体。它在从个人信仰到制度宗教的发展路径之中，其所依赖的中介关系是：信仰个体——中介（造物者）——机制（原罪预选）——他人（一种单方面交换关系）。于是，一种以造物者为中介关系的信仰体系，无疑就会建构一种绝对性，无法转移和改变。所以教会宗教，就是一种属灵的团契，可以其超越理念超越于现实社会，正可为现实社会的变迁寻一终极价值依托。基督教的教会组织之所以能够存在，乃是因为这层作为中介的、肉身的"道"，才得以继续运行。所以，教会组织就能够成为"社会的酵母"。它向外的影响力，在于它的信徒能够从里面改变他们所生活的社会，使社会可以分享它的本性，按照它的理想过活。

显而易见，信仰构成宗教的实践逻辑，决定了宗教实践与信仰交往关系间的差异，同时也构成并且制约了宗教交往、信仰认同的制度基础。

佛教与基督教制度的交往关系本身，应当说蕴涵了相当丰富的社会权力关系。其中，基督教的教会组织原是以有形可见的社团组织形式建立起来的，因此它需要组织规范，以使其信仰交往的组织架构得以显示；以使其天赋职责的行使，尤其神权及圣事的施行，得以井然有序；以使信徒的彼此关系，遵照以爱德为基础的正义，保障并确定每人的权利，得以协调；以使促进基督徒美满生活的公共措施，得到法律的支持、保障与倡导。在此前提之下，制度律法提供了教徒们的基本生活规则，使基督教教友在过团契生活时，能分享教会所给予的福利，引领他们得到永生。这种教派形式，可能具有不同的形式，但是大多能够确定并保护信徒们有关灵性的获得及其得救，实现个人对别人、对教会团体的权利及义务。

比较而言，佛教信仰的实践关系之中也存有某种程度的教派及其组织。但佛教信仰实践却以寺庙而非教派为基础。传统佛教有官寺、私寺与民寺三类区别。其中，以国家支助的官寺为后盾，官寺的寺院经济一直最为雄厚；私寺的寺院经济与一般民寺相比也比较强大，惟有民寺的经济力量，自始至终一直最弱，其寺院的兴废也最频繁。特别值得注意的是，那些赞助佛教的大家户以及与宫廷保持密切关系的高僧们的意图，始终志在运用他们的各种佛教资源，力图把擅自建立的寺院改造成为官办寺院，因而使一大批本来不是由皇帝钦定建筑的佛寺，同样拥有寺额和官寺的特权。[19] 为此，佛教信仰

---

19 谢和耐《中国 5-10 世纪的寺院经济》，上海古籍出版社 2004 年，第 7-8、320-321 页。

实践习惯及其交往规律，往往是在官寺、民寺和私寺三大关系之间，各自分散而门户林立，在制度实践层面无大建树。

上述区别，影响至今，同样导致了佛教与社会交往关系、信仰实践关系的特征，并因为这种特征而促成了权力架构中佛教、基督教各自不同的宗教交往关系。

4、在"关系"中实践的宗教关系

就宗教实践的制度性而言，佛教虽有常年经常的活动，但远没有基督教经常。其常规参加群体（僧尼）人数也比较有限（很难深入"群众"）。民间宗教因为其礼仪的不经常性和组织的松散性而缺乏制度性宗教那样的潜移默化能力。目前通过学者和媒体对儒学的传播，由于过度的"宣传"倾向和松散的组织，成效不大。之所以会如此，乃是因为：

第一，基督教（及天主教和伊斯兰教）强大的组织基础和对信徒不加过滤的积极发展，将大量的带着形形色色动机的人士加以吸收。同时，它强调做好事与现世回报的无关性、以及它的以主日礼拜、讲经班、青年聚会、家庭聚会等等频繁的活动又把不同动机的人士通过潜移默化，逐渐改造成信徒。

第二，中国的佛教、道教和民间宗教在面对大众时都过度地依赖着宗教的神秘主义性质。同时，中国民间宗教的组织松散，而佛教和道教组织与基督教组织相比有很大的封闭性，且同时仅仅为大众提供了非经常性的神秘性服务，很难对大众进行潜移默化。[20]

实际上，上述问题的形成，主要是因为不同宗教所具有的不同交往关系、不同的交往方法所造成的。佛道教及民间宗教的组织性相对较弱，所以从宗教实践与宗教交往的制度性来说，基督教能够独占先机，交往能力偏强。

比如，当代佛教的交往关系也依旧以寺庙为中心，进而与政府、企业、民间构成了不同的交往关系，实际上也同样建构了私人寺庙、民间寺庙或具有官方寺庙特征的不同实践方式。特别是那种以地方经济发展为目的而建造起来的寺庙，亦官亦民，亦官亦商，因此而获得了存在与发展的正当性，官民、私人关系由此得到整合。但是，在佛教与社会权力交往关系的建构中，人们很少听说过"地下寺庙"或"地下佛教"的说法。然而，基督教的团体、

---

20 赵鼎新《强势基督教文化下儒家文化及中国宗教的困境和出路》，《领导者》，2009年6月号，总第25期。

社群式信仰实践方式，却因为在实践方式上与佛教的差异，进而呈现了宗教交往关系的正当性问题。

一般而言，中国宗教的交往格局或许具有三大模式：即政教合作关系、政教非合作关系、直接或间接的神人互惠关系。在此三大关系之中，有价值的关系（values-based relationship）、有身份的关系、有势力的关系、有影响的关系，皆可从神人关系开始，构成一种"关系——信仰"模式。制度性的交往关系比较强，非制度性的交往关系比较弱。

不过，基督教交往关系虽然制度性比较强，但它无论如何，也无法在它的具体宗教实践与交往关系中保持强势的交往关系。因为当代中国宗教的交往格局，并非以单纯的宗教交往关系为基础，更多的却是一种非制度化的交往关系。尤其是权力框架与信仰传统的彼此整合，建构了一种复合关系中的交往，使佛教、基督教在宗教交往与社会服务等层面的呈现差异。基督教在交往关系中因其制度性较强的交往优势，反而构成交往关系的相对封闭。

佛教及其信仰所能够发挥的社会交往关系及其社会影响，大多是依据社会初级关系，直接被转变成为正式关系，推己及人，由近及远，主要是经由人际交往关系利益交换关系，从而容易获得公共权力的认可，进入社会生活。而基督教影响社会的路径，基本上是次级社会关系，即社群式的、团体的、团契式的交往关系。其非传统信仰特征，其社团式信仰实践方式，反而难以获得公共权力的认同。为此，佛教、基督教及其与社会权力之间的真实交往，实际上即社会学"所谓非制度化生存，是指人们所赖以生存的制度环境缺少确定性，对社会行为主体的权利缺乏明确的界定和保障，在遭遇某种需要解决的问题或情况的时候，不是依据明确而稳定的制度安排来解决，而是依靠一次次的具体博弈。而结果，则取决于每一次具体博弈的特定环境。"[21]

近年来，佛教举办了两届世界论坛，道教举办了一届世界道德经论坛；海内外佛教界还曾举启办了公祭炎帝的爱国爱教祭坛。为此，我曾问询于基督教界的负责人，基督教界能否也举办同样的活动，如世界基督教论坛等等。回答是：不可能；也不会批准。其次，我也问及宗教局的负责人，佛道教界与学术界合作举办的学术研讨会，在一年之中能够举办十几次、几十次，而基督教界则是几年里方能举办一次研讨会。对方的回答是：基督教的文化已经发展得很好，不用举办什么研讨会了。在社会救助、公益活动方面，佛教

---

21 孙立平《权利失衡、两极社会与合作主义宪政体制》，《书屋》，2007 年，第一期。

界的活动现在已经可以见诸于多种媒体，而基督教的相关活动即便有，但能见诸于新闻媒体的却很少。

给我印象最深的一次，是参与地方政府一个宗教服务与法制建设的课题。在该课题的开题研讨会上，地方政府负责宗教工作的领导介绍该地方各宗教及其社会服务多项业绩的时候，他对于佛教的社会公益事业，捐款有多少，做了多少好事，一一给予了高度的评价。然其介绍基督教和伊斯兰教等社会服务情况的时候，他则话锋一转，说："基督教是个外来的宗教，虽然也捐钱去救灾服务，但是就弄不懂怎么也会有人去信这个宗教；还有伊斯兰教，生活习惯上很麻烦……。"

在发展地方经济方面，佛教与道教民间宗教一样，能够有所参与，能够发挥功能，所以在地方权力的经济活动之中，地方政治精英往往很喜欢参与佛教协会类各种组织，参与各种佛教经济活动的规划与进行。至于宗教活动与宗教活动场所中的"三定"：定人、定点、定时，进行各种宗教仪式活动的时候，主要就是针对基督教等制度性较强的宗教而设计的制度安排。但相对于佛教、道教及民间宗教而言，好像就没有类似的要求和制约。

对于上述各种宗教交往现象的论述，并非价值评判，而是希望能从中梳理出基于政教关系交往中的宗教交往特征。我致力于讨论的问题是，宗教信仰中的神人关系、社会交往中的权力关系如何？它往往能建构为一个相应的信仰交往关系；而政教关系如何，反过来又会建构为不同的宗教交往关系与信仰认同方式。每一种宗教都能够参与政教关系、宗教交往关系信仰认同方式的建构。

实际上，关系既是一种规范与结构，也是"一种动态的规范和结构，它一直处于变化之中，因而它能够被改变和重新塑造。"在此过程中，"关系之所以能够成为一种规范，关键在于关系的背后是芸芸众生在互动中生成的，对自我与他人的角色的一种定位和认同，并发展成为人与人之间支配、被支配以及相互支配的权力配置。"所以，"当关系在社会生活中被人们所认同、维护，即意味着一种关于权利与义务、权力配置的规范被认同和维护，关系由此能够约束着人们的行为，使人们能够获得一种规范性的生活。从法律人类学的法律多元论来看，可以把关系理解为'法'——社会生活中的'活法'。"[22]

---

22 王启梁《在'关系'中实践的法律》，易军《关系、规范与纠纷解决——以中国社会中的非正式制度为对象》（代序），宁夏人民出版社 2009 年，第 3-4、7 页。

5、宗教交往关系的开放或封闭

宗教信仰的实践及其宗教交往关系，在其社会学意义，这就是一种宗教型或政教关系中的"交往实践"。因此，"在生活世界背景上，其特征表现为共识的达成、维持与更新，而且，这种共识是建立在主体相互之间对可以检验的有效性要求认可基础上的。这种交往实践内在的合理性表现为，通过交往所达成的共识最终必须具有充分的理由。……交往理性概念涉及到的是普遍有效性尚未明确的整体关系，因而只有一种论证理论才能对它做出恰当的解释。"[23]

所以，在现有的宗教交往关系中，所有的宗教交往"行为者以其意向为指南而相互发生的社会行为，构成了社会关系"。[24]而在此类关系中，所有行为者的交往意向也会在宗教交往关系之中内涵了不同层次的权力与利益关系。正是因为这种内涵在宗教交往关系中的权力与利益关系，确实在不同层次上建构了不同宗教的交往关系的开放性或封闭性。

当代中国的法律人类学研究说明，在中国人的法律生活当中，乃以关系实践为基础，具有两种模式：一种是互惠——合作模式，一种是纠纷——博弈模式。[25]法律关系及其实践尚且如此，更何况宗教交往？为此，借助于这种讨论方法，中国当代宗教的交往关系也能分为两大实践架构，即佛教道教民间宗教与社会权力之间的交往合作——交换互惠模式，认为一种则是外来宗教如基督教与社会权力之间的交往合作——纠纷博弈模式。

在此行动架构中，交往合作无疑是所有宗教得以进行社会交往关系的基本前提。如果说当代宗教交往关系之所以能够区分为不同的模式，那么，这种差异也是发生与构成在这种交往合作的过程中的。仅仅是因为佛教等传统宗教具有传统信仰关系，具有历史文物等意义，并且大多数的著名寺庙身在旅游胜地，在地方文化产业中承担有"宗教搭台，经济唱戏"的义务与功能，故而能够与不同层次的地方权力关系进行合作，甚至是经济利益场面上的交换互惠。这就使它们在不同程度上具备了传统的、社会交往关系的正当性。

---

23 尤尔根·哈贝马斯《交往行为理论》，第一卷，《行为合理性与社会合理性》，曹卫东译，上海人民出版社2004年，第17页。

24 马克斯·韦伯《社会学的基本概念》，胡景北译，上海人民出版社2000年，第67页。

25 易军《关系、规范与纠纷解决——以中国社会中的非正式制度为对象》，宁夏人民出版社2009年，第222-241页。

外来宗教如基督教等，并不具备上述传统宗教信仰的文化特征，而且其宗教场所也无法构成文化旅游资源，从而失去了与地方权力进行利益合作互惠的前提。特别是因为基督教信仰交往与信仰实践的团体方式，在国家大、社会小或强政府、弱社会的交往互动关系中，基督教的宗教交往或者与社会交往之间的关系，就比佛教之广泛交往、社会互动或利益交换等广度与深度远为逊色了。

此类现象，可谓制度宗教的非制度实践。既然是非制度的实践方式，那么，在一般宗教交往关系中的人际关系、利益交换、身份要求，也都会因此通过非制度方式而进入宗教交往过程。而这些非制度的交换媒介，它们说能够体现的利益和目的，就直接建构了宗教交往关系的开发或封闭。正如韦伯指出的那样，"根据有效的社会行为秩序，如果而且只要每一位事实上能够并且愿意参与社会行为的人，都没有被禁止参与，则应当称此时的社会关系（不管它是共同体还是社会）是对外'开放'的。相反，如果社会关系的意向内容和有效禁止、限制这样的参与，或者给它附加某些条件，这一社会关系便完全地或在某种程度上是对外'封闭'的。"[26]

在此关系的表达之中，社会关系的开放或者封闭，"可能由传统或感情因素决定，也可能是价值理性或目的理性决定的。理性的封闭特别可以用下述方式逻辑地推导出来：社会关系可能根据其目的或成果，通过团结一致的行为或利益平衡，为参与者满足其内在或外在的利益提供机会；如果参与者预期社会关系的扩大能够在程度、方式、可靠性和价值方面改进他们自己的机会，他们就关心社会关系的对外开放。反之，如果他们预期社会关系的垄断能够改进自己的机会，他们便关心社会关系的对外封闭。"[27]

值得指出的是，社会团体一般都有一定的封闭特征。[28]如果是宗教性的社会团体，其封闭特征往往还会有超越现实社会的价值特征，从而强化了该团

---

26 马克斯·韦伯《社会学的基本概念》，胡景北译，上海人民出版社 2000 年，第 67 页。

27 马克斯·韦伯《社会学的基本概念》，胡景北译，上海人民出版社 2000 年，第 67 页。

28 韦伯："如果一个管制性的对外限制或者对外封闭的社会关系，需要依靠特定的、以贯彻秩序为行动目标的人来保障秩序的遵守，这一社会关系就应该被称为团体。"见马克斯·韦伯《社会学的基本概念》，胡景北译，上海人民出版社 2000 年，第 75 页。

体的封闭特征。按照韦伯的分析，社会关系的"封闭的动机可以是下述几种：
（1）维护质量，（有时）并由此来维护特权和由质量保证的荣誉及（有时）
利润机会。这样的封闭社会关系有如苦行僧团体、僧侣团（尤其是印度的托
钵僧是一个例子）、教派团体（清教徒）、战士协会、皇家协会、其他官员协
会、公民的政治协会（如在古代）、手工业协会。（2）与需求相比，机会减少
了。比如在消费需求上的'食物回旋余地'：消费的垄断（其原型是村庄共同
体）；（3）获利机会减少（利益回旋余地）；获利机会垄断（其原型是行会或
古老的渔业协会等）。但在大多数情况下，动机（1）和（2）或者（3）结合
在一起。"[29]

　　佛教与基督教在交往关系层面上的差异，利益交换的可能性不同，从而
构成了作为宗教团体在维护各自宗教质量的关系结构。而基督教常用的小组
聚会、教会信仰及其人际互动方式，虽然其目的是在于建构一种社区型教会
或地方性教会，但是，仅仅是因为它们参与者预期社会关系的弱小，不得不
构成了社会交往关系的相对封闭。而这种封闭性宗教团体特征，又使基督教
在自我封闭的情况下，使其内部的信仰认同关系更为紧密、牢固，能够承担
外在的压力——甚至是外在压力越大，其内部的信仰认同就越稳定。而佛教
交往关系之开放性，则使佛教信仰者内部的信仰认同更加开放，同样具有扩
散性特征。

　　诚然，就当代中国宗教的管理特点，即集中于宗教活动场所的管理方式
来说，佛教的社会发展反而不如基督教的信仰实践方式。基督教的信仰实践，
可以不在教堂里面进行，而佛教的信仰活动反而要集中在寺庙或佛堂才能举
行。它被局限于寺庙或佛堂之中，我可以把它称之为"围墙式"的管理，或
者是"空间化"的管理方式。这也是当代中国佛教发展在另外一个层面的问
题。但此问题恰好是佛教制度性不强所造成的，此与基督教的封闭性关系不
可同日而语的。

　　本来，相对于宗教交往的社会意义来说，任何一种沟通都可以说是主体
间为了相互承认语境而相互合作解释过程的一个部分。[30]通过宗教交往关系而
建构成为一种独特的交往理性，进而构成宗教交往与信仰认同间的整体关系。

29　马克斯·韦伯《社会学的基本概念》，胡景北译，上海人民出版社 2000 年，第 71 页。

30　尤尔根·哈贝马斯《交往行为理论》，第一卷，《行为合理性与社会合理性》，曹卫
　　东译，上海人民出版社 2004 年，第 69 页。

　　而单一的宗教信仰缺乏反思性。没有一种立场能在自身范围内阐明其合理性，绝对主义者不可能用其他的第一原则来证明自己的第一原则，来捍卫第一原则的经典地位。与此同时，相对主义者处于一种（自相矛盾）特殊论证立场之中，他们认为，他们的教义凌驾于其他一些领域的相对判断之上。[31]而宗教交往关系的封闭或开放，对于这种交往反思性的构成，无疑是很重要的。

　　就不同宗教的交往特征和关系结构而言，如果是制度性强的宗教，在其与外在社会交往层面呈现一种封闭的结构特征，那么，这种制度性强的宗教体系就会在外在的封闭性关系基础上，越控制越有内在的认同力量；而制度性弱的宗教体系，在其与外在的社会交往和互动层面上，则会在开放性特别是交换性呈现的前提上，越发展则问题积累越多，内在的认同力量也会日益弱化。

　　当然，宗教交往之各种交换媒介，如果始终都停留在操作化程度很低、或者是抽象化程度偏低的发展水平上，那么，宗教与社会交往的水平也会随之降低。而政教关系的交往水平，权力架构中的宗教交往关系、宗教与社会关系、宗教内部的交往关系，常常能够制约、甚至是塑造了当代中国宗教的关系格局。

　　很明显，如果在宗教交往关系之中，存有一个子系统对一般性交换媒介的垄断的话，那么，交换媒介的民主化、社会化，对宗教交往与信仰认同、社会沟通，乃是存有积极作用的。

---

31 哈贝马斯引图尔明，见哈贝马斯《交往行为理论》，第一卷，《行为合理性与社会合理性》，曹卫东译，上海人民出版社 2004 年，第 24 页。

第九章　宗教交往的社会性与公共性

　　信仰认同与宗教交往，在中国社会中，曾经有一个影响力比较强大的传统，那就是所谓的"三教合一"。

　　就此传统而言，其所谓三教合一，实际上就暗示着宗教之间的交往关系亦抑或交往结构，不仅仅局限于宗教交往及其信仰认同，还会有其他宗教外的交往关系渗透在其中。而这种形式的宗教交往，往往就不是局限在一个或两个宗教体系之内或之间的交往，而是就此交往关系来说，还不得不在宗教交往关系之外，寻求一种宗教之外，并且能够使宗教交往关系得以顺利构成的其他社会、文化基础。

　　所以，在这种宗教交往相关抑或宗教交往结构中，宗教交往的目的或许就不是简单的理论对话，亦不是内涵有的信仰本位主义而强化自己的信仰认同，进而期待着交往的对方皈依自己信奉的崇拜对象。这种宗教交往关系，其实并不在乎交往的对方要成为自己的信仰同道。交往的双方，可以在充分保持自己的原初信仰，来进行宗教交往或信仰互动。

　　这就是说，不同宗教的信徒们越来越强烈地感到的挑战是，他们需要在其他宗教的更大共同体中寻找和发展他们的共同身份。作为基督徒和印度教徒，一个人一定是这个更宽广的宗教共同体的一部分。[1] 而非在宗教交往之中去寻找一个貌似力量更加强势的宗教信仰，亦不是一个人在参与宗教交往的同时，一定要在宗教交往的关系之间成为另外一个宗教信徒，发生信仰改宗的现象。

　　美国宗教学者斯特伦（Frederick J.Streng）说过："如果每一个参加宗教对话的人都能牢记：每一个正统的教徒在与其他人巧遇时，都有一个把真正的

1　保罗·尼特《宗教对话模式》，中国人民大学出版社 2004 年，第 11 页。

超越引入自己生活的机会，那么这种对话就会成为一种手段或途径，借此可以打破那种狭隘的、受文化局限的思想格局。除此之外，对话的作用绝不是要把所以不同的信念与宗教观念全都归结为一个立场，或一种观点，而是要让不同的神学与不同的哲学竞相吐艳。"[2]

儒、释、道三教在中国历史中得以建构起来的交往关系，称之为"三教合一"，或称之为"三教合流"，其社会交往的本质而言，其实就无法去分别所谓的宗教内对话或宗教外的对话，或可以分别为宗教内的交往或宗教外的交往。而三教合一或三教合流，实际上就是宗教外的交往结构，并且在此交往结构之中内涵了宗教内的对话与交往关系。

诚然，传统的三教合一交往结构，或当下今日的多教间的交往结构，最好不要渗透有来自任何方面权力关系，从而影响了宗教交往结构的社会意义。这就使宗教交往及其交往结构中社会性与公共性问题得以最后的呈现。换言之，只要在宗教交往及其交往结构的建构资源中，能够更多地拥有社会性与公共性的相关因素，那么，这一宗教交往及其交往结构，就会具有了比较丰富的社会性与公共性交往特征。

1、信仰改宗及其认同模式

近代以来，中国的基督教与佛教的相遇和对话，时常表现为宗教信仰的改变，张纯一、林语堂、郑丽津等都是其中的代表。每一个宗教信仰的改变，实际上都经历过一场深刻的内在宗教对话。

这种宗教对话较外在的宗教对话对于宗教学和护教学来说更具有挑战性。但是不能完全忽视内在的宗教对话与外在的宗教对话的关系，其实每一个宗教信仰改变者都经历过程度不同形式不同的的外在宗教对话。于是，可以说，每一个宗教信徒都时刻面临内在和外在的宗教对话，因为大家都处在一个多元宗教文化和资讯极其发达的环境中，因此都有改宗的危险。[3]

虽然就宗教对话而言，宗教对话可以被分为宗教内的对话与宗教外的对话，然起宗教外的对话，但是，如何才能被称之为宗教外的对话？抑或是宗教之间的对话，就可以被称之为宗教外的对话？而在本书对此类问题的讨论中，我则

2　斯特伦《人与神》，上海人民出版社年，第 353 页。
3　何建明《以当代台湾为例看近代中国佛教与基督宗教的对话——现代禅与中华信义神学院的对话初探》，《"佛教与基督教对话"国际研讨会学术论文集》，2003.11.21-24，中国西安，第 293-321 页。

愿意把它们分别为宗教内的交往与宗教外的交往。宗教内的交往，常常着重于信仰之间及其身份的交往，甚至会涉及到信仰改宗、宗教身份的改变；而宗教外的交往，则往往是一种社会交往、人际关系之间、日常生活中的交往。

尤其是后一种交往方式，它们中间往往会内涵有社会性与公共性的因素在内。否则，就难以把这种宗教外的交往，称之为社会交往或具有公共性的交往。在此类交往结构中，它们无疑是要包涵、孕育、衍生出超越双方的宗教局限、或涉及双方的共同关怀。简言之，就是那种能够超越于交往双方宗教信仰结构的第三种资源——经由宗教交往论，建构了便于社会交往、社会认同的社会资本。

比利时学者钟鸣旦[4]曾经以明末杨廷筠在儒教、佛教、基督宗教之间的信仰交往，做个一次很好的研究个案，以说明多重宗教之间的信仰认同问题。

杨廷筠的家乡杭州，曾经是明末时代著名的佛教中心。袾宏大师（1535-1615）是当时佛教界的主要人物，和其他僧侣一样，他以浅显易懂的方式在饱学的士大夫阶层和普通老百姓中间不遗余力地宣扬佛法。袾宏的两种思想在他的追随者中产生很大影响：（1）戒杀和放生；（2）明心见性。在明末那种所谓三教合一的思潮之中，袾宏和尚设法将佛法融贯于儒道之中，使三者成为佛学在顶端的等级式金字塔，他弘扬佛教配合三教合一思想，为士大夫阶层接受佛教思想奠定了理论基础。

自杨廷筠信奉了基督教之后，他就自愿结束了他与佛教的关系，公开拒绝与佛教徒的交往关系。根据他的宗教生活的叙述，他就像抛弃陶器碎片一样扔掉了镀金菩萨像，甚至拒绝以佛教仪式举行他父母的丧礼。当时，他的这些行动都符合耶稣会士融合儒家而激烈反对佛教的方针。

因为，传教士们对要领洗的人的要求是很严格的。不但要他们最终改变信仰和佛教根本决裂，当众毁弃佛像，而且还要解决纳妾问题。杨廷筠的皈依看来是按照利玛窦的传教方针，那就是重质多于重量。这个方针特别是在士大夫之间尤为突出。耶稣会主要以士大夫为依靠对象，因此，为了确保持久的关系，对他们的要求便显得更加严厉。

通常情况下，这种要求常常伴随着一种明确的宗教身份，通常还会影响到杨廷筠这样的信仰改宗者在日常生活中的人际交往关心。

4　参钟鸣旦《杨廷筠：明末天主教儒者》相关论述。北京：社会科学文献出版社 2002 年。下有关杨廷筠讨论部分，均引自该书，不另注明。

佛教的流传，与家庭和朋友之间通常具有密切关系。因为信仰往往是在这些圈子里开始发展，家中一个成员信了教，常常是一家之主为先，其他成员妻子、父母、儿女，很快就会以他为榜样。皈依基督教也有同样现象。例如，杨廷筠也在家中宣扬信仰，希望使他的双亲改变信仰。令杨廷筠沮丧的是，他年迈的母亲笃信佛法，祈求升天，他无法说服她。于是他决定向天主祈求，并且开始斋戒，致使身体非常虚弱。

见儿如此，母亲心有不忍，问他原故。杨廷筠于是自责说："儿不德，不能事母使惑于邪而背正教，儿之罪也。异日者，母沦永苦百其身莫可赎矣"。其母听后，非常懊悔，高声说道："吾今信矣！而曷不早言之而自苦若是？吾今信矣！惟子是从无复疑矣。"于是她亟求领洗。

可见，信仰之改宗，并非一个简单的信仰改变的问题。问题的焦点是邪正的问题。对中国而言，这两种宗教都是外来的，而它们在教义、伦理道德和组织方面也有许多相似的地方，但它们彼此都自认为正统，认为自己可与儒家学说和谐并存，又频频指斥对方为邪说。这种态度便是他们互相敌对的根本，导致宗教交往之后的信仰改宗结果。出自于正邪之间的对立，信仰改宗就会成为一间很麻烦的事情，难以说得是一种宗教交往了。其间，也缺乏信仰认同方法的讲求了。

在佛教传入中国之初，佛教徒就尝试证明佛家与儒家在基本观念和实践上非常接近，因而赢得儒家学者的支持。同样，在基督宗教传入中国之初，基督徒也曾竭力这样求证，在这方面杨廷筠有些与众不同。传统佛教与基督教之信仰认同方式的正邪与异同，这就是杨廷筠最为关注的问题。

为此，杨廷筠的《天释明辨》中的主要宗旨，就是佛教与基督教表面的相近和实质的不同。书内的三十章，均讨论一种表面的相近，例如不杀生，不偷盗，不贪奢，不妄语等。还有天堂观、地狱观、宗教生活如斋戒、祈祷、忏悔和守贞他也试图寻找一个宗教交往间的超越态度。

钟鸣旦教授试着从社会学的角度看，采用四个标准来衡量杨廷筠究竟属于宋明理学、佛家、还是基督宗教？这四个标准是：

（1）有没有正式的会员资格，而这资格是否经由学术教育而得？

（2）会员有没有凭借自己与团体内其他成员一样具有相同的信仰和概念，认同自己的会员身份？

（3）会员有没有在思想、行动和友谊上（从道德行为、宗教生活以至宣传方面）表达出自己的会员身份？

（4）同一信仰团体的成员，或团体以外的其他人，会不会承认他是属于这个圈子的人呢？

正如钟鸣旦指出的那样，依据上述尺度，杨廷筠应该说是个宋明理学家。他官试及第，考前曾浸淫儒家经典多年，又研习宋代学术，而后者就是道统的综合。而他在自己的基督宗教作品中，多次提到"吾儒"，并否认在基督宗教中存在着相反儒家的疑点。

不过，从同样的尺度，钟鸣旦也认为他是个基督徒。当他学完圣经道理之后，他就正式领洗加入教会，还取了一个圣名，表示他真的奉了教。在他的作品中，他常提及自己是基督徒，对宗教热心，又维护耶稣会士，在文章中大力宣扬基督宗教。而他的中国教友、耶稣会士，甚至有佛教徒，都会把他认做"基督徒"。

然最麻烦的是，即使根据这同一标准，杨廷筠早期也算得上是一位佛教徒。虽然我们找不到他身为正式佛教徒的证据，他大概早年在家中学佛。至于他对佛教认同程度以及他在这个圈子中被接受的程度，我们虽然难以确定，但从他的信仰行动中也可见一点端倪。譬如：他实行放生，接待僧人，赞助建筑庙宇，撰写佛教诗词。不过，自从他转变为基督徒之后，这些尺度不再适用。他除了断绝与佛教的关系，捣毁佛像，以示他的决心之外，还在它的作品中批驳和排斥佛教。佛教徒也不再视他为佛教中人。因此，至少在杨廷筠后期的生活，他应该被称作新儒家学者及基督徒，而不是佛教徒。

从社会学而言，基督宗教——如其他宗教，也扮演辅助性的边缘角色。对杨廷筠来说，在儒家的关系上，基督宗教取代了佛教的地位。正如在宗教传记一章里所说的，基督宗教与佛教之间有许多类似的地方。要成为基督徒、必须经过"入教仪式"，方能加入教会，这包括取圣名，承认信仰，发愿守十诫；这种内心信仰表现在外表行为上，如支持兴建圣堂，编印宗教书籍，并支持耶稣会士。假如这些行动被视为对国家正统产生威胁，则教会便会受到迫害。从这方面看，基督宗教就像佛教一样，与儒家不同。[5]

5　钟鸣旦《杨廷筠：明末天主教儒者》，北京：社会科学文献出版社2002年，第262-265页。

　　杨廷筠的宗教经历是很有意识的。尽管他后来成为一个受洗的基督教徒，舍弃了与佛教信仰的一切关系。但如同钟鸣旦所讨论的那样，杨廷筠同时也是一位儒教信徒。即使这种儒教信仰无法严格、把他的信仰者身份加以组织化，隶属在一个教会之中，但是他的最主要的身份依然是儒教绅士。这一身份，他是改变不了的，杨廷筠也不会轻易把它否定掉的。特别是在他信仰的基督教，很有可能被朝廷视为异端的情况下，杨廷筠无疑是要保留他宋明理学家的社会身份的。

　　故此，社会学的社会身份、宗教组织的成员资格，有时候是很难直接套用在他这种多重身份的基督教徒身上的。这又说明了，即使是他由佛教徒改宗成为基督教徒之后，他依然是无法、也不愿意改变他儒教绅士的身份的。正是这种儒教绅士的社会身份与社会地位，反而使他信仰改宗的社会意义不会很突出。人们依然会强调他的宋明理学家身份，而不太会强调他的基督教徒身份；或者会使用儒家绅士的身份、宋明理学家的意识形态标准，来对他进行道德批判。

　　所以，杨廷筠的宗教交往及其信仰经历，既有社会性的内涵，却无公共性的要求。他基本是以私人的身份参与他喜欢的宗教交往过程。比起儒家来，佛家信仰及其宗教活动，则常被称为"私人的"交往。这个名词经常引起误解，因为把"私人的"演绎为"秘密"或"隐藏"之意是不对的。佛教是共同参与的，向外表现与庙宇建筑及经典上。再者，对佛教徒而言，佛教是组成他生命的部分，与儒家同为道统，但在公众社会生活上，就只有儒家才是主流。在此层面上，我们可以佛教并不构成官方传记的主要资料作为证明。

　　这就是说，宗教交往也具有私人性与社会性的差异，而信仰本来就是个人的事情。只有在隶属于宗教交往关系中的信仰认同及其认同方法，这种交往关系才会建构出一定程度上的社会广度与社会深度。不然，它们就会局限在私人交往、私人改宗。至于近代中国以教案形式而构成的宗教交往，尽管具有宗教外交往的社会特征，但是这种交往关系之中却有被宗教交往之外的政治、社会、军事等等关系所制约，因此也难得有社会性交往关系的构成和表现。

　　台湾的圣严和尚曾经说过："在西方如果没有说清楚，像'佛性'、'法身'、'空性'等词，有时候会被西方人误会是与'上帝'、'基督'、'耶稣'等类似或同等级的概念。这种方式的理解当然对西方人或有西方宗教背景的人可以很清楚的认知，但也可能会让西方人觉得佛性等就是上帝、就是神，这样的解释是会有问题的。"[6]

如果要把这种解释及其方法运用到宗教交往的实际过程之中的话，那么，正是这种不自觉的误解，常常会导致宗教交往不会局限于宗教交往的双方信仰之中。而就其实质而言，宗教内的交往与宗教外的交往，最为不同的就是，它们的基本结构是比较单纯的信仰认同，依旧还是宗教外社会意义的强调。于是，信仰认同方法，就不会再以信仰改宗的方式来构成了。

2、信仰认同的制度模式

进入二十一世纪，尤其是美国"9，11"事件之后，宗教的公共性再次得到强调，宗教伦理的公共功能也再次得到突出，甚至是达到了前所未有的程度。与此同时，现代社会亦对宗教赋予了特别的伦理期待，而各类宗教也因此通过各种宗教公益活动参与各种事务，并希望因此来影响社会。

由于宗教与其他社会系统一样，属于一个社会子系统，所以，凡是宗教要体现自己的价值系统以及对于社会的伦理影响、道德功能的时候，它就必然要越出宗教的制度框架而对非信教公民、非宗教的社会形式或社会过程发生影响，由此凸现了宗教的公共合法性问题。

根据韦伯的"理性化"命题，[7]宗教在现代社会之中作为个人社会意义的价值体系本身，乃是与公共领域无关的事情[8]。因此，宗教的理性化过程，同时也是宗教返回自身的过程。因为现代社会的运行规则已经不需要宗教为其提供合法性了，社会本身能够为自己自行提供起所需要的合法性。整合现代社会的规范秩序已经与超越性的神圣世界日益疏离，其价值基础甚至已经不在于价值世界，更不用说宗教世界观及其价值体系了。

所以，在宗教与社会的交往关系、个人信仰认同与社会结构而言，仅仅是宗教交往、信仰认同本身，就难以成为一个核心的分析概念。这就是说，现代社会中的任何一个宗教及其伦理价值系统，都难以自动实现自己，而是要"依靠制度化、社会化和社会控制一连串的全部机制，尤其是在各种宗教

6　《圣严法师与宗教对话》，法鼓文化事业股份有限公司 2001 年，第 83 页。

7　马克斯·韦伯《经济与社会》，商务印书馆 1997 年，上卷，第 56 页。

8　宗教的私人化，使现代社会摆脱了传统宗教及其组织对于公共生活的影响，使传统宗教具有了新的崇拜性质，宗教成为了私人的崇拜，被理解为私人精神和个我情感的事情。

及其伦理遭遇在一起的时候，这个问题就将显得格外的重要。因为，"价值通过合法与社会系统结构联系的主要基点是制度化。"[9]

正是这种制度化的要求，促使现代社会整合的基础不是道德，而是制度与结构。用吉登斯的话来说，这个结构就是作为整合在一起的规则和资源。规则是行动者的知识与理解部分，是规范性要素和表意性符码；资源则是权威性资源与分配性资源的结合。[10]它们的不同组合与不同的分配，制约着不同的结构的形成。

基于这个论述，宗教及其对社会的道德影响甚至是伦理制约，并非由个人伦理责任简单地产生或构成，而是由一群具有特殊资格的行动者制造，并在建构意义过程的资源里被组织，通过仪式化、归正及传承而得以维护，是各种宗教关系在时空状态中的稳定形态。这就决定了宗教伦理的局限，而必须通过其相应的制度程序来加以表达，或者说，这需要一种现代社会中的"制度主义的宗教"。而宗教交往关系、信仰认同方法，似乎也应该借助于制度主义的宗教交往结构。

这里的"制度主义"的概念，主要是认为在现实的政治和社会力量中，应该予以特别关注的是社会的制度。社会制度不仅塑造人的行为，而且也构建社会结构本身，关心一个制度是如何形塑社会行为、社会结构与社会的过程。[11]

因为中国社会的现代变迁，曾经有一个特色，即由"小群组织"转变为"大群组织"，从一个散漫的国家变成组织严密紧凑的社会。这个变迁历程，有一个特质，便是科层化（bureaucratization），组织有了制度，成为有形式的、规章制度管理的组织。所以，制度的变迁成为当代中国在由传统礼俗社会向现代法理社会演变中的一个基本层面；而那些依靠价值规范及其共识构成统一、团结的传统社会组织，伴随小群社会或具体社会之削弱而减退，代之而起的是与大群社会偕与俱来的抽象世界。这个变迁，原是一种世界性的现代化变迁。对于这个变化，社会学非常重视。在此过程中，"组织"不但是一个社会学的核心概念，而且也是中国现代转变中的中心问题。[12]

9　塔尔科特·帕森斯《现代社会的结构与过程》，光明日报出版社 1988 年，第 141 页。

10　安东尼·吉登斯《社会的构成》，北京三联书店 1998 年，第 52 页。

11　谢立中《当代中国社会变迁导论》，河北大学出版社 2000 年，第 19 页。

12　刘创楚、杨庆堃《中国社会——从不变到巨变》，香港中文大学出版社 1989 年，与此相应，对于当代中国宗教而言，比较内在于个人或群体的"主观意义的信仰"来说，"制度主义宗教"则具有外在于或独立于个人或群体意识的"社会事实"的特征。所以，制度主义宗教又被认为是包括了既需要物质资源、又影响资源分配的行动者和组织，更加强调了社会生活建构文化的观点。[13] 为此，新制度主义高度重视制度意义的宗教，可以就既存的仪式意义与制度化价值之间的关系发表不少论著，大体以为，社会组织往往是能够通过各种仪式，使某些价值观念或经济行为制度化、立法化，以确立或固定组织的某些重要事物，并促使它们得以长期维系。[14]

实际上，这种对制度意义的宗教的强调，比较其他宗教定义来说，它更加属于一个形构的概念。比较而言，宗教作为一种传统、文化、伦理，其社会交往功能，更加容易得到社会的认同，其社会性公共性更加容易得到体现。所以，宗教作为一种社会交往结构或宗教（社会）团体，其社会合法性的体现就非经制度化程序不可。这既是宗教交往关系影响社会交往结构的制度程序，同时也是对宗教、信仰认同方法影响社会传统方式的一个基本挑战。

另一方面，现代社会的宗教组织，大都作为一个法人团体而存在于现代社会之中，因此，宗教团体就是一种宗教行动领域，就是一种行动领域的界定，乃至一种局部秩序（Local Orders）。因为，宗教在现代社会之中作为个人社会意义的价值体系，其本身与公共领域没有直接的关系。这是因为一个国家、社会，实际上是由许多社会集团这样的局部秩序来组成的，宗教制度或宗教组织仅仅是其中的局部秩序之一而已。宗教交往仅仅是社会交往的一个重要构成而已。

在一个国家或社会之中，构成这些局部秩序的社会集团、团体组织，各有其权利主张。它们的权利主张，有些可以在其制度空间里通过博弈而构成协调，有些则有可能相互对立。为此，一个国家、社会中的社会团体，必须承担一个超局部的、对于社会整体的效忠责任。在它们追求的目标和运用的手段方面，都必须承受这一限制。它们都被镶嵌在国家共同体里，被保持在一个制度界限之内，形塑了社会秩序的多元性、重叠性及其社会和谐的重要

第 20-24、27 页。

13 Wuthnow, Robert, Meaning and Moral Order : Explorations in Cultural Analysis ,Los Angeles: University of California, 1987,p.15

14 Meyer , JW. & Roman B. , "Institutional organization : Formal Structure as Myth and Ceremony,"American Journal Sociology ,1977,83（2）: 340~63

特征。

所以，在国内社会的存在形式之中，社会正义的问题是在两个层次上提出来的。一个层次是整个社会共同信奉的一般原则；另一层次是特定集团提出的特别要求。在一般原则的层次上，各个社会集团之间不会出现对和平的威胁，因为大家都同意这些原则。特别是像民主、平等、社会正义、言论自由这样的原则，只要它们仍然停留在社会集体奋斗的最终目标的抽象范围里，它们就不会引起危及国家稳定或社会和平的冲突。可是，一旦这些抽象概念被各社会集团利用，在这些原则的名义下提出相互冲突的要求，这些原则就会成为社会冲突中的强大武器，构成对社会的极大挑战。"[15]

一个公民，可能分别隶属于不同的多个社会集团。所以，这些集团都要求他对该集团效忠。但是，作为一个社会公民，他的社会行动也会促使他同时考虑对于他所属的若干个集团的责任与义务。相应的是，一个宗教体系也可以作为某个社会中的社会团体之一，而一个宗教体系的宗教信徒也同样分属于不同的宗教体系。这些宗教集团、宗教体系，无疑都会要求该宗教的信徒表达他对该团体的责任或效忠。

但是，现代国家的普遍要求，则希望社会团体成员或该宗教团体信徒的社会行动，应当促使他同时考虑对于几个社会团体乃至一个国家的责任与义务。所以，某一宗教伦理的社会功能仅仅能够建构局部社会的道德秩序，难以抽象成为一个社会整体的道德原则。否则亦将构成对一个社会的整体价值原则的挑战。

宗教交往及其信仰认同方法，就其本质而言，它只能作为国家、社会的局部社会秩序之一，才能发挥它对社会的影响。然而，这些局部秩序还要承受超局部的效忠原则的约束，这就是垂直维度层面对国家、社会的整体效忠，乃至于水平层面对社会不同集团之间的多层责任，以此来实现对于局部责任的超越。其中的垂直维度的效忠，易于养成封闭结构性的权力专制，多为传统社会；水平层面的多层责任，则大多体现在现代社会，特别是公民社会。它们的发展与成熟，一般而言能够冲淡或制约着垂直维度的效忠。

正是在这个纵横交往、彼此制约的社会结构之中，"国家内部的所有冲突，在它们追求的目标和运用的手段方面，都受到了限制。它们仿佛都被嵌入国

---

15 汉斯·J·摩根索《国家间政治——寻求权力与和平的斗争》，中国公安大学出版社 1990 年，第 615 页。

家共同体这块细密的织物里，从而被保持在界限之内。与局部效忠的多元性、重叠性一起，国家效忠的限制与抑制作用，构成了造成国内和平的三个因素的第一个因素。"[16]

因此，类似于宗教制度、宗教团体这样的局部交往结构及其交往秩序，至少可以包含有如下三种特征：

1. 一个社会中的团体或组织，总是受到社会制度、社会文化等社会宏观结构的影响，但宏观社会结构难以决定一个组织的具体特征，在同样的社会结构之下，不同的组织都表现出各自不同特点，每个组织都具有自己的特殊性，组织是具体的、局部的社会秩序。所以，对宏观的社会结构的认识不能代替对具体组织的认识。

2. 组织中的人的活动围绕着具体问题而展开的具体行动，问题不同，人的具体行动也自然不同。对于团体或组织的认识，必须结合具体问题以及与之相应的具体行动。

3. 由于每个行动都具有一定的"自由余地"，其行动具有一定的投机性，并由此导致了团体或组织行动的不确定性，即使是同一个具体问题，在不同的组织之中，在不同的行动者身上，也会有不同的解决方案，有不同的具体行动。[17]

处于这些局部秩序之中的信教公民，既属于一个宗教团体，同时又分属于不同的集团。他们的身份认同和社会责任，既可能冲突亦可能合作。然而，既是宗教信徒又是社会公民的社会角色的多元化，既分属于不同的社会团体，这就局限了宗教的功能不能无限扩大，宗教伦理的制约就是一种局部的秩序。他们只能按照自己的利愿表达自己、实现自己，他们只能使其朋友或环境的受到相应的限制而已。所以，作为宗教团体或者信教公民，他们必须有所兼顾，在多元角色互不相碍的制度架构之中进行交往。"所以，社会不同成员所扮演的社会角色的重叠倾向于缓和冲突，并把冲突限制在能够使社会成员同时扮演不同角色的限度内。"[18]

16 汉斯·J·摩根索《国家间政治——寻求权力与和平的斗争》，中国公安大学出版社1990年，第614页。

17 See Erhard Friedberg ,1997, Local Orders，Dynamics of Organized Action. 另参翁定军《超越正式与非正式的界限——当代组织社会学对组织的理解》，《社会》，2004年第2期。

18 汉斯·J·摩根索《国家间政治——寻求权力与和平的斗争》，中国公安大学出版因此，作为现代社会之中制度宗教及其信仰认同方法，就应当在一种秩序之中承受局限，意识到本宗教的特殊意义，而非普遍价值，从作为国内一个社会子系统的组合及其冲突的多元化构成中，常常认识到自己的利益和组织效忠的相对性，进而充分了解不同组织或集团之间的本来就存有的冲突。

所以，"任何一种宗教都具有并且必定具有法律的要素——确切地说有两种法律要素：一种与信仰某一特定宗教之群体的社会程序有关，另一种则关系到宗教群体只是其中一部分的更大群体的社会程序"。而当代宗教的生命力，就不仅仅体现在将宗教的法律方面纳入其关于神圣事务的观念中，同时还要将当代社会的总体经验体现于法律的组织与程序中。这个秩序，不仅是指宗教团体内的组织和程序，也是指这些包括宗教团体在内的更大社会中的组织与程序"。[19]

基于这一局部的与超局部的秩序，宗教交往及其伦理表达的社会交往结构，就当是一种社会交往局部秩序的建构，而非纵向的普遍价值制约和社会秩序。这就要求人们必须在现代社会伦理秩序之中，去寻求一种制度主义宗教行动的"合法性"。换言之，某一宗教交往的伦理表达形式，更多的是在寻求一种宗教交往行动的"合法性"，以发挥保护自己、制约信教公民的社会规约作用，进而避免宗教内部以及宗教之间的交往冲突，同时亦避免宗教作为一种社会团体或社会组织，与其它社会集团或社会组织之间的交往冲突。

3、宗教交往建构社会资本

宗教交往之建构作为社会资本的合法性问题，乃是宗教交往得以进行的主要基础。

宗教合法性是现代社会及其制度分化的产物。传统社会之中，由于宗教对于一个社会价值道德体系乃至政治法律观念的普遍影响，宗教的合法性问题在中世纪之前并不存在。[20] 只是在现代社会的分化、呈现出上述问题及现象之后，宗教与政治分离、促使宗教成为社会次级制度之后，才会导致宗教合法性问题的产生。所以，宗教合法性既是现代社会中宗教与法治的基本内容，同时亦是现代宗教能够存在于现代社会的基本前提。所以宗教合法性的获得形式及其表达方法，制约着宗教交往、信仰认同的社会意义及其社会功

社 90 年版，第 613 页。

19 哈罗德.J.伯尔曼：《法律与宗教》，北京三联书店 1991 年，第 97、124-125 页。

20 让—马克·夸克《合法性与政治》，中央编译出版社 2002 年，第 25 页。

能的发挥。

合法性（legitimacy）概念的实际含义，是对被统治者与统治者之间关系的评价，也是某个政权、政权的代表及其命令在被治理者那里具有正当的或自愿承认的特性。它的表现将涉及某一社会秩序的运转以及该社会成员的忠诚。自从卢梭提出政治合法性应该建立在"公意"的基础上之后，马克斯·韦伯从三个方面区别了合法性的三大类别，即神圣的传统、人民对于领导者个人魅力的忠心、以及对于法律的至高无上普遍信仰而对于"合法权威"的承认。现代西方政治学界则主要从三个方面来论证这个问题。其一，合法性导源于人类行为之外的某些与神意紧密联系的传统；其二，合法性应该建立在调整公民与国家之间关系的契约的基础上；其三，合法性的基础是一致同意的价值标准。[21]

从宗教与政治的本质关系而言，制度宗教的合法性问题无疑是以政教关系及其处理方式作为主要内涵。所谓的政教关系，常常以为可以包含三个层面：一是宗教与国家；二是宗教与国民社会；三是宗教取向与历史文化行为模式。同时，也可以上述这些种关系理解为意识形态方面宗教与政治的关系，权力主体层次上宗教团体与政府部门之间的关系，以及宗教团体与政府之间的关系。[22]

因此，宗教合法性一个最基本的体现形式，就是建立在政教关系合法分离的基础上，合理调整宗教与国家权力、宗教团体与社会组织、信教公民与非信教公民以及宗教团体之间的交往关系，并且相应地表现为宗教团体及宗教信徒对自己宗教在社会上所处地位、社会功能发挥空间的基本认同。它的基本意义，就是政教关系、宗教与社会、宗教之间各类关系的处理方法或基本原则。

所以，宗教组织的社会定位及其社会功能的发挥，本身就是一个宗教合法性问题，不仅仅是一个宗教事务的管理。它涉及政教关系尤其是宗教合法性的体现及其社会形式等问题，即宗教组织及其成员如何理解来自国家权力的管理，如何服从这种出自于国家权力的各种法规及其制约。

从合法性与合法律性的关系而言，宗教组织的合法形式及其登记或认证

21　庞元正、丁冬红主编《当代西方社会发展理论新词典》吉林人民出版社 2001 年，第 144 页。

22　张训谋《欧美政教关系研究·绪论》，宗教文化出版社 2002 年，第 3 页。

形式，仅仅是一种法律的确认形式，是合法律性，同时也是以法律的形式来确定政教关系的一种方法。虽然这个方法并非唯一的方法。但是，这种合法律性却构成了合法性的主要内涵，并且制约了宗教合法性的各种表达形式。

至于宗教的合法律性概念，却以宗教立法为核心。至于宗教立法概念，可以分为三个层面：一是宗教机构当局为本宗教的组织和管理制定的一套法律、法规和制度；二是国家立法机构为处理涉及宗教的公共事务而制定的涉及宗教事务的法律、法规，因而对宗教信仰形成规范；三是宗教与政府之间鉴定的具有法律约束力的协定、协议等。它主要是指因为信仰关系而产生的对个人或团体的社会行为产生的具有约束力量的法律、法规和协议等。它还包括具有合法地位的宗教团体的法规中约束成员社会行为的一些条款、法规等内容。[23]

这种"合法律性"，近似于合法性，并以一种具体的方式界定了宗教组织的权利和义务，确定了宗教所难以逾越的制度界限，既能支配统治者又能支配被统治者。它可以和个体的赞同、社会的根本规范一起分享这种法律地位，证明自己的独立的、制度的合法性。所以，赞同、社会规范和法律这三个基本概念，共同界定了合法性理念的真实内涵，[24] 亦为我们考察现代社会宗教的社会定位及其合法性问题，提供了一个富有实际效果的分析工具。

就宗教交往、信仰认同的表现规则而言，合法性的表达形式与其他社会组织的结构类似。它的解释逻辑是这样的，宗教组织是一个开放的系统，它强烈地受到制度环境的影响。它为了获得制度或组织的合法性，宗教的制度或组织必须顺从法律规范以利于组织的生存与延续。所以宗教组织于其他社会组织间在结构和行为上具有相似性，这也就是因为合法性机制的作用而促使组织趋同。[25] 因为合法性机制，往往会在外部环境中迫使宗教组织采纳那种具有合法性的组织结构或运行机制。

宗教曾经是传统社会秩序的合理化论证工具，而现代社会导致宗教失去了这一功能。一方面，是宗教的合法性问题被逼了出来，另一方面，则要求宗教交往的功能表达方式，必须是一种多元的交往层次以及共识重叠的信仰

---

23 国家宗教事务局宗教研究中心编《国外宗教法规汇编·前言》，宗教文化出版社2002年。

24 让—马克·夸克《合法性与政治》，中央编译出版社2002年，第2、35页。

25 W·理查特·斯格特《组织理论》，华夏出版社2002年，第197页。

认同方法。因此，各个宗教在社会公共领域内的"活动原则"及各个宗教在公共领域前的"自我约束"，进入公共领域的"准入机制"等等，均以制度宗教作为现代宗教的合法性内涵及其表达形式。

玛丽·道格拉丝曾在《制度如何思考》中指出，建立在私利基础上的制度很难具有合法性，是极其不稳定的存在形式，只有当制度建设在超自然的意义上，这种制度才具有合法性，才能稳定。[26] 然而，她仅仅是看到了超自然的意义对于制度的稳定功能。但是，一个制度是否稳定，并不仅仅取决于这个因素的影响。宗教的私人性同样也难以促成宗教组织的稳定性，而任何一个宗教所能够具有的超自然意义也难以达到这种效果。私人性、超自然性、社会性、合法性的几种整合形态，方才具有和谐、稳定的功能。虽然宗教经验与法律经验不同，但它们具有极大的相通之处。无论法律还是宗教，无不出自社会生活并以表达社会生活为己任，所以宗教与法律各自都有其象征性的语言、认识与规约的功能，并作为人类经验的两个方面，它们各自都有其不可忽略的价值。

从国家、社会、宗教的三元分析架构来看，国家对于宗教合法性的要求是在乎国家权力对宗教的法律控制；社会对于宗教合法性的要求，在于社会对宗教的认可及其社会控制；而宗教团体本身对于宗教合法性的要求，则是在于宗教与国家、社会及现有法律之间的良性交往，既有活动空间，亦能在既定的法律框架之中不受来自国家、社会的非法干扰。

所以，宗教交往关系的公共性、合法性表达形式，实际上就是宗教伦理在现代社会之中如何得以实践、交往、认同的问题。只有将此问题的处理方法，置于现代社会法律、制度空间之内，宗教、宗教之间的社会交往关系才可能取得协调，宗教交往、信仰认同的社会功能，才可能正常发挥。

在本质上来说，宗教合法性，就是在宗教与国家、社会的关系上，给出了一个合乎法律的解决基础，进而充分的体现了现代社会中宗教交往的合法性要求。因为，现代社会中政教关系合法分离的原则，乃是宗教交往关系得以表现合法性的基本方式。

宗教交往关系之合法性体现，主要是对宗教团体的"宗教事务"，即涉及国家利益和社会公共利益的宗教事务进行管理，从而保留了宗教团体或宗教组织的神圣资源及其传统。为此，宗教自由必须受到政府行政各个部门之尊重，各行政部门除了为维护公共秩序及非法行为的最小限度之外，必须尊重

---

26 See Mary Douglas ,1987, How Institution Think ,London :Routledge & Kegan Paul.

宗教交往、信仰认同的特殊性和宗教习惯，特别注意不得妨碍信教自由。

基于政教分离的原则，国家行政仅仅是对宗教事务的层面进行规范，而对宗教团体的宗教事务及其活动，则无更多的干涉权力。由此可以看出，宗教合法性的获得方式，最基本的就是基于政教分离的基本原则，给予宗教及宗教团体以法定的活动空间，同时也设定了国家权力对于宗教活动不得随意干涉的法律界限。

所以，宗教交往关系的合法性相关规定，对于宪法应当是一个极好的补充。这明确保障了国民信仰自由的基本权利，也规定了作为其依据的国家政治与宗教分离的原则。宗教信仰成为了每一个国民受良心支配的私事；政治上则宣告国家政权的无宗教性，以充分保障前者的实现。

因此，宪法规定，宗教信仰及依据宗教信仰所进行的宗教活动，从完整的意义上说是个人的权力，所以既不能派生一切特权，也不能允许国家公共权力保护、支持、优待宗教或支持、管制、监督、指导宗教。这就在充分界定权力与宗教、信仰的关系基础上，既保证了国家权力的统治范围，亦同时保证了作为宗教信徒和宗教团体的被统治者的宗教活动以及宗教信仰的自由空间。从宗教合法性的获得方式而言，这个法律规定，乃是宗教合法性最最基本的构成，是以宗教合法律性体现宗教合法性的最基本方式，同时也为现代宗教交往结构，朝着真正自律化方向的发展，提供了一个举足轻重的制度平台。

因此，宗教交往合法性的社会特性，就在于法律及其制度对宗教交往关系的合法性认定。认定某个宗教团体或者宗教组织只能接受来自法律的支配，而不接受来自任何其他方面权力的制约。这样，宗教合法性就将以一种具有组织形态的、制度化的宗教行动方式，进而体现了宗教合法性的制度化。而宗教团体本身所具有的自律自治功能，如它作为宗教团体所应当具有的正规性、民间性、非营利性、公共性、代表性、参与性等等社会特征，则以社会团体、法人组织形式及其制度要求，在社会规范的形式上，为宗教合法性的真实呈现提供了它本身所要求的社会赞同特征，最终支持了宗教合法律性与宗教合法性的有机结合。

正如法学家所指出的那样，"没有法律的宗教将失去其社会性和历史性，变成为纯属于个人的神秘体验。法律（解决纷争和通过权利、义务的分配创造合作纽带的程序）和宗教（对于生活的终极意义和目的的集体关切和献身）乃是人类经验两个不同的方面；但它们各自又都是对方的一个方面。它们一荣俱荣，一损俱损。"[27]

这段话我近年来经常引用。因为它说明了，当代宗教与法律之间那种独特的亲和力，更进一步则是说明了当代社会中宗教交往对现代社会发挥功能的基本路径，说明了把信仰与法律相对立的做法，既会低估了宗教交往的社会性，也低估了宗教交往结构的法律性，进而减弱了宗教的社会功能。把信仰与法律相对立的做法，低估了宗教交往的社会性，因此也低估了宗教交往结构的法律性。

至于今日宗教的商业化危机，既是因为宗教交往关系上自我认同以及它的社会表达形式上的衰败——即作为正式团体教会的衰败。更加关键的问题，是宗教交往关系的法律化或合法化的社会定位问题。

在合法性短缺的前提之下，宗教交往关系正日益成为个人试图摆脱其孤独，追求个人心志安宁的私人事务，只有个我身份之感，而无社会特性之表达。如果说，一个健全的社会必须具有健全的法律秩序和健全的宗教信仰的话[28]，那么，一个健全的社会，必须具有宗教与法律这些要素的综合作用，至于国家行政则应通过法律制度这个中介提供合作，运用宪法的权限提供一个宗教能够于其中合法存在乃至发展的合理架构。

虽然现代社会的各种政教模式并没有对"宗教团体"这个新兴的社会团体法人形态予以更多的说明和界定，但是，它以社团法人或场所法人的社会形式，提出了"宗教合法性"这个问题，就已经促使现代宗教的存在和发展，获得了一种符合现代社会要求的制度形式，导致现代宗教、宗教团体、信教公民能够以一种合法的身份存在并活动在现代社会之中，尤其是以一种"团体法人"的身份，更能体现宗教交往关系的合法性独立获得方式。

无论哪个方面，宗教交往关系的合法性体现，实际上就是民主社会的基本表现。从这个方面来说，宗教交往关系的平等以及宗教自主权的设立，应当是现代社会之中宗教交往关系的合法性表达形式。在人类文明的历史上曾经人为地制造了宗教交往间的不平等现象，为国家监督、操弄宗教提供了不平等的社会基础。这也是传统社会中宗教合法性难以体现的一大政

---

27 参哈罗德.J.伯尔曼：《法律与宗教》，北京三联书店 1991 年，第 95 页。

28 参哈罗德.J.伯尔曼：《法律与宗教》，北京三联书店 1991 年，第 156-157 页。

治缘由。

由于法人是一个社会组织而不是单个的自然人，因此宗教交往关系必须要有相应的组织机构。法人的团体意志总要通过一定的组织机构产生，并且只有通过一定的组织机构才能具体实现。没有这样的机构，社会组织就不能作为有意志的独立主体进行活动，也不可能独立享受权利和承担义务。因此，宗教团体、宗教场所能够获得另一种"法人"形式，以一种社会组织的形式获得了现代法律的认可，也就是现代法律对于当代宗教的行动界限、信仰自由的界定，进而在国家——宗教——社会的三元结构中，以"法人"组织的形式将宗教的合法性奠基在"社会"这个层面，促使宗教在某种层面呈现了韦伯所说的"祛魅"现象，从上层建筑的高处落脚在社会民间，从政治的合法性到社会的合法性，以至于体现出宗教制度、宗教组织本身的合法性，在社会变迁的过程之中，渐渐地社会化、获得了自己本应具有的社会形式。

宗教的平等，促使各个宗教团体之上不再存在一个近似于国家宗教，相应的是，国家对宗教团体的"认可制"转变为"登记制"，导致凡申请者均可以成为宗教团体或者宗教场所的法人组织，享受相应的社会优惠权利。国家也不再拥有对于宗教团体的教义、仪式或其他内部事务进行监督或干涉的权力，在行政主导的基础之上，宗教的自主权获得了承认。

宗教合法性的法律基础，促使各个宗教、宗教派别之间获得了平等交往的机会与空间。宗教间交往关系的平等，保证了政教之间的真正分离，在法律设定上实现了宗教自由。宗教间公私平等，实际上就是相当于国家权力不再行使自己的权力，各个宗教之间也不再划分高下、公私，均以法人的形式保证了政教之间的真实分离。

所以，宗教信仰的平等原则及宗教自主原则得到了最初的肯定，为解决各类宗教纠纷和各类宗教诉讼提供了法律的准绳。各个宗教均能以法人团体的社会形式，具有了自己的法定空间。

然而，宗教之间的平等，并不排除宗教合法性的呈现形式当中缺乏相对强制性的表现程序。因为，从政治统治的角度来看，"合法性就是这样一种政府权力的基础，这种权力在行使过程中一方面政府意识到它有统治的权利，另一方面被统治者对这种统治权利予以某种认可。"与此相应的是，人们也可以将此合法性类型分成程序的、强制的、警告的、学术论证的和大众的五种类型，或者是把它分为符号的和现实的两种。[29] 特别是那种出自国家权力的合法性形式，往往就会带有程度不一的强制性内容。

虽然宗教合法性的社会形式得以确立之后，它就被认可为防止政治干预宗教、宗教染指政治的一道坚固的屏障。但是，这个制度的法律效应，实际上就呈现了一种带有强制性的程序意义，并且还强制性地将宗教与国家的冲突从政治层面转移到了行政层面。这是在宗教合法性方面，宗教的合法律性对于政教关系制度性设定的法律底限。谁也不得逾越。这就体现了宗教合法性制度设施上宗教他律的刚性特征。

无论是宗教介入政治，抑或是政治干涉宗教，同样是对宗教合法性及其原则的最大破坏。而宗教合法性的最基本的价值底线，就存在于这个二元相分的法律架构之中。否则，双方皆会产生政教合一的冲动，企图吞并、利用对方。

在历史上，宗教多半被政治所包含，但是这种包含往往付出了很大的政治成本。然现代社会依据宗教立法来管理宗教，宗教则成为一个行政管理、社会控制领域的事情，从而能够将宗教与政治的冲突转移成为行政问题，而不会直接地成为政治危机。依照宗教合法性的制度设计，它能够将宗教团体乃至宗教活动的影响控制在一个法定的领域之中，难以直接构成政治领域的意识形态冲突，促使行政监督、社会控制成为宗教合法性的最好补充。当然，这个补充既有法律程序的自律，同时也包含了法律制度的他律。

对于这个问题的理解，将有助于我们进一步把握当代社会政治与宗教之间的复杂关系。

当代社会之中宗教势力的膨胀或国家主义的扩展，往往首先会冲击固有的政教关系及其合法性底线。

在这个方面，新兴宗教与宗教介入政治活动，可能是宗教法人合法性中最重要的变化形式。在现代社会经济高速增长的年代中，政治力量已经日益关注各类宗教团体，在一定程度上体现出"政治势力参与宗教"或"民族国家借力于宗教"的双重倾向，反映出当代宗教在现代社会政治事务中的特殊功能以及现代政治行动的特别倾向。尤其是现代社会政治生活的动荡，促使政治家和政党越发需要宗教团体的支持，增大了宗教对政治事务的间接影响

---

29 参苏力、贺卫方主编《20世纪的中国：学术与社会》，山东人民出版社2001年，第61页。

和发言权。至于各个宗教团体也常常采用直接建立政党、推举自己团体的人参加选举、与某个政党达成一直意见等方法来介入政治活动，所以具有社会实体形式、人数众多、才力股实的新兴宗教团体，往往能够成为许多政党觊觎的目标和借助的对象。对于宗教团体而言，政党政治对宗教的支持实在是一件莫大的幸事。因为他们可以最大限度利用政党政治或宗教团体的组织动员力量，使政党或宗教在全国范围内参加政党选举活动。

这些现象的变化，极大地影响到当代宗教交往的合法性问题。所谓的政教分离，并非断除政治与宗教的一切关系，而是使两者处于一种正常的关系之中。因此，只要宗教团体还想恢复它们在社会教化方面的功能，适应社会的变迁而重建教团组织，那么，宗教与政治的关系就不得不成为正面对峙的重大问题。

这就从问题的另一个层面提出了宗教交往合法性问题的变化形态，在宗教与政治的关系上再度逼出了宗教与政治的双重合法性问题。在世界日益全球化的今天，宗教的政治化和政治的宗教化如果已经成为一股潮流，那么，宗教的合法性问题就显得更加重要。它不仅仅关系到宗教的正常发展，而且还将是世界各国各个宗教文明体系之间的共生共存的命运问题。

总之，宗教合法性的取得方式，实际上是一定社会之中宗教型社会群体的行动在宗教与政治、宗教与社会、宗教与法律之间的关系的理性化、制度化的形式表达。它存在于宗教与政治、法律、社会、道德习俗等等关系之中。正是在这些社会交往的关系之中，它们才能构成现代社会中宗教交往关系的合法性。

"宗教和政治之间的真正关系是非二元的，这种关系符合基于人类本质的因而归根结底基于实在结构的本质。现实问题也即宗教问题。关于人类终极的思考也是政治性的。政治与宗教不能彼此分离。没有一种宗教行为不同时属于政治行为。当今人类所有重大问题都既有政治性又有宗教性：饥饿、正义、生活方式、泛经济文化、资本主义、社会主义，如此等等。和平构成一个典型的例子，证明这一论断的真实性。依此观念，宗教的要素必须和超越者、超自然者、神圣者、超然者、涅槃、终极实在（paramartha）、永恒之物以及不可理解的内在之物有关。"[30]

这说明宗教交往的社会——经验模式，实际上就是一种宗教与政治的特

---

30 雷蒙·潘尼卡《文化裁军——通向和平之路》，四川人民出版社 1999 年，第 62 页。

殊关系，以及处理这一特殊关系的特殊方法。

余论：宗教交往与公共理性

宗教不仅在理论意义上始终是个迷，而且在伦理的意义上也始终是个迷。它充满了理论上的自相矛盾，也充满了伦理上的自相矛盾。它鼓励我们与自然交往，与人交往，与超自然的力量和诸神本身交往，然而它的结果则恰恰相反：它成了人们之间最深的纠纷和激烈门争之源泉。宗教自称拥有一种绝对真理；但是它的历史却是一部有着各种错误和邪说的历史。它给予我们一个远远超出我们人类经验范围的超验世界的诺言和希望，而它本身却始终停留在人间，而且是太人间化了。[1]

这要求当今世界，在不同宗教之间的交往关系层面上，必须寻求一个共同标准。虽然每一个宗教都有它自己内在的标准，不容许他堕落变质、继续腐化下去，宗教内部就有一种力量要净化它自己。但是，每一个宗教无疑都可以诉之于自己的传统来建立标准，每一个传统都有它自己的宝典，如圣经、古兰经、薄伽翻歌、佛典、四书五经之类。但由这些宝典树立起来的权威至多能够拘索一个教派内部的信众，而不能够有普遍的效力。面对着世界上许多不同的宗教，我们必须寻求一些普遍为大家所接受的标准，好像世界各国普遍接受的国际法一样。

因此，孔汉思十分希望能够找到一些有普遍性的伦理道德标准。宗教虽然是向往超越的绝对，但与现实的人间世却有没法切断的干系，像十诫所颁布的道德律令就是一个最显著的例子。而他指出在世界各宗教伐纣的过程中，真实的人性（the humanum）不断被提升，这是极值得我们注意的一个现象。[2]

1　卡西尔《人论》，上海译文出版社 1996 年，第 92-93 页。
2　刘述先《全球伦理与宗教对话》，台湾立绪文化事业有限公司 1992 年，第 7-8 页。

而古往今来宗教之间的交往，如我们已经听到的，却成了一种宗教的竞争。所以在宗教的邻居关系中，做好邻居的第一步，将不是拆除篱笆并试图建造一个宗教的公共用地，而是尽可能真正表明我们是谁，并让我们的邻居在我们对着篱笆谈论时看到我们是谁。[3]

自从马克斯·韦伯的《新教伦理与资本主义精神》，被译介中国知识界之后，影响所及，遂有从宗教中寻找中国现代化精神动力的各种议论发生，亦有如半个多世纪之前那样的思想观念，中国无宗教或无基督教，于是现代化难以建成。东亚"四小龙"的经济奇迹出现之后，中国学人也包括海外知识界，积极地寻找东亚经济起飞之后的精神渊薮，大都也是在回应马克斯·韦伯的论点。最后得出的结论是：儒教资本主义、东方儒教是东亚"四小龙"经济起飞、奇迹出现的文化因缘。

另一部分知识学人则苦于中国现代化的步履困顿，举步维艰，承继着本世纪初叶以来中国学人向西方寻觅解决中国现代化难题的钥匙或妙方。韦伯的思想，正巧与此不谋而同，一拍即合。问题被理解得如此简单：中国缺乏像基督教新教那样的宗教文化传统，故尔现代化难以顺利实现；如欲中国尽快地实现现代化的建设目标，亟当引入基督教新教的文化理念或建设类似的文化价值秩序。

岁月走过了大半个世纪，历史却有惊人的相似，问题仿佛又在重复。或许站在今日的历史高度，时人当比前人看得更深更透。但是，如此之思想方法及认识途径，恰好是忽略了东西方文化或东方佛教（乃至儒教道教）与西方基督教之间必须进行真实对话、真实交往的必然性。恰好是以一种倾向掩盖了另一种倾向。

历史演进到了今天，已为东西方宗教的真实对话与真实交往，提供了视野更为广阔的可能性。可以说，这是东西方两大文明体系得以沟通交流的最基本、最深层的方面，也是最迫切的需要。本世纪初叶中国学人对于佛教传统的时代性与创造性的诠释，以及以此为基础对于基督教所作的批判，在某种程序上，正为今日佛教与基督教的真实对话、真实交往，提供了良好的历史基础。

这也是一种文化的对话、信仰的交往。虽然这次对话与交往未能展开双方教义的真实沟通与互相理解，诸如原罪与本苦、拯救与觉悟、罪与业、自

---

3 保罗·尼特《宗教对话模式》，中国人民大学出版社 2004 年，第 70、234 页。

我与无我等等，大都局限在民族文化的情感立场。然而，二十世纪已经把宗教交往、信仰认同的相关问题给提了出来。

从今日时代的思想视角出发，从东西文化的深层对话、东西宗教交往的真实关系出发，我们不得不考虑，人们可以对本世纪初叶中国学人的佛教信念进行再认识、再阐释；同样，人们也可以对基督教的东渐过程予以更好的梳理。如同侧重于经国济世的佛教思想，难以给中国学人提供超越俗世、真实觉悟的方法和境界一样；而不重视民族平等、信仰自由的近代基督教哲学，也难以让非基督教民族心平气和地予以理解。

实际上，近代以来的冲突，难以为东西文化、基督教与佛教的真实对话、实际交往，提供一个理性、宽容、公平的社会——文化环境。但是，这一历史的遗憾，又正好构成了当今世界东西对话、信仰认同、宗教交往的社会必然性，构成了东西双方交相互补、两得益彰的双重可能性。其共同的文化指向，当以西方文化对于东方佛教的理解和接受，东方文化对西方基督教的接受与理解，互为辩证的两个层面，从而为日后的人类文化、世界信仰认同的重新建成，提供一个多元的、多层面的、人类学性质的价值秩序与精神关怀。

佛教与基督教同为世界性宗教，承受着它们影响的各民族知识分子，是否也应当因此而具备世界性的思想方法和心灵胸襟？若基督宗教与佛教皆能积极面向时代之挑战，反省自身之不足，也许更能促成一个契机，使汉语处境中的耶佛对话，在廿一世纪中进入另一高潮，不单使普世的耶佛对话丰富起来，更可能为众生之福祉作出贡献。[4]

正如世界诸宗教似乎必须走在一起，而不是形成一个新的、单一的宗教，应当形成一个对话的生命共同体那样，人类宗教未来最适合的图像或许不是在教会、会堂、庙宇、清真寺的繁荣图景找到，而是在1993年芝加哥世界宗教议会以及1999年开普敦世界宗教会议上，全世界见证的、数以千计人体验的内容找到。世界主要宗教共同体的代表会聚一堂，断言和实践他们彼此需要的会谈和倾听。[5] 而这样一个能够使全世界不同宗教人士倾听与会谈的空间，实际上，就是一个充满了认同与理解、交往与合作的国际公民社会。

---

4 赖品超编著《近代中国佛教与基督宗教的相遇》，香港汉语基督教文化研究所，道风书社2003年，第318-319页。

5 保罗·尼特《宗教对话模式》，中国人民大学出版社2004年，第10页。

此时此刻，宗教交往同时就是社会交往，而不同社会层次、不同肤色之间的社会交往、及其建构与这些交往中的公共理性与公共规范，同时就是不同宗教信仰之间能够构成最基本认同的基础。

2000 年以来，当代中国社会的急剧变迁，各大宗教也得益于这一改革开放的成果，致力于为此经济社会提供价值观念及其文化认同的神圣基础。在此过程之中，各种宗教都曾经希望以己信仰教化或影响国民，构成全民性宗教信仰体系。殊不知，各个宗教信仰体系在此努力之中，如果我们把不同宗教置于一个空间或场所之中时，这些宗教会不会、能不能平等共处、协调各方，形成一个社会的公共交往规则，或者是构成不同程度上的冲突？这个问题，至少在目前还不好说。

传统中国，虽然有三教合一之说，但儒家经典及其信仰体系显然就是国民信仰的核心，成为价值认同的核心；当代中国社会，一教独大、整合国民价值观念，似乎已不可能。一个民主的社会，必定宗教多元、信仰平等。尽管不同宗教的信仰共同体，始终处在一个重新定义和重新定位的过程中，由此改变他们自身以及与他们相关的符号世界；但是，一个信仰世界的设置背景及其赋予社会民众以特定的意义，及其被符号化构造的意义、规则、传统、符号和价值的网络构成了一个共同体运作于其中的结构系统，这就会构成信仰者之间身份与信仰之认同方式的差别。

虽然，宗教信仰及其"群体认同，并不会成为一种党派性的阶级意识，而是不同个体之间的相互支撑。这种认同使他们成为有别于他人的一个群体。"但是，"有些地方还可能出现教友与大教人的纠纷，不是因为信仰，而是因为身份"，宗教信仰共同体或宗教群体会赋予他们一种身份，并且可能导致不同群体之间的冲突。[6]

因此，在信仰与信仰之间往往就会具有这样的矛盾，单一的信仰能够构成信仰的虔诚与委身，但又往往会构成单一信仰的独尊，构成宗教的不宽容；多神的信仰方式常常无法形成一神论信仰方式那种单一与虔诚，呈现一种宽容现象。然而，单一独尊与多元宽容，往往会形成如下这样一种非常矛盾的信仰现象："信仰的多样性既导致了这种宽容，但同时也消弱了信仰"。在某种程度上，"我们千万不要指望那些拥有坚定信仰的民族能够欣然接受宽容。

6　吴飞《麦芒上的圣言——一个乡村天主教群体中的信仰和生活》，香港道风山汉语基督教文化研究所有限公司，道风书社 2001 年，第 361-362 页。

在古代社会，只有多神论者才会保持宽容。在当前这个时代中，实行宽容的国家正是那些可以被恰当地称作是多神论的国家，比如英国与美国，它们已经分裂成不计其数的小教派。在同一名义下，他们实际上信奉着相去甚远的神祇。"[7]

回到佛教与基督教的交往与互动的问题上来，是否就像已有的研究早已说明的事实那样，真正有信仰的人群，他们所组成的宗教团体或信仰共同体，大多会对其他异己的宗教信仰群体者构成一定的威胁；基于同一种宗教信仰体系，当无数信仰者达成了价值共识的时候，不同宗教信仰之间就同时埋下了冲突的种子。关键是在此不同宗教的交往之间，公共权力能否提供处理多宗教交往与互动的公共平台，而不同宗教交往与互动，能否在此过程之中自觉自觉建构交往之公共理性与公共领域，在公共领域之中，既超越各自信仰，亦共享公共理性，彼此尊重信仰独立。

当代中国社会中佛教与基督教的交往经验，恰好能够为此层面的问题讨论，提供一些中国宗教信仰者的生活智慧与宗教体验，给予理论问题与中国经验的梳理与总结。

---

7 勒庞《革命心理学》，佟德志、刘训练译，吉林人民出版社 2004 年，第 23 页。